Lars C. Kroemer

Drittwirkung der Grundrechte

Die Unterscheidung zwischen Staat und Gesellschaft als staatstheoretische Bedingung der Drittwirkungsproblematik

Mohr Siebeck

Lars C. Kroemer, geboren 1993; Studium der Rechtswissenschaft an der Universität Münster mit Auslandsaufenthalt an der Temple University in Philadelphia; Wissenschaftlicher Mitarbeiter am Lehrstuhl für Öffentliches Recht, Völker- und Europarecht der Universität zu Köln; Rechtsreferendariat am Oberlandesgericht Köln.

ISBN 978-3-16-162661-6 / eISBN 978-3-16-163505-2
DOI 10.1628/978-3-16-163505-2

ISSN 1867-8912 / eISSN 2568-745X (Studien und Beiträge zum Öffentlichen Recht)

Die Deutsche Nationalbibliothek verzeichnet diese Publikation in der Deutschen Nationalbibliographie; detaillierte bibliographische Daten sind über *https://dnb.dnb.de* abrufbar.

Das Buch wurde von Beltz Grafische Betriebe in Bad Langensalza auf alterungsbeständiges Werkdruckpapier gedruckt und dort gebunden.

Printed in Germany.

Studien und Beiträge
zum Öffentlichen Recht

Band 67

Vorwort

Die vorliegende Arbeit wurde im Jahre 2023 von der Rechtswissenschaftlichen Fakultät der Universität zu Köln als Dissertation angenommen.

Als mein Doktorvater hat Herr Professor *Burkhard Schöbener* in einer Weise zum Gelingen dieses Projekts beigetragen, für die ich ihm nicht genug danken kann. Seine Betreuung hat mir eine gedankliche Freiheit eröffnet, die für mich nicht nur im juristischen Arbeiten von unschätzbarem Wert war und ist. Herzlichen Dank!

Herrn Professor *Stefan Muckel* danke ich für die Tätigkeit als Zweitgutachter und seine klugen Gedanken zur Grundrechtstheorie, die hoffentlich einen angemessenen Niederschlag auch in dieser Arbeit gefunden haben.

Bereits im Entstehen dieser Schrift durfte ich einige Aspekte meines Forschungsthemas auf der Jungen Tagung Öffentliches Recht 2022 in Zürich mit vielen engagierten Kolleginnen und Kollegen diskutieren. Vielen Dank für dieses produktive Diskussionsforum und die Möglichkeit, meine Thesen in abgewandelter und komprimierter Form in der DÖV 22/2022 veröffentlichen zu können. Der dortige Beitrag basiert auf den Erkenntnissen dieser Arbeit.

Meiner lieben Frau, meiner Familie und meinen Freunden danke ich für ihren Zuspruch und die gutherzige Verbundenheit.

Köln, Februar 2024 *Lars C. Kroemer*

Inhaltsübersicht

Inhaltsverzeichnis

Kapitel 1

Einleitung

A. Untersuchungsgegenstand

Die Normen des Grundgesetzes sind für zukünftige Veränderungsprozesse in Staat und Gesellschaft nicht „vorprogrammiert"[1]. Das Verfassungsrecht sieht sich durch unzählige Entwicklungen, sei es die fortschreitende Digitalisierung oder die örtlich sowie sachlich unbegrenzte Ökonomisierung der Lebenswelt, herausgefordert. Eine neue Konjunktur erfährt speziell in diesen Themenkomplexen die Frage, inwieweit neben dem Staat auch private Rechtssubjekte Adressaten verfassungsrechtlicher Pflichten sein können oder vielmehr sein sollen.[2] Immer wieder wird konstatiert, dass sich bestimmte private Akteure gegenüber dem Einzelnen in ähnlichen Machtpositionen befänden wie der Staat, ohne jedoch in eine adäquate Pflichtenstellung zu rücken.[3] Verfassungsrechtlich geht es dabei zuvörderst um die Problematik der Grundrechtsbindung Privater (sog. Drittwirkung der Grundrechte), die Gegenstand dieser Untersuchung ist.

Die Arbeit legt den Fokus weniger auf die normativ-dogmatischen Begründungsansätze der Drittwirkung.[4] Im Vordergrund stehen vielmehr die staatstheoretischen Aspekte der Drittwirkungsproblematik, die im bisherigen Diskurs

---

[1] *Schöbener*, Menschliche Existenz als Schaden?, ZfP 1998, 326 (331) am Beispiel der Fortentwicklung medizintechnischer Versorgungsmöglichkeiten.

[2] Aus dem jüngeren Schrifttum: *Muckel*, Wandel des Verhältnisses von Staat und Gesellschaft, VVDStRL 2020, 245 (273 ff.); *ders.*, Grundrechtsberechtigung und Grundrechtsverpflichtung, JA 2020, 411 (414 ff.); zuletzt spezifisch im Hinblick auf digitale Sachverhalte: *Schliesky/Hoffmann/Luch/Schulz/Borchers*, Schutzpflichten und Drittwirkung im Internet, S. 58 ff., 114 ff., 156 ff. und die folgenden Beiträge: *Mayen*, Über die mittelbare Grundrechtsbindung Privater in Zeiten des Einflusses sozialer Netzwerke auf die öffentliche Kommunikation, ZHR 2018, 1; *Raue*, Plattformnutzungsverträge im Lichte der gesteigerten Grundrechtsbindung marktstarker sozialer Netze, NJW 2022, 209; *Augsberg/Petras*, Deplatforming als Grundrechtsproblem, JuS 2022, 97; *Krönke*, Privatverfahrensrecht in digitalen Grundrechtsnetzwerken, ZUM 2022, 13.

[3] Vgl. *Kingreen*, Das Verfassungsrecht der Zwischenschicht, JöR 2017, 1 (4 ff., 35 f.); *Thiele*, Allg. Staatslehre, S. 239 ff.; kritisch *Muckel*, Grundrechtsberechtigung und Grundrechtsverpflichtung, JA 2020, 411 (415 f.).

[4] Umfassend aus rechtstheoretischer Perspektive zuletzt *Kulick*, Horizontalwirkung im Vergleich, passim. In Rekurs auf die „klassischen" Positionen von *H. C. Nipperdey* und *G. Dürig* vgl. den Überblick bei *Ruffert*, Vorrang der Verfassung und Eigenständigkeit des Privatrechts, S. 12 ff.; s. auch *Starck*, in: v. Mangoldt/Klein/Starck, GG, Art. 1 Rn. 305 ff.

nur unzureichend herausgearbeitet wurden. Es mag der hohen Komplexität privater Grundrechtsbeziehungen geschuldet sein, dass sich der rechtswissenschaftliche Diskurs in dieser Frage zumeist dogmatischen Streitpunkten – etwa der Abgrenzung zwischen der mittelbaren und unmittelbaren Drittwirkung[5] – zuwendet. Hierin erschöpft sich die Problematik jedoch nicht.

Im Folgenden wird herausgestellt, dass die klassische Grundrechtstheorie in ihrer rechtstheoretischen Begründung der grundrechtlichen Drittwirkung von spezifischen staatstheoretischen Prämissen ausgeht, die außerhalb des Rahmens einer dogmatisch streng am Gesetzestext orientierten Exegese liegen.[6] Insbesondere nimmt sie eine Unterscheidung der Ebenen *Staat* und *Gesellschaft* vor und schreibt ihnen jeweils verschiedene Rechts- und Ordnungsprinzipien zu. In grundrechtlicher Hinsicht verläuft parallel zu dieser Unterscheidung eine undurchlässige Trennlinie zwischen Grundrechtsbindung (*Staat*) und Grundrechtsberechtigung (*Akteure der Gesellschaft*). Der Oberbegriff *Gesellschaft* beschreibt vorliegend in Abgrenzung zum Staat die grundrechtsberechtigten Privatrechtssubjekte.[7]

Letztere werden grundsätzlich von einer unmittelbaren Grundrechtsbindung ausgeschlossen. Die Ebene *Gesellschaft* wird dabei verfassungsrechtlich nicht nach verschiedenen Akteuren untergliedert, sondern a priori als Oberbegriff der ausschließlich Grundrechtsberechtigten betrachtet. Wirtschaftliche oder soziale Sonderstellungen innerhalb der Gesellschaft sollen nach der klassischen Grundrechtstheorie zunächst keine Rolle spielen; alle Privaten – vom Individuum bis zum Großkonzern – sind in erster Linie Grundrechtsberechtigte und begegnen sich untereinander als Freie und Gleiche.

Die dergestalt angenommene Unterscheidung von Staat und Gesellschaft, die sich auf die Dogmatik der Grundrechtsbindung auswirkt, ist nicht ausschließlich die Folge eines verfassungsrechtlichen Rechtssatzes, sondern ebenso das Produkt außerrechtlicher, insbesondere historischer, philosophischer, soziologischer und politischer Grundannahmen, welche die klassische Grundrechtstheorie bis in ihre Grundbegriffe hinein prägen. Diese Seins- und Ideologiebezogenheit[8] ist der Grundrechtstheorie zwar immanent, da Verfassungsinterpretation bis zu einem gewissen Grad notwendig außerrechtlicher Natur ist.[9] Sie ist jedoch – ebenso wie die normativen Schlussfolgerungen aus ihr – kritisch zu hinterfragen.

---

[5] Vgl. hierzu noch unten auf S. 19 ff.

[6] In Anlehnung an *Kulick*, Horizontalwirkung im Vergleich, S. 176 ff. könnte man insoweit von der „Tiefenstruktur der Horizontalwirkung" sprechen. Im Überblick hierzu *Kroemer*, Die Grundrechtsbindung Privater, DÖV 2022, 932, passim.

[7] Zur Begriffsbestimmung vgl. noch unten auf S. 35.

[8] *K. Stern* bezeichnete Teile der Debatte um eine Grundrechtswirkung gegenüber „sozialen Gewalten" als „ideologischen Tummelplatz" (*Stern*, Staatsrecht Bd. III § 76 IV 8).

[9] Vgl. *Böckenförde*, in: FS-Scupin, 317 (321), gleichwohl kritisch auf S. 331, wenn *ders.* vor einem „anarchisch anmutende[n] Methodenpluralismus" warnt. Diese Warnung ist freilich vor dem Hintergrund zu lesen, dass *Böckenförde* selbst Anhänger einer spezifischen Lesart, nämlich der klassisch-liberalen Grundrechtstheorie war (hierzu *Köppe*, Politische Einheit und pluralistische Gesellschaft: Ambivalenzen der Verfassungstheorie Böckenfördes, KJ 1997, 45,

Die Kernthese der Arbeit ist, dass die von der klassischen Grundrechtstheorie gedachte Trennung zwischen Staat und Gesellschaft aufgrund verschiedener rechtlicher und tatsächlicher Prozesse die grundrechtlichen Gefährdungen der sozialen Wirklichkeit nicht mehr abbildet. Die Prämissen der klassischen Grundrechtslehre, insbesondere die Staatszentriertheit der Grundrechtsbindung, werden den Freiheitsgefährdungen der Jetztzeit nicht umfassend gerecht. Ein besonderes Augenmerk der Abhandlung liegt auf den Veränderungsprozessen durch die Digitalisierung. Aufgrund ihrer Ubiquität hat die Digitalisierung wesentliche Auswirkungen auf das Verhältnis zwischen Staat und Gesellschaft. Sie dient der Arbeit als Beispiel für ein verhältnismäßig neuartiges grundrechtliches Bedrohungsszenario, das sich auch jenseits des Staat-Bürger-Verhältnisses verwirklicht.

Bezogen auf die Verhältnisordnung im digitalen Gemeinwesen formulierte *U. Di Fabio*:

> „Im Grunde ist eine asymmetrische Lage entstanden, in der die großen US-amerikanischen Internetplattformen im Wettbewerb untereinander dem Internet […] eine ihnen nützliche Ordnung geben, die die Rolle der […] regulierenden Staaten zunehmend definiert.“[10]

Diese neu gewachsene Asymmetrie und die hieraus resultierenden Freiheitsgefährdungen zulasten des Einzelnen lassen an der Annahme der klassischen Grundrechtslehre zweifeln, private Akteure pauschal als Adressaten einer unmittelbaren Grundrechtsbindung auszuschließen. Vielmehr liegt es nahe, Großkonzerne der Digitalwirtschaft und natürliche Personen hinsichtlich ihrer verfassungsrechtlichen Pflichtenstellung unterschiedlich zu behandeln.

Dieser differenzierende Ansatz folgt der Annahme, dass sich

> „Verfassungsrecht […] gerade darin als rigide und dauerhaft zu bewähren [hat], dass es ergiebig bleibt auch noch dann, wenn die Gefahren für die verfassungsrechtlich geschützten Güter und Prinzipien ihr Gesicht wandeln und in anderer Verkleidung daherkommen als bisher.“[11]

---

[54] und passim). S. auch *Höfling*, Offene Grundrechtsinterpretation, S. 48 f.: „Jede grundrechtsinterpretatorische Arbeit wird bewußt oder unbewußt vermittelt über ein grundrechtstheoretisches Vorverständnis.“

[10] *Di Fabio*, Grundrechtsgeltung in digitalen Systemen, S. 11.

[11] *Suhr*, Grundrechte gegen die Natur, in: Berichte der Akademie für Naturschutz und Landschaftspflege, 1988, 3 (4).

B. Gang der Arbeit

Das zweite Kapitel erfasst zunächst den rechtstatsächlichen Aspekt der Digitalisierung und beschreibt ihre Auswirkungen auf verschiedene Bereiche des staatlichen und privaten Handelns (S. 7 ff.). Der Schwerpunkt liegt hierbei auf den Datenverarbeitungsprozessen im Bürger-Bürger-Verhältnis und den hieraus resultierenden Freiheitsgefährdungen. Anschließend wird die Frage behandelt, in welcher Art und Weise Grundrechte nach der klassischen Grundrechtstheorie eine Wirkung zwischen Privaten entfalten können (S. 14 ff.). Nach der Herausarbeitung der normativen und dogmatischen Grundbedingungen hierfür wird schließlich die staatstheoretische Dimension der Drittwirkung behandelt (S. 24 ff.). Dabei geht es speziell um die Unterscheidung zwischen Staat und Gesellschaft als Prämisse der klassischen Staats- und Grundrechtstheorie. Ein Schwerpunkt liegt auf der Frage, welche verfassungsrechtliche Qualität der Staat-Gesellschaft-Dualismus überhaupt hat und welche Auswirkungen er im Rahmen der Bestimmung der Reichweite der Grundrechtsbindung hinsichtlich ihrer Verpflichtungsadressaten haben kann (S. 26 ff.).

Im dritten Kapitel werden zunächst die historischen Bedingungen des Staat-Gesellschaft-Dualismus erörtert (S. 35 ff.). Sie sind gleichzeitig die Grundlage für das heutige dualistische Verständnis der klassischen Grundrechtslehre, dessen Voraussetzungen auf S. 51 ff. behandelt werden. Im Anschluss hieran wird aufgezeigt, dass diese Voraussetzungen durch eine Reihe tatsächlicher und rechtlicher Veränderungsprozesse (insb. Digitalisierung, Privatisierung und Globalisierung) einem erheblichen Bedeutungswandel unterliegen (S. 56 ff.). Diese Veränderungen wirken sich unmittelbar auf das Verständnis der Grundrechtsbindung Privater aus.

Das vierte Kapitel greift schließlich das Bedürfnis auf, grundrechtsdogmatisch nicht nur zwischen Staat und Gesellschaft, sondern auch innerhalb der gesellschaftlichen Ebene stärker zu differenzieren (S. 89 ff.). Hierzu wird der Begriff der *Intermediären Gewalten* in einem neuen Verständnis eingeführt. Der Begriff umfasst vorliegend nicht-staatliche Akteure, die insbesondere aufgrund ihrer sozialen und wirtschaftlichen Stellung eine Sonderrolle innerhalb der Gesellschaft einnehmen. Die Leistungsfähigkeit dieses Begriffes besteht im Hinblick auf die Drittwirkung darin, den Adressatenkreis der unmittelbaren Grundrechtsbindung auf Intermediäre Gewalten zu erweitern.

Im fünften Kapitel (S. 119 ff.) erfolgen schließlich zwei Arbeitsschritte. Zum einen wird das Defizit der klassischen Grundrechtstheorie hinsichtlich des Grundrechtsschutzes vor Freiheitsbeschränkungen durch Intermediäre Gewalten aufgezeigt. Hierbei geht es konkret um die Schwächen der mittelbaren Drittwirkung und der Schutzpflichtendimension der Grundrechte. Zum anderen werden die konkreten Voraussetzungen benannt, unter denen Intermediäre Gewalten unmittelbar an Grundrechte zu binden sind (S. 142 ff.). Da es sich bei Intermediären Gewalten gerade nicht um staatliche Akteure handelt, müssen hinsichtlich der Rechtsfolgen der Grundrechtsbindung einige Modifikationen vorgenommen werden (S. 148 ff.).

Abschließend werden die Untersuchungsergebnisse zusammengefasst (S. 173 ff.).

Kapitel 2

Tatsächliche und rechtliche Grundlagen der Problemstellung

A. Bedrohungen grundrechtlicher Freiheiten durch Private am Beispiel der Digitalisierung

Der folgende Abschnitt nimmt exemplarische Veränderungen der Lebenswelt durch die Digitalisierung in den Blick. Das Augenmerk liegt dabei auf der Vielgestaltigkeit digitaler Datenverarbeitungen und den hiermit potenziell zusammenhängenden Gefährdungen für grundrechtliche Schutzgehalte. Dies ist nicht Ausdruck einer Digitalisierungsskepsis. Vielmehr soll die Bestandsaufnahme ein Verständnis und Bewusstsein dafür schaffen, welche Bedrohungsszenarien grundrechtlich zu bewältigen sind. Bedeutsam sind dabei vor allem, aber nicht ausschließlich die Aspekte des grundrechtlichen Datenschutzes, der seinen Niederschlag im Recht auf informationelle Selbstbestimmung (Art. 2 Abs. 1 i. V. m. Art. 1 Abs. 1 GG) findet. Relevant werden beispielsweise auch das Recht auf freie Meinungsäußerung (Art. 5 Abs. 1 GG) und die allgemeinen sowie speziellen Gleichbehandlungsgebote (Art. 3 GG), etwa wenn Plattformbetreiber Nutzer willkürlich von ihren Dienstleistungen ausschließen.[1]

I. Transformation des Analogen ins Digitale

1. Überblick

„Daten sind die Rohstoffe des 21. Jahrhunderts." Dieser und vergleichbare Sätze werden seit einiger Zeit von Politikern und Ökonomen geradezu gebetsmühlenartig ausgerufen.[2] Dahinter verbirgt sich ein Appell: Daten haben unter wirtschaftlichen und politischen Gesichtspunkten ein unschätzbares Potential, das es durch entsprechende Verarbeitung möglichst schnell und umfassend zu ergrün-

---

[1] Für weitere Beispiele grundrechtssensibler digitaler Sachverhalte vgl. *Schliesky/Hoffmann/Luch/Schulz/Borchers*, Schutzpflichten und Drittwirkung im Internet, S. 128 ff.; *Peuker*, Verfassungswandel durch Digitalisierung, S. 295 ff.

[2] So z. B. die Bundeskanzlerin a. D. der BR Deutschland im Vorfeld der Cebit 2016; ähnlich der Beitrag mit dem Titel „The world's most valuable resource is no longer oil, but data" im Economist vom 6.5.2017; kritisch zur Aussage *Kühling/Sackmann*, Irrweg „Dateneigentum", ZD 2020, 24 (25 f.); *Steltzner*, Merkel auf digitalem Glatteis, FAZ v. 8.6.2018, S. 1.

den und zu nutzen gilt. Zu einem ähnlichen Resultat gelangte die Bundesregierung schon 1996 in einem Bericht zum Wege Deutschlands in die Informationsgesellschaft, in welchem dem „produktive[n] Umgang mit der Ressource ‚Information' und [der] wissensintensive[n] Produktion" eine herausragende Rolle zugeschrieben wurde.[3]

Der Umfang dieses Potentials entsteht durch das Phänomen der Digitalisierung, genauer des „Ubiquitären Computing". Hierunter versteht man die Allgegenwärtigkeit (Ubiquität) von Informationstechnik und Computerleistungen, die in prinzipiell sämtliche Alltagsgegenstände eindringen.[4] Dies führt dazu, dass ursprünglich analoge Prozesse entweder durch eine digitale Komponente ergänzt oder völlig durch sie substituiert werden. Die Entfaltung dieser neuen Dimension beansprucht den staatlichen Bereich und rein private Vorgänge unterschiedslos; das Ubiquitäre Computing ist keine singuläre Erscheinung bestimmter gesellschaftlicher oder staatlicher Akteure. Dieser Umstand begründet es, die Digitalisierung als einen sog. Metaprozess zu bezeichnen.[5] Metaprozessen ist gemein, dass sie langfristige Entwicklungen darstellen, die nicht nur das tägliche Leben, sondern auch die Gesellschaft als Gesamtheit betreffen und ihnen grundsätzlich jedermann ausgesetzt ist.[6] Neben den positiven Effekten, wie der Rationalisierung und Effizienzsteigerung vieler Prozesse, zeichnet sich ein erhebliches Gefährdungspotential für den Schutz personenbezogener Daten ab. Jedes digitale Verhalten und insbesondere solches im Internet hinterlässt ganz spezifische Datenspuren.[7]

2. Private Datenverarbeitung

Das Ausmaß von Datenverarbeitungen im Bürger-Bürger-Verhältnis bezieht sich auf nicht weniger als die „öffentliche Meinungsbildung, die Zuteilung und Versagung von Chancen, die Teilhabe am sozialen Leben […] [und] elementare

---

[3] BT-Drs. 13/4000 v. 7.3.1996, S. 15; s. auch *Schoch*, in: FS-Stern, 1491 (1491).

[4] *Boehme-Neßler*, Auswirkungen der Digitalisierung auf den Staat, ZöR 2009, 145 (148); *ders.*, Unscharfes Recht, S. 105 ff. Erstmals wurde der Begriff 1991 vom US-amerikanischen Informatiker *M. Weiser* verwendet: *ders.*, The Computer for the 21st Century, in: Scientific American 1991, 94 (94).

[5] Vgl. auch *Muckel*, Wandel des Verhältnisses von Staat und Gesellschaft, VVDStRL 2020, 245 (246 f.); vgl. zum Begriff des Metaprozesses *Krotz*, Mediatization as a mover in modernity: social and cultural change in the context of media change, in: Lundby (Hrsg.), Mediatization of Communication, S. 136 f.

[6] *Krotz*, Mediatization as a mover in modernity: social and cultural change in the context of media change, in: Lundby (Hrsg.), Mediatization of Communication, S. 137; vgl. auch *Muckel*, Wandel des Verhältnisses von Staat und Gesellschaft, VVDStRL 2020, 245 (246). Soziologisch gebräuchlich ist für derartige gesamtgesellschaftliche Strukturzusammenhänge auch der Begriff des sozialen Makrophänomens (*Schöbener/Knauff*, Allg. Staatslehre, § 1 Rn. 33).

[7] *Boehme-Neßler*, Big Data und Demokratie, DVBl. 2015, 1282 (1283); *Paal/Hennemann*, Big Data im Recht, NJW 2017, 1697 (1697); *Grimm*, Spuren im Netz, DuD 2012, 88 (88 f.).

Verrichtungen des täglichen Lebens“[8]. Hierbei handelt es sich zugleich um Lebensbereiche, die grundsätzlich nicht von der abwehrrechtlichen Dimension der Grundrechte erfasst werden (vgl. S. 16 ff.).

a) Konsumverhalten

Beispielhaft für die Digitalisierung und Ubiquitäres Computing im Verhältnis zwischen Privaten ist das veränderte alltägliche Konsumverhalten des Einzelnen. Der klassische Einkauf, der bis vor einiger Zeit über lokale Filialen abgewickelt wurde, verschiebt sich in den elektronischen Handel, den sog. E-Commerce. Hierunter versteht man die Anbahnung sowie den Kauf und Verkauf von Waren und Leistungen, bei dem die Beteiligten auf elektronischem Wege miteinander verkehren.[9] Der Umsatz im Bereich des E-Commerce hat sich in der Bundesrepublik Deutschland seit 2012 verdreifacht und liegt 2022 bei 97,4 Milliarden Euro.[10] Die steigende Dominanz des E-Commerce und seiner Akteure ist kein temporäres Phänomen, sondern wird sich voraussichtlich in den nächsten Jahren fortsetzen.[11] Diese Perspektive geht naturgemäß mit einem Anstieg der Verarbeitung personenbezogener Daten einher. Hervorzuheben ist hierbei, dass nicht nur die essentialia negotii der konkreten Transaktionen verarbeitet und gespeichert werden, sondern auch das gesamte Verhalten des Kunden im Umfeld der Kaufentscheidung (z. B. Browserverlauf des Betroffenen[12], Kaufgewohnheiten, Zahlungsverhalten).[13]

b) Soziale Interaktion

Weiterhin erfolgen inzwischen große Teile der sozialen Kommunikation auf digitaler Ebene im Internet, zum Beispiel in sozialen Netzwerken.[14] Mehr als drei

---

[8] BVerfGE 152, 152 (189).

[9] *Deges*, Grundlagen des E-Commerce, S. 2 m. w. N.

[10] Statistik des HDE (Handelsverband Deutschland e. V.): https://de.statista.com/statistik/daten/studie/3979/umfrage/e-commerce-umsatz-in-deutschland-seit-1999/ (zuletzt abgerufen: 26.10.2023).

[11] Statistik der eMarketer, Inc.: https://de.statista.com/statistik/daten/studie/199790/umfrage/entwicklung-des-b2c-e-commerce-umsatzes-in-deutschland/ (zuletzt abgerufen: 26.10.2023).

[12] *Martino*, Datenschutz im Europäischen Recht, S. 7. Vgl. auch Rl. (EU) 2019/770, Erw.gr. 25 zur Möglichkeit der Bereitstellung des Browserverlaufs als Gegenleistung für eine Dienstleistung.

[13] Plastisch am Beispiel eines Autokaufs: *Hladjk*, Online-Profiling und Datenschutz, S. 37 f.; s. auch der Beitrag auf https://www.faz.net/aktuell/feuilleton/debatten/was-weiss-amazon-alles-ueber-uns-vortrag-auf-dem-35c3-15965386.html (zuletzt abgerufen: 26.10.2023).

[14] Hiermit sind nicht soziale Netzwerke in ihrem allgemeinen soziologischen Verständnis als alle sozialen Beziehungen gemeint, sondern virtuelle Gemeinschaften im Internet, die auch als „Beziehungs-Netzwerke“ bezeichnet werden (so z. B. *Weyer*, in: Weyer [Hrsg.], Soziale Netzwerke, 3 [4]).

Milliarden Menschen kommunizieren weltweit über solche Netzwerke.[15] In der Altersgruppe von 14–29 Jahren nutzen derzeit 95 % der Weltbevölkerung soziale Netzwerke.[16] Solche Netzwerke und Plattformen stellen inzwischen eine für die soziale Kommunikation unverzichtbare Infrastruktur dar.[17] Mit der sozialen Interaktion verlagert sich eine natürliche Verhaltensweise umfassend in digitale Sphären, in denen ihrerseits die Verarbeitung personenbezogener Daten zur Nutzungsvoraussetzung wird.[18] Wie beim E-Commerce beschränken sich digitale Kommunikationsnetzwerke nicht auf die schlichte Datenverarbeitung zur Ermöglichung der sozialen Interaktion. So wird etwa auch das sonstige Nutzerverhalten analysiert, insbesondere um personalisierte Werbung zu schalten.[19]

c) Privates Wohnumfeld

Eine weitere Veränderung vollzieht sich gegenwärtig im privaten Wohnumfeld, das sich zu einem sog. Smart Home entwickelt.[20] Gemeint ist damit die Durchdringung der eigenen vier Wände durch intelligente Informationstechnik. Konkret äußert sich dies im Einsatz diverser personalisierter Assistenzsysteme, zum Beispiel im Bereich der Energieversorgung, des Multimediakonsums oder auch der Seniorenassistenz. Konservative Schätzungen gehen auch in diesem Bereich von einem starken Nachfrageanstieg aus.[21] Auch diese Veränderungen basieren auf der Verarbeitung personenbezogener Daten, und zwar in einem Raum, dessen besondere private Sensibilität mannigfaltig durch die Rechtsordnung geschützt wird.[22]

Ein ähnlicher Trend zeichnet sich in den letzten Jahren für das Automobil ab:

---

[15] Statistik der eMarketer, Inc.: https://de.statista.com/statistik/daten/studie/219903/umfrage/prognose-zur-anzahl-der-weltweiten-nutzer-sozialer-netzwerke/ (zuletzt abgerufen: 26.10.2023).

[16] *DIVSI*, Internet-Milieus 2016, S. 18.

[17] *Nocun*, in: Roßnagel/Friedewald/Hansen (Hrsg.), Die Fortentwicklung des Datenschutzes, S. 48 ff.

[18] Zur Datenverarbeitung sozialer Netzwerke im Überblick: *Adelberg*, Rechtspflichten und -grenzen der Betreiber sozialer Netzwerke, S. 24 f.

[19] Zu diesem sog. Targeting: *Micklitz/Namysłowska* in: Spindler/Schuster, Recht der elektronischen Medien, § 6 UWG Rn. 90 ff.

[20] *Skistims*, Smart Homes, S. 37 ff.; *Roßnagel*, Modernisierung des Datenschutzrechts, MMR 2005, 71 (71 f.).

[21] Statistik von Deloitte GmbH: https://de.statista.com/statistik/daten/studie/466811/umfrage/prognose-zur-anzahl-der-smart-home-haushalte-in-deutschland/ (zuletzt abgerufen: 26.10.2023).

[22] Vgl. z. B. Art. 13 GG, §§ 123 Abs. 1, 244 Abs. 1 Nr. 3, 244 Abs. 4 StGB sowie das in § 1004 BGB verankerte Hausrecht.

„Durch Datenverarbeitung und Vernetzung wird es möglich, das gesamte Fahrverhalten, alle Mobilitätsschritte und die vollständige Kommunikation von und zum Auto zu erfassen, auszuwerten und für unterschiedlichste Zwecke zu verwenden."[23]

Wiederum wird sich die Datenverarbeitung nicht auf das reine Autofahren beschränken. Durch entsprechende Schnittstellen werden soziale Kommunikations- und Ortungsdienste sowie Suchmaschinen in das Auto gebracht.[24] Das zentrale Fortbewegungsmittel wird insoweit zum intelligenten Datenverarbeiter.[25]

3. Staatliche Datenverarbeitung

Die hoheitliche Datenverarbeitung ist zwar vorliegend weniger interessant; es sei aber erwähnt, dass ebenso von staatlichen Stellen eine potenziell ubiquitäre Datenverarbeitung ausgeht. Beruhend auf den gleichen technischen Grundlagen verlagert sich auch staatliches Handeln zum Teil von der analogen in die digitale Sphäre. Neue Technologien werden zum Beispiel im Rahmen der Gefahrenabwehr eingesetzt.[26] Die Polizeibehörden können etwa auf Gesichtserkennungssysteme[27], sog. Staatstrojaner[28] und viele weitere intelligente Gefahrenerkennungssysteme zurückgreifen, die jeweils auf elektronischer Datenverarbeitung beruhen.

4. Zusammenführung der Daten in Big-Data-Analysen und Profilbildungen

Diese beliebig erweiterbaren Beispiele alltäglicher Verhaltensmuster veranschaulichen die Verlagerung analoger Sachverhalte in digitale Dimensionen.[29] Die Arbeitsweise der Prozesse beruht jeweils auf elektronischer Datenverarbeitung. Das Gefährdungspotential für die individuelle Freiheit entsteht dabei insbesondere

---

[23] *Roßnagel*, in: Roßnagel/Hornung (Hrsg.), Grundrechtsschutz im Smart Car, S. 18.

[24] *Roßnagel*, in: Roßnagel/Hornung (Hrsg.), Grundrechtsschutz im Smart Car, S. 28; *Lüdemann*, Connected Cars, ZD 2015, 247 (248 f.).

[25] Zu den zahlreichen Einsatzbereichen der Datenverarbeitung im Automobil: *Conrad*, in: Auer-Reinsdorff/Conrad, Hndb. IT- und Datenschutzrecht, § 34 Rn. 873 ff.

[26] Vgl. *Rademacher/Perkowski*, Staatliche Überwachung, neue Technologien und Grundrechte, JuS 2020, 713, passim.

[27] Hierzu *Kulick*, Verfassungsrechtliche Maßstäbe der Gesichtserkennung, NVwZ 2020, 1622, passim.

[28] Zu dieser und weiteren Formen staatlicher Online-Durchsuchungen: *Derin/Golla*, Der Staat als Manipulant und Saboteur der IT-Sicherheit?, NJW 2019, 1111, passim.

[29] Diese Erkenntnis teilt auch Erw.gr. 6 Satz 2 der DS-GVO: „Das Ausmaß der Erhebung und des Austauschs personenbezogener Daten hat eindrucksvoll zugenommen. Die Technik macht es möglich, dass private Unternehmen und Behörden im Rahmen ihrer Tätigkeiten in einem noch nie dagewesenen Umfang auf personenbezogene Daten zurückgreifen."

durch sog. Big-Data-Analysen[30] und den gezielten Einsatz von Algorithmen[31]. Hierdurch werden Datenmengen qualitativ nutzbar gemacht, sodass präzise Aussagen über das Verhalten einzelner Personen getroffen werden können.[32] So ermöglichen es ubiquitäres Computing und Big-Data-Analysen,

> „sehr feingranulare Profile über [...] Handlungen, Bewegungen, soziale Beziehungen, Verhaltensweisen, Einstellungen und Präferenzen in der körperlichen Welt zu erzeugen."[33]

Diese gängige Praxis vieler Digitalunternehmen erinnert an eine Aussage des Bundesverfassungsgerichts aus dem Jahre 1969, in der das Gericht es zumindest im Hinblick auf staatliche Stellen als mit der Menschenwürde unvereinbar hielt,

> „den Menschen zwangsweise in seiner ganzen Persönlichkeit zu registrieren und zu katalogisieren, sei es auch in der Anonymität einer statistischen Erhebung, und ihn damit wie eine Sache zu behandeln, die einer Bestandsaufnahme in jeder Beziehung zugänglich ist."[34]

Aus Sicht der Betroffenen gibt es in der Regel keinerlei Transparenz über die Art und Weise dieser Datenanalysen.[35] Dies kann im Extremfall gravierende Folgen (z. B. Verweigerung eines Darlehens durch Kreditinstitute) nach sich ziehen.[36] Im

---

[30] Unter Big-Data versteht man nach *Grützner/Jakob*, Compliance, Big-Data, die „Sammlung, Analyse und Auswertung gewaltiger Mengen an Daten in hoher Geschwindigkeit (ggf. in Echtzeit) und aus unterschiedlichen Quellen, um diese in wirtschaftlich sinnvoller Hinsicht für unternehmerische Ziele/Handlungen zu nutzen. Alle gesammelten Daten werden neu strukturiert und ausgewertet, unter Berücksichtigung anderer Zielvorgaben. Grundlage von Big-Data ist die enorme Masse an stetig wachsenden Daten, sowie eine neue Form der Komplexität. Die Datenkomplexität wird durch die vier Merkmale des Datenvolumens (engl.: volume), der Datengeschwindigkeit (engl.: velocity), der Datenvielfalt (engl.: variety) und Datenqualität (engl.: veracity) charakterisiert".

[31] Algorithmen ermöglichen es, die umfangreichen Datensätze hinsichtlich bestimmter Kriterien automatisiert aufzubereiten (*Scheja*, Schutz von Algorithmen in Big Data Anwendungen, CR 2018, 485 [486]; zur Bedeutung algorithmischer Entscheidungen in der Privatwirtschaft: *Härtel*, Digitalisierung im Lichte des Verfassungsrechts, LKV 2019, 49 [56 f.]).

[32] *Wenhold*, Nutzerprofilbildung durch Webtracking, S. 48 ff.

[33] *Roßnagel*, Modernisierung des Datenschutzrechts, MMR 2005, 71 (72); konkrete Beispiele bei *v. Arnauld*, Freiheit und Regulierung in der Cyberwelt, Berichte der Deutschen Gesellschaft für Internationales Recht, 2015, 1 (4 f.); vgl. ferner *Spindler*, Datenschutz- und Persönlichkeitsrechte im Internet, GRUR 2014, 101 (105); *Mühlhoff*, Digitale Entmündigung und *User Experience Design*, Leviathan 2018, 551, passim.

[34] BVerfGE 27, 1 (6).

[35] *Weichert*, Big Data und Datenschutz, ZD 2013, 251 (251); vgl. auch *Hornung*, in: Hoffmann-Riem (Hrsg.), Big Data – Regulative Herausforderungen, S. 97; *Nebel*, Big Data und Datenschutz, ZD 2018, 520 (524); *Marnau*, Anonymisierung, Pseudonymisierung und Transparenz für Big Data, DuD 2016, 428 (423 f.).

[36] Vgl. *Monopolkommission*, Wettbewerbspolitik: Herausforderung digitale Märkte, Sondergutachten 68, S. 45 f., Nr. 70; *Wenhold*, Nutzerprofilbildung durch Webtracking, S. 109 ff.; zu den Erscheinungsformen der Profilbildung potenzieller Vertragspartner durch Big-Data zur Ermittlung ihrer Kreditwürdigkeit: *Eschholz*, Big Data-Scoring, DuD 2017, 180 (180 ff.); zu konkreten Szenarien algorithmischer Entscheidungen: *Ernst*, in: Klafki/Würkert/Winter (Hrsg.), Digitalisierung und Recht, S. 63 ff., insb. S. 65 ff.

Kontext des sog. Rechts auf Vergessen und der ubiquitären Datenverarbeitung in privaten Rechtsbeziehungen formulierte das Bundesverfassungsgericht:

„Angesichts der Manipulierbarkeit, Reproduzierbarkeit und zeitlich wie örtlich praktisch unbegrenzten Verbreitungsmöglichkeit der Daten sowie ihrer unvorhersehbaren Rekombinierbarkeit in intransparenten Verarbeitungsprozessen mittels nicht nachvollziehbarer Algorithmen können die Einzelnen hierdurch in weitreichende Abhängigkeiten geraten oder ausweglosen Vertragsbedingungen ausgesetzt sein.“[37]

Hierin identifizierte das Gericht tiefgreifende Gefährdungen der freien Persönlichkeitsentfaltung.[38]

II. Digitalunternehmen als Hauptdatenverarbeiter

Elektronische Datenverarbeitung findet nach dem oben Gesagten sowohl seitens staatlicher als auch privater Stellen statt. Es gibt zwar keine Studien darüber, in welchem quantitativen Verhältnis die staatliche zur privaten Datenverarbeitung steht. Es wird jedoch die naheliegende Vermutung geäußert, dass „private Unternehmen heute personenbezogene Daten in einem Umfang verarbeiten, der die Verarbeitung personenbezogener Daten durch öffentliche Stellen um ein Vielfaches übersteigen dürfte“[39]. Gerade im Internet „sind es [damit] nicht mehr Eingriffe staatlicher Stellen in subjektive Grundrechte, die als Bedrohung empfunden werden.“[40] Häufig sind die Gefährdungen im Bürger-Bürger-Verhältnis zu verorten. Differenziert man in tatsächlicher Hinsicht innerhalb des Bürger-Bürger-Verhältnisses, ergibt sich eine weitere interessante Perspektive: Im Jahre 2025 werden voraussichtlich bis zu 60 % der Daten in der Verantwortungssphäre von Unternehmen liegen; noch 2015 waren dies nur 30 %.[41] Die Protagonisten konzentrierter Datenverarbeitungen und die Verursacher datenschutzrechtlicher Gefährdungen werden in Zukunft vor allem global agierende Großkonzerne sein.[42]

---

[37] BVerfGE 152, 152 (189 f.).

[38] BVerfGE 152, 152 (190).

[39] *Marsch*, Das europäische Datenschutzgrundrecht, S. 247; ähnlich *Schoch*, in: FS-Stern, 1491 (1493); *Weidner-Braun*, Der Schutz der Privatsphäre und des Rechts auf informationelle Selbstbestimmung, S. 143.

[40] *Hoffmann/Schulz/Borchers*, Grundrechtliche Wirkungsdimensionen im digitalen Raum, MMR 2014, 89 (89); vgl. auch *Veil*, Die Datenschutz-Grundverordnung, NVwZ 2018, 686 (689), der auf die „Informationsmacht bestimmter Internetunternehmen“ verweist. Ähnlich *Boehme-Neßler*, Das Recht auf Vergessenwerden, NVwZ 2014, 825 (828); *Papier*, Rechtsstaatlichkeit und Grundrechtsschutz in der digitalen Gesellschaft, NJW 2017, 3025 (3026); *Schoch*, in: FS-Stern, 1491 (1493); *Kämmerer*, Privatisierung, S. 547 Fn. 555; *Kube*, in: Isensee/Kirchhof, Hndb. d. StR IV § 91 Rn. 32; *Schmidt*, Zugang zu Daten nach europäischem Kartellrecht, S. 91.

[41] *International Data Corporation*, Data Age 2025, S. 21.

[42] Dass diese zumindest aus ökonomischer Sicht sogar einigen Staaten überlegen sind, zeigt der Umstand, dass der Umsatz dieser Unternehmen das Bruttoinlandsprodukt vieler Staaten übersteigt (vgl. *Weilert*, Transnationale Unternehmen im rechtsfreien Raum?,

B. Drittwirkung der Grundrechte zwischen Dogmatik und Staatstheorie

Im Hinblick auf die genannten Bedrohungsszenarien, aber auch bezüglich andernorts auftretender Grundrechtsgefährdungen durch Private stellt sich die Frage, wie sie grundrechtsdogmatisch eingeordnet werden können. Bekannt ist diese Problematik unter dem Stichwort der *Drittwirkung der Grundrechte*. Die Drittwirkung betrifft als rechtsprechungsbezogene Figur[43] die Frage, auf welche Art und Weise Grundrechte in zivilgerichtlichen Streitigkeiten geltend gemacht werden können. Hiermit korrespondiert die sog. Schutzpflichtendimension. Sie richtet sich in erster Linie an den Gesetzgeber und verpflichtet ihn, geeignete Maßnahmen zu ergreifen, um grundrechtliche Rechtsgüter auch im Bürger-Bürger-Verhältnis möglichst weitgehend zu schützen und die kollidierenden Interessen auszugleichen.[44]

In Rechtsprechung und Lehre wird überwiegend angenommen, dass Grundrechte im Bürger-Bürger-Verhältnis eine nur mittelbare Wirkung entfalten. Im folgenden Abschnitt wird zunächst erläutert, auf welchen Prämissen dieses Ergebnis beruht. Im Anschluss werden die dogmatischen und insbesondere die staatstheoretischen Grundannahmen der Drittwirkungsdogmatik vertieft.

ZaöRV 2009, 883 [883] mit Erläuterung und Beispielen in Fn. 1; s. auch *Beck*, Was ist Globalisierung?, S. 175 f.).

[43] So *Borowski*, in: Sandkühler (Hrsg.), Menschenrechte in die Zukunft denken, S. 119; ähnlich *Guckelberger*, Die Drittwirkung der Grundrechte, JuS 2003, 1151 (1156).

[44] Vgl. *Klein*, Grundrechtliche Schutzpflicht des Staates, NJW 1989, 1633 (1637 f.); *Dreier*, Dimensionen der Grundrechte, S. 47; *Isensee*, in: Isensee/Kirchhof, Hndb. d. StR IX § 191 Rn. 285; *Guckelberger*, Die Drittwirkung der Grundrechte, JuS 2003, 1151 (1155).

I. Begriff und Prämissen der traditionellen/klassischen/liberalen Grundrechtstheorie

Ausgangspunkt der folgenden Untersuchung ist ein Grundrechtsverständnis, das für gewöhnlich als „klassisch“[45], „traditionell“[46] oder „liberal“[47] bezeichnet wird. Ebenso wie andere Grundrechtstheorien[48] stützt die klassische Lesart ihre inhaltlichen Positionen nicht ausschließlich auf die normativen Vorgaben des Verfassungstextes, sondern nimmt außerrechtliche, das heißt insbesondere politische, historische, philosophische und soziologische Vorbedingungen in ihre Argumentation auf.[49] Vom Inkrafttreten des Grundgesetzes bis heute ist die klassische Grundrechtstheorie für das Verständnis der Grundrechte bestimmend.[50]

---

[45] So etwa BVerfGE 6, 55 (71); *Böckenförde*, Grundrechtstheorie und Grundrechtsinterpretation, NJW 1974, 1529 (1537); *v. Mangoldt*, Grundrechte und Grundsatzfragen des Bonner GG, AöR 1949, 273 (275 ff.); *Hufen*, Entstehung und Entwicklung der Grundrechte, NJW 1999, 1504 (1507); *Grabenwarter*, in: Dürig/Herzog/Scholz, GG, Art. 5 Abs. 1, Abs. 2 Rn. 106; *Voßkuhle/Kaiser*, Funktionen der Grundrechte, JuS 2011, 411 (411); *Jobst*, Unmittelbare Grundrechtsbindung, NJW 2020, 11 (11); *Di Fabio*, in: Dürig/Herzog/Scholz, GG, Art. 2 Abs. 1 Rn. 132; *Sodan*, Verfassungsrechtsprechung im Wandel, NJW 2003, 257 (257); abgrenzend erläuternd *Bühler*, Das Integrative der Verfassung, S. 106 ff.; kritisch *Suhr*, Grundrechte gegen die Natur, in: Berichte der Akademie für Naturschutz und Landschaftspflege, 1988, 3 (6). Bereits vor Inkrafttreten im Bericht zur 9. Sitzung des Parlamentarischen Rates am 6.5.1949 hielt *v. Mangoldt* fest: „Vielmehr sahen die Beteiligten ihre Aufgabe darin, die Grundrechte im Sinne der alten klassischen Grundrechte zu gestalten. […] In den Grundrechten sollte also das Verhältnis des Einzelnen zum Staate geregelt werden, der Allmacht des Staates Schranken gesetzt werden, damit der Mensch in seiner Würde wieder anerkannt werde.“ Für den Bereich der GRCh vgl. etwa *Bernsdorff*, in: Meyer/Hölscheidt, GRCh, Art. 17 Rn. 6; *Hatje*, in: Hatje/Schwarze/Becker/Schoo, GRCh, Art. 51 Rn. 24.

[46] So etwa *Lübbe-Wolff*, Grundrechte als Eingriffsabwehrrechte, S. 21, S. 34; *Hufen*, Grundrechte, S. 48 Rn. 1; *Belling*, Die Wirkung der Grundrechte, S. 53; *Papier*, Rechtsstaatlichkeit und Grundrechtsschutz, NJW 2017, 3025 (3030).

[47] So etwa *Böckenförde*, Grundrechtstheorie und Grundrechtsinterpretation, NJW 1974, 1529 (1530).

[48] Vgl. der Überblick in *Böckenförde*, Grundrechtstheorie und Grundrechtsinterpretation, NJW 1974, 1529 (passim). Die Verschiedenartigkeit der grundrechtlichen Interpretationsschulen zeichnet sich nicht unwesentlich dadurch aus, dass die Ansätze hinsichtlich ihrer Prämissen inkommensurabel sind. Keiner der Ansätze kann einen universellen, dogmatisch logischen Richtigkeitsanspruch beanspruchen; sie können sich lediglich unterschiedlich gut bewähren. Hierzu passt *T. S. Kuhns* These von der beschränkten Vergleichbarkeit wissenschaftlicher Theorien, die schon auf unterschiedlichen Paradigmen beruhen (grundlegend *Kuhn*, Die Struktur wissenschaftlicher Revolutionen, passim). Zu einem pluralen Theorienverständnis hat im Bereich der Grundrechtsinterpretation wesentlich *N. Luhmanns* Beschreibung der „Multifunktionalität“ der Grundrechte beigetragen (*Luhmann*, Grundrechte als Institution, S. 80, 134; hierzu *Stern*, in: Isensee/Kirchhof, Hndb. d. StR IX § 185 Rn. 25).

[49] So auch *Böckenförde*, Grundrechtstheorie und Grundrechtsinterpretation, NJW 1974, 1529 (1529). Dies gilt letztlich für alle Denkrichtungen der Verfassungsinterpretation. S. auch *Kroemer*, Die Grundrechtsbindung Privater, DÖV 2022, 932 (932).

[50] Vgl. *Wrase*, Zwischen Norm und sozialer Wirklichkeit, S. 276 ff., 282; kritisch *Ladeur*, Beobachtung der kollektiven Dimension der Grundrechte, Der Staat 2011, 493 (493): „Er-

Für die Frage nach der Grundrechtswirkung im Bürger-Bürger-Verhältnis sind zwei Prämissen dieser Grundrechtsinterpretation maßgeblich. Beide Prämissen verkörpern ein staatszentriertes Grundrechtsverständnis, das einer Ausweitung unmittelbarer grundrechtlicher Pflichten auf private Rechtssubjekte grundsätzlich entgegensteht.[51]

1. Grundrechte als Abwehrrechte gegen staatliches Handeln

Einerseits betrifft dies die Funktion der Grundrechte als subjektive Abwehrrechte des Einzelnen gegen staatliches Handeln.[52] Das Bundesverfassungsgericht formuliert, dass die Grundrechte „in erster Linie"[53] dem Schutz vor der öffentlichen Gewalt dienen und hierin ihre „Sinnmitte"[54] bzw. ihre „primäre Bedeutung"[55] liegt. Dies spiegelt einen wesentlichen Aspekt der Entstehungsgeschichte der Grundrechte als Abwehrrechte gegen den Staat wider.[56] An dieser herausra-

---

läutert wird dieses verbreitete Grundrechtsverständnis meistens nicht; es scheint sich von selbst zu verstehen." Kritisch zu allgemeinen Grundrechtstheorien: *Sachs*, in: Sachs, GG, Vorb. Rn. 63: „Die Diskussion um ‚Grundrechtstheorien' im Sinne *interpretationsleitender Grundverständnisse* hat eine Zeit lang die Probleme der Grundrechtsinterpretation überlagert [...]."; s. auch *Suhr*, Freiheit durch Geselligkeit, EuGRZ 1984, 529 (529): „Es gibt keine einheitliche ‚Grundrechtstheorie' [...]. Es gibt nur einen Pluralismus solcher Theorien sowie den damit verbundenen methodologischen Eklektizismus und den politischen Opportunismus ihrer Inanspruchnahme." Dagegen *Brugger*, Elemente verfassungsliberaler Grundrechtstheorie, JZ 1987, 633 (633): „Grundrechtstheorie ist [...] unvermeidlich: Jedes Mal, wenn der Verfassungstext und die Verfassungsrechtsdogmatik nicht zu klaren und einsichtigen Ergebnissen führen, ist auf ‚Sinn und Zweck' und die ‚Funktionen' der einschlägigen Grundrechte sowie auf die ‚Werte' der Verfassung zu rekurrieren."

[51] Kritisch *Leisner*, Grundrechte und Privatrecht, S. 312, der es als zirkulär bezeichnet, die Staatsgerichtetheit der Grundrechte als ihnen immanent anzusehen.

[52] Zur Zuordnung der Abwehrrechtstheorie zur klassischen/traditionellen/liberalen Grundrechtstheorie ausführlich *Wrase*, Zwischen Norm und sozialer Wirklichkeit, S. 276 ff.; s. überdies *Ruffert*, Vorrang der Verfassung, S. 88; *Klein*, Grundrechtliche Schutzpflicht, NJW 1989, 1633 (1633); BVerfGE 7, 198 (204); 50, 290 (337); *v. Münch/Kunig*, in: v. Münch/Kunig, GG, Vorb. Art. 1–19 Rn. 15; *Bethge*, Der Grundrechtseingriff, VVDStRL 1998, 7 (14); *Starck*, in: v. Mangoldt/Klein/Starck, GG, Art. 1 Rn. 309 ff.; *Grzeszick*, Rechte und Ansprüche, S. 218; *Aulehner*, Grundrechte und Gesetzgebung, S. 5; *Franke*, Netzausbau zwischen Markt und Staat, S. 14 f.

[53] BVerfGE 7, 198 (204); zu privatrechtlichen Streitigkeiten abgrenzend BVerfGE 13, 318 (325 f.): „Gerade für die Finanzgerichtsbarkeit ist dies von besonderer Bedeutung, da sie nicht über Rechtsstreitigkeiten der Bürger untereinander [...], sondern über Akte einer der wichtigsten staatlichen Eingriffsverwaltungen entscheidet, also zur Wahrung der Grundrechte, die in erster Linie Abwehrrechte des Bürgers gegen den Staat sind, in besonderem Maße berufen ist."

[54] BVerfGE 61, 82 (101).

[55] BVerfGE 50, 290 (337); 115, 320 (358).

[56] *Hornung*, Grundrechtsinnovationen, S. 48; *Starck*, in: v. Mangoldt/Klein/Starck, GG, Art. 1 Rn. 309 f. *Dreier*, Subjektiv-rechtliche und objektiv-rechtliche Grundrechtsgehalte, JURA 1994, 505 (605) weist darauf hin, dass Grundrechte zunächst nicht negatorisch gegen den Staat gerichtet, sondern antifeudal und antiständisch entstanden sind. Die neue Verfas-

genden Stellung ändert auch die Erweiterung der Grundrechtsfunktionen um zusätzliche Dimensionen (z. B. um Leistungs- und Schutzelemente) nichts.[57] Da demnach das Handeln der öffentlichen Gewalt primärer Ausgangspunkt der Grundrechtsbindung ist, erweist sich die traditionelle Grundrechtsdogmatik immer als eine staatszentriert verstandene Dogmatik.[58] Eine wesentliche Ursache dieser Fokussierung ist, dass der Staat anders als Private im Verhältnis zum Einzelnen typischerweise die Möglichkeit besitzt, einseitig durch Befehl und Zwang zu handeln (vgl. S. 51 f.). Als Regulativ dieser Einseitigkeit dienen unter anderem die Grundrechte (vgl. S. 54). Für die Grundrechtsbindung bedeutet dies, dass ihr Adressat zunächst nur die staatliche Gewalt sein kann. Ungeachtet der von ihnen ausgehenden umfassenden Freiheitsbedrohungen, müssen demnach Digitalunternehmen und sonstige Private als Grundrechtsadressaten ausscheiden.

2. Rechtsstaatliches Verteilungsprinzip

Das zweite Kernelement des traditionellen Grundrechtsverständnisses mit besonderer Relevanz für die Drittwirkung ist das sog. rechtsstaatliche Verteilungsprinzip.[59] Sein begrifflicher Urheber *C. Schmitt*, der schlicht vom Verteilungsprinzip sprach, meinte hiermit folgendes:

---

sungsordnung musste schließlich erst entstehen, sodass Grundrechte auch als Rechtssätze zur Gestaltung einer neuen Gesellschaftsordnung dienten; im Subtext kritisch: *Suhr*, Grundrechte gegen die Natur, in: Berichte der Akademie für Naturschutz und Landschaftspflege, 1988, 3 (5): „Uns Grundrechtswissenschaftlern geht eine Sprechweise besonders glatt und selbstverständlich über die Lippen: ‚Die Grundrechte sind klassischerweise Abwehrrechte gegenüber dem Staat‘.“

[57] BVerfGE 115, 320 (358): „Die Grundrechte sind dazu bestimmt, die Freiheitssphäre des Einzelnen vor Eingriffen der öffentlichen Gewalt zu sichern; sie sind Abwehrrechte des Bürgers gegen den Staat. Die Funktion der Grundrechte als objektive Prinzipien und der sich daraus ergebenden Schutzpflichten besteht in der prinzipiellen Verstärkung ihrer Geltungskraft, hat jedoch ihre Wurzel in dieser primären Bedeutung.“ S. auch *Isensee*, in: Isensee/Kirchhof, Hndb. d. StR IX § 191 Rn. 16 f.; *Bethge*, Der Grundrechtseingriff, VVDStRL 1998, 7 (14); *Volkmann*, Solidarität, S. 233; *Tian*, Objektive Grundrechtsfunktionen im Vergleich, S. 24 ff.

[58] *Bethge/v. Coelln*, Grundriss Verfassungsrecht, S. 123 bezeichnen dies als die „Staatsrichtung der Grundrechte“.

[59] Vgl. zur grundlegenden Bedeutung des rechtsstaatlichen Verteilungsprinzips für das traditionelle Grundrechtsverständnis: *Böckenförde*, Grundrechtstheorie und Grundrechtsinterpretation, NJW 1974, 1529 (1530); *Höfling*, Offene Grundrechtsinterpretation, S. 51; *Volkmann*, Solidarität, S. 233; *Depenheuer*, in: Isensee/Kirchhof, Hndb. d. StR IX § 194 Rn. 57; rekurrierend auf den status negativus *Sachs*, in: Merten/Papier, Hndb. d. GR II § 39 Rn. 2 und *Isensee*, Subsidiaritätsprinzip und Verfassungsrecht, S. 153; *Bethge*, Der Grundrechtseingriff, VVDStRL 1998, 7 (11); vgl. auch *Forsthoff*, Der Staat der Industriegesellschaft, S. 151; kritisch *Köppe*, Politische Einheit und pluralistische Gesellschaft, KJ 1997, 45 (52 ff.).

„[D]ie Freiheitssphäre des Einzelnen wird als etwas vor dem Staat Gegebenes vorausgesetzt, und zwar ist die Freiheit des Einzelnen prinzipiell unbegrenzt, während die Befugnis des Staates zu Eingriffen in diese Sphäre prinzipiell begrenzt ist.“[60]

Das rechtsstaatliche Verteilungsprinzip ist Ausdruck einer freiheitssichernden Asymmetrie zwischen dem Staat und dem Einzelnen.[61]

Auch das Bundesverfassungsgericht legt die vom Verteilungsprinzip getroffene Unterscheidung zugrunde, indem es in seiner ständigen Rechtsprechung feststellt, dass „der Bürger prinzipiell frei ist [...und] der Staat prinzipiell gebunden“[62]. Angereichert wird das Verteilungsprinzip teilweise durch das scheinbar formal-logische Konfusionsargument, demnach eine gleichzeitige Grundrechtsverpflichtung und Grundrechtsberechtigung desselben Rechtssubjekts ausscheiden müsse.[63] Für private Rechtssubjekte kommt hiernach aufgrund ihrer Grundrechtsberechtigung eine Grundrechtsbindung nicht in Betracht. Private handeln somit ohne Rücksicht auf verfassungsrechtliche Anforderungen. Das Verteilungsprinzip und das Konfusionsargument verankern auf grundrechtsdogmatischer Ebene eine Unterscheidung zwischen Staat und Gesellschaft.[64]

Die grundrechtstheoretische Gegenüberstellung von Staat und Gesellschaft beschreibt *J. Isensee* als „Polarität zwischen Individualfreiheit und Staatsgewalt.“[65] Die verfassungsgemäße Aufgabe des Staates besteht verkürzt gesprochen darin, das Allgemeinwohl zu verwirklichen.[66] Hierzu verleiht ihm das Grundge-

---

[60] *Schmitt*, Verfassungslehre, S. 126. Sein Ursprung ist nach *C. Schmitt* das Verfassungsideal des bürgerlichen Individualismus und damit die bürgerliche Freiheit (*Schmitt*, Verfassungslehre, S. 126). Als späterem Befürworter des Nationalsozialismus blieb für *C. Schmitt* von dieser gedachten Trennung zwischen Staat und Gesellschaft bekanntlich nichts mehr übrig (*Schmitt*, Nationalsozialismus und Rechtsstaat, JW 1934, 713 [714 f.]: „Dieser Rechtsstaat soll ein Staat sein, in dem Staat und bürgerliche Gesellschaft organisch verbunden sind und der Dualismus beider, der fortwährende, offene oder latente Konflikt zwischen Staat und Bürger, Regierung und Parlament, Exekutive und Legislative durch ‚integrierende‘ Einrichtungen und Methoden überwunden ist“; s. auch *Hofmann*, Legitimität gegen Legalität, S. 185 ff.) Vgl. grundlegend zum rechtsstaatlichen Verteilungsprinzip *Isensee*, in: Isensee/Kirchhof, Hndb. d. StR II § 15 Rn. 174 ff.; *Bethge*, Der Grundrechtseingriff, VVDStRL 1998, 7 (11); zum Begriff der „Vorstaatlichkeit“ in diesem Kontext *Dreier*, in: Dreier, GG, Vorb. vor Art. 1 Rn. 70. *Poscher*, Grundrechte als Abwehrrechte, S. 32 f. fügt hinzu, dass die Absicht *Schmitts* gleichwohl eine polemische war, weil das Verteilungsprinzip es gerade verhindere, dass die Gesellschaft in der politischen Ordnung aufgeht. Dies widersprach den totalisierenden Staatsvorstellungen *Schmitts*.

[61] Den Begriff der rechtsstaatlichen Asymmetrie verwendete das Bundesverfassungsgericht in diesem Zusammenhang (vgl. BVerfGE 148, 267 [282]; 152, 152 [190]).

[62] Vgl. BVerfGE 6, 32 (42); 38, 281 (298); 13, 97 (105); 42, 263 (295); 128, 226 (244 f.) und unter Berufung hierauf BVerfGE 148, 267 (282).

[63] Zur Kritik hieran vgl. Fn. 293, Kapitel 5.

[64] So für das Konfusionsargument *Kingreen*, Das Verfassungsrecht der Zwischenschicht, JöR 2017, 1 (6).

[65] *Isensee*, in: Isensee/Kirchhof, Hndb. d. StR II § 15 Rn. 174.

[66] Vgl. *Isensee*, in: Insensee/Kirchhof, Hndb. d. StR IV § 71 Rn. 11.

setz zahlreiche Befugnisse (z. B. gesetzesmäßige Beschränkungen der persönlichen Freiheit), die wiederum durch Pflichten (u. a. Grundrechtsbindung) begrenzt werden. Für Private sind verfassungsrechtliche Pflichten im Grundgesetz nur ausnahmsweise normiert (sog. Grundpflichten[67]). Insbesondere stellen sie keinen „auf gleicher Ebene angesiedelten Widerpart der Grundrechte“[68] dar. Ein anderes Verständnis stünde gerade im Widerspruch zum rechtsstaatlichen Verteilungsprinzip.[69] Dass die rechtsstaatlich-liberal verstandene Verfassung grundsätzlich keine Pflichten statuiert, sondern im Ausgangspunkt persönliche Freiheiten gewährt, manifestiert sich im Hinblick auf Privatrechtsbeziehungen vor allem im Grundsatz der Privatautonomie. Aus den Gewährleistungen des Art. 2 Abs. 1 GG folgt demnach die Freiheit des Individuums, Rechtsverhältnisse nach dem eigenen Willen zu gestalten.[70]

II. Dogmatische Struktur der mittelbaren Drittwirkung

1. Grundannahmen

Nach dem klassischen Grundrechtsverständnis kann innergesellschaftlichen Freiheitsgefährdungen nicht mit den Grundrechten in ihrer subjektiv-abwehrrechtlichen Schutzwirkung begegnet werden.[71] Zumindest wird eine unmittelbare Grundrechtsverpflichtung Privater im Sinne der staatlichen Grundrechtsbindung ganz überwiegend abgelehnt.[72] Ein reiner Adressatenaustausch der Grund-

---

[67] Hierzu umfassend *Stober*, Grundpflichten und Grundgesetz, passim (zur Begründung von Grundpflichten insb. S. 15 ff); siehe auch *Götz*, Grundpflichten als verfassungsrechtliche Dimension, VVDStRL 1983, 8 (12 ff.); *de Wall/Wagner*, Die sog. Drittwirkung, JA 2011, 734 (736). Im Rahmen des Verfassungskonventes auf Herrenchiemsee sah der Bayerische Entwurf eines Grundgesetzes etwaige Grundpflichten noch vor (vgl. Bundestag, Der Parlamentarische Rat 1948–1949, Bd. 2 Dok. Nr. 1 S. 47).

[68] *Dreier*, Der freiheitliche Verfassungsstaat, RW 2010, 11 (23).

[69] Vgl. *Klein*, Über Grundpflichten, Der Staat 1975, 153 (157 f.).

[70] BVerfGE 8, 274 (328); 72, 155 (170); 89, 214 (231). In der GRCh kann man diese Gewährleistung u. a. in Art. 16 verorten (näher dazu *Schöbener*, in: GS-Tettinger, 159 [167 f.]).

[71] Vgl. nur *Aulehner*, Grundrechte und Gesetzgebung, S. 5. Daher *Grabitz*, Freiheit und Verfassungsrecht, S. 48 f.: „Die Drittwirkung der Grundrechte wird deshalb fast ausnahmslos aus Gehalten der Grundrechtsbestimmungen begründet, von denen angenommen wird, dass sie außerhalb ihrer Struktur als subjektiv-öffentliche Abwehrrechte liegen. Sowohl die Vertreter einer *unmittelbaren* als auch die Vertreter einer *mittelbaren* Drittwirkung leiten die normative Geltung der Grundrechte innerhalb der Privatrechtsordnung aus einer *objektiven Wertordnung* ab“; kritisch *Hager*, Grundrechte im Privatrecht, JZ 1994, 373 (373 f., 383).

[72] Vgl. nur *Dürig*, in: FS-Nawiasky, S. 157 (167 ff.); *Höfling*, in: Sachs, GG, Art. 1 Rn. 116 ff.; *Hesse*, Unterscheidung von Staat und Gesellschaft, DÖV 1975, 437 (442); *Vitzhum*, in: Merten/Papier, Hndb. d. GR II § 48 Rn. 6 f.; *Suhr*, Entfaltung der Menschen, S. 130; *Dreier*, Dimensionen der Grundrechte, S. 43; *Starck*, in: v. Mangoldt/Klein/Starck, GG, Art. 1 Rn. 303; *Antoni*, in: Hömig/Wolff, GG, Art. 1 Rn. 6; *Herdegen*, in: Maunz/Dürig, GG, Art. 1 Abs. 3 Rn. 113; *Neuner*, Das BVerfG im Labyrinth der Drittwirkung, NJW 2020, 1851

rechte sei mit der Tatsache, dass sich im Bürger-Bürger-Verhältnis zwei Grundrechtsträger gegenüberstehen, unvereinbar.[73] Nah an der Tautologie formuliert *R. Alexy*: „Ein Recht des Bürgers gegen den Staat ist als solches definitionsgemäß kein Recht des Bürgers gegen einen Bürger."[74]

Gleichwohl nehmen Rechtsprechung und Schrifttum an, dass sich die Wirkung der Grundrechte nicht in der abwehrrechtlichen Dimension des Staat-Bürger-Verhältnisses erschöpft.[75] Um der grundrechtlichen Abstinenz privater Rechtsverhältnisse entgegenzuwirken, erkannte das Bundesverfassungsgericht früh an, dass das Grundgesetz „in seinem Grundrechtsabschnitt auch eine objektive Wertordnung aufgerichtet hat und daß gerade hierin eine prinzipielle Verstärkung der Geltungskraft der Grundrechte zum Ausdruck kommt."[76] Das Gericht folgerte hieraus, dass die Grundrechte „als verfassungsrechtliche Grundentscheidung für alle Bereiche des Rechts gelten"[77], also auch für das bürgerliche Recht. Für zivilrechtliche Streitigkeiten bedeutet dies, dass ein Zivilgericht die Vorschriften des bürgerlichen Rechts im Lichte des Grundgesetzes anwenden muss (sog. Ausstrahlungswirkung). Als theoretischer Erklärungsansatz hierfür wird neben der objektiven Wertordnung vor allem auf die Schutzpflichtendimen-

---

(1852); *de Wall/Wagner*, Die sog. Drittwirkung, JA 2011, 734 (736); deutlich *Forsthoff*, Der Staat der Industriegesellschaft, S. 149, 153 f.; im Kontext technischer Innovationen: *Hoffmann-Riem*, Innovation und Recht, S. 283; aus der jüngeren Rspr. BVerfGE 148, 267 (280); anders BVerfGE 128, 226 (248), wenn explizit von einer grundrechtlichen „Pflicht" zulasten Privater gesprochen wird; a. A. auch *Christensen/Fischer-Lescano*, Das Ganze des Rechts, S. 265.

[73] *Alexy*, Theorie der Grundrechte, S. 484; *Bethge*, Zur Problematik von Grundrechtskollisionen, S. 395 f.

[74] *Alexy*, Theorie der Grundrechte, S. 489.

[75] Vgl. *Alexy*, Theorie der Grundrechte, S. 480; *Borowski*, in: Sandkühler (Hrsg.), Menschenrechte in die Zukunft denken, S. 111; *Tsiliotis*, Der verfassungsrechtliche Schutz der Wettbewerbsfreiheit, S. 499 m. w. N. zum „Ob" der Grundrechtswirkung unter Privaten.

[76] Vgl. BVerfGE 7, 198 (205); 25, 256 (263); 33, 1 (12); vgl. aus der jüngeren Rspr. des Bundesverfassungsgerichts etwa BVerfGE 148, 267 (280). Die Idee der objektiven Wertordnung und der Ausstrahlungswirkung ist nicht erst seit dem Lüth-Urteil bekannt (vertiefend zur Pre-Lüth-Phase: *Ramadori*, Grundrechte als objektive Werte, in: Grimm [Hrsg.], Vorbereiter – Nachbereiter?, S. 40 ff.; *Poscher*, Grundrechte als Abwehrrechte, S. 234 ff.; *Grimm*, Die Zukunft der Verfassung I, 227 sieht im Lüth-Urteil daher eine „Wiederentdeckung" der objektiv-rechtlichen Dimension der Grundrechte).

[77] BVerfGE 7, 198 (205). *Hoffmann-Riem*, Innovation und Recht, S. 541 merkt hierzu an: „Der damalige Berichterstatter soll später einmal gesagt haben, hätten die Richter vorhergesehen, welche grundsätzlichen Folgen ihre Entscheidung haben würde, hätten sie sie vermutlich so nicht getroffen. Dies mag so sein und würde verdeutlichen, dass richterliche Rechtsfortbildung ihrerseits offen für einen Dialog in der Zukunft ist und Ausgangspunkt für weitere Neuerungen sein kann, an denen die verschiedenen Akteure der Rechtsentwicklung, darunter auch die der Wissenschaft, Anteil haben."

sion der Grundrechte verwiesen.[78] Auch abseits klassischer Grundrechtseingriffe wird der Staat insoweit zu einer umfassenden „Grundrechtsverbürgungsanstalt“[79].

Die Anwendung der Grundrechte in Privatrechtsverhältnissen führt zu einer einzelfallbezogenen Abwägung der Grundrechtspositionen der sich gegenüberstehenden Parteien, ohne dass es hierbei eine abwägungsleitende Vorrangregel gäbe[80], wie sie im Staat-Bürger-Verhältnis das rechtsstaatliche Verteilungsprinzip zugunsten der Freiheit des Bürgers konstituiert.[81] Unmittelbar grundrechtsverpflichtet bleibt ausschließlich der Staat[82], nur mittelbar sollen sich die Grundrechte auf die Rechtsbeziehungen zwischen Privaten auswirken. Der Schutz der Grundrechte entfaltet sich zwischen Privaten somit erst mediatisiert durch hoheitliche Entscheidungen, deren Grundlage stets das einfache Recht ist.[83] Die Drittwirkung bleibt in der traditionellen Grundrechtstheorie ein staatszentriertes Instrument der Grundrechtswirkung.[84]

2. *Kritik: „Mittelbare Wirkung“ als Formelkompromiss*

Dogmatisch verbleiben Bedenken gegenüber der Konstruktion der *mittelbaren* Drittwirkung. Zweifelhaft erscheint es zunächst aus rechtstheoretischer Sicht, Rechtsnormen eine nur mittelbare Wirkung zuzusprechen. Dies ist für das Rechtssystem, in dem Rechtssätze entweder Anwendung finden oder nicht, untypisch. Weiterhin bleibt im Hinblick auf die unterschiedlichen Rechtsverhältnisse (Staat-Bürger, Bürger-Bürger oder Dreiecksverhältnis zwischen den privaten Parteien und dem Staat) offen, an welcher Stelle die Grundrechtswirkung genau ansetzt. Die textlichen Vorgaben des Grundgesetzes vermögen etwaige Unstimmigkeiten nicht auszuräumen.

Der von der klassischen Grundrechtslehre betonte Vorbehalt der *Mittelbarkeit* versucht eine Brücke zu schlagen zwischen der primären Staatsgerichtetheit der Grundrechte und dem gleichzeitig bestehenden Bedürfnis nach ihrer Geltung auch im Bürger-Bürger-Verhältnis. Dieser Zielkonflikt zeigt sich pointiert im Rahmen der Abgrenzung zwischen den Theorien der mittelbaren und der un-

[78] *Unruh*, Zur Dogmatik der grundrechtlichen Schutzpflichten, S. 71 ff. m. w. N.

[79] *Bethge/v. Coelln*, Grundriss Verfassungsrecht, S. 123.

[80] Vgl. BVerfGE 152, 152 (188).

[81] Hierzu s. o. auf S. 17 ff.

[82] Vgl. *Höfling*, in: Sachs, GG, Art. 1 Rn. 119; *Jobst*, Unmittelbare Grundrechtsbindung, NJW 2020, 11 (11).

[83] Vgl. *Stern*, Staatsrecht III § 76 IV 7; *Canaris*, in: Bauer/Czybulka/Kahl/Voßkuhle (Hrsg.), Umwelt, Wirtschaft und Recht, S. 39 f.; *Barczack*, in: Scheffczyk/Wolter (Hrsg.), Linien der Rspr. des Bundesverfassungsgerichts, Bd. 4, S. 104. Unter diesem Gesichtspunkt wird der Begriff der Drittwirkung kritisiert, da gerade nicht Private Adressaten der Grundrechte werden (vgl. *Jarass*, in: Merten/Papier, Hndb. d. GR II Rn. 65).

[84] S. exemplarisch *Borowski*, in: Sandkühler (Hrsg.), Menschenrechte in die Zukunft denken, S. 117 f.

mittelbaren Drittwirkung, die seit jeher unterschiedlich interpretiert wird. Die Kernfrage dieser Abgrenzung ist, ob sich eine unmittelbar subjektiv-rechtliche Wirkung im Bürger-Bürger-Verhältnis unabhängig vom Tätigwerden der Gerichte entfaltet oder ob die Grundrechtswirkung erst über eine richterliche Auslegung eintritt.[85] Die Lehre der unmittelbaren Drittwirkung erkennt eine Grundrechtswirkung direkt im Bürger-Bürger-Verhältnis an.[86] Die Theorie der mittelbaren Drittwirkung muss hingegen begründen, wie die Grundrechte in das Privatrechtsverhältnis hineinwirken, ohne dass die Parteien unmittelbar an sie gebunden sind.

Die gesetzestextliche Auseinandersetzung mit dieser Problematik fällt im wissenschaftlichen Diskurs in der Regel knapp aus. Insoweit wird ein Umkehrschluss aus Art. 1 Abs. 3 GG ins Feld geführt, um eine unmittelbare Grundrechtsbindung Privater zu verneinen.[87] Überdies ergebe sich aus Art. 9 Abs. 3 GG und Art. 48 Abs. 1, 2 GG, dass sich die grundrechtlichen Verpflichtungen Privater auf den Anwendungsbereich nur dieser Normen beschränkten.[88] Beide Argumente sind in sich logisch, die Überzeugungskraft des jeweils vorgenommenen Umkehrschlusses bleibt jedoch begrenzt.[89] Im Rahmen des juristisch Vertretbaren kann ebenso argumentiert werden, dass es sich bei den entsprechenden Normen nicht um eine exklusive Anordnung der Grundrechtsbindung, sondern nur um beispielhafte Aufzählungen handelt.[90] Insoweit ist die normtextliche Begrün-

---

[85] Vgl. *Canaris*, Grundrechte und Privatrecht, AcP 1984, 201 (242); s. auch *Borowski*, in: Sandkühler (Hrsg.), Menschenrechte in die Zukunft denken, S. 117.

[86] Vgl. *Guckelberger*, Drittwirkung der Grundrechte, JuS 2003, 1151 (1153); *Starck*, in: v. Mangoldt/Klein/Starck, GG, Art. 1 Rn. 305.

[87] Hierzu und zum nachfolgenden Argument: *Neuner*, Das BVerfG im Labyrinth der Drittwirkung, NJW 2020, 1851 (1853 f.); *Guckelberger*, Die Drittwirkung der Grundrechte, JuS 2003, 1151 (1153); *de Wall/Wagner*, Die sog. Drittwirkung, JA 2011, 734 (736); *Bethge/v. Coelln*, Grundriss Verfassungsrecht, S. 124; *Epping*, Grundrechte, Rn. 346; *Herdegen*, in: Maunz/Dürig, GG, Art. 1 Abs. 3 Rn. 64; *Kempen*, in: Merten/Papier, Hndb. d. GR § 54 Rn. 69; *Höfling*, in: Sachs, GG, Art. 1 Rn. 116; *Jocham*, Die Grenzen der richterlichen Rechtsfortbildung im Privatrecht, S. 209; *Tsiliotis*, Der verfassungsrechtliche Schutz der Wettbewerbsfreiheit, S. 510 f.; *Buchner*, Informationelle Selbstbestimmung im Privatrecht, S. 48; *Tschorr*, Soziale Netzwerke, MMR 2021, 204 (206) bezeichnet eine andere Sichtweise im Hinblick auf Art. 1 Abs. 3 GG als „fatal", was ohne tiefergehende Begründung als etwas übertriebene Aussage daherkommt. Ähnlich fernliegend *Schubert*, (Keine) unmittelbare Grundrechtsbindung von Facebook?, ZUM-RD 2019, 431 (432), der gegen die unmittelbare Grundrechtsbindung Privater die Unveränderbarkeit des Art. 1 Abs. 3 GG (vgl. Art. 79 Abs. 3 GG) anführt, dieses voraussetzungsvolle Argument jedoch nicht vertieft.

[88] *Suhr*, Entfaltung der Menschen, S. 145 f. nennt zudem noch das Widerstandsrecht aus Art. 20 Abs. 4 GG, das seinem Wortlaut nach („Gegen jeden") auch im Bürger-Bürger-Verhältnis gilt (so auch *Wittreck*, in: Dreier, GG, Art. 20 Abs. 4 Rn. 20).

[89] *Kunig/Kotzur*, in: v. Münch/Kunig, GG, Art. 1 Rn. 73; allgemein zum nicht zwingenden Charakter eines argumentum e contrario: *Larenz*, Methodenlehre, S. 390; *Kelsen*, Reine Rechtslehre, S. 603.

[90] Zum unionsrechtlichen Äquivalent des Art. 1 Abs. 3 GG (Art. 51 Abs. 1 GRCh) vgl. EuGH, Urt. v. 6.11.2018, C-569/16, C-570/16, Rn. 87: „Hingegen trifft Art. 51 Abs. 1 der

dung für die mittelbare Drittwirkung schlüssig, aber alles andere als zwingend. Aus historischer Perspektive hat *C. Gusy* zutreffend darauf hingewiesen, dass die Frage im Parlamentarischen Rat nur rudimentär anklang, ohne jedoch – positiv oder negativ – entschieden zu werden.[91]

Gegen die Differenzierung zwischen mittelbarer und unmittelbarer Drittwirkung wurde wiederholt vorgebracht, dass beide Ansätze zu denselben Ergebnissen führen würden.[92] Auch wenn Private gegenüber anderen Privaten im Sinne der unmittelbaren Drittwirkung Grundrechte als subjektive Rechte ins Feld führen könnten, stünden sich am Ende zwei Grundrechtsberechtigte gegenüber, deren Grundrechtspositionen durch eine Abwägung miteinander in Einklang zu bringen wären.[93] Nichts anderes geschehe auch im Wege der mittelbaren Drittwirkung, nach der die Grundrechte jedoch erst über die Anwendung einfachgesetzlicher Normen und deren richterliche Auslegung zur Geltung kommen.[94] *M. Kumm* stellt insoweit die These auf, dass eine Verfassungsnorm, die eine unmittelbare Drittwirkung normieren würde, keinen Einfluss auf die bisherige Praxis hätte.[95] Man kann diesen Gedanken folgendermaßen konkretisieren: Kommt es in einem Bürger-Bürger-Verhältnis zu einer unzulässigen Verkürzung der Grundrechte der einen Partei, hat dies unmittelbare Auswirkungen auf das Ergebnis der richterlichen Rechtsauslegung.[96] Grundrechte sind dann nicht nur Teil einer irgendwie gearteten „objektiven Wertordnung“, sondern sie bestimmen unmittelbar die materielle Rechtslage und sind schon vor dem Richterspruch durch Private zu berücksichtigen.[97]

Gleichwohl wird das relevante Rechtsverhältnis, in dem sich die Grundrechte unmittelbar entfalten, nach diesem Verständnis nicht zwischen Privaten, sondern zwischen der Judikative und dem Bürger identifiziert.[98] Damit trifft die traditi-

---

Charta keine Regelung darüber, ob Privatpersonen gegebenenfalls unmittelbar zur Einhaltung einzelner Bestimmungen der Charta verpflichtet sein können, und kann demnach nicht dahin ausgelegt werden, dass dies kategorisch ausgeschlossen wäre.“

[91] Vgl. *Gusy*, in: Masing/Jestaedt/Capitant/Le Divellec, Strukturfragen des Grundrechtsschutzes in Europa, S. 95; s. auch *Leisner*, Grundrechte und Privatrecht, S. 313 f. (insb. die Nachweise in Fn. 74a).

[92] Vgl. *Canaris*, Grundrechte und Privatrecht, AcP 1984, 201 (242) sowie die folgenden Nachweise.

[93] *Alexy*, Theorie der Grundrechte, S. 484; *Kainer*, in: FS-Müller-Graff, 484 (486).

[94] Hierzu im Detail *Alexy*, Theorie der Grundrechte, S. 481 ff. m. w. N.

[95] *Kumm*, Who is Afraid of the Total Constitution?, GLJ 2006, 341 (349 f.): „A constitutional amendment explicitly establishing that constitutional rights have direct horizontal effect in Germany would neither impede the liberty of economic actors, nor would it provide additional protection for weaker economic parties. As a matter of substantive law and institutional division of labor, it would simply leave things as they are.“

[96] *Kingreen*, Das Verfassungsrecht der Zwischenschicht, JöR 2017, 1 (8), bezeichnet die mittelbare Drittwirkung daher als „rhetorische Tarnungen der grundrechtlichen Inpflichtnahme Privater“.

[97] Vgl. auch die Kritik bei *Christensen/Fischer-Lescano*, Das Ganze des Rechts, S. 5.

[98] So i. E. *Guckelberger*, Die Drittwirkung der Grundrechte, JuS 2003, 1151 (1154 ff.);

onelle Grundrechtslehre die eigenartige Konsequenz, dass sich erst im Moment der zivilgerichtlichen Rechtsauslegung die materielle Rechtslage zwischen den Privaten ändern soll.[99] Rein dogmatisch ist die Mittelbarkeit der Privatrechtswirkung der Grundrechte nur schwerlich aufrecht zu erhalten, da nicht schlüssig erklärt werden kann, worin sie genau besteht.[100] Dennoch überlebt das Konstrukt der mittelbaren Drittwirkung bis heute. Grundrechtstheoretisch wird man es als dilatorischen Formelkompromiss bezeichnen können – mit einer klaren Absage an eine unmittelbare Drittwirkung, ohne jedoch ein überzeugendes dogmatisches Fundament für eine mittelbare Drittwirkung liefern zu können.[101]

III. Staatstheoretische Prämissen der mittelbaren Drittwirkung

Erkenntnisreichere Begründungsansätze einer nur mittelbaren Drittwirkung finden sich abseits des soeben aufgezeigten Argumentationsrahmens. Bei näherem Hinsehen wird deutlich, dass der Diskurs über die Drittwirkung von grundsätzlicheren, teils vornormativen Fragen der Grundrechts- und Staatstheorie geprägt ist.

So dient als staatstheoretischer Überbau der Drittwirkungsdogmatik eine kategoriale Unterscheidung zwischen Staat und Gesellschaft, mit der Folge, dass grundrechtliche Pflichten ausschließlich der staatlichen Gewalt, nicht jedoch privaten Akteuren zugeordnet werden.

1. Staatstheoretisches Gepräge der Drittwirkungsdiskussion

In der klassisch-liberalen Lesart beziehen sich die Befürworter einer mittelbaren Drittwirkung auf die Prämissen der primär abwehrrechtlichen Funktion der Grundrechte und des rechtsstaatlichen Verteilungsprinzips.[102] Beide Annahmen streiten gegen eine unmittelbare Verpflichtung Privater. In einer dichotomischen

---

Dreier, in: Dreier, GG, Vorb. zu Art. 1 Rn. 98; *Herdegen*, in: Maunz/Dürig, GG, Art. 1 Abs. 3 Rn. 112.

[99] Dass dies schon verfassungsprozessual nicht überzeugen kann, wird in *Canaris*, Grundrechte und Privatrecht, AcP 1984, 201 (224 f.) dargelegt.

[100] Vgl. *Jocham*, Die Grenzen der richterlichen Rechtsfortbildung im Privatrecht, S. 211; daher *Volkmann*, in: Herdegen/Masing/Poscher/Gärditz, Hndb. d. Verfassungsrechts, § 16 Rn. 33: „Im Ergebnis erscheinen damit die Rechtsbeziehungen unter den Bürgern immer stärker grundrechtlich imprägniert, und zwar mittlerweile in einer Breite und Tiefe, die die Rede von der nur ‚mittelbaren' Drittwirkung als mehr oder weniger rhetorischen Vorbehalt erscheinen lässt, in der Sache jedenfalls von einer unmittelbaren Drittwirkung kaum mehr unterschieden ist."

[101] Zu den zahlreichen Konfliktlinien, die die Figur der grundrechtlichen Drittwirkung vermessen muss vgl. *Kroemer*, Die Grundrechtsbindung Privater im Widerstreit zwischen gesellschaftlicher Freiheit und staatlicher Verantwortung, in: JTÖR 2022, 23 (25 ff.).

[102] Den Grundrechten in der klassischen Interpretation wird insoweit ein ihnen zugrundeliegendes Staatsverständnis unterstellt (so *Köppe*, Politische Einheit und pluralistische Gesellschaft, KJ 1997, 45 [52]).

Argumentationsstruktur, die staatsgerichtete Pflichten und private Freiheiten gegenüberstellt, wird vorgebracht, dass eine unmittelbare Drittwirkung die Freiheit privater Rechtssubjekte zu sehr einschränken würde.[103] Von den spontanen und willkürlichen Elementen der Privatautonomie, die der Gesellschaft eigen sind, bliebe bei einer staatsgleichen Grundrechtsbindung Privater nichts übrig. Teilweise wird gar auf eine „rechtspsychologische"[104] Funktion der nur mittelbaren Drittwirkung abgestellt, die den Zivilrichter davon abhalten soll, allzu leichtfertig privatautonome Entscheidungen durch grundrechtliche Wertungen infrage zu stellen.

Das staatstheoretische Gepräge dieser Argumentation wird erkennbar bei *F. Becker*:

„Diese Konstruktion [mittelbare Drittwirkung] hat bislang sichergestellt, dass eine für den freiheitlichen Rechtsstaat wichtige Distinktion (mühsam) aufrechterhalten werden kann: Die Differenzierung zwischen Grundrechtsberechtigung und Grundrechtsverpflichtung, die entlang der Grenze von Gesellschaft und Staatlichkeit, von individueller Freiheit und verfassungsrechtlicher Beschränkung verläuft."[105]

Das bereits angeführte Argument *R. Alexys*, dass ein Recht des Bürgers gegen den Staat definitionsgemäß kein Recht des Bürgers gegen einen Bürger sei[106], zielt gerade nicht nur auf die dogmatische Unterscheidung zwischen den Rechtsverhältnissen Staat-Bürger und Bürger-Bürger ab, sondern auf die materiellen Verschiedenheiten der jeweiligen Rechtsverhältnisse.[107] Hierzu wird angeführt, dass das auf Einseitigkeit und Zwang beruhende Staat-Bürger-Verhältnis nicht mit dem auf Freiheit und Gleichheit beruhenden Bürger-Bürger-Verhältnis verglichen werden könne.[108] Letzteres zeichne sich dadurch aus, dass sich gerade zwei grundrechtsberechtigte Rechtssubjekte gegenüberstünden. Für eine unmittelbare Grundrechtsverpflichtung sei insofern kein Raum.

Der Grund dafür, dass die Prämissen der traditionellen Grundrechtstheorie überhaupt wirksam werden können und insoweit die *Mittelbarkeit* der Drittwirkung betont wird, liegt in einer kategorialen Unterscheidung zwischen den Ebenen *Staat* und *Gesellschaft*.[109] Beiden Bereichen werden unterschiedliche Rechts-

---

[103] *Dürig*, in: FS-Nawiasky, S. 157 (168); *Starck*, Der demokratische Verfassungsstaat, S. 212; *Hesse*, Grundzüge des Verfassungsrechts, S. X; *Guckelberger*, Die Drittwirkung der Grundrechte, JuS 2003, 1151 (1153); *Herdegen*, in: Maunz/Dürig, GG, Art. 1 Abs. 3 Rn. 64.

[104] So *Bachmann*, Nationales Privatrecht im Spannungsfeld der Grundfreiheiten, AcP 2010, 424 (472).

[105] *Becker*, Öffentliches und Privates Recht, NVwZ 2019, 1385 (1390).

[106] S. o. auf S. 19 f.

[107] Vgl. *Alexy*, Theorie der Grundrechte, S. 489 f.; s. auch *Rupp*, „Dienende Grundrechte", „Bürgergesellschaft", „Drittwirkung" der Grundrechte, JZ 2001, 271 (275); *Wente*, Informationelles Selbstbestimmungsrecht und absolute Drittwirkung der Grundrechte, NJW 1984, 1446 (1446); *Majer*, Das Ende der Privatautonomie?, JR 2015, 107 (113).

[108] Vgl. *Stern*, Staatsrecht Bd III/1 § 76 III 2 b; *Rupp*, in: Isensee/Kirchhof, Hndb. d. StR II § 31 Rn. 34; s. auch *Rüfner*, in: Isensee/Kirchhof, Hndb. d StR § 197 Rn. 103; *Krause*, Die Rechtsprechung des Bundesverfassungsgerichts zum Privatrecht, JZ 1984, 656 (657 f.).

[109] S. auch *Canaris*, in: Bauer/Czybulka/Kahl/Voßkuhle (Hrsg.), Umwelt, Wirtschaft und Recht, S. 36, der dies als das „Zentrum der Problematik bezeichnet."

und Ordnungsprinzipien zugeschrieben. Die Wirkungsweise der Grundrechte vollzieht sich primär im Staat-Bürger-Verhältnis. Das Bürger-Bürger-Verhältnis sei hiervon strikt zu unterscheiden. Die Mittelbarkeit der Drittwirkung unterstreicht eben diese Differenz.[110] Sie erkennt zwar an, dass sich Grundrechte auch auf das Bürger-Bürger-Verhältnis auswirken können, ihre Wirkungsweise soll jedoch eine grundverschiedene zu derjenigen im Staat-Bürger-Verhältnis sein. Die Unterscheidung zwischen Staat und Gesellschaft betrifft daher ebenso wie die Unterscheidung zwischen mittelbarer und unmittelbarer Drittwirkung die Diskrepanz zwischen der ausschließlichen Staatsgerichtetheit der Grundrechte und ihrer Wirkung im Bürger-Bürger-Verhältnis.

2. *Staat-Gesellschaft-Dualismus*

Die Unterscheidung zwischen Staat und Gesellschaft bildet einen grundlegenden Argumentationstopos der klassischen Grundrechtsinterpretation.[111] Staat und Gesellschaft müssen sowohl im Abwehrrechtsdenken als auch im Rahmen des rechtsstaatlichen Verteilungsprinzips begriffsnotwendig unterschieden werden, da sie sich dort jeweils gegenüberstehen. Die subjektiv-abwehrrechtliche Dimension bezieht sich ausschließlich auf staatliches Handeln und nicht auf solches privater bzw. gesellschaftlicher Akteure. Interpretiert man Art. 1 Abs. 3 GG als Verpflichtung ausschließlich der staatlichen Gewalt, muss hiervon denklogisch das private Rechtssubjekt unterschieden werden.[112] Im folgenden Abschnitt wird die dichotomische Argumentationsstruktur zunächst anhand der einschlägigen Literatur verdeutlicht. Im Anschluss hieran stellt sich die Frage, welche rechtliche Qualität der Unterscheidung zwischen Staat und Gesellschaft zukommt und welche Auswirkungen sie auf die Auslegung der Grundrechtsbindung Privater hat.

---

[110] Dieser Zusammenhang wird in der Literatur nur selten explizit benannt (so z. B. bei *Huber*, in: FS-Schröder, 335 [336]: „Die Unterscheidung zwischen unmittelbarer und mittelbarer Wirkung der Grundrechte beruht auf der kategorialen Unterscheidung zwischen Staat und Gesellschaft […]"; *Canaris*, in: Bauer/Czybulka/Kahl/Voßkuhle [Hrsg.], Umwelt, Wirtschaft und Recht, S. 36: „Demgemäß droht die Lehre von der unmittelbaren Drittwirkung letztlich geradezu den Unterschied zwischen Staat und Gesellschaft einzuebnen").

[111] Vgl. *Grzeszick*, Rechte und Ansprüche, S. 219; *Rupp*, in: Isensee/Kirchhof, Hndb. d. StR II § 31 Rn. 29; *Jestaedt*, Demokratieprinzip und Kondominialverwaltung, S. 181; *Burgi*, Funktionale Privatisierung, S. 24 f.; *Malaviya*, Verteilungsentscheidungen, S. 12 f.; *Zippelius*, Allg. Staatslehre, S. 216; *Hufen*, Die Grundrechte und der Vorbehalt des Gesetzes, S. 277. Eine jeweils spezifisch vorausgesetzte Ordnungsvorstellung findet sich in allen Ansätzen der Grundrechtsinterpretation (*Böckenförde*, Grundrechtstheorie und Grundrechtsinterpretation, NJW 1974, 1529 [1537]); zur Verfassung als Ausdruck einer „spezifische[n] Ordnungsvorstellung": *Anter*, Die Macht der Ordnung, S. 162 f.; *Häberle*, Verfassungslehre als Kulturwissenschaft, S. 118 f.

[112] So etwa *Weiß*, Privatisierung und Staatsaufgaben, S. 15 f.; *Isensee*, Subsidiaritätsprinzip und Verfassungsrecht, S. 158; *Jaguttis*, Gesteuerte Freiheit, S. 58.

a) Ordnungsidee der traditionellen Staats- und Grundrechtslehre

Die traditionelle Staatslehre setzt den Staat-Gesellschaft-Dualismus als unverrückbares Ordnungsprinzip voraus. Der Dualismus stellt in dieser Lesart nicht weniger als ein „fundamentales Strukturelement der Staatlichkeit“[113], eine „Grundbedingung der liberalen Freiheit“[114] sowie „einen grundlegenden Unterschied von System- und Rechtsstrukturen beider Bereiche [Staat und Gesellschaft]“[115] dar. Im historischen Kontext des „totalen Staates“ kommentierte *G. Dürig*: „[…] wenn Staat und Gesellschaft deckungsgleich werden, dann, meine Herren, gehen mal wieder die Lichter aus.“[116] Nicht minder bedeutungsvoll wird der Staat-Gesellschaft-Dualismus als „Schicksalsfrage nach einem liberalen und freiheitlichen Gemeinwesen“[117] bezeichnet. Weitere Formulierungen dieser Art sind vielfach auffindbar.[118]

Die Zugrundelegung des Staat-Gesellschaft-Dualismus findet sich nicht nur in allgemeinen staatstheoretischen Ausführungen, sondern auch explizit im Bereich der Grundrechtslehre und der jeweiligen Zuordnung von Grundrechtsverpflichtung und Grundrechtsberechtigung. Prägnant formuliert *B. Kempen*: „Der Dualismus von Staat und Gesellschaft findet gerade in den Grundrechten sinnfällig Ausdruck.“[119] Der Staat-Gesellschaft-Dualismus markiere dabei insbesondere die Trennlinie zwischen Grundrechtsberechtigung (Gesellschaft) und Grundrechtsbindung (Staat).[120]

---

[113] *Forsthoff*, Der Staat der Industriegesellschaft, S. 21.

[114] *Karpen*, Unterscheidung von Staat und Gesellschaft, JA 1986, 299 (302) und zuletzt *Muckel*, Grundrechtsberechtigung und Grundrechtsverpflichtung, JA 2020, 411 (416).

[115] *Rupp*, in: Isensee/Kirchhof, Hndb. d. StR II § 31 Rn. 29.

[116] *Dürig*, Diskussionsbemerkung in VVDStRL 1971, S. 127.

[117] *Schlaich*, Neutralität als verfassungsrechtliches Prinzip, S. 247 (zitiert nach *Jestaedt*, Demokratieprinzip und Kondominialverwaltung, S. 180); ähnlich *Forsthoff*, Der Staat der Industriegesellschaft, S. 21: „Die freiheitsstiftende rechtsstaatliche Verfassung steht und fällt mit der Unterscheidung von Staat und Gesellschaft.“

[118] Vgl. *Seiler*, Der souveräne Verfassungsstaat, S. 150 ff.; *Kahl*, Unterscheidung von Staat und Gesellschaft, JURA 2002, 721 (723); *Bäcker*, Öffentliches Recht und Privatrecht, NVwZ 2019, 1385 (1385, 1390, 1392); *Ossenbühl*, in: FS-Quaritsch, 235 (238); *Mestmäcker*, in: Möslein (Hrsg.), Private Macht, S. 30; das Gemeinschaftsrecht einschließend *Burgi*, Kommunale Zusammenarbeit, NZBau 2005, 208 (210); *Grimm*, Regulierte Selbstregulierung, S. 19; *Heinig*, Der Sozialstaat im Dienst der Freiheit, S. 293 ff. Zweifel an der dichotomischen Ordnungsidee hegen *Hesse*, Unterscheidung von Staat und Gesellschaft, DÖV 1975, 437 (440 ff.); *Scheuner*, Staatstheorie und Staatsrecht, S. 33 f.; *Schulte*, Schlichtes Verwaltungshandeln, S. 77 ff.; *Schmidt*, Entscheidungsfreiheit des einzelnen, AöR 1976, 24 (25 ff.).

[119] *Kempen*, in: Merten/Papier, Hndb. d. GR § 54 Rn. 74; ähnlich *Di Fabio*, Verwaltung und Verwaltungsrecht zwischen gesellschaftlicher Selbstregulierung und staatlicher Steuerung, VVDStRL 1997, 235 (253): „Die Grundrechte bilden eine Verhältnisordnung, die die Bereiche Staat und Bürger abgrenzt und deshalb diese Bereiche in einem fundamentalen Sinne als getrennte voraussetzt.“; s. auch *Bethge*, Der Grundrechtseingriff, VVDStRL 1998, 7 (10): „Die Grundrechte grenzen die Bereiche des Staates und der Bürger in einem für beide existenziellen Sinne ab.“

[120] Vgl. *Kempen*, in: Merten/Papier, Hndb. d. GR § 54 Rn. 74; s. auch *Isensee*, Subsidiari-

„Soll nicht der freiheitliche Charakter unserer gesellschaftlich-politischen Ordnung, unterlaufen, ja letztlich aus den Angeln gehoben werden, so muß […] [die] Unterscheidung von […] staatlichen und gesellschaftlichen Aufgaben […] erhalten bleiben, um die notwendige Reichweite einerseits des organisierten demokratischen Prozesses, andererseits der unmittelbaren Bindung an die Grundrechte zu bestimmen.“[121]

Diese Unterscheidung kommt in der Rechtsprechung des Bundesverfassungsgerichts exemplarisch zum Tragen, wenn das Gericht die Grundrechtsberechtigung von Religionsgemeinschaften trotz ihres unter Umständen öffentlich-rechtlichen Status[122] damit begründet, dass sie „dem Staat als Teile der Gesellschaft gegenüber[stehen]“[123].

Gemein ist mit diesen und ähnlichen[124] Grundlegungen in der Literatur, dass sie nicht normativ-dogmatisch begründet werden, sondern einer vorausgesetzten Ordnungsvorstellung entspringen, welche Staat und Gesellschaft als voneinander unterschiedliche Ebenen versteht. Grundrechtstheoretisch sind die angeführten Zitate verwurzelt im rechtsstaatlichen Verteilungsprinzip und der abwehrrechtlichen Dimension der Grundrechte.[125]

---

tätsprinzip und Verfassungsrecht, S. 153: „Hier wird ein vom Einzelnen verschiedener Adressat seiner Abwehr- und Leistungsansprüche vorausgesetzt: der Staat als Herrschaftsorganisation. Auf dieser Unterscheidung beruhen die Grundrechte, die eine dualistische Beziehung zwischen Rechtsträgern und Rechtsverpflichteten, zwischen Individuen und ‚öffentlicher Gewalt‘, zum Gegenstand haben“; vgl. ferner die Formulierung bei *Poscher*, Grundrechte als Abwehrrechte, S. 151: „Sowohl der Staat als auch die Grundrechtsträger, deren Summe in einem grundrechtlichen Sinn der Unterscheidung die Gesellschaft bilden, werden durch die Rechtsordnung als Rechtssubjekte konstituiert und in dem durch die Grundrechte gestifteten Rechtsverhältnis vorausgesetzt.“

[121] *Böckenförde*, Grundrechtsgeltung gegenüber Trägern gesellschaftlicher Macht?, in: Posser/Wassermann (Hrsg.), Freiheit in der sozialen Demokratie, S. 77 (86).

[122] Vgl. Art. 140 GG i. V. m. Art. 137 Abs. 5 WRV.

[123] BVerfGE 102, 370 (387); s. auch BVerwG, Beschl. v. 9.4.2019, 6 B 162/18, NVwZ 2020, 487 (388).

[124] Weitere Beispiele bei: *Goldhammer*, Grundrechtsberechtigung und -verpflichtung, JuS 2014, 891 (894): „Zumindest vorderhand ist das Grundgesetz in der Grundrechtsfrage dichotomisch geprägt. Dass Grundrechtsberechtigung und -verpflichtung nicht zusammenfallen dürfen, ist nichts anderes als der fundamentale Sinn der Grundrechte, wie er sich in Artikel 1 Absatz I 2 GG ausdrückt“; *Muckel*, Grundrechtsberechtigung und Grundrechtsverpflichtung, JA 2020, 411 (416); *Weiß*, Privatisierung und Staatsaufgaben, S. 16: „Der staatsrechtlichen Unterscheidung von (staatlicher) Kompetenz und (grundrechtlicher) Freiheit entspricht die Unterscheidung von Staat und Gesellschaft. Gegenseitige Einflüsse und Verschränkungen […] beseitigen nicht dieses Gegenübergestelltsein, das gerade in den Grundrechten zum Ausdruck kommt.“

[125] Einen anderen Akzent setzt in dieser Hinsicht *Hesse*, Staat und Gesellschaft, DÖV 1975, 437 (442), demzufolge die Unterscheidung zwischen Staat und Gesellschaft zur Lösung des Drittwirkungsproblems „überhaupt keine Hilfe“ ist, da innergesellschaftliche Freiheitsbedrohungen gerade außerhalb des Staat-Gesellschaft-Dualismus spielen.

b) Referenzproblem und Wirklichkeitsbezug der Grundrechtsdogmatik

Damit stellt sich unweigerlich die Frage nach der rechtlichen Qualität des Staat-Gesellschaft-Dualismus. Der Dualismus ist nach der hier vertretenen Ansicht eine Grundlegung ohne eigenen verfassungsrechtlich-normativen Gehalt.[126] Als Rechtsprinzip wäre der Begriff des Staat-Gesellschaft-Dualismus auch nicht zu gebrauchen, da es sich bei der Formel „Dualismus" um eine zu abstrakte und voraussetzungsvolle Metapher handelt, die keinen ausreichenden Bezug zum positiven Recht aufweist.[127] Es existieren allenfalls Normen, die man als mittelbares Produkt einer gedachten Unterscheidung zwischen Staat und Gesellschaft interpretieren kann.[128] So ist mit *Gewalt* im Sinne des Grundgesetzes regelmäßig die *öffentliche Gewalt* gemeint (vgl. Art. 1 Abs. 1, Art. 1 Abs. 3, Art. 19 Abs. 4, Art. 20 Abs. 2 S. 1, Art. 20 Abs. 2 S. 2, Art. 20 Abs. 3, Art. 93 Abs. 1 Nr. 4a GG). Diese und weitere Normen vermögen selbst jedoch keine abstrakte Aussage über Inhalt und Ausprägung eines Staat-Gesellschaft-Dualismus zu treffen. Sie legen ihn vielmehr zugrunde.

Gleiches gilt für die verschiedenen Ansätze der Grundrechtsinterpretation. Der Staat-Gesellschaft-Dualismus spiegelt dort je nach Interpretation die staatsphilosophische Überzeugung der Grundrechtsauslegung wider.[129] Während die klassisch-liberale Lesart mit der abwehrrechtlichen Akzentuierung eine idealtypische Unterscheidbarkeit von Staat und Gesellschaft voraussetzt, betont der demokratisch-sozialstaatliche Ansatz der Grundrechtsinterpretation nicht die Abgrenzung beider Ebenen, sondern vielmehr die Teilhabemöglichkeiten und Überschneidungsbereiche.[130] Der Staat-Gesellschaft-Dualismus ist auch in dieser Hinsicht kein rechtlicher Tatbestand, aus dem man eine Rechtsfolge ableiten

---

[126] Die vereinzelten Fundstellen in der Literatur zu dieser Frage kommen überwiegend auch zu diesem Ergebnis: vgl. *Burmeister*, in: FG-Unruh, S. 649; *Jestaedt*, Demokratieprinzip und Kondominialverwaltung, S. 184; *Jaguttis*, Gesteuerte Freiheit, S. 58 f.; i. E. auch *Heintzen*, Beteiligung Privater an öffentlichen Aufgaben und staatliche Verantwortung, VVDStRL 2003, 220 (236); s. auch *Mitchell*, The Limits of the State, APSR 1991, 77 (90); *Grünberger*, Personale Gleichheit, S. 975 bezeichnet den Dualismus als Problem der politischen Philosophie, das als „grundrechtstheoretischer Topos reformuliert" wurde; a. A. *Kahl*, Unterscheidung von Staat und Gesellschaft, JURA 2002, 721 (723).

[127] Zu Sinn und Unsinn von Metaphern im Recht *Müller*, Strukturierende Rechtslehre, S. 195.

[128] So i. E. auch *Poscher*, Grundrechte als Abwehrrechte, S. 151 Fn. 135: „Die Unterscheidung ist keine vorrechtliche, sondern wird durch die Rechtsordnung produziert […]."

[129] Kritisch im Hinblick auf die Arbeiten *E.-W. Böckenfördes*: *Köppe*, Politische Einheit und pluralistische Gesellschaft, KJ 1997, 45 (54).

[130] Vgl. *Dreier*, in: Marko/Stolz (Hrsg.), Demokratie und Wirtschaft, S. 161 f.; für eine vertiefte inhaltliche Gegenüberstellung: *Böckenförde*, Grundrechtstheorie und Grundrechtsinterpretation, NJW 1974, 1529 (1530 ff.); insoweit wurde kritisiert, es handele sich bei dem Staat-Gesellschaft-Dualismus nur um ein „kommunikatives Konstrukt mit erkennbaren politischen Intentionen" (*Nellen/Stockinger*, Staat, Verwaltung und Raum im langen 19. Jahrhundert, Zeitschrift für Verwaltungsgeschichte 2017, 3 [5]).

könnte. In einer ähnlich gelagerten Fragestellung, nämlich der Unterscheidung zwischen Privatrecht und öffentlichem Recht, beschrieb *H. Kelsen* den Dualismus zwischen jenen als ideologische Grundentscheidung, nicht als Entscheidung des positiven Rechts.[131]

Leistungsfähig wird der Begriff des Staat-Gesellschaft-Dualismus erst, wenn man ihn im Bewusstsein seiner Offenheit als Ordnungsmodell für juristische Problemstellungen heranzieht[132], etwa im Rahmen der Drittwirkung der Grundrechte.[133] Wie bereits aufgezeigt, wird die Drittwirkung von der herrschenden Lehre unmittelbar mit einer bestimmten Verhältnisordnung zwischen Staat und Gesellschaft verknüpft.[134]

Ordnet man den Staat-Gesellschaft-Dualismus in diesem Zusammenhang lediglich als Bezugspunkt und nicht als determinierende Größe ein, führt dies zu zwei Erkenntnissen. Zum einen wird deutlich, dass die Grundrechtsdogmatik nicht a priori eine bestimmte Ausprägung des Staat-Gesellschaft-Dualismus voraussetzen muss. Sie kann sich im Gegenteil der Modellhaftigkeit und damit der Wandelbarkeit des Staat-Gesellschaft-Dualismus bewusst werden. Zugleich wird deutlich, dass eine rein juristische Auseinandersetzung mit dem Staat-Gesellschaft-Dualismus nicht hinreichend ist, da das Ordnungsmodell eine starke historisch-tatsächliche Prägung hat (vgl. hierzu S. 36 ff.).

Der Staat-Gesellschaft-Dualismus wird in diesem Verständnis zu einer rechtlichen und tatsächlichen Auslegungsdeterminante im Hinblick auf die Grundrechtsinterpretation.

IV. Normativität und Faktizität, Drittwirkung und Verfassungswandel

Die Feststellung, dass der Staat-Gesellschaft-Dualismus als positivistisch nicht normiertes Ordnungsmodell der Staats- und Grundrechtstheorie begriffen werden muss und gerade keinen Rechtssatz aufstellt, zwingt zu einer gewissen Vorsicht bei dessen Berücksichtigung im Rahmen der Grundrechtsinterpretation. Aus dem *tatsächlichen* Umstand heraus, dass bestimmte Private in staatsähnlicher Weise Grundrechte Dritter bedrohen, kann noch nicht auf eine *normativ* zwingende Erweiterung der Reichweite der grundrechtlichen Bindungswirkung über den staatlichen Adressatenkreis hinaus geschlossen werden.[135]

---

[131] Vgl. *Kelsen*, Reine Rechtslehre, S. 494 ff.; zur geringen Relevanz der Unterscheidung von privatem und öffentlichem Recht im EU-Recht vgl. *Jarass*, in: Heiderhoff/Lohsse/Schulze (Hrsg.), EU-Grundrechte und Privatrecht, S. 33 ff.

[132] Ähnlich *Engi*, Governance, Der Staat 2008, 573 (584).

[133] Ein weiteres Bezugsproblem ist z. B. die Aufgabenverteilung zwischen Staat und Gesellschaft (vgl. *Schöbener/Knauff*, Allg. Staatslehre, § 3 Rn. 38 ff.).

[134] Vgl. S. 26 ff.

[135] Vgl. die angedeutete Kritik bei *Muckel*, Wandel des Verhältnisses von Staat und Gesellschaft, VVDStRL 2020, 245 (278).

Die überwiegend rechtstatsächlichen Entwicklungen im Verhältnis zwischen Staat und Gesellschaft und die innerhalb dieser Ordnung identifizierbaren zunehmenden Freiheitsbedrohungen seitens privater Rechtssubjekte[136] dürfen bei der Auslegung der Grundrechte gleichwohl nicht allein deshalb ignoriert werden, weil es sich nach dem klassischen Grundrechtsverständnis nicht um rechtlich relevante Grundrechtseingriffe, sondern nur faktische Grundrechtsbeeinträchtigungen handelt. Vielmehr ist anerkannt, dass bei der Auslegung verfassungsrechtlicher Normen auch die tatsächlichen Bedingungen der von ihnen erfassten Lebenswelt und etwaige Entwicklungen in ihr zu berücksichtigen sind. Dies trägt dem Bedürfnis Rechnung, dass die Verfassung in sich wandelnden äußeren Bedingungen funktionsfähig bleibt.[137]

Zu den zu berücksichtigenden äußeren Bedingungen, in denen die Verfassung Geltung beansprucht, gehört auch das Verhältnis zwischen Staat und Gesellschaft, das insoweit bei der Auslegung der Grundrechte zu berücksichtigen ist.[138] Wie bereits erörtert, grenzt die traditionelle Grundrechtstheorie die Ebenen Staat und Gesellschaft idealtypisch voneinander ab (S. 24 ff.). Die Drittwirkung der Grundrechte im Sinne einer unmittelbaren Grundrechtsverpflichtung Privater widerspräche dieser Differenzierung. In Kapitel 3 dieser Arbeit wird gleichwohl aufgezeigt, dass sich die rechtlichen und tatsächlichen Ausprägungen des Staat-Gesellschaft-Dualismus in den letzten Jahrzehnten grundlegend verändert haben. Dies wirft die Frage auf, ob an der pauschalen Zuordnung der Begriffe „Gesellschaft und Grundrechtsberechtigung" und „Staat und Grundrechtsverpflichtung" sinnvoll festgehalten werden kann. Dies gilt insbesondere für die Verhältnisse Privater untereinander, die in der modernen Gesellschaft zu nicht unwesentlichen Teilen durch rechtliche oder tatsächliche Subordinationen geprägt sind. Ein grundsätzlicher Ausschluss privatgerichteter Grundrechtsverpflichtungen trüge dieser Entwicklung nicht hinreichend Rechnung.[139] Im Hinblick auf die Drittwirkung ist ein stärker differenzierender Ansatz der Grundrechtsbindung angezeigt.[140] Dies beruht auf der eingangs zitierten Erwägung, dass sich

---

[136] Hierzu ausführlich auf S. 7 ff. und S. 57 ff.

[137] Vgl. insoweit die Bemerkung des Abgeordneten *v. Mangoldt* im Parlamentarischen Rat: „Und soweit die bisherige Auslegung der Grundrechte im Wandel der Zeit dem nicht mehr entspricht, läßt sie sich immer umgestalten" (JöR 1951, S. 51).

[138] Ähnlich *Schulte*, in: FS-Krawietz, 317 (326 ff.), der sich insoweit auf einen „normativen Rechtsrealismus" beruft; s. auch *Muckel*, Wandel des Verhältnisses von Staat und Gesellschaft, VVDStRL 2020, 245 (247 ff.).

[139] Etwaigen Vorschlägen kritisch gegenüber *Derleder*, in: Jestaedt/Lepsius (Hrsg.), Verhältnismäßigkeit, S. 260: „Gemeinsam ist den neuen Ansätzen [Ausschluss privater Grundrechtsbindung] das Desinteresse für gesellschaftliche Machtverhältnisse und ihre wirtschaftlichen, sozialen, kulturellen und intellektuellen Dimensionen, die aber allein das Konzept der Bindung an die Grundrechte […] zu begründen vermögen" (Anm. vom Verfasser).

[140] Hierzu unten auf S. 137 ff.

„Verfassungsrecht […] gerade darin als rigide und dauerhaft zu bewähren [hat], dass es ergiebig bleibt auch noch dann, wenn die Gefahren für die verfassungsrechtlich geschützten Güter und Prinzipien ihr Gesicht wandeln und in anderer Verkleidung daherkommen als bisher."[141]

Rechtstheoretisch wird diese behutsame Verknüpfung von Faktizität und Normativität durch Begriffe, wie „Verfassungswandel", „dynamische Verfassungsauslegung", Verfassung als „living instrument" oder „Verfassungsentwicklung"[142] beschrieben. Sie betonen jeweils die Notwendigkeit der Offenheit bestehender Rechtssätze für gesellschaftlich-politische oder technische Wandlungsprozesse[143]. Diese Art der Verfassungsinterpretation bedeutet nicht, dass Methoden empirischer Disziplinen, etwa der Ökonomie oder der Soziologie auf die Rechtswissenschaft als primäre Entscheidungsparameter angewendet werden können. Im Rahmen der juristischen Methodik, etwa bei der teleologischen Auslegung einer Norm, sind empirische Erkenntnisse fremder Disziplinen jedoch zu berücksichtigen.[144] Die dynamische Grundrechtsauslegung entspricht nicht zuletzt den Auslegungsmaßstäben des Europäischen Gerichtshofs für Menschenrechte, der in der Europäischen Menschenrechtskonvention ein „living instrument"[145] sieht und dessen Urteile wiederum als Auslegungsdirektiven für das Grundgesetz wirken.[146] Auch auf der unionsrechtlichen Ebene schloss sich der Europäische Gerichtshof zuletzt dieser Interpretationsmethode an und betonte, dass die „Entwicklung der Werte und Vorstellungen, sowohl in gesellschaftlicher als auch in normativer Hinsicht"[147] bei der Grundrechtsauslegung zu berücksichtigen ist.

Für die besondere Entwicklungs- und Wandlungsfähigkeit der Rechtsfigur *Drittwirkung* spricht schließlich, dass sie textlich nicht fixiert ist, sondern ihren

---

[141] *Suhr*, Grundrechte gegen die Natur, in: Berichte der Akademie für Naturschutz und Landschaftspflege, 1988, 3 (4), der einer unmittelbaren Drittwirkung gleichwohl skeptisch gegenüberstand (vgl. *Suhr*, Entwicklung der Menschen, S. 135 ff.); ähnlich *Hesse*, Staat und Gesellschaft, DÖV 1975, 437 (442), der allerdings genauso wie *D. Suhr* eine unmittelbare Drittwirkung ablehnte.

[142] *Gärditz*, in: Herdegen/Masing/Poscher/Gärditz, Hndb. d. Verfassungsrechts, § 4.

[143] *Gärditz*, in: Herdegen/Masing/Poscher/Gärditz, Hndb. d. Verfassungsrechts, § 4 Rn. 1. Vgl. bereits *v. Jhering*, Geist des römischen Rechts, Bd. III, S. 314: Die Grundbegriffe des Rechts sind „keine bloßen logischen Kategorien, sondern die Konzentrationsform materieller Rechtssätze, die Rechtssätze aber wechseln mit den Verhältnissen und den Bedürfnissen des Lebens." Kritisch: *Hillgruber*, in: Depenheuer/Grabenwarter (Hrsg.), Verfassungstheorie, S. 514 f.

[144] S. auch *Schöbener*, Menschliche Existenz als Schaden?, ZfP 1998, 326 (331 f.): „Nicht zuletzt die Verfassungsordnung ist zudem aus sich selbst heraus kaum zu begreifen. Um das in ihr angelegte ‚Programm' zur Verarbeitung neuer Entwicklungen, die ‚Lernfähigkeit' des Verfassungsgesetzes sicherzustellen, kommt juristisches Arbeiten nicht aus ohne den Seitenblick in die anderen Disziplinen, nicht nur, aber auch zur Hinterfragung und Fundierung des eigenen Standpunktes."

[145] Erstmals in EGMR, Urt. v. 25.4.1978, No. 5856/72, A 26, Rn. 31.

[146] *Herdegen*, in: Maunz/Dürig, GG, Art. 1 Abs. 3 Rn. 74 ff.

[147] EuGH, Urt. v. 17.12.2020, C-336/19, Rn. 77.

Ursprung in ungeschriebenen verfassungstheoretischen Erwägungen der Wissenschaft und des Bundesverfassungsgerichts hat.[148] Der künftigen Annahme einer unmittelbaren Grundrechtsbindung Privater stünde insbesondere nicht entgegen, dass das Bundesverfassungsgericht bei der Entdeckung der objektiven Wertordnung im *Lüth*-Urteil nur von einer mittelbaren Drittwirkung ausging.

C. Zwischenfazit

In Kapitel 2 A. wurden die Dimensionen der ubiquitären Datenverarbeitung aufgezeigt. Erhebliche Gefährdungen insbesondere des grundrechtlichen Datenschutzes entstehen durch die private Datenverarbeitung seitens der Unternehmen der Digitalwirtschaft. Die Grundrechte in ihrer klassischen Dimension erfassen solche Datenverarbeitungen nur mittelbar, da sich die Wirkung der Grundrechte zwischen Privaten erst mediatisiert durch staatliches Handeln entfalten soll. Eine Prämisse der klassischen Grundrechtstheorie ist die Unterscheidung zwischen Staat und Gesellschaft. Sie besitzt zwar für sich genommen keine (verfassungs-)rechtliche Qualität. Dennoch beeinflusst der Staat-Gesellschaft-Dualismus das Verständnis der Grundrechtsbindung im Wege des Verfassungswandels. Die gewandelten tatsächlichen und rechtlichen Elemente des Staat-Gesellschaft-Dualismus bilden insoweit einen wesentlichen Teil der äußeren Bedingungen der Drittwirkungsproblematik. Verändert sich die rechtliche und tatsächliche Ausprägung des Staat-Gesellschaft-Dualismus, verändern sich gleichzeitig die Prämissen der (mittelbaren) Drittwirkung der Grundrechte.

---

[148] S. o. auf S. 21 ff.

Kapitel 3

Historie, Inhalt und Wandel des Staat-Gesellschaft-Dualismus

Die Grundrechtstheorie ist von der dichotomischen Ordnungsidee so wesentlich geprägt, dass zwingend ihre historischen Voraussetzungen erläutert werden müssen. Im folgenden Abschnitt wird nach einer begrifflichen Vorbemerkung zunächst erörtert, wie sich die Ordnungsprinzipien von Staat und Gesellschaft jeweils herausgebildet haben (S. 36 ff.). Sodann werden die Voraussetzungen des Dualismus nach dem traditionellen Grundrechtsverständnis behandelt (S. 51 ff.). Schließlich werden der Wandel des Staat-Gesellschaft-Dualismus und seine Auswirkungen auf das traditionelle Grundrechtsverständnis und die Drittwirkung der Grundrechte analysiert (S. 56 ff.).

A. Begriffliche Vorbemerkung (*Staat*, *Gesellschaft*, *Dualismus*)

Der Begriff *Dualismus* wird vorliegend angelehnt an den allgemeinen Sprachgebrauch als Zweiheit verstanden.[1] Die Gegensätzlichkeit zweier Untersuchungsobjekte in Form einer strikten Unabhängigkeit voneinander ist hiermit indes nicht gemeint.[2] Staat und Gesellschaft stehen vielmehr in einem gegenseitigen Wirkungsverhältnis.

Unter *Gesellschaft* wird im Folgenden nicht eine Entität im Sinne eines einheitlichen Zurechnungssubjekts, etwa hinsichtlich bestimmter Funktionen und Pflichten, verstanden. Im zeitgenössischen Kontext meint der Oberbegriff *Gesellschaft* vorliegend in Abgrenzung zum Staat die Gesamtheit der grundrechtsberechtigten Privatrechtssubjekte.[3] Die in dieser Form als frei verstandene Gesellschaft wird – im Unterschied zur Ständegesellschaft – regelmäßig auch als

---

[1] Munzinger Online/Duden, Deutsches Universalwörterbuch, Dualismus.

[2] So auch *Böckenförde*, Staat, Gesellschaft, Freiheit, S. 192 ff., der von einer „Unterscheidung“ und nicht von einer „Trennung“ sprach.

[3] So im Ansatz auch *Poscher*, Grundrechte als Abwehrrechte, S. 151.

Privatrechtsgesellschaft[4] oder *Bürgerliche Gesellschaft*[5] bezeichnet.[6] Der *Staats*-Begriff wird vorliegend in seiner modernen Ausprägung verwendet.[7]

B. Historische Entwicklung des Staat-Gesellschaft-Dualismus: ein Auseinandertreten von Ordnungsprinzipien

I. Ideengeschichtliche Vorbemerkung

Die Retrospektive zeigt auf, dass die Entwicklung zum modernen Staat „in einem Wirkungszusammenhang mit der Aufspaltung von Staat und Gesellschaft steht“[8]. Bis in das 18. Jahrhundert hinein wurde die Gesellschaft als etwas mit dem Staat identisches verstanden.[9] Der Hintergrund dieses alteuropäischen Gesellschaftsbegriffes ist die Polisidee bei *Aristoteles* (384–322 v. Chr.), bei der die Begriffe *Polis* und *Bürger* gleichgesetzt wurden.[10] Eine Trennung zwischen der Rechtspersönlichkeit des Individuums im Privaten und im Gemeinschaftlichen wurde nicht vollzogen.[11] Dies wirkte fort bis in die Philosophie *I. Kants* (1724–1804), in der die Bürgerliche Gesellschaft mit der Staatsordnung gleichgesetzt wurde.[12] Erste sehr ausführliche Reflexionen über eine dualistische Ord-

---

[4] Zum Begriff *Neuner*, Bürgerliches Recht, § 1 Rn. 3; prägend *Böhm*, Privatrechtsgesellschaft und Marktwirtschaft, ORDO 1966, 75, passim; s. auch *Mestmäcker*, Europäische Prüfsteine, S. 149 ff.; *Zieschang*, Das Staatsbild Franz Böhms, S. 106 ff.

[5] Zum Begriff und seiner Sinnverwandtschaft zur Idee der *Privatrechtsgesellschaft*: *Vesting*, Wiederkehr der bürgerlichen Gesellschaft und ihres Rechts?, in: Schlosser (Hrsg.), Bürgerliches Gesetzbuch 1896–1996, S. 183 ff.

[6] Zu dieser Entwicklung sogleich auf S. 43 ff.

[7] Hierzu sogleich auf S. 38 ff.

[8] *Conze*, Frührevolutionäre Gesellschaft, in: Böckenförde (Hrsg.), Staat und Gesellschaft, S. 38; s. auch *Patt*, Grundzüge der Staatsphilosophie, S. 101 ff.

[9] Vgl. *Brunner*, Freiheitsrechte in der altständischen Gesellschaft, S. 20 f.; *Lichtblau*, Theorie der bürgerlichen Gesellschaft, S. 14; *Patt*, Grundzüge der Staatsphilosophie, S. 101.

[10] *Walter*, An der Polis teilhaben, S. 23 f. Zum alteuropäischen Gesellschaftsbegriff *Riedel*, Hegels „Bürgerliche Gesellschaft“ und das Problem ihres geschichtlichen Ursprungs, ARSP 1962, 539 (545 f.). Überhöht erscheint die geläufige Annahme, dass die antiken Griechen sich selbst stets als politische Lebewesen wahrgenommen haben (*Sauer*, Staatsphilosophie, S. 108 f.). Die Idee vom Menschen als politisches Lebewesen (*Zoon politikon*) dürfte retrospektiv eher als Ideal, denn als Wirklichkeitsbeschreibung Geltung beanspruchen.

[11] Vgl. *Schulz*, in: FS-Rosenberg, 3 (6); *Patt*, Grundzüge der Staatsphilosophie, S. 101 ff.

[12] So heißt es in *Kant*, Metaphysik der Sitten, § 46: „Die zur Gesetzgebung vereinigten Glieder einer solchen Gesellschaft (societas civilis), d.i. eines Staats, heißen Staatsbürger (cives)“; vgl. hierzu im größeren Kontext der alteuropäischen Staatsphilosophie *Riedel*, Hegels „Bürgerliche Gesellschaft“ und das Problem ihres geschichtlichen Ursprungs, ARSP 1962, 539 (545 f.), der aufzeigt, dass die Gleichsetzung der Gesellschaft mit dem Staat im staatspolitischen Denken üblich war. Vgl. weiter *Luhmann*, Die Unterscheidung von Staat und Gesellschaft, in: Soziologische Aufklärung 4, S. 68 ff.; *Conze*, Frührevolutionäre Gesellschaft, in: Böckenförde (Hrsg.), Staat und Gesellschaft, S. 40; *Kahl*, Die rechtliche Bedeutung

nung zwischen Staat und Gesellschaft erfolgten in der Staatstheorie von *G. W. F. Hegel* (1770–1831).[13] *Hegel* behauptete, dass die Gesellschaft sich durch ein von Individual- und Sonderinteressen bestimmtes System auszeichnete, während der Zweck des Staates im allgemeinen Interesse liege.[14] Markstein dieser Entwicklung war die Herausbildung der freiheitlichen Bürgerlichen Gesellschaft.

Die Geschichtsforschung hat sich wiederholt mit der Frage auseinandergesetzt, unter welchen Bedingungen und zu welchem Zeitpunkt tatsächlich eine Trennung von Staat und Gesellschaft angenommen werden konnte.[15] Für die Grundrechtstheorie erscheint es hingegen wenig sinnvoll, sich auf ein bestimmtes historisches Datum festzulegen. Naheliegender ist es, die Verschiedenheiten von Staat und Gesellschaft an ihren jeweiligen Ordnungsprinzipien festzumachen. Eine wesentliche Prämisse, auf der die klassische Grundrechtstheorie aufbaut, ist die dichotomische Beschreibung der Gesellschaft als freier Ordnung und des Staates als ihr gegenüber objektive und regulierende Instanz.[16] Der nachfolgende Abschnitt verfolgt daher keine geschichtswissenschaftliche Methodik, sondern rezipiert die ideengeschichtlichen Unterscheidungsbedingungen von Staat und Gesellschaft.[17] Dabei werden die tatsächlichen und rechtlichen Entwicklungen herausgestellt.[18]

---

der Unterscheidung von Staat und Gesellschaft, JURA 2002, 721 (721); *Angermann*, Das Auseinandertreten von „Staat" und „Gesellschaft" im Denken des 18. Jahrhunderts, in: Böckenförde (Hrsg.), Staat und Gesellschaft, S. 113.

[13] *Suhr*, Staat – Gesellschaft – Verfassung von Hegel bis heute, Der Staat 1978, 369 (373 f.); Becker/Schmidt/Zintl, Politische Philosophie, S. 99; *Zippelius*, Allg. Staatslehre, S. 216 f. Irreführend ist gleichwohl die häufig anzutreffende Bemerkung, *Hegel* habe die Trennung von Staat und Gesellschaft begründet (vgl. *Gröschner/Dierksmeier/Henkel/Wiehart*, Rechts- und Staatsphilosophie, S. 248 f.).

[14] Dies erfolgt grundlegend im dritten Teil in *Hegel*, Grundlinien der Philosophie des Rechts, insb. die §§ 182–188, 257–259. Hierzu im Überblick *Zippelius*, Allg. Staatslehre, S. 216 f.; *Gall*, Von der ständischen zur bürgerlichen Gesellschaft, S. 27.

[15] Vgl. die Darstellung bei *Lichtblau*, Theorie der bürgerlichen Gesellschaft, S. 14 ff.

[16] Das Gegenüberstehen dieser Ordnungsprinzipien wird beschrieben bei *Zippelius*, Allg. Staatslehre, S. 217; *Jestaedt*, Demokratieprinzip und Kondominialverwaltung, S. 181; *Franke*, Netzausbau zwischen Markt und Staat, S. 11 f.; *Schoch*, Gewährleistungsverwaltung, NVwZ 2008, 241 (242); *Schaefer*, „Markt" und „Gemeinwohl" als Integrationsprinzipien zweier ineinander greifender Normenordnungen, 49. AssÖR 2009, 117 (122 ff.), stellt die „Strukturprinzipien" Markt und Gemeinwohl gegenüber; gegen eine typisierende Gegenüberstellung *Bull*, Staatsaufgaben, S. 69; ähnlich *Grzeszick*, Rechte und Ansprüche, S. 219.

[17] Dass sich ideengeschichtliche Narrative mitunter von den zugrundeliegenden historischen Entwicklungen unterscheiden, zeigt *Dreier*, Subjektiv-rechtliche und objektiv-rechtliche Grundrechtsgehalte, JURA 1994, 505 (506) im Hinblick auf das primär abwehrrechtliche Verständnis der Grundrechte. Für eine ausführliche historische Darstellungen zum Folgenden siehe *Schulz*, in: FS-Rosenberg, 3 (3 ff.); *Riedel*, Bürgerliche Gesellschaft, passim; *Gall*, Von der ständischen zur bürgerlichen Gesellschaft, S. 3 ff.

[18] In diesem Sinne *Unruh*, Der Staat, S. 17: „Der Staat [...] ist eine dialektische Einheit von faktischen und von normativen Gegebenheiten [...]."

II. Entstehung und Funktion moderner Staatlichkeit

1. Vom Personenverband zur souveränen juristischen Person

Die Herausbildung des typischen Staat-Bürger-Verhältnisses und damit der Staatsgewalt im Sinne einer Eigenständigkeit und Unterscheidbarkeit im Verhältnis zur Gesellschaft wird in Europa auf den Übergang des Spätmittelalters zur Neuzeit datiert.[19] Kennzeichnend für diese sog. moderne Staatlichkeit[20] ist die „Loslösung des Staatsgedankens vom Königtum, und das heißt zu seiner Entpersönlichung und Verselbstständigung“[21]. Am Ende dieser Entwicklung stand die Anerkennung des Staates als juristische Person mit eigenen Rechten und Pflichten und insbesondere als Zurechnungssubjekt der Souveränität.[22] Diese Konstruktion war den zeitgenössischen Staatsrechtlern aufgrund der mangelnden Unterscheidung zwischen Herrscherperson und Staat zunächst unbekannt:

> „Die absolutistische Landesherrschaft in dieser Epoche ließ vielmehr nur eine Staatskonstruktion zu, die die individuelle Person des Fürsten und die diesem zustehenden Herrschaftsrechte als Landeshoheit in den Mittelpunkt rückte.“[23]

Bis dahin konnten aufgrund der heterogenen Zusammensetzung und territorialen Zersplitterung der ständischen Ordnungen keine für die modernen Staaten typischen einheitlichen Herrschaftsbeziehungen entstehen.[24] Die feudale Herrschaftsordnung des Mittelalters etwa war durch persönliche Abhängigkeitsverhältnisse innerhalb nicht formal verfasster Personenverbände gekennzeichnet.[25]

---

[19] Dezidiert zu diesem Prozess *Schöbener*, in: Dreier/Forkel/Laubenthal (Hrsg.), Raum und Recht, S. 407 (411 ff.); vgl. weiter *Schöbener/Knauff*, Allg. Staatslehre, § 2 Rn. 62; *Willoweit*, Struktur und Funktion intermediärer Gewalten im Ancien Régime, in: Der Staat, Beiheft 2, 1978, 9 (10); *Angermann*, Das Auseinandertreten von „Staat“ und „Gesellschaft“ im Denken des 18. Jahrhunderts, in: Böckenförde (Hrsg.), Staat und Gesellschaft, S. 114; *Möllers*, Staat als Argument, S. 214 f.; *Forsthoff*, Der Staat der Industriegesellschaft, S. 11.

[20] Zum Begriff des modernen Staates vgl. *Schmitt Glaeser*, Private Gewalt, S. 141 f.

[21] *Angermann*, Das Auseinandertreten von „Staat“ und „Gesellschaft“ im Denken des 18. Jahrhunderts, in: Böckenförde (Hrsg.), Staat und Gesellschaft, S. 117; vgl. auch *Schöbener/Knauff*, Allg. Staatslehre, § 2 Rn. 86.

[22] Erstmals bei *Albrecht*, Rezension über Maurenbrechers Grundsätze, in: Göttingische Gelehrte Anzeigen 1837, 1489 (1513) (zit. nach *Böckenförde*, Unterscheidung von Staat und Gesellschaft als Bedingung individueller Freiheit, S. 15). In den historischen Kontext einordnend und m. w. N. *Uhlenbrock*, Der Staat als juristische Person, S. 20 ff.

[23] *Uhlenbrock*, Der Staat als juristische Person, S. 22.

[24] Vgl. ausführlich zur Pluralität der Herrschaftsgewalt in der ständischen Gesellschaft *Quaritsch*, Staat und Souveränität, S. 178 ff.; *Poscher*, Grundrechte als Abwehrrechte, S. 15 f.; *Deppe*, Machiavelli, S. 18, 140 ff.; *Höffe*, in: Höffe (Hrsg.), Niccolò Machiavelli: Der Fürst, S. 7; *Frotscher/Pieroth*, Verfassungsgeschichte, Rn. 110; *Böckenförde*, Unterscheidung von Staat und Gesellschaft als Bedingung individueller Freiheit, S. 10 f.

[25] *Benz*, Der moderne Staat, S. 13. Hierzu *Reinhard*, Geschichte der Staatsgewalt, S. 137: „Offensichtlich war die politische Welt so starken Wandlungsprozessen unterworfen, daß eine allzu stabile Bindung sich für beide Seiten kontraproduktiv ausgewirkt hätte.“

Die Machtstrukturen dieser Zeit waren extrem verschachtelt und dezentral ausgestaltet.[26] *H. Heller* resümierte diesbezüglich, dass alle Funktionen, die aus neuzeitlicher Sicht der Staat für sich beansprucht, durch „Verlehnung, Verpfändung und Immunitäten [...auf] private Träger übergegangen [sind]“[27]. Unter dem Stichwort des „Neofeudalismus“ ziehen zeitgenössische Autoren daher – nicht ohne Polemik – Parallelen zum 21. Jahrhundert. Befürchtet wird sinngemäß eine Wiederkehr der Ständegesellschaft, etwa wegen neuartiger Abhängigkeitsverhältnisse zwischen Bürgern und transnationalen Wirtschaftsunternehmen, wegen der Machtkonzentrationen im Finanzmarktkapitalismus[28] oder der Bildung einer mit dem mittelalterlichen Adel vergleichbaren „Tech-Elite“[29].

Ideengeschichtlich wurde der Grundstein für eine Fortentwicklung hin zur modernen Staatlichkeit schon im 16. Jahrhundert durch *N. Machiavelli* (1469–1527) gelegt.[30] Als Gegenmodell zur existierenden Kleinstaaterei[31] beschrieb er in seinen Werken ein einheitliches Staatsgebilde, dem bereits ein körperschaftliches und objektiviertes Verständnis zugrunde lag.[32] Der gleichwohl noch sehr uneinheitlich verwendete Begriff *lo stato*[33] gewann im Hinblick auf das moderne Staatsverständnis durch *J. Bodin* (1529–1596) und *T. Hobbes* (1588–1679) an Kontur.[34] So befasste sich *J. Bodin* dezidiert mit der Souveränität als Nukleus staatlicher Herrschaft.[35] Als Antwort auf die Wirren der Hugenot-

---

[26] *Benz*, Der moderne Staat, S. 13; *Brunner*, Freiheitsrechte in der altständischen Gesellschaft, S. 26 ff. Fürsten und Stände besaßen jeweils ihren eigenen Machtapparat (*Heller*, Geschichtliche Voraussetzungen des heutigen Staates, in: Böckenförde [Hrsg.], Staat und Gesellschaft, S. 7) und das Recht war nicht monopolisiert (*Reinhard*, Geschichte der Staatsgewalt, S. 281 ff., 291 ff.). Auch das Lehnsgut stand etwa nicht im Eigentum der Fürsten und Könige, sondern wurde unmittelbar im Verhältnis zwischen den Feudalherren und Vasallen verhandelt (*Benz*, Der moderne Staat, S. 15; *Heller*, Geschichtliche Voraussetzungen des heutigen Staates, in: Böckenförde [Hrsg.], Staat und Gesellschaft, S. 9).

[27] *Heller*, Geschichtliche Voraussetzungen des heutigen Staates, in: Böckenförde (Hrsg.), Staat und Gesellschaft, S. 4 f.

[28] *Neckel*, „Refeudalisierung“, Leviathan 2013, 39 (insb. 50 ff.).

[29] *Kotkin*, The coming of neo-feudalism, passim.

[30] *Schöbener/Knauff*, Allg. Staatslehre, § 2 Rn. 66 ff.; *Wolf*, Machiavelli und der Mythos des Principe, Der Staat 1997, 596 (599, 617); grundlegend *Cassirer*, Vom Mythus des Staates, S. 176 ff.

[31] Zum historischen Kontext des Wirkens *Machiavellis*: *Pfetsch*, Theoretiker der Politik, S. 93 ff.; grundlegend *Münkler*, Machiavelli, S. 129 ff.

[32] *Cassirer*, Vom Mythus des Staates, S. 177 ff. verdeutlicht in diesem Zusammenhang, dass *Machiavelli* radikal mit der bis dato geltenden göttlichen Legitimationstheorie brach. Vgl. auch *Maissen*, in; Knoll/Saracino (Hrsg.), Niccolò Machiavelli, S. 61, 67.

[33] *Machiavelli* verwendete den Begriff „stato“ mit einem aus heutiger Sicht sehr weiten Verständnis (vgl. *Maissen*, in: Knoll/Saracino [Hrsg.], Niccolò Machiavelli, S. 60; *Larkins*, From Hierarchy to Anarchy, S. 123 ff.). Dies erklärt sich daraus, dass *Machiavelli* in dieser Zeit der „realhistorische [...] Unterbau der Verselbstständigung des »modernen Staates« fehlt [...]“ (*Deppe*, Machiavelli, S. 20 f.).

[34] *Maissen*, in: Knoll/Saracino (Hrsg.), Niccolò Machiavelli, S. 68.

[35] Vgl. zu *Bodins* Souveränitätsbegriff ausführlich *Quaritsch*, Staat und Souveränität,

tenkriege in Frankreich beschrieb er die staatliche Souveränität als absolute, ewige und unteilbare Herrschaftsmacht.[36] Die einheitlich und konzentrierte Zuordnung der Herrschaftsgewalt zum Staat war kennzeichnend für die Entstehung moderner Staaten in Europa.

Wo die Souveränität bei *J. Bodin* noch im Geist der tradierten Anschauungen als *Herrscher*souveränität eng mit dem Subjekt des Staatsoberhaupts verknüpft war[37], schaffte es die nachfolgende Staatslehre, sie vollständig zu entpersonalisieren, also auf den Staat als solchen zu beziehen[38]. Exemplarisch hierfür kann die Idee vom Herrschafts- und Unterwerfungsvertrag nach der Konzeption *T. Hobbes'* herangezogen werden. Den Staat, den *Hobbes* gedanklich auf einer Übereinkunft aller Herrschaftsunterworfenen gründete, sah er in Abgrenzung zur ständischen Ordnung des Mittelalters nunmehr in einer abstrakten „Person".[39] Damit entkoppelte er den Staat nicht nur von einer natürlichen (Herrscher-)Person.[40] *T. Hobbes* stellte ihn im Wege des Unterwerfungsvertrages bereits in ein gegenseitiges Bedingungsverhältnis zur Gesellschaft.[41] Mit der Zentralisierung der Herrschaftsgewalt verbunden, entstand zunehmend das Verständnis der Gesellschaft als eine dem Staat gegenübertretende Größe.[42]

Realgeschichtlich verwirklichte sich das Verständnis vom Staat als nunmehr objektive, einheitliche und von der Gesellschaft unterscheidbare Größe im Übergang von der mittelalterlichen Ständeordnung zum Absolutismus.[43] Die größte Bedeutung kommt im Prozess der Herausbildung moderner Staaten dem Wandel

---

S. 39 ff., 243 ff. und komprimiert *Randelzhofer*, in: Isensee/Kirchhof, Hndb. d. StR II § 17 Rn. 16 ff.

[36] Vgl. *Frotscher/Pieroth*, Verfassungsgeschichte, Rn. 114; *Steinbach*, Souveränitätsfragmente, S. 11 ff.

[37] Vgl. *Schliesky*, Souveränität und Legitimität, S. 76 stellt bei *Bodin* nur in Ansätzen die Gleichsetzung von Herrschafts- mit Staatsgewalt fest; vgl. auch *Jellinek*, Allg. Staatslehre, S. 455, 461 f.; *Schöbener/Knauff*, Allg. Staatslehre, § 3 Rn. 54; *Randelzhofer*, in: Isensee/Kirchhof, Hndb. d. StR II § 17 Rn. 21.

[38] *Randelzhofer*, in: Isensee/Kirchhof, Hndb. d. StR II § 17 Rn. 20 ff. In diese Zeit fällt die zunehmende Beschreibung des Staates als ein mechanisches Uhrwerk (vgl. *Mayr*, Uhrwerk und Waage, S. 127 ff.).

[39] Vgl. *Hobbes*, Leviathan, 17. Kapitel; vgl. hierzu *Schöbener/Knauff*, Allg. Staatslehre, § 4 Rn. 56; zum Prozess der Objektivierung *Böckenförde*, Unterscheidung von Staat und Gesellschaft als Bedingung individueller Freiheit, S. 12 f. und *Brunner*, Verfassungs- und Sozialgeschichte, S. 183 ff.

[40] Den tatsächlichen Herrscher benennt *Hobbes* ausdrücklich als „Stellvertreter des Staates" (*Hobbes*, Leviathan, 17. Kapitel).

[41] *Voigt*, Der moderne Staat, S. 10; *Grabitz*, Freiheit und Verfassungsrecht, S. 166.

[42] *Zippelius*, Allg. Staatslehre, S. 216; s. auch *Böckenförde*, Unterscheidung von Staat und Gesellschaft als Bedingung individueller Freiheit, S. 10 f.; historisch dem Ständestaat gegenüberstellend *Brunner*, Freiheitsrechte in der altständischen Gesellschaft, S. 20 f.

[43] Vgl. ausführlich zu diesem Übergang *Schöbener/Knauff*, Allg. Staatslehre, § 2 Rn. 66 ff. und im Hinblick auf die Trennung zwischen Staat und Gesellschaft *Grabitz*, Freiheit und Verfassungsrecht, S. 163; *Böckenförde*, Staat, Gesellschaft, Freiheit, S. 187 ff.

der Landesherrschaft zum Territorialstaat zu.[44] Mit der Festigung der Territorialherrschaft war es gleichsam verbunden, die außen- und innenpolitische Sicherheit zu gewährleisten.[45] Dieses Bedürfnis und der Bedeutungsverlust von kirchlichen Institutionen führten zur Entstehung eines öffentlichen Rechts in der Form umfassender Gesetzgebungs-, Verwaltungs- sowie Gerichtsbarkeitsbefugnisse der Landesherrn.[46] Es vollzog sich insoweit eine Herrschaftsverdichtung im Territorialstaat.[47] Der Staat wurde als organisatorische Einheit verstanden.[48] Normativ findet sich dieser Gedanke etwa in den §§ 1–4 Teil 2, Titel 13 des Preußischen Allgemeinen Landrechts[49].[50] Mit der Verdichtung, Vereinheitlichung und Monopolisierung der Staatsgewalt auf ein rechtlich erfassbares Subjekt *Staat* wurde der Grundstein für das gelegt, was die traditionelle Grundrechtslehre als klassisches Staat-Bürger-Verhältnis auffasst.

2. Funktion und Ordnungsprinzipien moderner Staatlichkeit

Während der nachgezeichneten Entwicklung verfestigten sich bestimmte Funktionen und Ordnungsprinzipien, die dem modernen Staat und damit dem Staat-Bürger-Verhältnis zugeordnet werden können.[51] Auffällig ist, dass die überwiegende Staatslehre dem Staat nicht erst bestimmte Ordnungsprinzipien zuweist, sondern im Staat selbst *das* Ordnungsprinzip des Gemeinwesens identifiziert.[52]

---

[44] *Schöbener*, Verfassungsstaatliche Verantwortung für eine internationale Friedensordnung, in: Dreier/Forkel/Laubenthal (Hrsg.), Raum und Recht, S. 415 f. hebt in diesem Vorgang insbesondere den Westfälischen Frieden als „Markstein zur Neuordnung Europas" hervor. S. auch *Brunner*, Freiheitsrechte in der altständischen Gesellschaft, S. 22 f.; vgl. *Stern*, Staatsrecht Bd. V § 125 III 2; vgl. schon *Hegel*, Vorlesungen über die Philosophie der Geschichte, Kapitel 3.

[45] *Schöbener/Knauff*, Allg. Staatslehre, § 2 Rn. 81; *Stern*, Staatsrecht Bd. V § 125 III 2; *Böckenförde*, Unterscheidung von Staat und Gesellschaft als Bedingung individueller Freiheit, S. 16.

[46] *Schöbener/Knauff*, Allg. Staatslehre, § 2 Rn. 84 ff.

[47] So *Waldhoff*, in: Depenheuer/Grabenwarter (Hrsg.), Verfassungstheorie, § 4 Rn. 5.

[48] *Böckenförde*, Unterscheidung von Staat und Gesellschaft als Bedingung individueller Freiheit, S. 13 f.

[49] § 1: Alle Rechte und Pflichten des Staats gegen seine Bürger und Schutzverwandten vereinigen sich in dem Oberhaupte desselben.

§ 2: Die vorzügliche Pflicht des Oberhaupts im Staate ist, sowohl die äußere als innere Ruhe und Sicherheit zu erhalten, und einen jeden bey dem Seinigen gegen Gewalt und Störungen zu schützen.

§ 3: Ihm kommt es zu, für Anstalten zu sorgen, wodurch den Einwohnern Mittel und Gelegenheiten verschafft werden, ihre Fähigkeiten und Kräfte auszubilden, und dieselben zur Beförderung ihres Wohlstandes anzuwenden.

§ 4: Dem Oberhaupte im Staate gebühren daher alle Vorzüge und Rechte, welche zur Erreichung dieser Endzwecke erforderlich sind.

[50] Auf diesen Zusammenhang weist *Böckenförde*, Unterscheidung von Staat und Gesellschaf als Bedingung individueller Freiheit, S. 14 hin.

[51] Grundlegend hierzu *Schmitt Glaeser*, Private Gewalt, S. 142 ff.

[52] Vgl. die Nachweise bei *Anter*, Die Macht der Ordnung, S. 208 f.

Hiermit verbunden ist eine Reihe charakteristischer Eigenschaften. Die Staatslehre kreist bei der Beschreibung des modernen Staates traditionell um die Kriterien der Souveränität und Legitimität.[53]

Beide Elemente werden – insbesondere hinsichtlich der Gewaltausübung – dem modernen Staat monopolisiert zugeordnet.[54] Da nur der Staat das Zurechnungssubjekt der Souveränität ist, ist er die oberste Instanz im Gemeinwesen. Der Staat allein entscheidet und handelt gegenüber den Bürgern mit dem Anspruch der Allgemeinverbindlichkeit. Mit dieser Rolle verbunden ist, dass der Staat bei seiner Tätigkeit gerichtet ist „auf das Allgemeine, das Übergreifende, das Gemeinwohl."[55] Weiterhin ist sowohl in seinem Aufbau als auch für sein Tätigwerden das Element der Einheit des Staates grundlegend.[56] Die basalen Funktionen des modernen Staates werden insoweit identifiziert in der Friedens-, Entscheidungs- und Gestaltungseinheit.[57]

Gleichzeitig sind die dem modernen Staat zugeordneten Charakteristika solche, durch die sich der Staat grundlegend von innergesellschaftlichen Prozessen (Bürger-Bürger-Verhältnis) unterscheidet. Das Instrumentarium des Staates zur Verwirklichung der oben genannten Funktionen ist das Recht, das nur der Staat potenziell einseitig und mit Gewalt durchsetzen kann.[58] Dementsprechend wird die Eigenheit staatlichen Handelns nicht etwa in der Verhandlung und der Gleichordnung mit den Adressaten der Staatsgewalt, sondern in der Einseitigkeit und zwangsweisen Durchsetzung gesehen.[59] Die Motivation staatlichen Handelns ist typischerweise gerichtet auf die Förderung des Gemeinwohls.[60] Der Staat handelt bei der Durchsetzung seiner Staatsgewalt somit nicht nach freien oder partikularen Interessen, wie es die Glieder der Gesellschaft bei ihrem Handeln tun.[61] Entsprechend wird dem Staat-Bürger-Verhältnis typischerweise die Gerechtigkeitsidee der *iustitia distributiva*, also der Verteilungsgerechtigkeit zugeordnet.[62] Verteilungsgerechtigkeit bedeutet grob gesprochen, dass eine über-

---

[53] *Quaritsch*, Staat und Souveränität, S. 32 ff.; *Schliesky*, Souveränität und Legitimität von Herrschaftsgewalt, S. 51 ff.; S. 195 ff.; vgl. darüber hinaus die Nachweise bei *Möllers*, Staat als Argument, S. 214 ff.; *Vesting*, Staatstheorie, S. 69 f.; *Zippelius*, Allg. Staatslehre, § 9.

[54] Vgl. *Möllers*, Staat als Argument, S. 214 ff.; *Zippelius*, Allg. Staatslehre, § 9.

[55] *Jestaedt*, Demokratieprinzip und Kondominialverwaltung, S. 181.

[56] Vgl. zum Prinzip der Einheit *Schmitt Glaeser*, Private Gewalt, S. 143 ff.; *Schliesky*, Souveränität und Legitimität, S. 146 f.; s. auch *Möllers*, Staat als Argument, S. 116.

[57] *Schöbener/Knauff*, Allg. Staatslehre, § 4 Rn. 79 ff.

[58] *Schliesky*, Souveränität und Legitimität, S. 147 f.

[59] Vgl. S. auch *Ossenbühl*, in: FS-Quaritsch, 235 (238); *Kessler*, Staat und Gesellschaft, ZgS 1927, 225 (226): „wo »Staat« besteht, waltet die Macht und wirkt der willenbrechende Zwang"; dies schließt natürlich nicht aus, dass der Staat auch dann als solcher handelt, wenn er dem Bürger nicht einseitig befehlend gegenüber tritt.

[60] Vgl. *Isensee*, in: Isensee/Kirchhof, Hndb. d. StR IV § 71 Rn. 11; *Brugger*, in: FS-Quaritsch, 45 (45 ff. m. w. N.).

[61] *Schmitt Glaeser*, Private Gewalt, S. 146 f.

[62] Vgl. die ausführlichen Abhandlungen in *Arnold*, Vertrag und Verteilung, S. 99 ff., der diese Typisierung gleichwohl kritisch beurteilt.

geordnete Person (z. B. der Staat) etwas zwischen mehreren anderen Personen (z. B. Private) aufteilt.[63] In der klassischen Auffassung vom Verhältnis zwischen Staat und Gesellschaft beschreibt die *iustitia distributiva* das Gerechtigkeitsregime der Über-Unterordnung, das sich primär im öffentlichen Recht verwirklicht.[64]

III. Individuelle Freiheiten innerhalb der Gesellschaft

Eng verknüpft mit der Entwicklungsgeschichte moderner Staatlichkeit ist die Entstehung der modernen Gesellschaft. Sie wird vorliegend begrifflich verstanden als Gesellschaft bestehend aus rechtlich gleichgeordneten Individuen, die grundsätzlich frei nach ihren Interessen und ohne äußeren Zwang handeln.[65]

1. Von der Ständeordnung zur Bürgerlichen Gesellschaft

Den Gegensatz zu dem, was die traditionelle Grundrechtslehre unter den heutigen Bürger-Bürger-Verhältnissen versteht, findet man in der sog. ständischen Gesellschaft vor. Der Wandel von der Ständeordnung zur Bürgerlichen Gesellschaft ist historisch-tatsächlich keinesfalls ein linearer Prozess.[66] Dennoch sind bestimmte Entwicklungen identifizierbar, die es zulassen, zumindest typisierend von einem Übergang von der Ständeordnung zur modernen Gesellschaft zu sprechen.

Die ständische Ordnung zeichnet sich zuvörderst durch das geburtsständische Prinzip aus, das die Rechtsstellung des Einzelnen davon abhängig macht, in welche Familie und Konfession er hineingeboren wird.[67] Normativ war dies zum Beispiel noch sichtbar im Allgemeinen Preußischen Landrecht[68]. Vorherrschend in der ständischen Gesellschaft war insoweit ein hierarchisches und starres Ord-

---

[63] Vgl. *Arnold*, Vertrag und Verteilung, S. 60 f. in Rekurs auf die grundlegenden Gedanken von *Aristoteles* und *Thomas von Aquin* zu den verschiedenen Formen der Gerechtigkeit. Vgl. auch *Canaris*, Die Bedeutung der iustitia distributiva im deutschen Vertragsrecht, in: Sitz.Ber. d. Bay. Akad. d. Wiss. 1997, 3 (9 f.): „Bei der erstgenannten Grundform der Gerechtigkeit [iustitia distributiva] geht es nämlich um die Verteilung von Gütern an die Bürger, so daß diesen eine verteilende Instanz gegenübersteht. Bildlich gesprochen handelt es sich um ein Dreieck mit dieser Instanz als Spitze und den Bürgern als Punkten auf der Basis. Wir würden heute von einem Verhältnis rechtlicher Über- und Unterordnung sprechen."

[64] Vgl. die Nachweise bei *Arnold*, Vertrag und Verteilung, S. 100 Fn. 468.

[65] Ähnlich *Grimm*, in: Grimm (Hrsg.), Staatsaufgaben, S. 615.

[66] Dass der Idealtypus der „ständischen Gesellschaft" nirgends in vollständiger Realität aufging, betont *Gall*, Von der Ständischen zur Bürgerlichen Gesellschaft, S. 3.

[67] Vgl. *Gall*, Von der Ständischen zur Bürgerlichen Gesellschaft, S. 3.

[68] Vgl. etwa die Unterteilung nach dem Bauern-, Bürger- und Adelsstand in den Titeln 7–9 im zweiten Teil des PrALR. Gleichwohl galt das PrALR in dieser Hinsicht als fortschrittlich, weil es die Rechtsstellungen nichtprivilegierter Stände normativ zumindest erfasste und auch verbesserte.

nungsprinzip.[69] Eine soziale Durchlässigkeit zwischen verschiedenen beruflichen und sozialen Gruppen war in der ständischen Ordnung sehr schwach ausgeprägt. In Bezug auf die Staatlichkeit verstand man die Gesellschaft in den Monarchien Europas im 17. bis 19. Jahrhundert als entpolitisiert und gewährte ihr keinen Einfluss auf das Staatswesen.[70] Hierin liegt ein wesentlicher Unterschied zum Staat-Gesellschaft-Dualismus im Verständnis der klassischen Grundrechtslehre (vgl. hierzu S. 51 ff.). Eine volkswirtschaftliche Ausprägung des absolutistischen Staates liegt im Merkantilismus, der im Zeichen staatlich allumfassender Einflussnahme den gesamten europäischen Kontinent dominierte.[71] Die Vorstellung, Rechtsmacht an Private abzugeben, das heißt die Gesellschaft als Konglomerat eigenständiger (Rechts-)Subjekte stärker in das Wirtschaftsleben zu involvieren, hätte dem absolutistischen Selbstverständnis des Staates widersprochen. *W. Conze* sah in dieser Marginalisierung der Gesellschaft „eine der wesentlichsten sozialgeschichtlichen Voraussetzungen für die kommende Revolution“[72].

Umbrüche des ständischen Gesellschaftstypus vollzogen sich insbesondere seit der Mitte des 18. Jahrhunderts. Dieser Übergang ist gekennzeichnet durch gravierende Veränderungen. Zuerst zu nennen sind die Französische Revolution, die industrielle Revolution sowie die Aufklärung und Säkularisierung.[73] In Deutschland ist überdies die Rolle der aufgeklärten Bürokratie hervorzuheben. Die Preußischen Agrarreformen beispielsweise hoben zumindest Teile der Beschränkungen persönlicher Selbstbestimmung der Bauern auf und gliederten sie in die Rechtsgenossenschaft der Staatsbürger ein.[74] Solche und unzählige weitere Prozesse (z. B. starke Bevölkerungsvermehrung[75], aufkeimender Wirtschaftsliberalismus[76], Alphabetisierung der Gesellschaft[77]) ließen die sozialen, korporativen und auch konfessionellen Grenzen der ständischen Ordnung zunehmend erodieren. Mit dieser Entwicklung ging einher, dass die Wissens-, Kultur- und Religionsmonopole privilegierter Stände beseitigt und grundsätzlich allgemein

---

[69] Vgl. *Gall*, Von der Ständischen zur Bürgerlichen Gesellschaft, S. 5.

[70] *Schöbener/Knauff*, Allg. Staatslehre, § 3 Rn. 27; *Conze*, Frührevolutionäre Gesellschaft, in: Böckenförde (Hrsg.), Staat und Gesellschaft, S. 41; s. auch *Grabitz*, Freiheit und Verfassungsrecht, S. 164.

[71] Vgl. *Conze*, Frührevolutionäre Gesellschaft, in: Böckenförde (Hrsg.), Staat und Gesellschaft, S. 41.

[72] *Conze*, Frührevolutionäre Gesellschaft, in: Böckenförde (Hrsg.), Staat und Gesellschaft, S. 41.

[73] Vgl. *Botzenhart*, Wandlungen der ständischen Gesellschaft, Der Staat 1980, Beiheft 4, S. 55, passim.

[74] *Ipsen*, Staat aus dem Volk, Der Staat 1973, 145 (156 f.).

[75] Hierzu *Gall*, Von der Ständischen zur Bürgerlichen Gesellschaft, S. 15 ff.

[76] Damit wurde allmählich „der traditionelle Primat der Politik durch einen Primat der Wirtschaft verdrängt“ (*Luhmann*, Politische Verfassungen im Kontext des Gesellschaftssystems, Der Staat 1973, 1 [5]).

[77] Prägnant *Hermann*, Erziehungsstaat – Staatserziehung – Nationalbildung, ZfPäd 1993, 567 (570): „Alphabetisierung und Literarisierung befähigen auf Dauer auch zur Kritik von Tradition und Hierarchie.“

zugänglich wurden.[78] Insoweit ist der Übergang von der aristokratisch-ständischen zur bürgerlich-freiheitlichen Gesellschaft nicht nur eng mit dem Begriff der Gleichheit, sondern auch mit dem der Autonomie verbunden.[79] Während vormoderne aristokratische Autonomiekonzepte nur ausgewählten Personengruppen Autonomie zuschrieben, öffnete sich das Autonomieverständnis in der Bürgerlichen Gesellschaft hin zu einem Konzept der liberal-individualistischen (Privat-)Autonomie, die allen Bürgern gleichermaßen zustehen sollte.[80] Auf den Staat-Gesellschaft-Dualismus bezogen bildete sich eine Gesellschaft heraus, die nicht ausschließlich als Untertanenverband verstanden wurde, sondern zunehmend durch ein individualistisches und freiheitliches Verständnis geprägt war.[81]

Die Emanzipation der Gesellschaft von kirchlicher und absolutistischer Macht sowie von feudalen Abhängigkeitsverhältnissen veränderte auch die Qualität der Rechtsverhältnisse der Bürger untereinander.[82] An die Stelle der ständischen Ordnung trat eine soziale und rechtliche Interaktion, die sich zunehmend als Verhältnis zwischen Freien und Gleichen nach dem Prinzip der Selbstbestimmung beschreiben ließ.[83] Hierin zeichnete sich – wenn auch nur in den Grundzügen – bereits das ab, was die heutige Grundrechtslehre unter dem typischen Bürger-Bürger-Verhältnis versteht.

2. *Funktion und Ordnungsprinzipien der modernen Gesellschaft*

Zweifelsohne unterschied sich die Gesellschaft des späten 18. und 19. Jahrhunderts noch grundlegend von der heutigen Gesellschaft. Trotz der Französischen Revolution und des aufkeimenden Ideals bürgerlicher Gleichheit wirkten ständische Privilegien sowohl faktisch als auch rechtlich in die postrevolutionäre

---

[78] *Siegrist/Müller*, Professionen, Eigentum und Staat, S. 21. Dies anklagend schrieb der preußische Gutsbesitzer *E. v. Bülow-Cummerow*: „Wenn heute jemand Schornsteinfeger ist, morgen Rittergutsbesitzer, und übermorgen den Pfarrer ernennt, so ist dies nicht passend […], ich spreche davon, was alle Tage der Fall ist, daß gewöhnliche Wirtschaftsinspektoren, Schulzen, Müller, Schumacher, sogar Scharfrichter […] Rittergutsbesitzer werden." (zit. nach *Hahn/Berding* [Hrsg.] Gebhardt Hndb. der deutschen Geschichte, Band 14, S. 251).

[79] Vgl. *Siegrist*, in: Siegrist/Müller (Hrsg.), Professionen, Eigentum und Staat, S. 21; s. auch *Grimm*, Recht und Staat in der bürgerlichen Gesellschaft, S. 11.

[80] Vgl. *Mankowski*, Rechtskultur, S. 404; zu den vertragstheoretischen Implikationen dieses Überganges *Nussbaum*, Die Grenzen der Gerechtigkeit, S. 27 f.

[81] Zur Individualisierung der Gesellschaft vgl. *Nipperdey*, Deutsche Geschichte 1800–1866, S. 265 ff.

[82] *Bohlender*, Metamorphosen des liberalen Regierungsdenkens, S. 58: „Die Ordnung der *civil society* ist nicht ein *fixer Rahmen*, den ein Subjekt (Staatsmann, Souverän) den Menschen dieser Gesellschaft von außen auferlegt; vielmehr ist diese Ordnung zu verstehen als ein den Beziehungen der Menschen immanentes Gefüge, eine *relationale, bewegliche und organische Struktur*."

[83] *Hein*, Die Revolution von 1848/49, S. 103 f.; s. auch *Huber*, Deutsche Verfassungsgeschichte, Bd. IV S. 1125: Es vollzog sich eine „Egalisierung und Liberalisierung der innergesellschaftlichen Verhältnisse".

Gesellschaft hinein.[84] Gleichwohl entstand bereits zu dieser Zeit das geistige Fundament für diejenigen Ordnungsprinzipien, welche für die Rechtsverhältnisse innerhalb der heutigen Gesellschaft selbstverständlich sind.[85]

Dabei handelt es sich um ebenjene Prinzipien, die nach der traditionellen Grundrechtslehre den Unterschied zwischen dem Bürger-Bürger-Verhältnis und dem Staat-Bürger-Verhältnis kennzeichnen. Zentrales Kriterium ist insoweit die Privatautonomie als „Strukturelement einer freiheitlichen Gesellschaftsordnung."[86] Verfassungsrechtlich in Art. 2 Abs. 1 GG verankert schützt die Privatautonomie die „Selbstbestimmung des Einzelnen im Rechtsleben"[87]. Selbstbestimmung bedeutet konkret, dass das Individuum seine Rechtsverhältnisse nach eigenem Willen gestalten kann[88] und sein Verhalten nicht durch „irgendwelche Gründe legitimiert werden muß."[89]

Auf abstrakter Ebene beschreibt die Privatautonomie eine staatlich grundsätzlich nicht beeinflusste Form der Herausbildung innergesellschaftlicher Rechtsbeziehungen.[90] Diese systemische Dimension der Privatautonomie soll vorliegend in Anlehnung an *F. A. v. Hayek* als „spontane Ordnung"[91] bezeichnet werden.[92] Anders als eine „gemachte Ordnung", die menschliche Beziehungen zueinander planmäßig entwirft und reguliert, entsteht eine spontane Ordnung, wenn die Individuen der Gesellschaft frei nach ihren jeweiligen Interessen handeln.[93] Die spontane Ordnungsbildung steht ökonomisch insbesondere für einen

---

[84] Der Adel behielt etwa weitgehend die sog. Patrimonialgerichtsbarkeit, also eine außerstaatliche Gerichtsbarkeit der Grundherren über ihre Erbzins- und Lehnleute (s. hierzu *Wienfort*, Ländliche Rechtsverfassung und Bürgerliche Gesellschaft, Der Staat 1994, 207, passim).

[85] Es vollzog sich ein „Wandel der Ordnungsvorstellung von einem im 17. Jahrhundert vorherrschenden kausal-mechanischen Ordnungsprinzip (‚Uhrwerk') zur Vorstellung einer selbst regulierenden, physiologischen Organisationsweise von Natur, Mensch und Gesellschaft." (*Bohlender*, Metamorphosen des liberalen Regierungsdenkens, 58 Fn. 29).

[86] BVerfGE 81, 242 (254); ähnlich *Ossenbühl*, in: FS-Quaritsch, 235 (238): „Das Ordnungssystem der Gesellschaft wurzelt im Prinzip der Freiheit und Autonomie."

[87] BVerfGE 89, 214 (231).

[88] BVerfGE 89, 214 (231).

[89] *Canaris*, in: Bauer/Czybulka/Kahl/Voßkuhle (Hrsg.), Umwelt, Wirtschaft und Recht, S. 36; s. auch *Zöllner*, Regelungsspielräume im Schuldvertragsrecht, AcP 1996, 1 (8).

[90] Vgl. *Di Fabio*, in: Maunz/Dürig, GG, Art. 2 Abs. 1 Rn. 101; *Busche*, Privatautonomie und Kontrahierungszwang, S. 14.

[91] *Hayeks* Gedanken zur spontanen Ordnung knüpfen maßgeblich an die Ausführungen von *Polanyi*, The Logic of Liberty, S. 154 ff. an.

[92] Die Verknüpfung von Privatautonomie und spontaner Ordnung findet sich ebenfalls bei *Oestmann*, Verkehrssitte, Privatautonomie und spontane Ordnung, KritV 2002, 409 (425), der die Entstehung einer „Verkehrssitte" dem Bereich der spontanen Ordnungsbildung zurechnet. S. auch *Schaefer*, „Markt" und „Gemeinwohl" als Integrationsprinzipien zweier ineinander greifender Normenordnungen, 49. AssÖR 2009, 117 (125).

[93] Vgl. *Hayek*, Arten der Ordnung, in: Freiburger Studien, S. 40 f.; ferner *Hayek*, Die Verfassung der Freiheit, S. 49: „Der relevante Unterschied ist nicht der zwischen dem Handeln Einzelner und dem Handeln von Gruppen, sondern der zwischen Bedingungen einerseits, unter denen verschiedene, sich auf verschiedene Ansichten oder Praktiken gründende

marktwirtschaftlichen Wettbewerb und sozial zuvörderst für eine pluralistische Gesellschaft.[94] In ihrer rechtlichen Ausprägung in Form des Prinzips der Privatautonomie verkörpert sie das autonome und aufgeklärte Menschenbild der Bürgerlichen Gesellschaft.[95]

In Abgrenzung zum Ordnungsprinzip des Staates, das man als ein objektives Prinzip bezeichnen kann, handeln die Akteure der Gesellschaft nach dem „subjektive[n] Prinzip des freien Interesses".[96] Die Funktion der Gesellschaft ist – im Gegensatz zu der des Staates – verfassungsrechtlich gerade nicht bestimmbar, sondern wird von den Gliedern der Gesellschaft selbst bestimmt.[97] Es herrscht aus verfassungsrechtlicher Perspektive das Prinzip der individuellen Freiheit, das sich in der Spontaneität gesellschaftlicher Ordnungsprozesse ständig aktualisiert. Abseits der Verwirklichung individueller Zwecke ist die spontane Ordnung grundsätzlich zweckfrei. Diese grundsätzliche Zweckfreiheit der spontanen Ordnung ermöglicht erst, dass der Einzelne eigene Zwecke verfolgen kann.[98] Nicht zuletzt durch dieses Fehlen einer staatlich oktroyierten Aufgabe legitimiert sich der moderne Verfassungsstaat, in dessen Zentrum die freie Entfaltung der Persönlichkeit steht.[99]

Wege versucht werden können, und einem Zustand andererseits, in dem eine Behörde das ausschließliche Recht und die Macht hat, andere von Versuchen auszuschließen."

[94] Vgl. *Reichold*, Sozialgerechtigkeit versus Vertragsgerechtigkeit, JZ 2004, 384 (392 f.). Zur Verknüpfung von Privatautonomie und dem Demokratieprinzip aus Art. 20 GG vgl. *Canaris*, Verstöße gegen das verfassungsrechtliche Übermaßverbot im Recht der Geschäftsfähigkeit und im Schadensersatzrecht, JZ 1987, 993 (994).

[95] Vgl. *Basedow*, Das BGB im künftigen europäischen Privatrecht, AcP 2000, 445 (485 f.).

[96] So *Jestaedt*, Demokratieprinzip und Kondominialverwaltung, S. 181; zu diesem Gegensatz s. auch *Rupp*, in: Insensee/Kirchhof, Hndb. d. StR II § 31 Rn. 33: „[Das] Ordnungssystem der Gesellschaf [wurzelt] im Prinzip Freiheit und Autonomie: Der status libertatis der Grundrechte ist es, der von Verfassungs wegen nicht nur den ‚bürgerlichen' Grundstatus des Einzelmenschen bestimmt und im Gegenprinzip der Freiheitslosigkeit hoheitlicher Gewalt Entsprechung und Balancement findet, sondern irgendwie auch das Ordnungs- und Lebensprinzip der Gesellschaft als societas freier Menschen konstituiert und ihr (nämlich der Gesellschaft) Verhältnis zum ‚Staat' bestimmt"; ganz ähnlich *Ossenbühl*, in: FS-Quaritsch, 235 (238); *Burgi*, Funktionale Privatisierung, S. 24.

[97] *Canaris*, in: FS-Lerche, 873 (874 f.); s. auch *Meinel*, Machthaber jenseits des Staates, HFR 2004, 64 (70). Mit anderer Akzentuierung BVerwGE 14, 21 (25): „Die Grundrechte sind dem Staatsbürger nicht zur freien Verfügung eingeräumt, sondern in seiner Eigenschaft als Glied der Gemeinschaft und damit auch im öffentlichen Interesse."

[98] Vgl. *Oestmann*, Verkehrssitte, Privatautonomie und spontane Ordnung, KritV 2002, 409 (425).

[99] Insbesondere geht die Gesellschaft „nicht [ausschließlich] in Aktivbürgerschaft auf" (*Isensee*, Subsidiaritätsprinzip und Verfassungsrecht, S. 153). Aktivbürgerschaft meint die Gesellschaft in ihrer Form des Staatsvolkes, das die Staatsgewalt durch Wahlen legitimiert. Aktivbürgerschaft und Bürgerliche Gesellschaft können auch als etwas Grundverschiedenes aufgefasst werden, da es für ein gleiches Wahlrecht gerade nicht auf diejenigen Eigenschaften ankommt, die den Pluralismus der Bürgerlichen Gesellschaft kennzeichnen (persönliche Präferenzen, wirtschaftliche und soziale Stellung, Religion) (vgl. *Möllers*, Freiheitsgrade, S. 216 f.). Die Bürgerliche Gesellschaft meint dann entgegen der Aktivbürgerschaft die Ge-

Untereinander interagieren Private grundsätzlich in einem Gleichordnungsverhältnis.[100] Im Gegensatz zum Staat-Bürger-Verhältnis gibt es typischerweise keine Einseitigkeit in privaten Rechtsverhältnissen.[101] So wird privatrechtlichen Rechtsbeziehungen typischerweise die Gerechtigkeitstheorie der *iustitia commutativa* zugeschrieben.[102] Die *iustitia commutativa* meint die Tauschgerechtigkeit (bzw. Marktgerechtigkeit) und stellt somit „*die* spezifische Gerechtigkeitsform des Vertragsrechts dar“[103]. Dabei stehen sich Freie und Gleiche in privatautonom getroffenen Übereinkünften gegenüber; nicht das Ergebnis der Interaktion, sondern die Privatautonomie der Entscheidung selbst ist der Gradmesser für die Ausgleichsgerechtigkeit.[104]

In dieser Diktion wird die Vertragsfreiheit klassischerweise als formale Freiheit verstanden.[105] Formale Freiheitskonzepte der Privatautonomie betrachten den Vertragsschluss und seine Idee der Gerechtigkeit grundsätzlich ohne Ansehen der sozio-ökonomischen Stellungen der Vertragspartner oder des konkreten Vertragsinhaltes.[106] Berücksichtigt man hingegen auch materiale Erwägungen[107], etwa den sozialen und wirtschaftlichen Kontext geschlossener Verträge, realisiert sich das Ideal der gegenseitigen Freiheitsentfaltung zwischen Freien und Gleichen häufig nicht. In abstracto resümierte *E.-W. Böckenförde*:

„In vielen Bereichen ist unsere Rechtsordnung immer noch stark von einem liberal-individualistischen Ordnungsmodell getragen und geprägt, das die rechtliche Freiheit aller gleichermaßen gewährleistet, aber der Freiheitsausdehnung so gut wie keine Grenzen setzt und dadurch rücksichtsloser Machtausdehnung ebenso wie rücksichtlosem Machtgebrauch freies Feld beläßt. Anstelle dessen muß ein soziales Ordnungsmodell treten, das darauf abzielt, die rechtliche Freiheit des einen nicht nur mit der rechtlichen Freiheit des anderen, sondern auch mit der Realisierungsmöglichkeit dieser Freiheit vereinbar zu halten und auszugleichen.“[108]

---

samtheit der Gruppen und Individuen, die nach eigenen Maximen handelt und ihre Funktionen individuell bestimmt.

[100] *Möslein*, in: Möslein (Hrsg.), Private Macht, S. 7.

[101] Vgl. BVerfGE 128, 226 (248); s. auch *Ossenbühl*, in: FS-Quaritsch, 235 (238); *Kessler*, Staat und Gesellschaft, ZgS 1927, 225 (226): „‚Gesellschaft‘ bedeutet Aneinanderordnung, freien Willen hier und freien Willen dort, zwanglose Anpassung und zwanglose Absonderung.“

[102] *Arnold*, Vertrag und Verteilung, S. 107 f.; prägnant *Zoppel*, Europäische Diskriminierungsverbote und Privatrecht, S. 33.

[103] *Canaris*, Die Bedeutung der iustitia distributiva im deutschen Vertragsrecht, in: Sitz.Ber. d. Bay. Akad. d. Wiss. 1997, 3 (45).

[104] *Arnold*, Vertrag und Verteilung, S. 19 f.

[105] *Arnold*, Vertrag und Verteilung, S. 232 f.

[106] *Canaris*, in: FS-Lerche, S. 873 (886): „Die Vertragsfreiheit wird um der Freiheit, nicht um der Gerechtigkeit willen gewährleistet“; s. auch *Hönn*, Privatautonomie von innen und außen, JZ 2021, 693 (696) gegenüberstellend zur *iustitia distributiva*.

[107] Hierzu *Arnold*, Vertrag und Verteilung, S. 241 f.

[108] *Böckenförde*, Grundrechtsgeltung gegenüber Trägern gesellschaftlicher Macht?, in: Posser/Wassermann (Hrsg.), Freiheit in der sozialen Demokratie, S. 77 (89).

Diese Tendenz hat sich bis heute eher verstärkt als vermindert.[109]

IV. Gewährleistung außerstaatlicher Freiheiten (Grundrechte)

Im grundrechtlich-freiheitlichen Kontext des Verteilungsprinzips kennzeichnet den Dualismus über die Eigenständigkeit von Staat und Gesellschaft hinaus die rechtlich gewährleistete individuelle Freiheit und Abgrenzung des Einzelnen vom Staat.[110] Diesen außerstaatlichen Aspekt kann man im Obrigkeitsstaat des 17. und 18. Jahrhunderts allenfalls in schwacher Ausprägung identifizieren.[111] So erhob der Staat grundsätzlich einen vollständigen Herrschaftsanspruch gegenüber der Gesellschaft.[112] Für *T. Hobbes'* Lehre vom Herrschafts- und Unterwerfungsvertrag wurde ausgeführt, dass das Gemeinwesen im Vertragsschluss sterbe.[113] Anders formuliert löste *Hobbes* den Konflikt zwischen der Freiheit aus dem Naturzustand und der Souveränität des Staates vollkommen zugunsten letzterer auf.[114] Verfassungsrechtliche Grenzen kannte die Herrschaftsgewalt nicht. Eine Trendwende erfolgte durch den aufgeklärten Absolutismus und den damit einhergehenden Aufschwung der Bürgerlichen Gesellschaft. Maßgeblich in diesem Prozess war die allmähliche Anerkennung eines vor- bzw. außerstaatlichen individuellen Eigentumsrechts.[115] Ideengeschichtlich wurde dies bereits im frühen 17. Jahrhundert durch *H. Grotius* (1583–1645) vorbereitet, der den naturrechtlichen Gedanken vom Religiösen löste und die natürlichen Rechte auch dem staatlichen Zugriff entzog.[116]

---

[109] *Barczack*, in: Scheffczyk/Wolter (Hrsg.), Linien der Rspr. des Bundesverfassungsgerichts, Bd. 4, S. 100 rekurriert auf „wirtschaftliche und soziale Kräfte, [...] global agierende Konzerne, marktmächtige Unternehmen und Verbände, einflussreiche Standesorganisationen und Interessengruppierungen."

[110] Vgl. *Poscher*, Grundrechte als Abwehrrechte, S. 15 f.; *Zippelius*, Allg. Staatslehre, S. 216.

[111] Für die vorherige Epoche der Ständeordnung *Brunner*, Freiheitsrechte in der altständischen Gesellschaft, S. 26 ff.

[112] Vgl. *Schöbener*, Verfassungsstaatliche Verantwortung für eine internationale Friedensordnung, in: Dreier/Forkel/Laubenthal (Hrsg.), Raum und Recht, S. 419 f.; *Conze*, Frührevolutionäre Gesellschaft, in: Böckenförde (Hrsg.), Staat und Gesellschaft, S. 39.

[113] *Ehmke*, „Staat" und „Gesellschaft", in: Böckenförde (Hrsg.), Staat und Gesellschaft, S. 254 unter Bezugnahme auf *Gierke*; vgl. auch *Riedel*, Hegels „Bürgerliche Gesellschaft" und das Problem ihres geschichtlichen Ursprungs, ARSP 1962, 539 (546).

[114] So *Poscher*, Grundrechte als Abwehrrechte, S. 18; vgl. *Stern*, Staatsrecht Bd. III § 59 III 2 a; vgl. *Hobbes*, Leviathan, 29. Kapitel; *Schulz*, in: FS-Rosenberg, 3 (29).

[115] Vgl. *Suhr*, Staat – Gesellschaft – Verfassung von Hegel bis heute, Der Staat 1978, 369 (371 f.); vgl. *Angermann*, Das Auseinandertreten von „Staat" und „Gesellschaft" im Denken des 18. Jahrhunderts, in: Böckenförde (Hrsg.), Staat und Gesellschaft, S. 124 ff.; *Schäfers*, Die bürgerliche Gesellschaft in Geschichte und Gegenwart, GWP 2017, 121 (122).

[116] Vgl. *Stern*, Staatsrecht Bd. III § 59 III 1 c; vgl. zum Naturrecht bei Grotius im Überblick *Utz*, Die Grundpositionen der Naturrechtstheorien, ARSP 1998, 307 (311).

In der nachfolgenden Staatstheorie verfestigte sich zunehmend die Annahme natürlicher Rechte außerhalb der Einflusssphäre des Staates.[117] In Gestalt der amerikanischen und französischen Rechteerklärungen vollzog sich dann schließlich die positivistische Verwirklichung dieser Rechte.[118] Es verfestigte sich dabei ein individualistischer Ansatz, in dessen Mittelpunkt das „einzelne freie, aus den geschichtlichen Ordnungen und Verklammerungen gelöste Individuum"[119] stand. In Deutschland trat der Grundrechtskatalog der Paulskirchenverfassung aufgrund der gescheiterten Revolution 1848/1849 nicht in Kraft.[120] Gleichwohl gab es auf einfachgesetzlicher Ebene in den Gesetzen des Norddeutschen Bundes und später des Deutschen Reiches sowie in den Landesverfassungen ähnliche Verbürgungen.[121]

Heute ist die außerstaatliche Freiheitssphäre privater Rechtssubjekte fester Bestandteil der Grundrechtsgewährleistungen. Das am 23.5.1949 verabschiedete Grundgesetz entstand vor dem Hintergrund der Willkürherrschaft des nationalsozialistischen Regimes, in dem Staat und Gesellschaft nicht als voneinander getrennte Ordnungen gedacht wurden[122]. Mit der Ideologie des NS-Staates war ein Staat-Gesellschaft-Dualismus und die Gewährleistung individueller Freiheitsverbürgungen nicht vereinbar.[123] Dramatisch äußerte sich das in der Aberkennung der Subjektqualität der Angehörigen ganzer Bevölkerungsgruppen und ihrer systematischen Ermordung im Holocaust.[124] In diesem entstehungsgeschichtlichen Kontext wird für das Grundgesetz betont, dass es eine freiheitliche

---

[117] Vgl. *Stern*, Staatsrecht Bd. III § 59 III 1 d f., 2, 3.

[118] *Stern*, Staatsrecht Bd. III § 59 IV 1.

[119] *Böckenförde*, Unterscheidung von Staat und Gesellschaft als Bedingung individueller Freiheit, S. 17.

[120] Hierzu *Frotscher/Pieroth*, Verfassungsgeschichte, § 11 Rn. 335 ff.

[121] Exemplarisch zur Freiheit des Berufs: *Breuer*, in: Isensee/Kirchhof, Hndb. d. StR VIII § 170 Rn. 3 ff.; *Schneider*, in: Merten/Papier, Hndb. d. GR § 113 Rn. 21 ff.; für die Religionsfreiheit siehe *Classen*, Religionsrecht, Rn. 15 ff. Teilweise wird das im Zuge des Augsburger Religionsfriedens (1555) und des Westfälischen Friedens (1648) anerkannte Auswanderungsrecht aus Gründen der Konfessionszugehörigkeit als „erste[s] Grundrecht der Deutschen und [...] Ausgangspunkt für die Entwicklung subjektiver Rechte" bezeichnet (vgl. *Spieker*, in: FS-Geiger, 61 [67 f.]; s. auch *Borowski*, Die Glaubens- und Gewissensfreiheit des Grundgesetzes, S. 20 Fn. 75). Hervorzuheben ist für die Gewährleistung individueller Rechte in Deutschland überdies die Entwicklung und Ausdifferenzierung des Rechtsstaatsprinzips (rechtsvergleichend zur anglo-amerikanischen rule of law: *Schöbener/Knauff*, Allg. Staatslehre, § 5 Rn. 143 ff.; *Sommermann*, in: Sommermann/Magiera [Hrsg.], Freiheit, Rechtsstaat und Sozialstaat in Europa, S. 75 ff.; s. auch *Ramm*, Der Wandel der Grundrechte, JZ 1972, 137 [137 f.]: „Die *Gesetzmäßigkeit der Verwaltung* wurde zum Stichwort, mit dem damals der Kampf um die Individualfreiheit ausgefochten wurde").

[122] *Poscher*, Grundrechte als Abwehrrechte, S. 41: „Das Abwehrrecht galt mit der Einverleibung des Individuums in den totalen Staat als überwunden"; s. auch BVerfGE 6, 55 (71).

[123] *Holste*, Die Zerstörung des Rechtsstaates durch den Nationalsozialismus, JA 2009, 359 (361 f.) mit Zitaten aus der nationalsozialistischen Staatsrechtslehre.

[124] *Benz*, Der Holocaust, passim; *Frotscher/Pieroth*, Verfassungsgeschichte, § 19 Rn. 640 ff.

Distanz zwischen Staat und Individuum sowie absolute Freiheitsräume gegenüber dem Staat wahren muss.[125] Dieser Gedanke schlägt sich auch in der Rechtsprechung des Bundesverfassungsgerichts nieder, das in seinem *Elfes*-Urteil formulierte:

„Hieraus ergibt sich, daß dem einzelnen Bürger eine Sphäre privater Lebensgestaltung verfassungskräftig vorbehalten ist, also ein letzter unantastbarer Bereich menschlicher Freiheit besteht, der der Einwirkung der gesamten öffentlichen Gewalt entzogen ist."[126]

C. Voraussetzungen des Staat-Gesellschaft-Dualismus nach dem traditionellen Grundrechtsverständnis

Die historische Entwicklung schlägt sich in der traditionellen Grundrechtslehre in einem spezifischen Verständnis des Staat-Gesellschaft-Dualismus nieder. In ihrer primär abwehrrechtlichen Interpretation knüpft die klassische Grundrechtslehre an die Spezifika staatlicher Gewalt im Staat-Bürger-Verhältnis an. Gleichzeitig grenzt sie ab zu den innergesellschaftlichen Rechtsverhältnissen zwischen Bürgern, die aufgrund ihrer Charakteristika nicht von den grundrechtlichen Legitimations- und Rechtfertigungserfordernissen erfasst werden. Hinzu kommt die Annahme der traditionellen Grundrechtslehre, dass der Staat als zentrale Ordnungsinstanz auch tatsächlich dazu in der Lage ist, gesellschaftliche Prozesse effektiv zu regulieren. Gemeinsam folgt aus diesen Elementen eine kategoriale Unterscheidung zwischen grundrechtsverpflichteter Staatsgewalt und grundrechtsberechtigtem Handeln Privater.

I. Zuhöchstsein staatlicher Gewalt

Zentrales Kriterium des klassischen Grundrechtsverständnisses ist das Zuhöchstsein staatlicher Gewalt. Das Zuhöchstsein ist eine Ausprägung des im modernen Staat vorherrschenden Souveränitätsverständnisses und bedeutet, dass die höchste Gewalt im Gemeinwesen dem Staat einheitlich und monopolisiert zugeordnet wird.[127] Gegenüber anderen (z. B. sozialen oder wirtschaftlichen) Machtträgern beansprucht der Staat in Konfliktfällen das Letztentscheidungs-

---

[125] Vgl. *Poscher*, Grundrechte als Abwehrrechte, S. 43 f., der diesbezüglich auf folgende Anmerkung von *v. Mangoldt* hinweist: „Nach einer Zeit fortgesetzter Bedrückung und schwerster Mißachtung der Menschenwürde [...] sollte[n] [...] der Allmacht des Staates Schranken gesetzt werden" (Stenographischer Bericht der 9. Sitzung des Parlamentarischen Rates am 6.5.1949, Anlage, S. 5). *Dreier*, Dimensionen der Grundrechte, S. 34 f. betont in diesem Zusammenhang, dass die abwehrrechtliche Komponente nicht eine „totale Abschirmung und völlige Exklusion des Staates, sondern die Formalisierung, die Beschränkung und darin die Rationalisierung seines Zugriffs meint."

[126] BVerfGE 6, 32 (41).

[127] Vgl. *Schliesky*, Souveränität und Legitimität, S. 143.

recht.[128] Diese rechtliche Suprematie der Staatsgewalt gegenüber ihrem Adressaten ist Anknüpfungspunkt der subjektiv-abwehrrechtlichen Grundrechtsdimension.

1. Potenzielles Subordinationsverhältnis zwischen Staat und Gesellschaft (Einseitigkeit)

Zum einen stehen Staat und Gesellschaft im Hinblick auf die spezifischen Funktionen des Staates zueinander in einem rechtlichen Über-Unterordnungsverhältnis (sog. Einseitigkeit).[129] Die Staatsgewalt ist nicht auf eine Mitwirkung oder Zustimmung der Betroffenen angewiesen.[130] Zu weit ginge es, von einer umfassenden Überordnung in rechtlicher und faktischer Hinsicht zu sprechen. Das Subordinationsverhältnis besteht vielmehr erst dann, wenn der Staat Recht setzt und dieses einseitig durchsetzt.[131] Es herrscht insoweit ein *potenzielles* Subordinationsverhältnis zwischen Staat und Gesellschaft. Staatstheoretisch wird eine solche Über-Unterordnung überwiegend dadurch gerechtfertigt, dass die pluralistische Struktur der Gesellschaft eines Entscheidungszentrums bedürfe. Der Unterschied zu innergesellschaftlichen Rechtsbeziehungen liegt damit auf der Hand: Das Bürger-Bürger-Verhältnis ist ein Rechtsverhältnis zwischen formell gleichen Rechtssubjekten, das auf Mitwirkung oder Zustimmung basiert.[132] Die dabei relevanten Partikularinteressen der Bürger stehen sich gleichgeordnet gegenüber und genießen im Gegensatz zur Staatsgewalt nicht das Privileg eines demokratischen Mehrheitswillens. Die typische Handlungsform privater Rechtssubjekte ist der Vertrag; diejenige des Staates ist das einseitige Setzen von Recht.[133]

---

[128] *Schöbener/Knauff*, Allg. Staatslehre, § 3 Rn. 58.

[129] Unter vielen *Schmitt Glaeser*, Private Gewalt, S. 147; *Schliesky*, Souveränität und Legitimität von Herrschaftsgewalt, S. 144; *Isensee*, Subsidiaritätsprinzip und Verfassungsrecht, S. 158; a. A. *Kimminich*, Einführung in das öffentliche Recht, S. 89 ff.; *Leisner*, „Privatisierung" des Öffentlichen Rechts, S. 56 ff.; *Forsthoff*, Die Bundesrepublik Deutschland, Merkur 1960, 807 (811).

[130] *Schliesky*, Souveränität und Legitimität, S. 144 f.; *Randelzhofer*, in: Isensee/Kirchhof, Hndb. d. StR II § 17 Rn. 38; *Sauer*, Staatsphilosophie, S. 170 f.

[131] *Benz*, Der moderne Staat, S. 132: „Der Staat ist der Gesellschaft nur insofern übergeordnet, als er Institution der demokratischen Gesetzgebung ist. Seine Überordnung folgt aus der Tatsache, dass demokratisch beschlossene Gesetze als Ausdruck des kollektiven Willens der Bürger Anerkennung finden und sie aus diesem Grund vor allen anderen (nur besondere Interessen berücksichtigenden) Normen gelten. Der Vorrang des demokratisch legitimierten Gesetzes rechtfertigt die Überordnung der Staatsgewalt, nicht umgekehrt."

[132] *Heinrich*, Formale Freiheit und materiale Gerechtigkeit, S. 121; *Gusy*, in: Masing/Jestaedt/Capitant/Le Divellec, Strukturfragen des Grundrechtsschutzes in Europa, S. 103.

[133] *Kirchhof*, in: FS-Ulmer, 1211 (1218).

2. Einzigkeit staatlicher Gewalt

Zum anderen ist Gewalt im Sinne eines Zuhöchstseins auf den Staat konzentriert und damit auf ihn begrenzt (sog. Einzigkeit).[134] Abseits der Staatsgewalt darf es im Staat keine andere gleichgeordnete Gewalt geben.[135] Allein staatliche Organe haben insoweit die einseitige Regulierungs- und Durchsetzungskompetenz im Sinne einer öffentlichen Gewalt inne.[136] Die zentrale materielle Ausprägung der Einzigkeit staatlicher Gewalt ist das staatliche Gewaltmonopol.[137] Letzteres verhindert begriffsnotwendig das Entstehen privater Gewalten.[138] Grundrechtsdogmatisch manifestiert sich die Einzigkeit unter anderem im überkommenen Eingriffsbegriff, der allein den Staat als Urheber einer rechtfertigungsbedürftigen Grundrechtsbeeinträchtigung kennt.[139]

Die exklusive Zuordnung der höchsten Gewalt zum Staat ist gleichzeitig eine Abgrenzung zur Gesellschaft, da die Staatsgewalt über allen anderen (außerstaatlichen) Gewalten steht.[140] Irrelevant ist nach dem traditionellen Grundrechtsverständnis, welches soziale oder ökonomische Gewicht dieser Gewalt zukommt, soweit sie nicht staatliches Organ ist.[141] Zu Recht wird es als „wohltuender Fortschritt moderner Verfassungen“[142] bezeichnet, dass der Einzelne nur einer Gewalt gegenübersteht, die wiederum grundrechtlich eingehegt ist. Spiegelbildlich konzentriert sich die klassische Funktion der Grundrechte auf die Rechtfertigungsbedürftigkeit dieser Staatsgewalt. In Verbindung mit der Annahme der Einzigkeit der Staatsgewalt blendet sie etwaige gesellschaftliche Gewalten grundsätzlich aus.

---

[134] Hierzu grundlegend *Schmitt Glaeser*, Private Gewalt, S. 144 f.; *Schliesky*, Souveränität und Legitimität, S. 145 f.; s. auch *Di Fabio*, Verwaltung und Verwaltungsrecht zwischen gesellschaftlicher Selbstregulierung und staatlicher Steuerung, VVDStRL 1997, 235 (253 f.).

[135] *Randelzhofer*, in: Isensee/Kirchhof, Hndb. d. StR II § 17 Rn. 35.

[136] Anders *Schneider*, Verfassung und Verfassungsrecht im Zeichen der Globalisierung, JöR 2017, 295 (298 f.): „In der Verfassungsrechtswissenschaft besteht weitgehend Einigkeit darüber, dass öffentliche Gewalt heute nicht mehr allein vom Staat, sondern auch von einer Vielzahl supra- und internationaler Organisationen, ja sogar von global vernetzten privaten Akteuren ausgeübt wird.“

[137] Vgl. *Schliesky*, Souveränität und Legitimität, S. 145.

[138] Vgl. *Schöbener*, Die humanitäre Intervention, KJ 2000, 557 (568): „Dem Gewaltmonopol des Staates korrespondiert die Friedenspflicht der Bürger, die ggf. unter Inanspruchnahme des Gewaltmonopols erzwungen wird.“

[139] S. u. auf S. 121 f.

[140] *Schmitt Glaeser*, Private Gewalt, S. 145: „Es gibt kein Nebeneinander von staatlicher und privater Souveränität“; s. auch *Dederer*, Korporative Staatsgewalt, S. 122 f.

[141] Vgl. *Schmidt-Aßmann*, in: Maunz/Dürig, GG, Art. 19 Abs. 4 Rn. 55; *Di Fabio*, in: Isensee/Kirchhof, Hndb. d. StR II § 27 Rn. 14.

[142] *Di Fabio*, Verwaltung und Verwaltungsrecht zwischen gesellschaftlicher Selbstregulierung und staatlicher Steuerung, VVDStRL 1997, 235 (253 f.).

3. Grundrechte als Widerpart staatlicher Gewalt

Als Gegenstück zur monopolisierten Befugnis des Staates, einseitig in gesellschaftliche Vorgänge einzugreifen, entfaltet sich die klassische Funktion der Grundrechte als Abwehrrechte.[143] Die hierdurch erzeugte „Selbstbegrenzung der Herrschaft [ist] das Spezifikum des modernen Verfassungsstaates."[144] Hierauf beruhend wird argumentiert, dass die Grundrechte gerade nicht im Bürger-Bürger-Verhältnis gelten. Innergesellschaftliche Rechtsverhältnisse zeichnen sich im Gegensatz zum Zuhöchstsein einer Vertragspartei durch ihre Gleichordnung und Koordination aus.[145] Die traditionelle Grundrechtstheorie leugnet nicht die tatsächlichen Ungleichheiten und Machtasymmetrien in der Gesellschaft. Diese sollen jedoch nicht durch ein etwaiges *grundrechtliches* Bürger-Bürger-Verhältnis ausgeglichen werden. Vielmehr ist dann die Schutzpflichtendimension aktiviert, die den Staat dazu verpflichtet, durch seine Rechtssetzungs- und Rechtsdurchsetzungsbefugnis auf Interessenkonflikte im Bürger-Bürger-Verhältnis einzuwirken. Grundrechte entfalten sich in diesem Verhältnis insoweit nur mittelbar.[146]

II. Legitimation staatlicher Gewalt durch Wahlen und Grundrechte

Legitimität wird der Einseitigkeit und Einzigkeit staatlicher Gewalt durch das Staatsvolk und die Bindung an die Grundrechte verliehen.[147] Beide Legitimationsquellen spiegeln die Unterscheidung zwischen staatsfreier Gesellschaft (Grundrechte) und gesellschaftlich verfasstem Gemeinwesen (Demokratie) wider.[148] Die demokratische Legitimation leuchtet – plastisch durch den Wahlakt vollzogen – unmittelbar ein. Die Legitimationsquelle der grundrechtlichen Bindung ergibt sich erst aus einem Rückgriff auf den Zweck des Staates, die freie Entfaltung der Persönlichkeit zu ermöglichen.[149] Nur eine die Grundrechte ach-

---

[143] Vgl. *Isensee*, in: Isensee/Kirchhof, Hndb. d. StR IX § 191 Rn. 2; plastisch *Zorn*, in: FS-Nawiasky, 413 (424 ff.); s. auch *Luhmann*, Grundrechte als Institution, S. 42; treffend *Gusy*, in: Masing/Jestaedt/Capitant/Le Divellec, Strukturfragen des Grundrechtsschutzes in Europa, S. 103: „Die Grundrechtsberechtigung der Bürger ist mit der Hypothek ihrer Subordination unter die Staatsgewalt belastet, die Staatsgewalt hingegen mit dem Preis ihrer Bindung an die Freiheits- und Gleichheitsrechte."

[144] *Anter*, Die Macht der Ordnung, S. 257.

[145] *Heinrich*, Formale Freiheit und materiale Gerechtigkeit, S. 121.

[146] S. o. auf S. 19 ff.

[147] Vgl. grundlegend zu den Legitimationsquellen *Isensee*, Grundrechte und Demokratie, Der Staat 1981, 161, passim.

[148] Kritisch *Dreier*, Dimensionen der Grundrechte, S. 34 Fn. 114 a. E.

[149] Zum Individuum als Bezugspunkt der Staatszwecke *Schöbener/Knauff*, Allg. Staatslehre, § 4 Rn. 45 ff.; *Böckenförde*, Unterscheidung von Staat und Gesellschaft als Bedingung individueller Freiheit, S. 17 f.; s. auch *Spieker*, in: FS-Geiger, 61 (72 f.), dessen überwiegend aufschlussreicher Beitrag gleichwohl kritisch zu rezipieren ist, da er insbesondere hinsichtlich der verfassungsrechtlichen Bewertung von Schwangerschaftsabbrüchen die Grundrechtspositionen der betroffenen Frauen völlig außer Acht lässt.

tende Herrschaftsgewalt ist im Verfassungsstaat legitime Staatsgewalt. Die gedanklich getrennten Rollen des Bürgers als *Citoyen* (Staatsbürger im *status activus*) und *Bourgeois* (Privatperson im *status negativus*) werden im modernen Verfassungsstaat als Legitimationserfordernisse unmittelbar verknüpft.[150] Das oben genannte Subordinationsverhältnis entfaltet sich insoweit legitim nur durch eine Rückbindung an die Gesellschaft.[151] Es wird nicht als faktische, sondern als rechtlich legitimierte Herrschaftsgewalt des Staates verstanden.[152]

Das Legitimationssubjekt ist einzig der Staat, es sind nicht die Akteure der Gesellschaft.[153] In diesem exklusiv auf den Staat bezogenen Verständnis können die demokratische Rückbindung sowie die Achtung der Grundrechte für private Rechtsbeziehungen grundsätzlich keine Rolle spielen. Private, gleich über wie viel wirtschaftliche oder soziale Macht sie verfügen, sind in „diesen Legitimitätskontext nicht einbezogen“[154].

III. Verfassungsvoraussetzung: Staat als zentrale Regulierungsinstanz zur Gewährleistung bürgerlicher Freiheit

Neben die rechtlichen Qualitäten staatlicher Gewalt tritt ein tatsächliches Element, das für die klassische Staats- und Grundrechtstheorie von nicht minder großer Bedeutung ist. Die Staats- und Grundrechtslehre setzt voraus, dass der Staat als zentrale und alleinige Regulierungsinstanz auch tatsächlich dazu in der Lage ist, effektiv die gesellschaftlichen Rechtsverhältnisse zu ordnen.[155] Bei diesem faktischen Zuhöchstsein staatlicher Gewalt handelt es sich um eine vornormative Ordnungsvorstellung, eine Voraussetzung also, die nicht verfassungs-

---

[150] So *Kämmerer*, Privatisierung, S. 525: „Das Grundgesetz geht vom überkommenen Gegensatz von Staat und Gesellschaft aus, die durch Rechte und Pflichten zueinander in Bezug gesetzt werden [...]“. Zum Inhalt und Verhältnis der Rollen *Citoyen* und *Bourgeois* vgl. *Rupp*, in: Insensee/Kirchhof, Hdnb. d. StR II § 31 Rn. 18 und *Neuner*, Bürgerliches Recht, § 1 Rn. 2. *Schöbener/Knauff*, Allg. Staatslehre, § 3 Rn. 32 weisen darauf hin, dass auch die Rolle des Citoyen gesellschaftlich (i.S.d. Bourgeois) verankert ist, da eine Trennung eine juristische Fiktion bleiben müsse.

[151] Aus diesem Grund identifiziert *C. Schmitt* in demokratischen Gesellschaften keine Unterscheidung von Staat und Gesellschaft, sondern eine gegenseitige Durchdringung (*Schmitt*, Der Begriff des Politischen, S. 22 f.). Dem Wesen der Demokratie sei eine potenziell vollständige Durchdringung des Gesellschaftlichen durch das Staatliche immanent. Die Erwägung, dass Unterscheidung und Durchdringung – abgesichert durch grundrechtlich geschützte Freiheitsräume – in einem Moment existieren können, erörtert *Schmitt* nicht – vermutlich aufgrund seines Denkens vom Ausnahmezustand her.

[152] In Abgrenzung zu *C. Schmitt* und *E. R. Huber*: *Schmitt Glaeser*, Private Gewalt, S. 147 f.

[153] Vgl. *Schliesky*, Souveränität und Legitimität, S. 268.

[154] *Di Fabio*, in: Isensee/Kirchhof, Hndb. d. StR II § 27 Rn. 14; s. auch *Kämmerer*, Privatisierung, S. 525.

[155] Zum tatsächlichen Aspekt der Souveränität *Randelzhofer*, in: Isensee/Kirchhof, Hndb. d. StR II § 17 Rn. 39; s. auch *Quaritsch*, Staat und Souveränität, S. 42 f.

rechtlich normiert oder justiziabel ist. Staatlichkeit als souveräne Subordination der Gesellschaft wird insoweit zu einer Verfassungsvoraussetzung[156]. Erst wenn diese Verfassungsvoraussetzung erfüllt ist, kann sich im Bürger-Bürger-Verhältnis das Ordnungsprinzip der Freiheit und Gleichheit verwirklichen. Die grundrechtstheoretische Ausprägung dieser Verfassungsvoraussetzung ist die Schutzpflicht des Staates. Sie grenzt wiederum ab zum Bürger-Bürger-Verhältnis: Durch die effektive Erfüllung der staatlichen Schutzpflicht wird eine unmittelbare Grundrechtsbindung Privater entbehrlich.

IV. Zwischenfazit

Staat und Gesellschaft stehen nach dem traditionellen Staats- und Grundrechtsverständnis zueinander in einem potenziellen Subordinationsverhältnis. Das zentrale Kriterium der Souveränität und seine Ausprägungen (Einseitigkeit und Einzigkeit) werden ausschließlich dem Staat zugeordnet. Verfassungsrechtlich eingehegt wird dieses scharfe Schwert durch eine unmittelbare Grundrechtsbindung der Staatsgewalt. Aus diesem Bezug zur staatlichen Souveränität folgt ein staatszentriertes Verständnis der Grundrechte. Dies spiegelt die Prämissen der klassischen Grundrechtsinterpretation wider.

Vom Staat-Bürger-Verhältnis wird das Bürger-Bürger-Verhältnis abgegrenzt. Letzteres zeichnet sich unter anderem dadurch aus, dass es in etwaige demokratische Legitimationsketten nicht einbezogen wird. Private interagieren insoweit nicht mittels einer einseitigen Rechtssetzung- und Rechtsdurchsetzungsbefugnis, sondern durch mehrseitige Koordination unter dem Vorbehalt der Zustimmung. Daher entfaltet sich das Regulativ der unmittelbaren Grundrechtsbindung nicht im Bürger-Bürger-Verhältnis.

D. Staat-Gesellschaft-Dualismus im Wandel

Der Staat-Gesellschaft-Dualismus ist als vornormative Ordnungsvorstellung und Referenzproblem der Drittwirkung rechtlich nicht fixiert (S. 29 ff.). Die Prämissen, welche die klassische Grundrechtstheorie bezüglich des Staat-Gesellschaft-Dualismus zugrunde legt, verändern sich seit mehreren Jahrzenten erheblich.[157] Auffällig ist dabei zum einen, dass im Bürger-Bürger-Verhältnis zahlreiche

---

[156] Der Begriff bezeichnet im weitesten Sinne die außerrechtlichen Voraussetzung der Verfassung (vgl. *Wittreck*, in: Wittreck [Hrsg.], Grundlagen des Grundgesetzes, S. 4; s. auch *Krüger*, in: FS-Scheuner, 285 [285 ff.]; kritisch *Möllers*, Religiöse Freiheit als Gefahr?, in: VVDStRL 2009, 47 [51 f.]).

[157] Im Überblick *Kroemer*, Die Grundrechtsbindung Privater, DÖV 2022, 932 (938 f.). Bereits im Jahre 1972 kam ein datenschutzrechtliches Gutachten des Bundesinnenministeriums zu dem Ergebnis, dass „die bisherige Sicht […] – hier Staat, dort Gesellschaft (bzw. Individuum) – […] in Anbetracht [der] Erscheinungsformen des heutigen gesellschaftlichen

einseitige Rechtsverhältnisse entstehen, die den Ordnungsprinzipien der Gesellschaft widersprechen (S. 58 ff.). Zum anderen erodiert die Stellung des Staates als zentrale Regelungsinstanz durch eine Reihe gesamtgesellschaftlicher Entwicklungsprozesse (S. 69 ff.). Trotz teils massiver rechtlicher und tatsächlicher Veränderungen im Verhältnis zwischen Staat und Gesellschaft ignoriert die klassische Grundrechtstheorie bisweilen die normative Kraft dieses Wandels und nimmt mit dem Verweis auf die nur mittelbare Drittwirkung oder die Schutzpflichtendimension Lücken im Grundrechtsschutz zwischen Privaten in Kauf. Dies wird im folgenden Abschnitt aus systemischer und in Kapitel 5 aus rechtsdogmatischer Perspektive erörtert.

I. Veränderte Stellung privater Akteure

Mit der veränderten Stellung innergesellschaftlicher Akteure wird zunächst das Bürger-Bürger-Verhältnis in den Blick genommen. Teilweise können dabei Rechtsverhältnisse identifiziert werden, die insbesondere wegen ihrer Einseitigkeit mit den Charakteristika des Staat-Bürger-Verhältnisses vergleichbar sind und den Rechtsprinzipien der Privatrechtsgesellschaft widersprechen. Die folgenden Beispiele berücksichtigen sowohl rechtliche als auch tatsächliche Ausprägungen dieser Entwicklung.

1. Begriff: Private Macht im Bürger-Bürger-Verhältnis

Eine Untersuchung der veränderten Stellung innergesellschaftlicher Akteure führt unweigerlich zur Problematik der *privaten Macht*, die nicht nur im Schrifttum als Argument für eine stärkere Bindung Privater an Grundrechte angeführt wird.[158] In rechtlicher Hinsicht kann private Macht im Bürger-Bürger-Verhältnis eher als Widerspruch denn als systemimmanent bezeichnet werden, da die Privatrechtsordnung der Gesellschaft gerade auf der formalen Gleichordnung Privater beruht.[159]

Lebens zu extrem individualistisch“ sei (Grundfragen des Datenschutzes, BT-Drs. VI/3826 v. 7.9.1972, S. 66).

[158] Vgl. BVerfGE 148, 267 (281); 152, 152 (185). Aus der Literatur klassisch *Gamillscheg*, Die Grundrechte im Arbeitsrecht, AcP 1964, 385 (407); s. auch *Canaris*, in: Bauer/Czybulka/Kahl/Voßkuhle (Hrsg.), Umwelt, Wirtschaft und Recht, S. 36 f.; *Krieger*, in: Schmidt-Bleibtreu/Hofmann/Henneke, GG, Art. 3 Rn. 13; *Roßnagel*, Technik, Recht und Macht, MMR 2020, 222 (223 f.); *Michl*, Situativ staatsgleiche Grundrechtsbindung privater Akteure, JZ 2018, 910 (916); *Hesse*, Grundzüge, Rn. 357: „Dagegen beeinflussen die Grundrechte die privatrechtlichen Vorschriften um so nachhaltiger, je mehr es um den Schutz personaler Freiheit gegen *Ausübung wirtschaftlicher oder sozialer Macht* geht“; *Hellgardt*, Wer hat Angst vor der unmittelbaren Drittwirkung?, JZ 2018, 901 (909); mit vager Begriffsverwendung: *Knebel*, Die Drittwirkung der Grundrechte und -freiheiten gegenüber Privaten, S. 40 ff., S. 61, S. 106 ff.

[159] *Möslein*, in: Möslein (Hrsg.), Private Macht, S. 7; *Becker*, Der unfaire Vertrag, S. 55; *Kingreen*, Das Verfassungsrecht der Zwischenschicht, JöR 2017, 1 (36 f.); kritisch in Bezug auf

Fragt man nach dem Inhalt des Machtbegriffes, eröffnet sich ein Komplex, der weit über den rechtswissenschaftlichen Diskurs hinausgreift.[160] In der juristischen Literatur wird der Begriff *private Macht* nicht oder nicht einheitlich definiert; sein materieller Gehalt bleibt oft unklar.[161] Angesichts der semantischen Facettenhaftigkeit des Begriffes scheint es auch nicht möglich, eine universale Definition in die Rechtswissenschaft einzuführen. Vorliegend wird der Begriff *private Macht* daher zunächst in einem spezifischen Sinne auf Privatrechtsverhältnisse bezogen. Hinzu kommt ein Rückgriff auf das Kriterium der Einseitigkeit im Staat-Bürger-Verhältnis, das mitursächlich für die unmittelbare Grundrechtsbindung staatlicher Gewalt ist. In Anlehnung an die Definition von *M. Weber*[162] wird private Macht daher verstanden als Chance, in Privatrechtsverhältnissen seinen Willen einseitig auch gegen Widerstreben durchzusetzen.[163] Der Fokus der folgenden Ausführung liegt auf den spezifischen rechtlichen (z. B. private Regelsetzung und Privatisierung) und tatsächlichen Ausprägungen (z. B. Digitalisierung), die typischerweise als Ursache oder Folge privater Macht identifiziert werden können. Sie verdeutlichen, dass eine unwiderlegliche Typisierung des Bürger-Bürger-Verhältnisses nach den oben genannten Prinzipien zu kurz greift.

2. *Private (einseitige) Regelsetzung*

a) Eigenschaften

Eine Handlungsform, die typischerweise nur durch private Macht ermöglicht wird, ist die private Regelsetzung.[164] Private Regelsetzung ist in Abgrenzung zu staatlichem Recht ein weiter Begriff innergesellschaftlich entstandener Verhaltensnormen ohne formale Rechtsnormqualität.[165] Sie betrifft den Bereich der Selbstregulierung, das heißt „jegliches Handeln, durch welches die Gesellschaft,

---

die Gerechtigkeitslehren im Zivilrecht *Stöhr*, Umverteilung durch Zivilrecht?, JuS 2021, 193 (193 f.).

[160] Grundlegend die Beiträge in *Möslein* (Hrsg.), Private Macht. Aus dem älteren Schrifttum vgl. etwa *Binder*, Recht und Macht als Grundlagen der Staatswirksamkeit, passim; *Hirsch*, Macht und Recht, JZ 1962, 1, passim; *Benda*, Industrielle Herrschaft und sozialer Staat, S. 13 ff. und die weiteren Nachweise in *Möslein* (Hrsg.), Private Macht, S. 2 Fn. 2. Alle Ausführungen kreisen um das Spannungsverhältnis zwischen den rechtlichen und tatsächlichen Komponenten von Macht.

[161] Brauchbare Ansätze finden sich bei *Möslein* (Hrsg.), Private Macht, passim.

[162] *Weber*, Wirtschaft und Gesellschaft, S. 28 (5. Auflage).

[163] Ähnlicher Ansatz bei *Herresthal*, in: Möslein (Hrsg.), Private Macht, S. 152.

[164] Zur privaten Regelsetzung grundlegend *Kirchhof*, Private Rechtsetzung, passim; *Bachmann*, Private Ordnung, passim; *Meder*, Ius non scriptum – Traditionen privater Rechtsetzung, passim.

[165] Vgl. *Augsberg*, Rechtsetzung zwischen Staat und Gesellschaft, S. 42; zur umstrittenen Frage, wie private Regelsetzung innerhalb der Rechtsquellenlehre einzuordnen ist: *Engler*, Private Regelsetzung, S. 29 ff.

das heißt ihre Individuen oder Kollektive, ihr Zusammenleben selbst ordnet."[166] *Selbst*-regulierung bedeutet dabei nicht, dass sich die Regulierung nur auf den eigenen Rechtskreis bezieht.[167] Private Regelsetzung kann vielmehr auch die Regulierung fremder Verhaltensweisen bezwecken.[168]

Bei der privaten Regelsetzung handelt es sich um eine nicht-staatliche Ordnungsgebung[169] durch private Akteure, die dennoch Kriterien erfüllt, welche typischerweise auf staatliches Handeln zutreffen.[170] Die Ähnlichkeit hinsichtlich der Regelsetzung betrifft in erster Linie ihre Einseitigkeit und ihren rechtlichen oder tatsächlichen Befolgungszwang.[171] Das Einverständnis des Adressaten kann unter Umständen selbst in einem formalen Bürger-Bürger-Verhältnis als Voraussetzung für die Rechtsbindung entfallen.[172] Insoweit findet sich das dem Staat zugeschriebene Ordnungsprinzip der Subordination unter Privaten wieder.[173] Der Staat selbst wird im Bereich dieser privaten Ordnung nicht oder nur eingeschränkt tätig.[174] Stattdessen nehmen Private die Rolle zentraler ordnungsgebender Instanzen ein.[175] In seiner Verfassungslehre von 1959 beschrieb *K. Loewenstein* die Gefahren privater Ordnungsgebung für die individuelle Freiheit folgendermaßen:

---

[166] So *Engler*, Private Regelsetzung, S. 24.

[167] *Di Fabio*, Verwaltung und Verwaltungsrecht, VVDStRL 1997, 235 (238 Fn. 6); *Hellgardt*, Wer hat Angst vor der unmittelbaren Drittwirkung?, JZ 2018, 901 (908 f. Fn. 103) spricht daher schlicht von „Regulierung".

[168] *Augsberg*, Rechtsetzung zwischen Staat und Gesellschaft, S. 46; *Hellgardt*, Wer hat Angst vor der unmittelbaren Drittwirkung?, JZ 2018, 901 (908 f. Fn. 103).

[169] *Engel*, Freiheit und Autonomie, Preprints of the Max Planck Institute for Research on Collective Goods 2003, 3 (39).

[170] Hinsichtlich des Befolgungszwangs *Augsberg*, Rechtsetzung zwischen Staat und Gesellschaft, S. 44; s. auch *Engert*, Private Normsetzungsmacht, RW 2014, 301 (301): „If it looks like a duck, swims like a duck, and quacks like a duck, then it probably is a duck."

[171] Vgl. *Augsberg*, Rechtsetzung zwischen Staat und Gesellschaft, S. 42 Fn. 103 m. w. N.; s. auch *Hoeren*, Selbstregulierung, S. 359. Zur Ähnlichkeit insbesondere einseitig ausgeübter Gestaltungsrechte mit öffentlich-rechtlichen Handlungsformen vgl. *Bötticher*, Gestaltungsrecht und Unterwerfung im Privatrecht, S. 8; s. auch *Preis*, Prinzipien des Kündigungsrechts, S. 112.

[172] Vgl. *Engert*, Private Normsetzungsmacht, RW 2014, 301 (309); s. auch *Berger*, in: Bierbaum (Hrsg.), So investiert die Welt, S. 39: „Die Wirtschaftspraxis befasst sich nicht mit der dogmatischen Frage nach ihrer Rechtsnatur. Sie befolgt diese Regelwerke vielmehr ‚wie ein Gesetz', weil diese Regelwerke existieren und mit weltweitem Sachverstand entwickelt wurden. Die Bindungswirkung des formalen Gesetzes wird ersetzt durch die regulatorische Macht des Faktischen."

[173] Vgl. *Augsberg*, Rechtsetzung zwischen Staat und Gesellschaft, S. 44: „Die sozial-normativen Bindungswirkungen können im Einzelfall zu einem ebenso starken Befolgungszwang führen wie die Androhung staatlicher Gewalt".

[174] *Engert*, Private Normsetzungsmacht, RW 2014, 301 (302); *Engler*, Private Regelsetzung, S. 24 f.; s. auch *Grewlich*, in: FS-Würtenberger, 479 (482). *Mankowski*, Rechtskultur, S. 397 f. bezeichnet private Rechtssetzung als „Dekonstruktion des staatlichen Rechts."

[175] Am Beispiel technischer Regelsetzung: *Voelzkow*, Private Regierungen in der Techniksteuerung, S. 55 ff.

„Es ist nicht mehr der Staat allein, der zu fürchten ist; der Räuber der individuellen Freiheit ist der Despotismus der pluralistischen Gruppen. In diesem unerbittlichen Prozeß der Kollektivierung des einzelnen ist der Pfeiler des klassischen Liberalismus, die Vertragsfreiheit, unterminiert worden. Nur in außergewöhnlichen Fällen kann sich der einzelne zufolge seiner spezifischen Machtstellung von den gruppendiktierten Bedingungen seiner sozioökonomischen Existenz emanzipieren. Von der Reglementierung seines täglichen Lebens durch die Gruppe gibt es aber kein Entkommen [...]. Die Reglementierungsgewalt der Interessengruppen erstreckt sich mit ihren Fangarmen in alle Erscheinungsformen des täglichen Lebens: Verkehrswesen und Versicherung, Vergnügung und Mieten, Dienstleistungen und Gebrauchsgüter."[176]

Heute tritt ubiquitär die Digitalisierung hinzu.

b) Beispiele

Die private Regelsetzung wird teilweise gestützt und reguliert durch staatlich produzierte Rahmenbedingungen (z. B. im Recht der Allgemeinen Geschäftsbedingungen). In anderen Bereichen, beispielweise bei rein faktisch-technischen Regelsetzungen (z. B. Codes), sind Private auf staatliche Mithilfe nicht angewiesen.

aa) „Code is Law"

Ein Beispiel privater Regelsetzung, der sog. Code, betrifft keine rechtliche, sondern eine tatsächliche Gestaltungsmöglichkeit privater Digitalunternehmen. Ausgangspunkt privater Regelsetzung durch Codes ist die Annahme, dass die Software digitaler Anwendungen selbst strukturierende Wirkung für die Handlungsmöglichkeiten ihrer Nutzer hat.[177] Computer- und internetbasierte Anwendungen betreffen einen erheblichen Bereich alltäglicher Handlungen und Kommunikation (vgl. S. 8 ff.). Ihre Software folgt einem sog. Softwarecode (kurz: Code), der die Funktionsweise der Anwendungen bestimmt.[178] Sollen gewisse Handlungen innerhalb einer Software nicht möglich sein, andere wiederum erwünscht, beinhaltet der Code entsprechende Vorgaben, die der Nutzer unvermeidlich befolgen muss. Der Code kann dabei verschiedenste handlungssteuernde Instrumentarien enthalten. Die jeweilige Anwendung kann etwa nur auf bestimmte Funktionen beschränkt sein oder die Funktionen können beispielsweise nur gegen die Eingabe personenbezogener Daten verwendet werden.[179] Im Gegensatz zu herkömmlichen Normen kann gegen den Code grund-

---

[176] *Loewenstein*, Verfassungslehre, S. 387; in ähnlichem Duktus *Kilian*, Kontrahierungszwang und Zivilrechtssystem, AcP 1980, 47 (50).

[177] *Lobe*, Speichern und Strafen, S. 42.

[178] Hierzu und zum Nachfolgenden *Froitzheim*, Code is law, K&R 2020, 122 (122 ff.); *Boehme-Neßler*, Unscharfes Recht, S. 200 ff.

[179] Insoweit BVerfGE 152, 152 (189): „Die einzelne Person kommt kaum umhin, in großem Umfang personenbezogene Daten gegenüber Unternehmen preiszugeben, wenn sie nicht von diesen grundlegenden Dienstleistungen ausgeschlossen sein will."

sätzlich nicht verstoßen werden, da die Nutzer in der Regel nicht über die technischen Fähigkeiten hierzu verfügen.[180] Prägend in diesem Zusammenhang ist der von *L. Lessig* formulierte Satz „Code is Law“[181] („Der Code ist das Gesetz“).[182]

Dieser gesamte Komplex spielt außerhalb der klassischen Rechtsquellenlehre, da es sich gerade um nicht-staatliche Verhaltensnormen handelt, die auch keinem staatlichen Geltungsbefehl[183] unterliegen. Die Verhaltensnormen durch Codes betreffen ein rein faktisches Element.[184] Der demokratisch legitimierte Gesetzgeber bleibt bei der Setzung des Codes selbstverständlich außen vor.[185] Dem Code liegt durch die Setzung seitens der Anbieter überdies ein starkes Moment der Einseitigkeit zugrunde. Private Digitalunternehmen haben es durch Codes in der Hand, verbindliche Regeln für digitale Verhaltensweisen vorzugeben, ohne auf einen staatlichen Geltungsbefehl, eine hoheitliche Legitimation oder die Kooperation ihrer Nutzer angewiesen zu sein. Dies gilt auch in Bereichen, in denen Nutzer auf die jeweilige Dienstleistung zwingend angewiesen sind.[186] In Anbetracht der oben beschriebenen ubiquitären Digitalisierung sämtlicher Lebensvorgänge ist dem Setzen von Code eine erhebliche private Macht immanent.[187]

Reaktionen auf die „Code is Law“-These sind die seit den 1980er-Jahren ins Leben gerufenen „Open Source“- und „Free Software“-Bewegungen.[188] Beide beruhen auf dem Prinzip, den Nutzern den gesamten Code offen zur Verfügung zu stellen und ihnen insoweit größere Freiheiten und Transparenz zu gewähren.[189]

---

[180] In der Literatur wurde der Code insoweit mit einem Naturgesetz verglichen (*Boehme-Neßler*, Die Macht der Algorithmen, NJW 2017, 3031 [3033]); s. auch *Wielsch*, in: Grundmann/Thiessen (Hrsg.), Von formaler zu materialer Gleichheit, S. 140.

[181] *Lessig*, Code and other laws of cyberspace, S. 3 ff.

[182] Hierzu *Wernicke/Mehmel*, Privatisierung des Rechts als Folge der Digitalisierung der Wirtschaft, ZEuP 2020, 1 (2): „‚Code is law‘, der digitale Code verdichtet sich zu digitalen Normen, die sich in privaten Kontexten bilden und in praktischer, häufig kommerzieller Anwendung bewähren.“ *D. Wielsch* spricht sinnentsprechend von „digitaler Normativität“ (*Wielsch*, in: Grundmann/Thiessen [Hrsg.], Von formaler zu materialer Gleichheit, S. 140).

[183] Durch einen staatlichen Geltungsbefehl können privaten Regeln rechtliche Verbindlichkeit verschafft werden, indem sie in die staatliche Rechtsordnung integriert werden (vgl. etwa § 77 Abs. 4 BetrVG).

[184] *Froitzheim*, Code is law, K&R 2020, 122 (123) m. w. N.

[185] *Boehme-Neßler*, Unscharfes Recht, S. 202; *ders.*, Die Macht der Algorithmen, NJW 2017, 3031 (3033); *Knieper/Tonndorf/Wolf*, in: Bach (Hrsg.), Der entmachtete Leviathan, S. 224 f.

[186] Zum Aspekt der Angewiesenheit: BVerfGE 152, 152 (189).

[187] *Boehme-Neßler*, Unscharfes Recht, S. 201 spricht in Anlehnung an *Popitz*, Phänomene der Macht, S. 30 ff. von der „Macht der Datensetzer“; s. auch *v. Arnauld*, Freiheit und Regulierung in der Cyberwelt, Berichte der Deutschen Gesellschaft für Internationales Recht, 2015, 1 (7 f.).

[188] Zu den Begrifflichkeiten näher *Jaeger/Metzger*, Open Source Software, S. 1 ff.

[189] Skeptisch *Mayer-Schönberger*, in: Drolshammer/Pfeifer (Hrsg.), The Internationalization of the Practice of Law, S. 406, der betont, dass Transparenz und offener Zugang allein nicht legitimationsstiftend sind.

bb) AGB-Klauseln

Ein weiteres Beispiel privater Regelsetzung, das private Macht begründet, sind Allgemeine Geschäftsbedingungen (AGB).[190] Sie betreffen nicht nur analoge Leistungen, sondern den gesamten Bereich der oben genannten ubiquitären Datenverarbeitung zwischen Digitalunternehmen und Verbrauchern. Zu den Eigenschaften privater Regelsetzung wurden oben die Einseitigkeit und der Befolgungszwang für den Regelungsadressaten gezählt (S. 57 ff.). Formell könnte man AGB-Klauseln insoweit aus dem Kontext privater Regelsetzung ausgrenzen, da sie Teil eines mehrseitigen Vertrages sind und nur durch das Einverständnis beider Parteien zustande kommen (sog. Vertragstheorie[191]). Mehrere Gründe sprechen jedoch dagegen, dieser Argumentation zu folgen.

Zunächst handelt es sich nur um Verträge, wenn man hinsichtlich des zugrundeliegenden Prinzips der Privatautonomie zwei Fiktionen akzeptiert.[192] Zuerst müsste man annehmen, dass der Einzelne die AGB prüfen und sie mit dem Verwender verhandeln könnte. Zweitens müsste es aus der Sicht des Kunden möglich erscheinen, andere Anbieter mit anderen Konditionen ausfindig zu machen. In der vertraglichen Praxis bleiben eben diese beiden Annahmen jedoch Fiktionen.[193] Eine natürliche Person ist typischerweise nicht mit den finanziellen und juristischen Ressourcen ausgestattet, um zum Beispiel bei der Verhandlung um die Nutzungsbedingungen eines Kreditkartenvertrages tatsächlichen Einfluss auf das Zustandekommen des Vertrages zu haben.[194]

Hinzu kommt, dass es hinsichtlich bestimmter Dienstleistungen unausweichlich ist, auf bestimmte Anbieter zurückzugreifen.[195] Bezogen auf das soziale Netzwerk *Facebook* hielt das Bundeskartellamt fest:

---

[190] Vgl. zum Konnex privater Macht und der Verwendung Allgemeiner Geschäftsbedingungen: *Bumke*, Ausgestaltung von Grundrechten, S. 62 Fn. 166.

[191] Hierzu im Überblick *Köndgen*, Privatisierung des Rechts, AcP 2006, 477 (479 ff.); *Engler*, Private Regelsetzung, S. 108 ff.; *Meder*, Doppelte Körper im Recht, S. 235; *Ossenbühl*, in Isensee/Kirchhof, Hndb. d. StR V § 100 Rn. 62.

[192] Diese doppelte Fiktion geht zurück auf *Meder*, Doppelte Körper im Recht, S. 233.

[193] *Starke*, EU-Grundrechte und Vertragsrecht, S. 301 f. argumentiert, dass es für Vertragsbedingungen schon gar keinen funktionierenden Markt gibt; s. auch *Mankowski*, Rechtskultur, S. 408 f.; *Heinrich*, Formale Freiheit und materiale Gerechtigkeit, S. 428 ff.; *Bachmann*, Private Ordnung, S. 121.; *Derleder*, in: Jestaedt/Lepsius (Hrsg.), Verhältnismäßigkeit, S. 243.

[194] Zu diesem Beispiel *Meder*, Doppelte Körper im Recht, S. 234; ähnlich *Grabbe*, Verfassungsrechtliche Grenzen der Privatisierung kommunaler Aufgaben, S. 106: „Es soll nicht verkannt werden, daß in weiten Bereichen des Privatrechtsverkehrs die Privatautonomie eine Fiktion ist. Hier gibt es kein gegenseitiges Aushandeln der Vertragsbedingungen, sondern ein einseitiges Diktat des wirtschaftlich Mächtigen." S. auch *Hoeren*, Selbstregulierung im Banken- und Versicherungsrecht, S. 359; *Starke*, EU-Grundrechte und Vertragsrecht, S. 301 f.

[195] Vgl. *Engel*, Freiheit und Autonomie, Preprints of the Max Planck Institute for Research on Collective Goods 2003, 3 (40).

„Ein obligatorisches Häkchen bei der Zustimmung in die Nutzungsbedingungen des Unternehmens stellt angesichts der überragenden Marktmacht des Unternehmens keine ausreichende Grundlage für eine derartig intensive Datenverarbeitung dar. Der Nutzer hat ja nur die Wahl, entweder eine umfassende Datenverarbeitung zu akzeptieren oder aber auf die Nutzung des sozialen Netzwerks zu verzichten."[196]

Naheliegender ist es, die AGB unter diesen Gesichtspunkten als Fremdbestimmung und im Ergebnis als private Regelsetzung einzustufen. Teile der Literatur (sog. Normtheorie) nehmen daher an, dass es sich bei AGB um Abreden mit Rechtsnormcharakter handelt.[197] Neben der Einseitigkeit Allgemeiner Geschäftsbedingungen sprechen die Zulässigkeit der Verbandsklage und der unbestimmte Adressatenkreis für die Normentheorie.[198] Auch der Wortlaut des § 305 Abs. 1 BGB legt diese Interpretation nahe.[199]

In einer mit dem Code vergleichbaren Situation treten sich Individuum und Unternehmen bei der Verwendung Allgemeiner Geschäftsbedingungen trotz ihrer formalen Einbindung in einen mehrseitigen Vertrag nicht im Lichte der Ordnungsprinzipien der Privatrechtsgesellschaft gegenüber. Auch hier bestehen insbesondere aufgrund der Einseitigkeit der Verwendung Parallelen zum typischen Staat-Bürger-Verhältnis. Gleichwohl kommt eine unmittelbare Grundrechtsbindung der AGB-Verwender nach der klassischen Grundrechtstheorie nicht in Betracht.[200]

---

[196] Pressemitteilung des Bundeskartellamtes v. 7.2.2019, S. 2 (zu BKartA, Beschl. v. 6.2.2019, B6-22/16); in gleichem Duktus *Hoffmann-Riem*, Freiheitsschutz in den globalen Kommunikationsinfrastrukturen, JZ 2014, 53 (54).

[197] Aus dem älteren Schrifttum *Großmann-Doerth*, Selbstgeschaffenes Recht der Wirtschaft und staatliches Recht, S. 4 f.: „Ich nenne die Allgemeine Geschäftsbedingung ‚Recht' – im Gegensatz zum staatlichen Recht das selbstgeschaffene Recht der Wirtschaft"; *Rühl*, Rechtsschöpfung durch die Wirtschaft, S. 17 ff.; s. auch *Meyer-Cording*, Die Rechtsnormen, S. 84 ff., S. 92, S. 143; *Krüger*, Allg. Staatslehre, S. 485 f.; *Engel*, in: Merten/Papier, Hndb. d. GR § 33 Rn. 109 bezeichnet Allgemeine Geschäftsbedingungen als auf der „Grenze zwischen rechtlichem und tatsächlichem Einfluß liegen[d]."

[198] *Meder*, Doppelte Körper im Recht, S. 235.

[199] „Allgemeine Geschäftsbedingungen sind alle für eine Vielzahl von Verträgen vorformulierten Vertragsbedingungen, die eine Vertragspartei (Verwender) der anderen Vertragspartei bei Abschluss eines Vertrags stellt [...]. Allgemeine Geschäftsbedingungen liegen nicht vor, soweit die Vertragsbedingungen zwischen den Vertragsparteien im Einzelnen ausgehandelt sind."

[200] Vielmehr entfalten sich Grundrechte im Verhältnis zwischen Verwender und Nutzer erst über den Mechanismus der mittelbaren Drittwirkung (vgl. OLG München, Beschl. v. 24.8.2018, 18 W 1294/18 = NJW 2018, 3115 [3116]; OLG Karlsruhe, Beschl. v. 28.2.2019, 6 W 81/18 = NJW-RR 2019, 1006 [1008]). In Abgrenzung zur neueren Bundesverfassungsgerichts-Rechtsprechung: *Smets*, Die Stadionverbotsentscheidung des BVerfG und die Umwälzung der Grundrechtssicherung auf Private, NVwZ 2019, 34 (36); s. auch *Friehe*, Löschen und Sperren in sozialen Netzwerken, NJW 2020, 1697 (1699 f.).

cc) Digitale Inhalte

Das nächste Beispiel einseitiger Regelsetzung – die Regulierung digitaler Inhalte im Internet – betrifft wiederum Leistungen privater Digitalunternehmen. Konkret sind etwa private Plattformbetreiber dazu befugt, Inhalte gegen den Willen der Nutzer zu löschen oder diese gar nicht erst bereitzustellen. Dieses Löschungsrecht wird von Teilen der Literatur und Rechtsprechung aus einem „virtuellen Hausrecht“ in Anlehnung an § 1004 BGB abgeleitet.[201] Ein anderer Lösungsweg sieht das Löschungsrecht unmittelbar im Nutzungsvertrag zwischen Nutzer und Plattformbetreiber begründet.[202] Die Nutzungsverträge beruhen wiederum auf Allgemeinen Geschäftsbedingungen, deren Einseitigkeit bereits erörtert wurde[203]. Plattformbetreiber und Nutzer begegnen sich in diesem Verhältnis nicht auf Augenhöhe.[204] Die Rolle der Plattformbetreiber insbesondere im Verhältnis zum Staat wurde zuletzt anlässlich der Einführung des Netzwerkdurchsetzungsgesetzes[205] diskutiert, das das Löschungsrecht in bestimmten Fällen (z. B. strafbare Inhalte) zu einer Löschungspflicht macht.[206] Die Betreiber der Internetplattformen werden zu einer Art „Hilfspolizisten“, deren private Rechtsauffassung zum ersten Anknüpfungspunkt zur Beurteilung der materiellen Rechtslage wird.[207] In Teilen des Internets werden damit private Akteure zu ordnungsgebenden Gewalten und nehmen eine Rolle ein, die typischerweise souveräner Staatsgewalt zuzuordnen ist.[208] Da digitale Inhalte zumeist in den Regelungsbereich Allgemeiner Geschäftsbedingungen fallen, sind Grundrechte nach der klassischen Grundrechtstheorie nur mittelbar anzuwenden.

Ein weiteres Beispiel privater einseitiger Rechtsverhältnisse im Bereich digitaler Inhalte ist die Vergabe von Internet-Domains. Eine Domain bezeichnet untechnisch gesprochen den Namen einer Internetseite (z. B.: www.uni-koeln.de). Die Namensvergabe erfolgt in Deutschland durch die *DENIC eG*, also ein privates Unternehmen ohne hoheitliche Befugnisse. Die Ausgrenzung aus dem hoheitlichen Bereich (der Bundesnetzagentur) ergibt sich einfachgesetzlich aus § 66 Abs. 1 S. 4 TKG.[209] Die *DENIC eG* hat eine marktbeherrschende Stellung

---

[201] Vgl. S. 65 f.

[202] *Friehe*, Löschen und Sperren in sozialen Netzwerken, NJW 2020, 1697 (1697 f.); OLG München, Beschl. v. 24.8.2018, 18 W 1294/18 = NJW 2018, 3115 (3115 f.).

[203] S. o. auf S. 62 ff.

[204] *Smets*, Die Stadionverbotsentscheidung des BVerfG und die Umwälzung der Grundrechtssicherung auf Private, NVwZ 2019, 34 (36).

[205] BGBl. I 2017, S. 3352.

[206] Vgl. § 3 Abs. 2 Nr. 1–3 NetzDG.

[207] So *Guggenberger*, Das Netzwerkdurchsetzungsgesetz, ZRP 2017, 98 (100); s. auch *Kalscheuer/Hornung*, Das Netzwerkdurchsetzungsgesetz, NVwZ 2017, 1721 (1724); a. A. *Eifert*, Rechenschaftspflichten für soziale Netzwerke und Suchmaschinen, NJW 2017, 1450 (141).

[208] Vgl. *Di Fabio*, Grundrechtsgeltung in digitalen Systemen, S. 11.

[209] *Auer-Reinsdorff*, in: Auer-Reinsdorff/Conrad (Hrsg.), Hndb. IT-und Datenschutzrecht, § 7 Rn. 3 ff. Zum US-amerikanischen Pendant (ICANN) *Knieper/Tonndorf/Wolf*, in: Bach (Hrsg.), Der entmachtete Leviathan, S. 221 ff.

inne und ist unausweichlicher Vertragspartner für die Vergabe von „.de"-Domains. Auf etwaige Monopolbildungen in der Digitalwirtschaft wird noch an anderer Stelle eingegangen (S. 66 ff.).

dd) Betreiber öffentlicher Räume

Private Regelsetzung findet weiterhin durch Betreiber analoger öffentlicher Räume statt. Im juristischen Kontext hat sich diese Diskussion insbesondere um die *Fraport*- und *Stadionverbot*-Entscheidungen des Bundesverfassungsgerichts entwickelt.[210] Der Diskurs beschränkt sich jedoch nicht auf den analogen bzw. körperlichen Raum, sondern betrifft gleichfalls digitale öffentliche Räume, wie zum Beispiel die zuvor genannten Internetplattformen.[211]

Begrifflich versteht man unter öffentlichen Räumen solche Räume, die ohne offensichtliche Beschränkungen der Öffentlichkeit allgemein zugänglich und für sie nutzbar sind.[212] Betrieben werden öffentliche Räume inzwischen vielfach durch Private.[213] In den vergangenen Jahrzehnten zeichnet sich eine zunehmende Verschiebung vom staatlich verwalteten öffentlichen Raum zur privat verwalteten Öffentlichkeit ab.[214] Den sog. privatisierten öffentlichen Raum charakterisiert, dass private Akteure ihre Leistungen in einer Weise anbieten, die der Öffentlichkeit zugänglich ist und die Leistungen gegenüber jeder Person unterschiedslos erbracht werden. Dabei handelt es sich bisweilen um Leistungen, deren Inanspruchnahme für den Einzelnen unausweichlich ist für die Teilnahme am sozialen und wirtschaftlichen Leben (z. B. Flughäfen, Bahnhöfe und Einkaufszentren). Im Hinblick auf die moderne Stadtentwicklung wurde dieses Phänomen wiederholt kritisch diskutiert.[215]

Eine einseitige Regelsetzung erfolgt im privaten öffentlichen Raum primär durch das den Betreibern zustehende Hausrecht.[216] Es

---

[210] Umfassend zu rechtlichen Fragestellungen im öffentlichen Raum: *Siehr*, Das Recht am öffentlichen Raum, passim.

[211] Vgl. *Mayen*, Über die mittelbare Grundrechtsbindung Privater in Zeiten des Einflusses sozialer Netzwerke auf die öffentliche Kommunikation, ZHR 2018, 1 (4).

[212] BVerfGE 128, 226 (252 f.); s. auch *Gornik*, Öffentliche Räume, S. 57; *Fischer-Lescano/Maurer*, Grundrechtsbindung von privaten Betreibern öffentlicher Räume, NJW 2006, 1393 (1394 f.).

[213] *Gornik*, Öffentliche Räume, S. 57 f.; *Krüger*, Versammlungsfreiheit in privatisierten öffentlichen Räumen, DÖV 2011, 837 (837 f.); *Kersten/Meinel*, Grundrechte in privatisierten öffentlichen Räumen, JZ 2007, 1127 (1127); s. auch *Brenneisen/Arndt*, Versammlungen auf privaten Flächen, NordÖR 2016, 269 (269).

[214] Zu diesem Wandlungsprozess *Siehr*, Das Recht am öffentlichen Raum, S. 13 ff.; *Gornik*, Die Bindung der Betreiber öffentlicher Räume, S. 193 ff.; *Schaefer*, Neues vom Strukturwandel der Öffentlichkeit, Der Staat 2012, 251 (266 ff.).

[215] *Glasze*, Privatisierung öffentlicher Räume?, Ber. z. dt. Landeskunde 2001, 160, passim, m. w. N.

[216] Die Einseitigkeit betonend BVerfGE 128, 226 (248); 148, 267 (283 f.); BVerfG, Beschl. v. 27.8.2019, 1 BvR 879/12, NJW 2019, 3769 (3770); *Hellgardt*, Wer hat Angst vor der un-

„ermöglicht seinem Inhaber, in der Regel frei darüber zu entscheiden, wem er den Zutritt gestattet und wem er ihn verwehrt. In ihm kommt insbesondere die […] Befugnis des Eigentümers zum Ausdruck, mit der Sache grundsätzlich nach Belieben zu verfahren und andere von der Einwirkung auszuschließen […].“[217]

Zwar sind Einschränkungen des Hausrechts auf einfachgesetzlicher Ebene anerkannt.[218] Grundrechte greifen gegen diese Form der privaten Regelsetzung im klassischen Verständnis jedoch nicht unmittelbar, da es sich auch hierbei um ein Bürger-Bürger-Verhältnis handelt. Je stärker öffentliche Räume privatisiert werden, desto mehr können nicht unmittelbar an Grundrechte gebundene Private ohne grundrechtliche Rechtfertigungspflichten über die Leistungsgewährung zugunsten oder zulasten der Benutzer entscheiden. Die Einseitigkeit des rechtlich relevanten Instituts *privates Hausrecht* ist vergleichbar mit der Subordination im Staat-Bürger-Verhältnis.

ee) Weitere Beispiele privater Regelsetzung

Weitere nicht abschließende Beispiele für private Regelsetzungen, die durch ein starkes Moment der Einseitigkeit geprägt sind, finden sich etwa im Rechtsverhältnis zwischen Arbeitgeber und Arbeitnehmer[219], in der Rechtssetzung autonomer Verbände[220] und seitens privater Normierungsgremien im Feld der Techniknormen[221].

3. Wirtschaftliche Sonderstellung als Ursache privater Macht

Die soeben genannten Beispiele privater Regelsetzungen betreffen in erster Linie den Ausdruck und die Folgen privater Macht. Betrachtet man ihre Ursachen, stechen im Zusammenhang mit der Digitalisierung insbesondere zwei Faktoren hervor. Zum einen begünstigen die Spezifika digitaler Märkte Monopolbildungen. Verbindet man zum anderen die Ubiquität der Datenverarbeitung mit den Erkenntnissen der aus der Soziologie stammenden Systemtheorie, wird deutlich, dass private Digitalunternehmen zwischen Staat und Individuum eine besondere Stellung einnehmen. Beide Erkenntnisse sind Beispiele für die tatsächlichen Bedingungen einseitiger privater Regelsetzungen von Unternehmen gegenüber Individuen.

---

mittelbaren Drittwirkung?, JZ 2018, 901 (908 f.) spricht insoweit von einer „Regulierung durch Private“.

[217] BGH, Urt. v. 9.3.2012, V ZR 115/11 = NJW 2012, 1725 (1725).

[218] Vgl. *Raff*, in: MüKo, BGB, § 1004 Rn. 29 f.

[219] Hierzu *Bachmann*, Private Ordnung, S. 138 ff.; *Kocher*, in: Möslein (Hrsg.), Private Macht, S. 241 ff.; zum „Arbeitsverhältnis als Ausdruck ‚privater Gewalt‘“: *Leisner*, Grundrechte und Privatrecht, S. 257 ff.

[220] S. etwa das Beispiel der „lex sportiva“ im Sportrecht: *Röthel*, Lex mercatoria, lex sportiva, lex technica, JZ 2007, 755 (757 f.); mit staatstheoretischem Einschlag: *Schmidt*, Gesellschaftliche Machtbildung durch Verbände, Der Staat 1978, 244 (251 ff.).

[221] Grundlegend *Marburger*, Die Regeln der Technik im Recht, insb. S. 279 ff.

a) Monopolbildungen in der Digitalwirtschaft

Die Protagonisten der Digitalwirtschaft verzeichnen seit ihrer Gründung ein rasantes Wachstum mit der Folge dominanter Marktanteile in den jeweiligen Branchen.[222] *Google* erreicht auf dem Markt der Suchmaschinen einen Anteil jenseits der 90 %.[223] Die Bildung natürlicher Monopole wird durch typische Charakteristika digitaler Märkte gefördert.[224] Begünstigend wirkt sich der sog. Netzwerkeffekt bzw. der Lock-in-Effekt aus.[225] Demzufolge steigt der Nutzen einer Dienstleistung, je mehr Nachfrager sie wahrnehmen. Die weiteren Kosten durch das Hinzutreten eines neuen Nutzers sind aus Sicht des Anbieters vernachlässigbar.[226] Die Fixkosten digitaler Unternehmen bestehen wesentlich nur aus der Schaffung einer digitalen Infrastruktur. Beim Überschreiten einer kritischen Masse von Nutzern tendiert der Markt in der Folge in Richtung eines Monopols.[227] Untechnisch, aber in der Sache zutreffend, stellt auch das Bundesverfassungsgericht bezüglich der Digitalisierung der Medien fest, dass sie

> „[...] Konzentrations- und Monopolisierungstendenzen bei Anbietern, Verbreitern und Vermittlern von Inhalten [begünstigt]. Sind Angebote zum größten Teil werbefinanziert, fördern sie den publizistischen Wettbewerb nicht unbedingt; auch im Internet können die für die Werbewirtschaft interessanten größeren Reichweiten nur mit den massenattraktiven Programmen erreicht werden."[228]

Das Ergebnis dieser Konzentration sind zahlreiche dominante Digitalunternehmen, die millionenfach personenbezogene Daten einzelner Verbraucher verarbeiten. Die Stellung des Einzelnen gegenüber privaten Monopolen betrifft wiederum einen Bereich außerhalb des klassisch-abwehrrechtlichen Denkens des Verteilungsprinzips und seiner Dialektik zwischen dem Staat und dem Individuum.[229] Weil Monopolbildungen im Bürger-Bürger-Verhältnis einseitige Regel-

---

[222] *Krämer*, Digitalisierung, Monopolbildung und wirtschaftliche Ungleichheit, Wirtschaftsdienst 2019, 47 (47); *Körber*, Konzeptionelle Erfassung digitaler Plattformen, ZUM 2017, 93 (94).

[223] *Körber*, Konzeptionelle Erfassung digitaler Plattformen, ZUM 2017, 93 (94) bezweifelt aus diesem Grund, dass es überhaupt einen allgemeinen Suchmarkt gibt.

[224] *Leopoldina/Akademieunion/acatech*, Privatheit in Zeiten der Digitalisierung (Stellungnahme, 2018), S. 21 f.

[225] Vgl. *Ewald*, in: Wiedemann, Kartellrecht, § 7 Rn. 70; *Hoffer/Lehr*, Onlineplattformen und Big Data auf dem Prüfstand, NZKart 2019, 10 (14); *Schweitzer*, Digitale Plattformen als Gesetzgeber, ZEuP 2019, 1 (2 ff.); *Eilers/Oppel*, Die Besteuerung der digitalen Wirtschaft, IStR 2018, 361 (363); *WBGU*, Unsere gemeinsame digitale Zukunft, S. 98 f.; *Jobst*, Unmittelbare Grundrechtsbindung, NJW 2020, 11 (15); *Staben*, Der Abschreckungseffekt auf die Grundrechtsausübung, S. 157; *Raue*, Meinungsfreiheit in sozialen Netzwerken, JZ 2018, 961 (965 f.).

[226] *Krämer*, Digitalisierung, Monopolbildung und wirtschaftliche Ungleichheit, Wirtschaftsdienst 2019, 47 (48).

[227] *Ewald*, in: Wiedemann, Kartellrecht, § 7 Rn. 70.

[228] BVerfGE 149, 222 (261 f.).

[229] In diesem Kontext auch *Monopolkommission*, Wettbewerbspolitik: Herausforderung

setzungen begünstigen, ist es gleichwohl fraglich, ob zwischen den Digitalunternehmen und dem Individuum von einer Gleichordnung gesprochen werden kann, die in der klassischen Grundrechtstheorie für die Rechtsverhältnisse der Gesellschaft typisch ist (vgl. S. 45 ff.).

b) Digitalunternehmen in der funktionalen Differenzierung

Die besondere Stellung einzelner Digitalunternehmen gegenüber dem Individuum ist nicht allein anhand der ökonomischen Bedingungen der Informationsgesellschaft zu erklären. Auch bei Zugrundelegung der aus der Soziologie stammenden Systemtheorie nach *N. Luhmann* ergibt sich, dass die Digitalisierung systemisch einen fruchtbaren Nährboden für den Markt und die Gesellschaft dominierende Digitalunternehmen darstellt.

In einer ihrer Grundannahmen geht die Systemtheorie davon aus, dass sich das Gesellschaftssystem von einer stratifikatorischen Differenzierung zu einer funktionalen Differenzierung entwickelt hat: Während Individuen noch in der spätmittelalterlichen Ständeordnung rangmäßig unterschiedlichen Teilsystemen (z. B. Adel und Volk) angehörten, findet sich in der modernen Gesellschaft keine solche Exklusion mehr wieder. Jedes Individuum kann heute grundsätzlich in jedem Funktionssystem operieren.[230] Dies entspricht der formalen Gleichordnung der Individuen in der Bürgerlichen Gesellschaft. Der funktionalen Differenzierung ist weiterhin immanent, dass die verschiedenen Systeme sich gegenseitig bedingen. *N. Luhmann* nannte dies „strukturelle Kopplung“[231]. Die Dominanz des einen kann damit zur Rezessivität des anderen Subsystems führen: Die Subsysteme der heutigen kapitalistischen Gesellschaft sind etwa stark vom Subsystem der Ökonomie bestimmt.[232]

Betrachtet man die Digitalisierung aus diesem Blickwinkel, wird deutlich, dass sie aufgrund ihrer Ubiquität nahezu alle Funktionssysteme betrifft und ihre Kommunikation verändert.[233] Dies wurde bereits durch die oben genannten Bei-

---

digitale Märkte, Sondergutachten 68, S. 50 f., Nr. 85, 88, welche implizit die Unzulänglichkeit der abwehrrechtlichen Dimension im Verhältnis zwischen Betroffenen und privaten Massendatenanalysen herausstellt.

[230] *Luhmann*, Gesellschaft der Gesellschaft, S. 611 ff. Dies bedeutet nach *Luhmann* nicht, dass es in der modernen Gesellschaft keine Ungleichheiten, also Stratifikationen in soziale Klassen gibt. Diese seien jedoch in der funktionalen Differenzierung vielmehr „Nebenprodukte der Eigendynamik der Funktionssysteme“ (S. 612).

[231] Beispiel: Kopplung von Wirtschaft und Politik durch Steuern und Abgaben. Ökonomischer Operationsmodus *Geld* wird insoweit politisch konditioniert (*Luhmann*, Gesellschaft der Gesellschaft, S. 781).

[232] Vgl. *Dreier*, Hans Kelsen und Niklas Luhmann, Rechtstheorie 1983, 419 (457); *Boehme-Neßler*, Unscharfes Recht, S. 151 ff.

[233] So auch *Büchner*, Zum Verhältnis von Digitalisierung und Organisation, ZfS 2018, 332, die allerdings darauf hinweist, dass die Digitalisierung nicht vollkommen organisationsneutral ist, sondern sich strukturspezifisch bezüglich der jeweiligen Systeme vollzieht. Ein Verschwinden der Teilsysteme und eine damit einhergehende Überholung der Systemtheorie

spiele der Digitalisierung des Alltags veranschaulicht. Große Digitalunternehmen können daher wegen der faktischen Ubiquität der elektronischen Datenverarbeitung in verschiedenen sozialen Systemen dominierende Rollen einnehmen.[234] Die „eine ‚Internetwirtschaft' gibt es nicht mehr, alle Wertschöpfungsprozesse der Wirtschaft sind oder werden digitalisiert und vernetzt."[235]

Hierin liegt zum einen ein Faktor, der einseitige private Regelsetzungen begünstigt und somit den Prämissen des Staat-Gesellschaft-Dualismus widerspricht. Zum anderen treten etwaige Unternehmen in eine Konkurrenz zum Funktionssystem Staat, das für sich grundsätzlich die Rolle der zentralen Regulierungsinstanz gegenüber der Gesellschaft beansprucht.[236]

II. Veränderte Ordnungskräfte des Staates

Neben der veränderten Stellung innergesellschaftlicher Akteure ist auch die Staatlichkeit einem erheblichen Wandel ausgesetzt. In der rechtswissenschaftlichen Literatur wird in dieser Hinsicht eine Schwächung staatlicher Souveränität diskutiert. Der Diskurs setzt dabei an den zwei Charakteristika der Souveränität an, die ursächlich für die unmittelbare Grundrechtsbindung staatlicher Gewalt sind, nämlich ihre Einseitigkeit und Einzigkeit (vgl. S. 51 ff.). Qualitative Veränderungen der staatlichen Souveränität haben insoweit unmittelbare Auswirkungen auf die Prämissen der klassischen Grundrechtsinterpretation.

Bereits an dieser Stelle ist anzumerken, dass im Folgenden nicht der verbreiteten Erzählung vom Ende der modernen Staatlichkeit gefolgt wird.[237] Trotz der nachfolgend behandelten Entwicklungen bleibt der Staat ein sinnvolles Zurech-

---

durch die Digitalisierung ist unwahrscheinlich, da die Motive der Digitalisierung selbst an bestimmte Funktionen geknüpft sind (vgl. *Kieserling*, Frankfurter Allgemeine Zeitung, 27.9.2017, Nr. 225, S. N4 [online auffindbar unter: https://www.faz.net/aktuell/feuilleton/hoch-schule/niklas-luhmann-macht-der-computer-die-gesellschaft-unsichtbar-15217893.html?printPagedArticle=true#pageIndex_0 [zuletzt abgerufen: 26.10.2023]]). Die Digitalisierung stellt mit anderen Worten kein eigenes autonomes Teilsystem dar, sie beeinflusst jedoch alle vorhandenen Teilsysteme (so auch *Fischer-Lescano*, Der Kampf um die Internetverfassung, JZ 2014, 965 [967]).

234 Vgl. *Teubner*, Transnationaler Verfassungspluralismus, ZaöRV 2016, 661 (663) bezeichnet die funktionale Differenzierung und Organisationsrevolution als Grund für das Erstarken ausgeprägter Strukturen zwischen Staat und Individuum, ohne dabei jedoch auf die Digitalisierung einzugehen.

235 *Podszun*, Rechtsrahmen für digitale Plattformen, 73. DJT, F 9.

236 Vgl. ebenfalls mit einem systemtheoretischen Ansatz *Boehme-Neßler*, Auswirkungen der Digitalisierung auf den Staat, ZöR 2009, 145 (181 ff.). Der Autor stellt einen Bedeutungsverlust des modernen Staates gegenüber transnational und insbesondere digital agierenden Unternehmen fest.

237 Klassisch *Willke*, Entzauberung des Staates, passim; *Schmitt*, Der Begriff des Politischen, S. 10 des Vorwortes von 1963; hierzu kritisch *Dreier*, Hierarchische Verwaltung im demokratischen Staat, S. 5 ff.; *Voßkuhle*, Die Renaissance der „Allgemeinen Staatslehre", JuS 2004, 2, passim.

nungssubjekt im Hinblick auf seine Funktion als zentraler Garant zur Aufrechterhaltung gesellschaftlicher Ordnung.[238] Gleichwohl ist zu konstatieren, dass aus der Gesellschaft heraus zunehmende Konkurrenzen zu dieser Zuordnung entstehen, die mit der klassisch-liberalen Grundrechtsinterpretation, die grundrechtliche Pflichten allein dem Staat zuordnen will, nicht in Einklang zu bringen sind. Betroffen sind mehrere der oben genannten Voraussetzungen des Staat-Gesellschaft-Dualismus nach dem traditionellen Grundrechtsverständnis. Zum einen wird die Einzigkeit staatlicher Gewalt relativiert durch eine Reihe tatsächlicher und rechtlicher Phänomene (z. B. Globalisierung und Privatisierung). Zum anderen trifft auch das typische Kriterium der Einseitigkeit auf Teile der Ausübung staatlicher Gewalt nicht mehr zu, da sich zunehmend kooperative Konzepte der Staatlichkeit entwickeln, die versuchen, den Regulierungsanforderungen einer hochgradig differenzierten Gesellschaft gerecht zu werden. Schließlich wird die Verfassungserwartung an die Effektivität staatlicher Gewalt zum Schutz der Gesellschaft auf die Probe gestellt.

1. Globalisierung

Einen erheblichen Einfluss auf die Ordnungskräfte des Staates hat die Globalisierung. Sie kann „als komplexer und vielschichtiger Prozeß bezeichnet werden, in dessen Rahmen sich menschliche Aktivitäten einerseits auf den gesamten Globus erstrecken, andererseits aber auch von Ereignissen weltweit beeinflußt werden."[239] Der Globalisierungsbegriff hatte in der Wissenschaft zunächst eine starke ökonomische Prägung, da er ursprünglich für die Entstehung internationaler Wirtschaftsmärkte verwendet wurde.[240] Inzwischen wird der Begriff benutzt für die Internationalisierung zahlreicher weiterer staatlicher und gesellschaftlicher Prozesse (Kultur, Soziales, Politik, Ökologie).[241]

Ein Rückgriff auf die jellinieksche Drei-Elemente-Lehre zeigt, dass all ihre Bestandteile (Staatsgebiet, Staatsvolk, Staatsgewalt) einem globalisierungsbedingten Bedeutungswandel unterliegen. Das Staatsgebiet bleibt natürlich bestehen, rechtlich relevante Vorgänge gestalten sich jedoch aufgrund eines immer stärker international agierenden Staatsvolkes (z. B. in Gestalt des globalen Fi-

---

[238] Vgl. *Anter*, Die Macht der Ordnung, S. 250 f.; *Voßkuhle*, Beteiligung Privater an der Wahrnehmung öffentlicher Aufgaben, VVDStRL 2003, 266 (271); s. auch *Kämmerer*, Privatisierung, S. 536.

[239] *Puttler*, in: Isensee/Kirchhof, Hndb. d. StR XI § 234 Rn. 1.

[240] Vgl. *Kreuzer*, in: Dreier/Forkel/Laubenthal (Hrsg.), Raum und Recht, S. 250; *Dicke*, Erscheinungsformen und Wirkungen von Globalisierung, Berichte der Deutschen Gesellschaft für Völkerrecht 1999, S. 18.

[241] Zu den Erscheinungsformen von Globalisierung: *Dicke*, Erscheinungsformen und Wirkungen von Globalisierung, Berichte der Deutschen Gesellschaft für Völkerrecht 1999, S. 14 ff.; *Hingst*, Auswirkungen der Globalisierung auf das Recht der völkerrechtlichen Verträge, S. 19 ff.

nanzkapitalismus[242]) grenzüberschreitend.[243] Die historisch gewachsene Verräumlichung der Rechtsordnungen in den Grenzen verschiedener Staatsgebiete wird teilweise revidiert.[244] Souveräne Staatsgewalt, die sich uneingeschränkt lediglich auf die Grenzen des eigenen Staatsgebietes bezieht, vermag zahlreiche wirtschaftliche, politische und soziale Prozesse nicht mehr zu erfassen.[245] In der Literatur wird in diesem Zusammenhang vielfach eine „Aushöhlung der nationalstaatlichen Souveränität“[246] beobachtet.[247]

Hiermit untrennbar verbunden sind die Herausforderungen der Globalisierung im Hinblick auf die Merkmale des Staat-Gesellschaft-Dualismus in klassisch-grundrechtlicher Diktion. In grenzüberschreitenden Rechtsverhältnissen gestaltet sich eine einseitige Herrschaftsausübung, wie sie für staatliches Handeln typisch ist, schwierig, da sich die uneingeschränkte staatliche Souveränität grundsätzlich nur auf das eigene Territorium bezieht (sog. Territorialhoheit).[248] Dieses Defizit wird unter anderem bei der Regulierung der oben genannten ubiquitären Datenverarbeitung deutlich, da die entsprechenden Digitalunterneh-

---

[242] *Anter*, Die Macht der Ordnung, S. 252: „Dieser [Kapitalismus] hat sich längst von seinem alten Zwillingsbruder, dem modernen Staat, verabschiedet“; s. auch *Vesting*, Der Staat als Serviceunternehmen, StWStP 1998, 473 (474).

[243] *Brock/Albert*, Entgrenzung der Staatenwelt, ZIB 1995, 259 (267) diagnostizieren das „Aufweichen von Territorialität als Ordnungsprinzip“.

[244] Vgl. *Boehme-Neßler*, Unscharfes Recht, S. 129 f. m. w. N. zu den historischen Bedingungen der Verräumlichung von Rechtsordnungen.

[245] Hierzu *Di Fabio*, in: FS-Vogel, 3 (17): „Die Epoche der Nationalstaaten ist zu Ende gegangen und mit ihre die Vorstellung, demokratisch gegründete Souveränität könne die Wirtschaft per Mehrheitsentscheidung beherrschen.“; s. auch *Puttler*, in: Isensee/Kirchhof, Hndb. d. StR XI § 234 Rn. 2; *Kämmerer*, Privatisierung, S. 550; *Boehme-Neßler*, Unscharfes Recht, S. 129 ff.

[246] So *Habermas*, Die Einbeziehung des Anderen, S. 129 f.; *U. Beck* hat die Globalisierung unter diesem Gesichtspunkt definiert als „die Prozesse, in deren Folge die Nationalstaaten und ihre Souveränität durch transnationale Akteure, ihre Machtchancen, Orientierungen, Identitäten und Netzwerke unterlaufen und querverbunden werden. [...] Globalisierung meint also auch: Nicht-Weltstaat. Genauer: Weltgesellschaft ohne Weltstaat und ohne Weltregierung. Es breitet sich ein global desorganisierter Kapitalismus aus. Denn es gibt keine hegemoniale Macht und kein inter-nationales Regime – weder ökonomisch noch politisch.“ (*Beck*, Was ist Globalisierung?, S. 29, 32 [zit. nach *Kämmerer*, Privatisierung, S. 550]).

[247] S. etwa *Anter*, Die Macht der Ordnung, S. 252; *Vesting*, Der Staat als Serviceunternehmen, StWStP 1998, 473 (474); *Engel*, Das Internet und der Nationalstaat, Berichte der Deutschen Gesellschaft für Völkerrecht 2000, 353 (398 f.); *Galgano*, Die Globalisierung im Spiegel des Rechts, ZEuP 2003, 237 (238); *Nassehi*, Die „Welt“-Fremdheit der Globalisierungsdebatte, Soziale Welt 1998, 151 (160): „Globalisierung malt den Rousseauschen Naturzustand an die Wand – die Rohheit der Welt ohne die sittliche Totalität des Staates“; kritisch zuletzt *Höffe*, Kritik der Freiheit, S. 295 ff. m. w. N. zum Diskurs.

[248] Zu diesem Zusammenhang von Staatsgewalt und Staatsgebiet näher *Horn*, in: Horn/Gornig (Hrsg.), Territoriale Souveränität und Gebietshoheit, S. 21 ff.; *Schöbener/Knauff*, Allg. Staatslehre, § 3 Rn. 64 ff.

men am globalen Informationsmarkt grenzüberschreitend agieren und sich staatlicher Regulierung teilweise entziehen.[249]

Die räumlichen Grenzen staatlicher Souveränität haben auch zur Folge, dass an die Stelle staatlicher Rechtsnormen bisweilen private Rechtsordnungen treten (z. B. lex mercatoria[250]).[251] Dass nicht-staatliche Regelungen etwa bezüglich ihrer Einseitigkeit mit der Intensität staatlicher Regeln vergleichbar sind, wurde bereits aufgezeigt (vgl. S. 58 ff.). Ein solches Nebeneinander privater und staatlicher Regelungen widerspricht grundsätzlich der Annahme der Einzigkeit staatlicher Gewalt. Das klassische Verständnis der abwehrrechtlichen Grundrechtsfunktion ist aufgrund seiner Staatszentriertheit auf derartige Konkurrenzen nicht eingestellt. Der Einzelne steht insoweit nicht mehr nur einem Akteur (Staat) gegenüber, sondern bewegt sich in diversen, teilweise privaten Rechtsordnungen.

Hinzu tritt die Pluralisierung hoheitlicher Regelungsregimes selbst, etwa im Hinblick auf supranationale Organisationen.[252] Im letzteren Fall sieht sich der Einzelne potenziell einem „verschränkten Komplex von Hoheitsträgern“[253] gegenübergestellt, in dem die Zurechnung zum tatsächlich gewaltausübenden Organ immer schwieriger wird. Hierfür steht exemplarisch die im Rahmen des Art. 51 Abs. 1 S. 1 GRCh diskutierte Frage nach der Abgrenzung zwischen der unionalen und der nationalen Grundrechtsordnung: Bei welcher Handlung welches Hoheitsträgers greift welche Grundrechtsordnung? Das Ausmaß der Debatte zur letztgenannten Frage zeigt, wie schwierig es geworden ist, erstens den relevanten Hoheitsträger zu ermitteln und zweitens ihm ein einschlägiges Grundrechtsregime zuzuordnen.[254]

In globalisierten Rechtsverhältnissen schrumpft der Anwendungsbereich des grundrechtlich präzise eingehegten Staat-Bürger-Verhältnisses. Grundrechtlich tritt an die Stelle dieses bipolaren Rechtsverhältnisses die weniger klar fassbare Dimension der staatlichen Schutzpflichten.[255] Zur Erfüllung der Schutzpflicht bedarf es wiederum effektiver Regulierung, die durch die Globalisierung zunehmend diffizil wird.

---

[249] Vgl. *Schneider*, Verfassung und Verfassungsrecht im Zeichen der Globalisierung, JöR 2017, 295 (298 f.).

[250] „Das Lieblingskind der juristischen Globalisierungstheorie“ (*Möllers*, Globalisierte Jurisprudenz, ARSP 2001, Beiheft 79, 41 [51]); im Hinblick auf private Regelsetzung abseits des Staates: *Röthel*, Lex mercatoria, lex sportiva, lex technica, JZ 2007, 755 (755 f.); kritisch *Mankowski*, Rechtskultur, S. 399: „Die angebliche moderne lex mercatoria ist und bleibt bei Lichte betrachtet ein bloßes Pseudonormengefüge, ein amorphes Phänomen mit unklaren Konturen und von extrem zweifelhafter Geltungskraft.“

[251] Am Beispiel der globalen Wettbewerbsordnung: *Berger*, in: Bierbaum (Hrsg.), So investiert die Welt, S. 39 ff.

[252] Hierzu grundsätzlich *Puttler*, in: Isensee/Kirchhof, Hndb. d. StR XI § 234 Rn. 7 ff.

[253] *Möllers*, Globalisierte Jurisprudenz, ARSP 2001, Beiheft 79, 41 (58).

[254] Zur Problematik im Überblick: *Hatje*, in: Hatje/Schwarze/Becker/Schoo, EU-Kommentar, Art. 51 GRC Rn. 15 ff.; *Schöbener*, in: Schöbener, Europarecht, Rn. 1594 ff.

[255] S. hierzu unten auf S. 125 ff.

2. Internet und Digitalisierung

Eine weitere Realität, die das Verhältnis von Staat und Gesellschaft und die klassische Grundrechtsinterpretation vor spezifische Herausforderungen stellt, ist das Internet. Die Veränderungen durch die Eigenschaften und Möglichkeiten des Internets betreffen zuvörderst die Annahme des Zuhöchstseins staatlicher Gewalt. Das Internet bildet zwar keinen Raum, der sich staatlicher Einflussnahme grundsätzlich entzieht.[256] Gleichwohl bewirkt es in Verbindung mit der Globalisierung eine „Bagatellisierung des Standortes“[257] und damit einer teilweisen Bagatellisierung des Staates[258]. Durch die Gleichzeitigkeit internetbasierter Kommunikation werden räumliche Distanzen und Staatsgrenzen ignoriert.[259] So zeigt sich beispielsweise in der Ökonomie, dass eine Abwanderung von Unternehmen bzw. ihre grenzüberschreitende Organisation durch digitale Globalisierung ohne weiteres möglich ist.[260] Eine rein innerstaatliche Regulierung kann dieses Phänomen nicht hinreichend erfassen (z. B.: Besteuerung global agierender Konzerne[261]). Für diese Entgrenzung kann bezüglich der Auswirkungen auf das Zuhöchstsein staatlicher Gewalt auf die Ausführungen zur Globalisierung verwiesen werden (S. 70 ff.).

Ein weiterer Punkt, der im Hinblick auf die Erschwerung staatlicher Regulierung herausgegriffen werden soll, ist, dass das Internet extrem dezentral und nur in einem geringen Maße vereinheitlicht ist.[262] Hinzu kommt, dass gesellschaftliche Prozesse im Internet unkörperlich und häufig anonym ablaufen.[263] Diese

---

[256] Vgl. *Schöbener/Knauff*, Allg. Staatslehre, § 3 Rn. 58 im Hinblick auf die innere Souveränität des Staates; s. auch *Mankowski*, Rechtskultur, S. 394 f.

[257] Diesen Begriff prägte *Luhmann*, Die Gesellschaft der Gesellschaft, S. 152 im Hinblick auf die neuen Kommunikationstechnologien; s. auch *Schmahl*, Zwischenstaatliche Kompetenzabgrenzung im Cyberspace, AVR 2009, 284 (285 f.).

[258] *Türcke*, Digitale Gefolgschaft, S. 205 spricht durch das Zusammenspiel von Digitalisierung und Globalisierung von „ausgezehrten nationalstaatlichen Gehäuse[n]“.

[259] *Engel*, Das Internet und der Nationalstaat, Berichte der Deutschen Gesellschaft für Völkerrecht 2000, 353 (356) mit Verweis auf das Zitat von *Post*, Governing Cyberspace, Wayne Law Review 1996, 155 (159): „Cyberspace [...] does not merely weaken the significance of physical location, it destroys it [...]. Events in cyberspace [...] do not cross geographical boundaries [...], they ignore the existence of the boundaries altogether.“; s. auch *v. Arnauld*, Freiheit und Regulierung in der Cyberwelt, Berichte der Deutschen Gesellschaft für Internationales Recht, 2015, 1 (6).

[260] *Engel*, Das Internet und der Nationalstaat, Berichte der Deutschen Gesellschaft für Völkerrecht 2000, 353 (384); s. auch *Kämmerer*, Privatisierung, S. 552.

[261] *Boehme-Neßler*, Unscharfes Recht, S. 113 mit Verweis auf die Studien von *Herkenrath*, Transnationale Konzerne im Weltsystem, S. 125 ff.

[262] *Jarass*, Privilegierungen im Internet, S. 53 ff. enthält einen konzisen Überblick über die Entwicklungsgeschichte und Charakteristika des Internets; s. auch *Mayer*, Recht und Cyberspace, NJW 1996, 1782 (1783, 1790).

[263] Zu den Vollzugsdefiziten: *Schliesky/Hoffmann/Luch/Schulz/Borchers*, Schutzpflichten und Drittwirkung im Internet, S. 121 ff.; s. auch *Schmahl*, Zwischenstaatliche Kompetenzabgrenzung im Cyberspace, AVR 2009, 284 (285 f.).

Faktoren vermindern die Chance umfassender Souveränitätsansprüche staatlicher Gewalt im Internet.[264] In der Literatur wurde dementsprechend ein „Internet Exceptionalism", das heißt eine kategorische Unterscheidung der Regulierung von physischen Sachverhalten und solchen im Internet diskutiert.[265] Ein Argument hierfür ist, dass sich Verhaltensnormen im Internet nicht innerhalb territorialer Grenzen bilden, sondern innerhalb verschiedener Nutzergruppen.[266]

Auch im digitalen Raum besteht die Kehrseite staatlicher Regulierungsdefizite darin, dass nicht-staatliche Regelsysteme entstehen, die bisweilen Bereiche betreffen, die klassischerweise nur im Rahmen staatlicher Rechtsordnungen gedacht werden konnten.[267] Ein Beispiel hierfür ist die Entstehung virtueller privater Währungen (z. B. in Form von Kryptowährungen).[268] Digitale private Währungen haben sich inzwischen vollständig von staatlichen Notenbanken emanzipiert und gelten in Teilen der Privatwirtschaft als anerkannte Zahlungsmittel.[269] Private Akteure dringen damit in einen Bereich vor, der historisch untrennbar mit dem Staat und seinen Befugnissen verbunden war.[270] Die staatliche Regulierung etwaiger virtueller privater Währungen steckt derzeit noch in den Kinderschuhen.[271]

Es wurde bereits dargelegt, dass etwaige private Regelsetzungen potenziell zur Subordination in privaten Rechtsverhältnissen führen. Diesbezüglich formulierte der Entwurf einer „Charta der Digitalen Grundrechte der Europäischen Union"[272] in seiner Präambel zutreffend, dass „es im digitalen Zeitalter zu enormen Machtverschiebungen zwischen Einzelnen, Staat und Unternehmen

---

[264] Im Hinblick auf die Möglichkeit staatlicher Regulierung: *Engel*, Das Internet und der Nationalstaat, Berichte der Deutschen Gesellschaft für Völkerrecht 2000, 353 (357).

[265] Grundlegend *Johnson/Post*, Law and Borders, Stanford Law Review 1996, 1367, passim; *Tushnet*, Internet Exceptionalism, William & Mary Law Review 2015, 1638, passim; s. auch *Steinbach*, Souveränitätsfragmente, S. 18 Fn. 53.

[266] Im Hinblick auf Gewohnheiten im Schutzbereich der Meinungsfreiheit: *Tushnet*, Internet Exceptionalism, William & Mary Law Review 2015, 1638 (1649).

[267] *Bredekamp*, Leviathan und Internet, Die Zeit v. 3.1.1997 sieht im Cyberspace den Antipoden des Leviathan. In Anbetracht der neu entstehenden privaten Regelsysteme könnte man in den Akteuren des Cyberspace jedoch auch einen neuartigen Leviathan identifizieren, dessen Ordnungsgebung gerade nicht dem Naturzustand entspricht.

[268] Vgl. *Türcke*, Digitale Gefolgschaft, S. 169 ff.

[269] Dies gilt nicht für die unionsrechtliche Währungsordnung (vgl. Art. 128 Abs. 1 S. 3 AEUV, § 14 Abs. 1 S. 2 BBankG).

[270] Zu Ausprägungen einer Geldhoheit bereits in der griechischen Polis: *Wittreck*, Geld als Instrument der Gerechtigkeit, S. 183 ff. (insb. S. 191 ff.); grundlegend *Herrmann*, Währungshoheit, Währungsverfassung und subjektive Rechte, passim (insb. S. 97 ff.). Eine Abkehr von der staatlichen Geldhoheit wurde einflussreich gefordert von *v. Hayek*, Entnationalisierung des Geldes, passim.

[271] Vgl. *Omlor*, Blockchain-basierte Zahlungsmittel, ZRP 2018, 85 (86 ff.).

[272] Hierbei handelt es sich nicht um ein politisch oder rechtlich verbindliches Papier, sondern um eine Initiative diverser Wissenschaftler, Politiker und Aktivisten (vgl. dazu *Graf v. Westphalen*, Digitale Grundrechtecharta, IWRZ 2018, 97).

kommt". Diese tatsächlichen Veränderungen in Richtung einer globalisierten Informationsgesellschaft lassen zwischen Verbrauchern und Konzernen unübersehbare strukturelle Ungleichgewichte entstehen.[273] Insoweit beschreibt das bereits in der Einleitung angeführte Zitat von *U. Di Fabio* zutreffend:

„Im Grunde ist eine asymmetrische Lage entstanden, in der die großen US-amerikanischen Internetplattformen im Wettbewerb untereinander dem Internet als Intermediäre eine ihnen nützliche Ordnung geben, die die Rolle der [...] regulierenden Staaten zunehmend definiert."[274]

Zumeist wird der Staat darauf verwiesen, im Nachhinein zu regulieren und einen Interessenausgleich herzustellen. Der Staat ist insoweit nur dritter Akteur in innergesellschaftlichen Rechtsverhältnissen.[275]

Die oben benannte Verfassungsvoraussetzung dafür, dass Rechtsverhältnisse zwischen Privaten nach den Prinzipien der Freiheit und Gleichheit funktionieren, kann in globalen internetbasierten Rechtsverhältnissen nicht hinreichend erfüllt werden. Gleichwohl ändern die staatlichen Ordnungsdefizite nichts daran, dass private Rechtsverhältnisse im Internet aufgrund ihrer Verortung im Bürger-Bürger-Verhältnis nach dem traditionellen Grundrechtsverständnis nicht in den Anwendungsbereich der unmittelbaren Grundrechtsbindung fallen. Verfassungsrechtlich wird auch hier die Gewährleistungs- und Schutzpflichtendimension der Grundrechte sowie ihre mittelbare Drittwirkung aktiviert. Insbesondere im Zusammenhang mit der Globalisierung wurde aufgezeigt, dass der Schutz individueller Freiheitsrechte und die hierfür erforderliche Regulierung diffizil sind.

3. Privatisierung

Als Antwort auf das einst beklagte Wachstum der Staatsaufgaben ist seit den 1980er Jahren eine Entwicklung zu beobachten, die unter dem Begriff „Privatisierung staatlicher Aufgaben" zusammengefasst werden kann.[276] Verwandt mit diesem Trend ist der Ruf nach Deregulierung und einem schlanken Staat.[277] Ins-

---

[273] Vgl. *Brink*, in: Wolff/Brink, Datenschutzrecht, Grundlagen Verfassungsrecht, Rn. 137.

[274] *Di Fabio*, Grundrechtsgeltung in digitalen Systemen, 2016, S. 11.

[275] Vgl. *Schliesky/Hoffmann/Luch/Schulz/Borchers*, Schutzpflichten und Drittwirkung im Internet, S. 120.

[276] *Gramm*, Privatisierung und notwendige Staatsaufgaben, S. 17 ff.; s. auch *Schoch*, Gewährleistungsverwaltung: Stärkung der Privatrechtsgesellschaft?, NVwZ 2008, 241 (241).

[277] Vgl. *Gramm*, Privatisierung und notwendige Staatsaufgaben, S. 17; *Wahl*, Das Öffentliche Recht der letzten fünf Jahrzehnte, S. 76; *Kutscha*, „Schlanker Staat", KJ 1998, 399 (399 ff.); s. auch *Hoffmann-Riem*, in: FS-Vogel, 47 (51). Ihren Höhepunkt erreichte die Diskussion in Deutschland Mitte der 90er Jahre. So richtete die Bundesregierung z. B. einen Sachverständigenrat „Schlanker Staat" ein, dessen Abschlussbericht folgendes festhielt: „Privates Eigentum und privatwirtschaftliche, durch Markt und Wettbewerb gesteuerte wie kontrollierte unternehmerische Tätigkeit gewährleistet am besten wirtschaftliche Freiheit, ökonomische Effizienz und Anpassung an sich verändernde Marktsituationen und damit auch

gesamt herrschte insbesondere zu dieser Zeit ordnungspolitisch eine gewisse „Grundtendenz gegen alles Öffentliche“[278]. Die Aufgaben selbst wurden grundsätzlich nicht kritisiert, sondern die Tatsache, dass der Staat sie wahrnimmt und damit der freien Wirtschaft vorenthält.[279]

Privatisierung bedeutet im weitesten Sinne, dass der Staat Rechtsmacht an Private überträgt.[280] Auf das Verhältnis zwischen Staat und Gesellschaft hat die Privatisierung unmittelbare Auswirkungen: Sie „meint insofern zunächst Rückgabe staatlich verwalteter Bereiche an die freie, in den Bahnen des Privatrechts organisierte Gesellschaft.“[281] Die Privatisierung betrifft damit zum einen die Ordnungskräfte des Staates: Je mehr Rechtsmacht an Private übertragen wird, desto schwieriger ist es für den Staat, als zentrale Ordnungsinstanz gegenüber der Gesellschaft zu fungieren. Zum anderen nimmt spiegelbildlich private Macht zu.[282] Dies gilt insbesondere, wenn zentrale Infrastrukturen privatisiert werden. Einseitige private Regelsetzungen, zum Beispiel durch die Betreiber privatisierter öffentlicher Räume gegenüber den Benutzern, gewinnen an Bedeutung. Die Auswirkungen der Privatisierung auf den Staat-Gesellschaft-Dualismus werden im folgenden Abschnitt systematisiert nach den verschiedenen Privatisierungsformen erörtert.

a) Formen der Privatisierung als Gradmesser des Staat-Gesellschaft-Dualismus

Für das Phänomen der Privatisierung hat sich in der Rechtswissenschaft mittlerweile eine anerkannte Typisierung verschiedener Privatisierungsformen herausgebildet.[283] Die Wahl der jeweiligen Privatisierungsform ist gleichzeitig ein Grad-

---

Wohlstand und soziale Sicherheit kraft gesellschaftlicher Eigenverantwortung“ (Abschlussbericht, S. 61/62).

[278] *Creveld*, Aufstieg und Untergang des Staates, S. 451.

[279] *Gramm*, Privatisierung und notwendige Staatsaufgaben, S. 19 f. Als gegenteiliger Trend zur Privatisierung wurde in der jüngeren Vergangenheit vermehrt das Thema der Rekommunalisierung privatisierter Leistungen diskutiert (hierzu *Bauer*, Zukunftsthema „Rekommunalisierung“, DÖV 2012, 329, passim; *Leisner-Egensperger*, Rekommunalisierung und Grundgesetz, NVwZ 2013, 1110, passim; *Guckelberger*, Die Rekommunalisierung privatisierter Leistungen in Deutschland, VerwArch 2013, 161, passim).

[280] So *Kämmerer*, Privatisierung, S. 37; ähnlich *Di Fabio*, Privatisierung und Staatsvorbehalt, JZ 1999, 585 (585).

[281] *Di Fabio*, Privatisierung und Staatsvorbehalt, JZ 1999, 585 (585); *Kämmerer*, Privatisierung, S. 525 ff.; s. auch *Wahl*, Das Öffentliche Recht der letzten fünf Jahrzehnte, S. 81: „Das Privatisierungsthema ist – natürlich – in einem eminenten Sinne ein staatstheoretisches Thema, bei der Deregulierung ist es nicht anders. Im Kern geht es nämlich um eine Neujustierung des Verhältnisses von Staats und Gesellschaft, Staat und Wirtschaft, von staatlichen Aufgaben und der Eigenverantwortung des einzelnen.“

[282] *Kämmerer*, Privatisierung, S. 525.

[283] Im Überblick *Gersdorf*, Privatisierung öffentlicher Aufgaben, JZ 2008, 831; *Erbguth/Guckelberger*, Allg. Verwaltungsrecht, § 29 Rn. 17 ff.; *Detterbeck*, Allg. Verwaltungsrecht, § 17 Rn. 895 ff.; *Maurer/Waldhoff*, Allg. Verwaltungsrecht, § 23 Rn. 68 ff.; grundlegend *Kämmerer*, Privatisierung, passim; *Knauff*, Der Gewährleistungsstaat, S. 79 betont den nur typisierenden Charakter der Einteilung nach verschiedenen Privatisierungsformen.

messer für den Staat-Gesellschaft-Dualismus, da die verschiedenen Privatisierungsformen Auskunft darüber geben, wie weit sich der Staat zurückzieht und wie sehr Private Aufgaben übernehmen und welche grundrechtlichen Pflichten bei der Aufgabenwahrnehmung verbleiben.[284]

aa) Organisationsprivatisierung (unechte Privatisierung)

Keine Auswirkungen auf den Staat-Gesellschaft-Dualismus und das traditionelle Grundrechtsverständnis hat die sog. Organisationsprivatisierung. Hierbei tritt der Staat zur Erfüllung bestimmter Aufgaben in privatrechtlicher Rechtsform auf, während sowohl die Aufgabenträgerschaft als auch die Aufgabenerledigung beim Staat verbleiben.[285] An Private wird insoweit keine Rechtsmacht übertragen.[286] Der Staat bleibt trotz eines Wechsels der äußeren Rechtsform das Zurechnungssubjekt für die Ausübung hoheitlicher Gewalt und ist unmittelbar grundrechtsgebunden.[287] Eine „Flucht ins Privatrecht“[288] ist durch schlichten Wandel der Rechtsform ausgeschlossen.[289]

bb) Funktionale Privatisierung (Erfüllungsprivatisierung)

Diffiziler gestalten sich die Auswirkungen der sog. funktionalen Privatisierung auf den Staat-Gesellschaft-Dualismus und die Prämissen der traditionellen Grundrechtstheorie.

(1) Begriff

Im Rahmen einer funktionalen Privatisierung behält der Staat die betroffene Aufgabe grundsätzlich in seiner Hand; er nutzt aber für Teilbeträge der Erfüllung private Akteure und ihre Fähigkeiten.[290] Somit werden nur der Vollzug bzw. die

---

[284] Ähnlich *Gramm*, Privatisierung und notwendige Staatsaufgaben, S. 107, der den theoretischen Gegensatz von Staat und Gesellschaft als begriffsbestimmend für die Privatisierung bezeichnet.

[285] Vgl. *Gersdorf*, Privatisierung öffentlicher Aufgaben, JZ 2008, 831 (832).

[286] Unter diesem Gesichtspunkt könnte man die Organisationsprivatisierung aus dem Privatisierungsbegriff ausklammern (so *Gramm*, Privatisierung und notwendige Staatsaufgaben, S. 110; *Knauff*, Der Gewährleistungsstaat, S. 70; *Badura*, Wirtschaftsverfassung und Wirtschaftsverwaltung, S. 154 bezeichnet dies als „unechte“ Privatisierung; s. auch *Di Fabio*, Privatisierung und Staatsvorbehalt, JZ 1999, 585 [588]).

[287] Vgl. *Höfling*, in: Sachs, GG, Art. 1 Rn. 106; *Kirchhof*, Rechtsfolgen der Privatisierung, AöR 2007, 215 (242 f.); *Maurer/Waldhoff*, Allg. Verwaltungsrecht, § 23 Rn. 68; *Wißmann*, Grundrechtsbindung im *Gewährleistungsstaat, JöR 2017, 41 (48 f.).* BVerfGE 147, 50 (144) und 128, 226 (244): „Die Nutzung zivilrechtlicher Formen enthebt die staatliche Gewalt nicht von ihrer Bindung an die Grundrechte gemäß Art. 1 Abs. 3 GG. Dies gilt sowohl für die Verwendung von zivilrechtlichen Handlungsformen als auch für den Einsatz privatrechtlicher Organisations- und Gesellschaftsformen.“

[288] *Fleiner*, Institutionen des Deutschen Verwaltungsrechts, S. 326.

[289] *Mann*, Die öffentlich-rechtliche Gesellschaft, S. 283 ff.

[290] Vgl. *Kirchhof*, Rechtsfolgen der Privatisierung, AöR 2007, 215 (225); *Gersdorf*, Priva-

Erfüllung der Aufgabe privatisiert und grundsätzlich in den marktwirtschaftlichen Wettbewerb entlassen.[291] Die Hintergrundzuständigkeit und damit die Aufgabenverantwortung verbleiben hingegen beim Staat.[292] Die Ingerenzmöglichkeiten des Staates können je nach konkreter Ausgestaltung der funktionalen Privatisierung höchst unterschiedlich ausfallen. Teilweise handeln die privaten Leistungserbringer eigenverantwortlich, teilweise sind sie an staatliche Weisungen gebunden.[293] In der Rechtspraxis gibt es inzwischen eine kaum zu überblickende Anzahl an Beispielen für funktionale Privatisierungen. Dies betrifft unter anderem den Bereich der kommunalen Daseinsvorsorge (z. B. Abfallwirtschaft, Wasserversorgung).[294]

(2) Herausforderungen für den traditionellen Staat-Gesellschaft-Dualismus

Bezüglich der Ordnungskräfte des Staates ist die funktionale Privatisierung nicht zwangsläufig eine Verlustbilanz. Im Rahmen der staatlichen Hintergrundzuständigkeit kann an die Stelle der eigenständigen Leistungserbringung eine effektive staatliche Regulierung treten. Im Hinblick auf die klassische Grundrechtstheorie droht hingegen eine Verflachung des grundrechtlichen Schutzniveaus.[295] Ursächlich dafür ist, dass die Ebenen *Staat* und *Gesellschaft* und ihre jeweiligen Rechtsprinzipien nicht mehr zweifelsfrei auseinandergehalten werden können.

Ein konkretes Beispiel diesbezüglich ist das Konstrukt sog. gemischtwirtschaftlicher Unternehmen, das typisch für die funktionale Privatisierung ist.[296]

---

tisierung öffentlicher Aufgaben, JZ 2008, 831 (832). Grundlegend zur funktionalen Privatisierung *Burgi*, Funktionale Privatisierung und Verwaltungshilfe. Vorliegend uninteressant ist die sog. Beleihung, also die Ausstattung eines Privaten mit Hoheitsrechten. Es erfolgt dann nichts anderes als eine Integration des Privaten in die staatliche Sphäre (*Kirchhof*, Rechtsfolgen der Privatisierung, AöR 2007, 215 [222 f.] bezeichnet die Beleihung insoweit als das Spiegelbild der Organisationsprivatisierung; s. auch *Franzius*, Der „Gewährleistungsstaat", Der Staat 2003, 493 [501]). Beliehene sind im Rahmen der Ermächtigung Hoheitsträger und damit Behörde im Sinne des § 1 Abs. 4 VwVfG (*Dreier*, in: Dreier, GG, Art. 1 Abs. 3 Rn. 39).

[291] *Di Fabio*, Privatisierung und Staatsvorbehalt, JZ 1999, 585 (589).

[292] *Gersdorf*, Privatisierung öffentlicher Aufgaben, JZ 2008, 831 (832).

[293] *Ibler*, in: Maunz/Dürig, GG, Art. 86 Rn. 117.

[294] Vgl. *Knauff*, Der Gewährleistungsstaat, S. 79 f.; *Lämmerzahl*, Die Beteiligung Privater an der Erledigung öffentlicher Aufgaben, S. 106 f.; s. auch die Bestandsaufnahme bei *Remmert*, Private Dienstleistungen, S. 29 ff. Da es sich nicht um eine vollständige Privatisierung im Sinne einer materiellen Aufgabenprivatisierung handelt, ist die funktionale Privatisierung auch für kommunale Pflichtaufgaben zulässig (*Knauff*, Der Gewährleistungsstaat, S. 80).

[295] Vgl. *Kämmerer*, Privatisierung, S. 449, 534; *Grabbe*, Verfassungsrechtliche Grenzen der Privatisierung kommunaler Aufgaben, S. 103 ff.; s. auch *Di Fabio*, Verwaltung und Verwaltungsrecht zwischen gesellschaftlicher Selbstregulierung und staatlicher Steuerung, VVDStRL 1997, 235 (279): „Selbstregulativer Vollzug öffentlicher Zwecke verringert die Distanz zwischen Gesellschaft und Staat. Die Bilanz für die individuelle Freiheitssphäre kann positiv sein, wenn an die Stelle rigider Verwaltungskontrolle Verwaltungspflichten zur eigenverantwortlichen Wahrnehmung treten. Die Bilanz kann aber auch negativ sein, wenn die Einschaltung privater Verbände einer Relativierung grundrechtlicher Schutzgehalte führt."

[296] Vgl. *Kahl*/*Weißenberger*, Die Privatisierung kommunaler öffentlicher Einrichtungen, JURA 2009, 194 (196).

Charakteristisch für gemischtwirtschaftliche Unternehmen ist die Beteiligung der öffentlichen und privaten Hand am selben Unternehmen.[297] Dadurch wird sowohl ein gewisses Maß an privatwirtschaftlicher Handlungsrationalität[298] als auch ein verbleibender Einfluss des Staates auf das Unternehmen angestrebt.[299] Grundrechtliche Probleme dieses Konstrukts entstehen dadurch, dass in der Rechtspraxis die einzelnen Handlungen des Unternehmens kaum scharf abgrenzbar dem staatlichen oder dem privaten Teil des Unternehmens zugeordnet werden können.[300] Diese „organisationsrechtliche Unschärfe“[301] wirft die Frage auf, in welchem Rechtsverhältnis (Dienstleister-Kunde, Staat-Kunde, Staat-Dienstleister) welches Ordnungsprinzip gilt. Wann entfalten sich die Gemeinwohlverpflichtung und eine unmittelbare Grundrechtsbindung und wann folgt das Rechtsverhältnis der Marktlogik und dem Prinzip der Privatautonomie?[302] In gemischtwirtschaftlichen Unternehmen verschwimmt die traditionelle Unterscheidbarkeit von Staat und Gesellschaft und damit die Trennlinie zwischen Grundrechtsberechtigung und Grundrechtsbindung.[303] Die Grundrechtsbindung etwa kann nicht mit dem Verweis auf den Grundsatz der umfassenden Bindung der Staatsgewalt bejaht werden. Bezüglich des Außenverhältnisses zwischen Leistungsempfänger und nunmehr privatem Leistungserbringer verflüchtigt sich gerade die Ausübung von Hoheitsgewalt.[304] Zutreffend wurde vorgebracht, dass die Privatisierung insoweit eine „Ablösung der hierarchischen Über-

---

[297] *Weiß*, Privatisierung und Staatsaufgaben, S. 279.

[298] Die „Funktionslogik des Marktes [...] [dringt ein] in die Sphäre der öffentlichen Aufgabenerfüllung.“ (*Di Fabio*, Privatisierung und Staatsvorbehalt, JZ 1999, 585 [589]; s. auch *Gersdorf*, Privatisierung öffentlicher Aufgaben, JZ 2008, 831 [834]).

[299] Vgl. *Burgi*, Privatisierung öffentlicher Aufgaben, S. 38. Gleichwohl ist der staatliche Einfluss bereits durch die gesellschaftsrechtlichen Vorgaben begrenzt (hierzu ausführlich *Cannivé*, Der Staat als Aktionär, NZG 2009, 445, passim; *Wißmann*, Grundrechtsbindung im *Gewährleistungsstaat, JöR 2017, 41 [49]; s.* auch *Weiß*, Privatisierung und Staatsaufgaben, S. 288: „Ein Zielkonflikt ist damit strukturell angelegt.“).

[300] Vgl. *Burgi*, Privatisierung öffentlicher Aufgaben, S. 38; *Wißmann*, Grundrechtsbindung im *Gewährleistungsstaat, JöR 2017, 41 (50); Dreier*, in: Dreier, GG, Art. 19 Abs. 3 Rn. 73: „Gemengelagen von privaten und öffentlichen Anteilseignern“.

[301] So *Di Fabio*, Privatisierung und Staatsvorbehalt, JZ 1999, 585 (589) im Hinblick auf die funktionale Privatisierung.

[302] *Gersdorf*, Privatisierung öffentlicher Aufgaben, JZ 2008, 831 (834) resümiert, dass durch funktionale Privatisierung und das Bild vom Gewährleistungsstaat „die klassische Dichotomie zwischen den tradierten Ordnungs- und Funktionsprinzipien des staatlichen (Eingriffs-)Hoheitskonzepts einerseits und des gesellschaftlichen bzw. wirtschaftlichen Wettbewerbskonzepts andererseits überwunden und fortentwickelt werden.“

[303] Vgl. *Lämmerzahl*, Die Beteiligung Privater bei der Erledigung öffentlicher Aufgaben, S. 52 f.

[304] *Bauer*, in: Isensee/Kirchhof, Hndb. d. StR I § 14 Rn. 65; s. im Hinblick auf die Rechtsweggarantie *Schulze-Fielitz*, Dreier, GG, Art. 19 Abs. 4 GG Rn. 45 f.; *Voßkuhle*, Beteiligung Privater an der Wahrnehmung öffentlicher Aufgaben, VVDStRL 2003, 266 (292): „Das Kernproblem besteht darin, dass die vielfältigen Bindungen der Verfassung [...] nur dort unmittelbare Wirkung entfalten, wo die jeweiligen Akteure *Staatsgewalt* ausüben.“

/Unterordnung“[305] bewirkt. Eine umfassende Bindung an öffentlich-rechtliche Pflichten wird im Verhältnis Dienstleister-Kunde nur vereinzelt vertreten.[306]

Folgt man der klassischen Grundrechtstheorie, sind zusätzliche Kriterien erforderlich, da zunächst festgestellt werden muss, ob im konkreten Fall überhaupt Staatsgewalt ausgeübt wird. Als Abgrenzungskriterien wurden in Rechtsprechung und Literatur zum Beispiel die staatliche Beherrschung[307], die Ausübung von Staatsaufgaben[308] und die Zurechenbarkeit der Handlungen Privater zum Staat[309] diskutiert. Dieser Begründungsaufwand ist wesentlich der Tatsache geschuldet, dass die Unterscheidbarkeit von Staat und Gesellschaft gerade nicht zweifelsfrei besteht. Teilweise wird vorgebracht, dass eine „einfache Zweiteilung“ zwischen den Ordnungsprinzipien von Staat und Gesellschaft aufgrund der Kooperation zwischen beiden Ebenen gerade nicht mehr möglich und auch nicht mehr sinnvoll sei.[310]

Im wissenschaftlichen Diskurs zeichnet sich als Antwort auf die grundrechtlichen Zuordnungsprobleme der funktionalen Privatisierung eine Verlagerung der grundrechtlichen Pflichten ab. Da am Außenverhältnis, also zwischen Leistungserbringer und Kunden nur Private beteiligt sind, gelten die Ordnungsprinzipien der Privatrechtsgesellschaft. Dies bedeutet auch, dass eine unmittelbare Grundrechtsbindung ausgeschlossen wird. Im Verhältnis zwischen Staat und Kunden tritt an die Stelle der unmittelbaren Grundrechtsbindung die sog. Gewährleistungsverantwortung.[311] Die verfassungsrechtliche Pflicht des Staates beschränkt sich demnach darauf, die Aufgabenerfüllung zu gewährleisten und zu regulieren und hierdurch einen gemeinwohlorientierten Interessenausgleich zu erzielen.[312] Der Grundrechtsschutz verlagert sich aus Sicht des Bürgers vollstän-

---

[305] *Ladeur*, Die Regulierung von Selbstregulierung, Die Verwaltung, Beiheft 4, 2001, 59 (64).

[306] Für gemischtwirtschaftliche Unternehmen unabhängig der Höhe der staatlichen Beteiligung *Weiß*, Privatisierung und Staatsaufgaben, S. 280 ff.; zugunsten einer Grundrechtsbindung bestimmter nicht-staatlicher Dienstleister argumentiert auch *Wißmann*, Grundrechtsbindung im *Gewährleistungsstaat, JöR 2017, 41 (51).*

[307] BVerfGE 128, 226 (245); vertiefend *Stelkens*, Von selbstständigen Verwaltungshelfern, Eigengesellschaften und gemischtwirtschaftlichen Unternehmen, JURA 2016, 1260 (1268).

[308] *Burgi*, Funktionale Privatisierung und Verwaltungshilfe, S. 332 f.; i. E. auch *Wißmann*, Grundrechtsbindung im *Gewährleistungsstaat, JöR 2017, 41 (51).*

[309] Kritisch *Gornik*, Öffentliche Räume, S. 218.

[310] So *Franzius*, Der „Gewährleistungsstaat“, Der Staat 2003, 493 (500).

[311] *Voßkuhle*, Beteiligung Privater an der Wahrnehmung öffentlicher Aufgaben, VVDStRL 2003, 266 (285); *Kingreen*, Das Verfassungsrecht der Zwischenschicht, JöR 2017, 1 (25). „Mit dem Begriff *Gewährleistungsstaat* wird ein Staat charakterisiert, der weitgehend auf gesellschaftliche Selbstregulierung vertraut, aber gleichwohl durch Rahmensetzung, Strukturvorgaben und inhaltliche Orientierungen sowie Verfahrenssicherungen den Schutz von Rechtsgütern gewährleistet (oder gewährleisten sollte)“ (*Hoffmann-Riem*, Innovation und Recht, S. 20).

[312] Vgl. *Kämmerer*, Privatisierung, S. 547: „De facto greift nicht der Staat, sondern ein privater Dritter in Grundrechte ein; der Staat agiert nur mehr als Mittler zwischen gesell-

dig in die Gewährleistungs- und Regulierungsfunktion des Staates.[313] Da sich der Bürger nicht mehr in einem unmittelbaren Rechtsverhältnis zum Staat befindet, wird die klassisch-abwehrrechtliche Dimension der Grundrechte durch die mittelbare Drittwirkung und die Schutzpflichtendimension ersetzt.[314] An die Stelle der strengen Kriterien des Übermaßverbotes tritt im Rahmen der staatlichen Schutzpflicht das subjektiv-rechtlich schwerer geltend zu machende Untermaßverbot und im Rahmen der mittelbaren Drittwirkung eine Abwägung zwischen formal gleichberechtigten Privaten.

cc) Materielle Aufgaben- und Vermögensprivatisierung: vollständige Rücknahme von Staatstätigkeit

(1) Begriff

Die sog. materielle Privatisierung ist die weitgehendste Privatisierungsform.[315] Im Rahmen einer solchen Privatisierung wird eine Aufgabe vollständig auf Private übertragen.[316] Der Staat zieht sich aus der Zuständigkeit der Aufgabenerfüllung zurück und entlässt sie in die Sphäre der Gesellschaft, das heißt in das Bürger-Bürger-Verhältnis.[317] Die materielle Privatisierung ist auch im Rahmen einer reinen Vermögensprivatisierung denkbar, bei der der Staat sein Eigentum vollständig auf Private überträgt. Nicht nur das wirtschaftliche Risiko geht dabei auf Private über, sondern auch die Entscheidung darüber, ob und wie eine Aufgabe zukünftig erfüllt wird.[318] Auf kommunaler Ebene sind hiervon beispielsweise

---

schaftlichen Kräften." Die mit der funktionalen Privatisierung veränderte Stellung des Staates schlägt sich im Begriff des Gewährleistungsstaates nieder (Vgl. *Knauff*, Der Gewährleistungsstaat, S. 66 und 79 ff.; *Franzius*, Der „Gewährleistungsstaat", Der Staat 2003, 493 [499]; *Voßkuhle*, Beteiligung Privater an der Wahrnehmung öffentlicher Aufgaben, VVDStRL 2003, 266 [284 f.]; umfassend *Franzius*, Gewährleistung im Recht, passim).

[313] *Gersdorf*, Privatisierung öffentlicher Aufgaben, JZ 2008, 831 (834 ff.); *Di Fabio*, Verwaltung und Verwaltungsrecht zwischen gesellschaftlicher Selbstregulierung und staatlicher Steuerung, VVDStRL 1997, 235 (262 f.).

[314] *Franzius*, Der „Gewährleistungsstaat", Der Staat 2003, 493 (502); *Kämmerer*, Privatisierung, S. 547; *Bauer*, in: Isensee/Kirchhof, Hndb. d. StR I § 14 Rn. 65; *Burgi*, in Isensee/Kirchhof, Hndb. d. StR IV § 75 Rn. 28; s. auch *Voßkuhle*, Beteiligung Privater an der Wahrnehmung öffentlicher Aufgaben, VVDStRL 2003, 266 (292): „Die notwendige Umstellung ihrer Schutzmechanismen von der Abwehr in zweipoligen Staat-Bürger-Beziehungen auf die Gewährleistung eines gemeinwohlorientierten Interessenausgleichs in komplexen multipolaren Beziehungsgefügen bedingt aber einen deutlichen *Verlust an Direktionskraft*, der durch neue dogmatische Konstruktionen nur begrenzt aufgefangen werden kann."

[315] So *Gersdorf*, Privatisierung öffentlicher Aufgaben, JZ 2008, 831 (831).

[316] *Gramm*, Privatisierung und notwendige Staatsaufgaben, S. 107.

[317] Vgl. *Lämmerzahl*, Die Beteiligung Privater an der Erledigung öffentlicher Aufgaben, S. 97; *Kirchhof*, in: Maunz/Dürig, GG, Art. 83 Rn. 100.

[318] *Gramm*, Privatisierung und notwendige Staatsaufgaben, S. 108.

staatliche Krankenhäuser[319] und Wohnungsbestände[320] betroffen.[321] Auf Bundesebene wurden durch weitreichende Verfassungsreformen die Privatisierung des Post- und Telekommunikationssektors sowie der Eisenbahnen ermöglicht.[322] In den zuletzt genannten Sachbereichen hat sich der Staat allerdings verfassungsrechtlich dazu verpflichtet, ein gewisses Maß an Grundversorgung sicherzustellen (vgl. Art. 87e Abs. 4 und Art. 87f Abs. 1 GG).[323] Insbesondere die Vermögensprivatisierung weist eine große Überschneidung zum Phänomen des privatisierten öffentlichen Raumes auf, wenn es sich bei den zu privatisierenden Objekten etwa um Flughäfen, Straßen oder Bahnhöfe handelt.

(2) Herausforderungen für den traditionellen Staat-Gesellschaft-Dualismus

Im Verhältnis zwischen Kunden und neuem Dienstleistungserbringer werden wie bei der funktionalen Privatisierung die innergesellschaftlichen Rechtsprinzipien aktiviert.[324] Es gelten insoweit die Privatautonomie sowie das freie Interesse, und die Leistungserbringer treten selbst als Grundrechtsberechtigte auf.[325] Sie unterliegen nicht der Gemeinwohlbindung, sondern streben in der Regel nach erwerbswirtschaftlichem Gewinn.[326] Eine unmittelbare Grundrechtsbindung scheidet insoweit – ebenso wie die sonstigen öffentlich-rechtlichen Bindungen – aus.[327] Dies gilt insbesondere auch für die Nachfolgeunternehmen im nunmehr von Privaten betriebenen Post- und Telekommunikationswesen.[328] Der Staat tritt in diesem Bereich nur noch als regulierende Instanz zum Ausgleich privater Interessenkonflikte auf und ist dabei grundrechtsgebunden.[329]

Vor diesem Hintergrund könnte man einerseits argumentieren, dass der Staat sich damit in seiner genuinen Rolle als ordnungsgebende, koordinierende und regulierende Instanz befindet, sich also nicht zurückzieht, sondern seiner eigent-

---

[319] *Reit*, Public Private Partnership und materielle Privatisierung kommunaler Krankenhäuser, S. 86 ff.

[320] *Bauer*, in: Bauer/Büchner/Hajasch (Hrsg.), Rekommunalisierung öffentlicher Daseinsvorsorge, S. 17 f.

[321] Im Überblick *Gern/Brüning*, Deutsches Kommunalrecht, Rn. 1078 ff.

[322] *Kämmerer*, Privatisierung, S. 292 ff.

[323] Vgl. *Maurer*, Die verfassungsrechtlichen Grenzen der Privatisierung in Deutschland, Juridicia Int. 2009, 4 (12). Insoweit kann man von einer materiellen Privatisierung im weiteren Sinne sprechen (so *Gersdorf*, in: v. Mangoldt/Klein/Starck, GG, Art. 87e Rn. 50). Dies gilt auch für die Privatisierung kommunaler Pflichtaufgaben (vgl. *Katz*, Verantwortlichkeiten und Grenzen bei „Privatisierung" kommunaler Aufgaben, NVwZ 2010, 405 [407 ff.]).

[324] S. auch *Gersdorf*, Privatisierung öffentlicher Aufgaben, JZ 2008, 831 (832).

[325] *Kirchhof*, in: FS-Schmitt Glaeser, 3 (9 f).

[326] *Kirchhof*, Rechtsfolgen der Privatisierung, AöR 2007, 215 (249).

[327] *Kirchhof*, Rechtsfolgen der Privatisierung, AöR 2007, 215 (248).

[328] *Dreier*, in: Dreier, GG, Art. 1 Abs. 3 Rn. 73 m. w. N. zur Rechtsprechung des Bundesverfassungsgerichts.

[329] Vgl. *Ruffert*, Regulierung im System des Verwaltungsrechts, AöR 1999, 237 (251); zur verfassungsrechtlichen Verpflichtung des Staates hierzu s. BVerfGE 106, 28 (37).

lichen Aufgabe zuwendet.[330] Im Hinblick auf die mit dem Staat-Gesellschaft-Dualismus zusammenhängende klassisch-liberale Grundrechtsinterpretation birgt die materielle Privatisierung jedoch Gefahren. Zum einen schrumpft der Anwendungsbereich der abwehrrechtlichen Grundrechtskonstellationen zwischen Staat und Bürger. Durch die materielle Privatisierung wird aus einer grundrechtsgebundenen staatlichen Leistungserbringung ein privates Rechtsverhältnis, das dem Kunden nur die Schutzmechanismen des Marktes und des einfachen Rechts zur Seite stellt. Zum anderen ist auch hier im Hinblick auf die Schutzpflichten des Staates auf ein schwächeres Schutzniveau im Vergleich zur abwehrrechtlichen Grundrechtsdimension und damit eine Verflachung des Grundrechtsschutzes hinzuweisen (vgl. S. 132 ff.).

4. Überwindung von Grenzdenken im Verwaltungsrecht

Ein weiteres Beispiel für eine qualitative Veränderung staatlicher Ordnungskräfte zeigt sich in der Idee vom kooperativen Staat.[331] Kennzeichnend für sie ist, dass der Staat dem Bürger bei der Ausübung von Hoheitsgewalt nicht nur in einem Über-Unterordnungsverhältnis gegenübertritt, sondern den Bürger auch als Verhandlungspartner und Subjekt der Zusammenarbeit wahrnimmt.[332] Neben die Einseitigkeit staatlicher Gewalt soll das „Prinzip der Zweiseitigkeit“[333] treten. Dieser Entwurf, der sich von der Idee des klassischen „Eingriffsstaates“[334] entfernt, versucht, Antworten auf eine höchst pluralisierte und differenzierte Gesellschaft zu finden, deren Komplexität durch imperative Regulierung nicht mehr vollständig erfassbar ist.[335]

Exemplarisch für den kooperativen Staat steht der breit rezipierte Diskurs zur sog. Neuen Verwaltungsrechtswissenschaft.[336] Impetus der Neuen Verwaltungsrechtswissenschaft ist die Fokussierung auf die „Handlungs- und Steuerungsperspektive der Verwaltung [...] [und die damit verbundenen] Gestaltungsmöglichkeiten von Gesellschaft durch und aus der Sicht der Verwaltung“[337]. Es „ver-

---

[330] Nachweise bei *Kämmerer*, Privatisierung, S. 545.

[331] Grundlegend *Ritter*, Der kooperative Staat, AöR 1979, 389, passim.

[332] Vgl. *Gurlit*, Verwaltungsvertrag und Gesetz, S. 1: „Der kooperative Staat setzt nicht mehr allein auf sein imperatives Instrumentarium, sondern sucht durch Aushandlungsprozesse im besten Falle Konsens, zumindest aber Folgebereitschaft zu erzielen.“; s. auch *Siegel*, in: Ziekow/Lee (Hrsg.), Wandlungen im Verhältnis zwischen Staat und Bürger, S. 35 f.

[333] *Ritter*, Der kooperative Staat, AöR 1979, 389 (391); s. auch *Schuppert*, Das Konzept der regulierten Selbstregulierung, Die Verwaltung 2001, Beiheft 4, 201 (217).

[334] *Ritter*, Der kooperative Staat, AöR 1979, 389 (391).

[335] Vgl. *Grimm*, Regulierte Selbstregulierung, S. 15 ff.; *Dreier*, Hierarchische Verwaltung im demokratischen Staat, S. 299 ff.

[336] Zum Inhalt des Begriffes: *Schuppert*, Verwaltungsrechtswissenschaft im Wandel, AöR 2008, 79 (90 ff.); s. auch die Hinweise bei *Fehling*, Die „neue Verwaltungsrechtswissenschaft“, Die Verwaltung 2012, Beiheft 12, 65, passim. Eng hiermit verbunden ist der Begriff der „Governance“ (vgl. hierzu *Engi*, Governance, Der Staat 2008, 573, passim).

[337] *Fehling*, Die „neue Verwaltungsrechtswissenschaft“, Die Verwaltung 2012, Beiheft 12, 65 (70).

lagert sich der Schwerpunkt der Forschungstätigkeit mehr und mehr von einer anwendungsbezogenen Interpretationswissenschaft hin zu einer rechtssetzungsorientierten Handlungs- und Entscheidungswissenschaft."[338] Inhaltlich gehören zu den Schwerpunkten der Neuen Verwaltungsrechtswissenschaft die Weiterentwicklung des einseitig-hoheitlichen Handelns, eine teilweise Abkehr hiervon sowie eine stärkere Betonung der Anreizsteuerung im Sinne zwanglos-freiwilliger und informaler Maßnahmen.[339] Dabei wird vor allem die rechtsaktbezogene Perspektive des traditionellen Verwaltungsrechts kritisiert[340] und die „befreiende Wirkung [...] der Loslösung von der Handlungsformenzentriertheit"[341] betont.[342] Beispiele aus der Staatspraxis sind der Verwaltungsvertrag, staatliche Subventionen sowie staatliches Informationshandeln.[343] Damit steht die Neue Verwaltungsrechtswissenschaft in einem diametralen Kontrast zur klassischen Idee vom Verwaltungsakt als Zentralstück des Verwaltungsrechts im Sinne der Formel *O. Mayers* (1846–1924): „Der Staat, der für seine Verwaltung kein Gesetz hat und keinen Verwaltungsakt, ist kein Rechtsstaat."[344] Im Hintergrund stand auch *O. Mayers* Verständnis vom liberalen Rechtsstaat als eine idealtypische Trennung von Staat und Gesellschaft.[345]

Konträr dazu geht es der Idee vom kooperativen Staat und der Neuen Verwaltungsrechtswissenschaft bewusst um die „Überwindung von Grenzdenken"[346]. Die Ordnungsprinzipien staatlichen Handelns (insb. Einseitigkeit) wer-

---

338 *Voßkuhle*, in: Hoffmann-Riem/Schmidt-Aßmann/Voßkuhle (Hrsg.), Grundlagen des VerwR Bd. I, § 1 Rn. 8.

339 So *Schaefer*, Die Umgestaltung des Verwaltungsrechts, S. 65 f.; *Eifert*, Transformation der Verwaltungsrechtswissenschaft, JöR 2017, 457 (458 f.); s. auch *Voßkuhle*, in: Burgi/Schönenbroicher (Hrsg.), Die Zukunft des Verwaltungsverfahrensrechts, S. 22.

340 *Schuppert*, Verwaltungsrechtswissenschaft im Wandel, AöR 2008, 79 (98) m. w. N.; zum Formalismus der liberalen Verwaltungsrechtslehre *Badura*, Das Verwaltungsrecht des liberalen Rechtsstaates, S. 51 ff.

341 *Schuppert*, Verwaltungsrechtswissenschaft im Wandel, AöR 2008, 79 (98).

342 *Schmidt-Aßmann*, in: Schmidt-Aßmann/Hoffmann-Riem/Voßkuhle (Hrsg.), Grundlagen des VerwR Bd. I Rn. 5: „Neben den hoheitlichen Gesetzesvollzug treten konsensuale und informale, neben öffentlich-rechtliche auch privatrechtliche Umsetzungstechniken."; s. auch *Eifert*, Transformation der Verwaltungsrechtswissenschaft, JöR 2017, 457 (466).

343 Vgl. *Voßkuhle*, in: Burgi/Schönenbroicher (Hrsg.), Die Zukunft des Verwaltungsverfahrensrechts, S. 22 m. w. N. In der Literatur wurde der Neuen Verwaltungsrechtswissenschaft daher „ein ungeklärtes Verhältnis zur Politik vorgeworfen" (*Franzius*, Die Neue Verwaltungsrechtswissenschaft, JöR 2017, 441 [448 m. w. N.]).

344 *Mayer*, Deutsches Verwaltungsrecht Bd. I S. 66.

345 Vgl. *Schmidt-De Caluwe*, Der Verwaltungsakt in der Lehre Otto Mayers, S. 66; *Vesting*, in: Schmidt-Aßmann/Hoffmann-Riem (Hrsg.), Methoden der Verwaltungsrechtswissenschaft, S. X.

346 *Schuppert*, Verwaltungsrechtswissenschaft im Wandel, AöR 2008, 79 (93); *Hoffmann-Riem*, in: Hoffmann-Riem/Schmidt-Aßmann/Voßkuhle (Hrsg.), Grundlagen des VerwR Bd. I S. X: „Traditionelle Zuordnungen wie die zwischen öffentlichem und privatem Recht mit jeweils eigenen ‚Rationalitäten' behalten zwar noch Bedeutung [...], werden aber durch wechselseitige, funktionale Austauschbarkeit der Einsetzbarkeit der jeweiligen Rechtsordnungen

den hinterfragt und durch gesellschaftliche Ordnungsprinzipien (insb. Kooperation) erweitert oder ersetzt.[347] Inwieweit solche Ansätze aktuelle und zukünftige Herausforderungen einer funktional extrem differenzierten Gesellschaft sinnvoll zu erfassen vermögen, kann hier nicht diskutiert werden. Die klassische Grundrechtslehre wird jedenfalls vor erhebliche Probleme gestellt. Das typische Staat-Bürger-Verhältnis, dessen Charakteristika eine unmittelbare Grundrechtsbindung des Staates erforderlich machen, bildet die Neue Verwaltungsrechtswissenschaft nur teilweise ab. Hieraus entstehen ganz konkrete Folgefragen. So ist es etwa im Rahmen eines öffentlich-rechtlichen Vertrages umstritten, ob trotz der Einwilligung beider Parteien ein Grundrechtseingriff des Staates in Betracht kommt oder nicht.[348] Einerseits wird für eine Grundrechtsbindung die umfassende Bindung der Staatsgewalt im Sinne des Art. 1 Abs. 3 GG angeführt.[349] Andererseits spricht die Freiwilligkeit der Vertragsschlusses seitens eines Privaten gegen eine etwaige Grundrechtsbindung des Staates.[350] Unabhängig davon, welcher Argumentation gefolgt wird, zeigt sich, dass die Prämissen der klassisch-liberalen Grundrechtstheorie in etwaigen Gleichordnungsverhältnissen zwischen Staat und Privaten erkennbar an ihre Grenzen stoßen.[351]

III. Zwischenfazit

Die Prämissen des Staat-Gesellschaft-Dualismus im traditionellen Grundrechtsverständnis bilden angesichts der tatsächlichen und rechtlichen Entwicklungsprozesse das Verhältnis zwischen Staat und Gesellschaft nicht mehr sinnvoll ab. Betroffen ist hiervon zunächst das Zuhöchstsein staatlicher Gewalt. Zum einen kann in globalen und internetbasierten Sachverhalten in Teilen nicht mehr von einem potenziellen Subordinationsverhältnis zwischen Staat und Gesellschaft gesprochen werden, da staatliche Gewalt in grenzüberschreitenden Sachverhalten nur begrenzt wirksam ist. Auch im Rahmen der Privatisierung hat sich gezeigt, dass der Staat teilweise „aus der Position des Höheren Dritten“[352] verdrängt

---

und raffinierten Formen des Zusammenspiels, etwa in Form wechselseitiger Auffangordnungen, relativiert.“

[347] Den Gleichlauf von Dirigieren und Kooperieren betont *Di Fabio*, Ausstiegsordnung durch Vertrag, NVwZ 2020, 1324 (1326).

[348] Im Überblick *Gurlit*, Verwaltungsvertrag und Gesetz, S. 389 ff.

[349] So etwa *Knauff*, Vertragsschließende Verwaltung und verfassungsrechtliche Rechtsschutzgarantie, NVwZ 2007, 546 (547).

[350] So etwa *Papier*, Grunderwerbsverträge mit „Bauplanungsabreden“, JuS 1981, 498 (501); i. E. auch *Gurlit*, Verwaltungsvertrag und Gesetz, S. 390 ff. m. w. N.

[351] S. auch die Hinweise bei *Di Fabio*, Ausstiegsordnung durch Vertrag, NVwZ 2020, 1324 (1326). Hinzu kommt, dass nicht nur die Gesellschaft, sondern auch die öffentliche Verwaltung „hochgradig binnendifferenziert“ (*Hufen*, Die Grundrechte und der Vorbehalt des Gesetzes, S. 277) ist und dies die Identifizierung des konkreten Verursachers des Grundrechtseingriffes erschwert.

[352] *Kämmerer*, Privatisierung, S. 526 Fn. 448.

wird. Insbesondere entfällt in privatisierten Sachverhalten das unmittelbar durch Grundrechte eingehegte Rechtsverhältnis zwischen Staat und Bürger.[353]

Zum anderen wurden Beispiele aufgezeigt, in denen es auch in privaten Rechtsverhältnissen zu einseitigen Regelsetzungen kommt. Die Herausforderung, die „richtigen Grenzen zwischen dem Ich und der Gesamtheit zu erkennen"[354] bezieht sich nicht (mehr) nur auf das Staat-Bürger-Verhältnis. Von der klassischen Grundrechtstheorie werden jedoch an private Macht nach wie vor keine verfassungsrechtlichen Legitimations- und Rechtfertigungsanforderungen gestellt. Dies liegt nicht zuletzt daran, dass es nach wie vor an staatsrechtlichen Ausarbeitungen zum Begriff privater Macht fehlt. Der zentrale Anknüpfungspunkt bleibt insoweit die Ausübung staatlicher Gewalt, die sich von privater Macht kategorial unterscheiden soll.[355] Folglich werden Bürger-Bürger-Verhältnisse jeglicher Art a priori nicht von der abwehrrechtlichen Grundrechtsdimension, in der die Grundrechte ihre stärkste Wirkungskraft entfalten, erfasst.

E. Zwischenfazit und Ausblick

Die unter Kapitel 3 C. dargestellten Veränderungen im Staat-Gesellschaft-Dualismus werden von den Prämissen der klassischen Grundrechtstheorie nicht hinreichend abgedeckt. Insbesondere stößt ihr staatszentriertes Grundrechtsverständnis durch die genannten Entwicklungsprozesse an seine Grenzen. Im Hinblick auf die Grundrechtsbindung Privater ist zu konstatieren, dass die formale Gleichordnung jeglicher Bürger-Bürger-Verhältnisse nicht den tatsächlichen Entwicklungen innerhalb der Gesellschaft gerecht wird. Die insoweit aktivierten verfassungsrechtlichen Institute der mittelbaren Drittwirkung und der staatlichen Schutzpflicht werden ihren Anforderungen an eine effektive Regulierung insbesondere in digitalen und globalen Rechtsverhältnissen nicht gerecht.

Ein grund- und verfassungsrechtliches Defizit der klassischen Grundrechtstheorie liegt nach der hier vertretenen Ansicht darin, dass sie innerhalb der Ebene der Gesellschaft nicht differenziert, sondern alle Bürger-Bürger-Verhältnisse aus der unmittelbaren Grundrechtsbindung ausklammert. Die schlichte Unterscheidung zwischen freier Gesellschaft und gebundenem Staat übergeht die Grundrechtsgefährdungen im Bürger-Bürger-Verhältnis in einem Maße, das nicht durch staatliche Regulierung und die mittelbare Drittwirkung aufgefangen werden kann. Daher wird in Kapitel 4 dieser Arbeit mit den sog. Intermediären Gewalten ein Typus privater Akteure eingeführt, der aufgrund seiner besonderen wirtschaftlichen und sozialen Stellung nicht dem typischen Bürger-Bürger-Ver-

---

353 Vgl. *Di Fabio*, Verwaltung und Verwaltungsrecht, VVDStRL 1997, 235 (252 ff.).

354 *Jellinek*, Die Erklärung der Menschen- und Bürgerrechte, S. 77.

355 Vgl. *Schmidt*, Entscheidungsfreiheit des einzelnen, AöR 1976, 24 (35); *Möslein*, in: Möslein (Hrsg.), Private Macht, S. 4.

hältnis zugeordnet werden kann.[356] Unter den zusätzlich in Kapitel 5 der Arbeit dargelegten Voraussetzungen sind Intermediäre Gewalten unmittelbar an Grundrechte zu binden.

[356] Damit gegensätzlich zu *Canaris*, Grundrechte und Privatrecht, AcP 1984, 201 (245), der trotz etwaiger Sonderstellungen eine unmittelbare Drittwirkung Privater kategorisch ausschließt.

Kapitel 4

Begriffsbestimmung: Intermediäre Gewalten

Im dritten Kapitel wurde anhand verschiedener Beispiele verdeutlicht, dass nicht allein der Staat, sondern auch private Akteure anderen Privaten mitunter in einer Weise gegenübertreten, die typische Kriterien hoheitlichen Handelns aufweist. Solche Konstellationen werden gleichwohl von der traditionellen Grundrechtslehre nur unzureichend abgedeckt, sodass die Dogmatik des abwehrrechtlichen Grundrechtsschutzes in der Praxis defizitär bleibt[1]. Ein erster notwendiger Schritt zur Fortentwicklung der Grundrechtsdogmatik setzt eine begriffliche Erfassung solcher Akteure voraus, die in staatsähnlicher Weise grundrechtliche Freiheiten bedrohen. In der Literatur und Rechtsprechung hat sich ein einheitlicher Begriff für solche Rechtssubjekte noch nicht etablieren können.[2]

Es werden nur selten typische private Akteure benannt, die als Adressaten verfassungsrechtlicher Pflichten – konkret einer unmittelbaren Grundrechtsbindung – in Betracht kommen. Im folgenden Kapitel wird hierfür der Begriff *Intermediäre Gewalten* verwendet. Dieser der Staats- und Grundrechtstheorie nicht gänzlich unbekannte Begriff wird vorliegend weiter konturiert, um innerhalb des klassischen Dualismus zwischen grundrechtsgebundenem Staat und grundrechtsberechtigten Individuen stärker zwischen verschiedenartigen Privaten differenzieren und ihnen auch verfassungsrechtliche Pflichten zuordnen zu können.

Nachdem im ersten Abschnitt das Telos der Begriffsverwendung erläutert wird, bedarf es einer vertieften Analyse, wo der heute in sehr unterschiedlichen Sinnzusammenhängen verwendete Begriff der *Intermediären Gewalten* seinen Ursprung hat und welche Stellung er im zeitgenössischen Diskurs sowie im geltenden Recht einnimmt. Nachdem diese grundlegenden Koordinaten abgesteckt wurden, erfolgt auf Seite 104 ein eigener Definitionsvorschlag anhand einer typisierenden Methodik. Dabei werden Intermediäre Gewalten in diesem Kapitel losgelöst vom konkreten Grundrechtsverhältnis definiert. Die Präzisierung der Voraussetzungen einer unmittelbaren Grundrechtsbindung erfolgt in Kapitel 5.

---

[1] S. u. auf S. 124 f., 132 ff.

[2] Gültigkeit beansprucht nach wie vor die folgende Forderung von *Leisner*, Grundrechte und Privatrecht, S. 380: „Es wäre zu wünschen, daß sich endlich ein allgemeiner Begriff der ‚privaten Gewalt' entwickelte, der sich von der unklaren Konzeption der ‚sozialen Gewalt' entfernte, und zwar ohne sozialistisch-politischen Unterton und ohne Rücksicht auf die Person des ‚Gewaltunterworfenen' […].“

A. Telos der Begriffsverwendung: Differenzierung und Rechtssicherheit

Der Begriff *Intermediäre Gewalten* soll es ermöglichen, das dualistische Credo der traditionellen Grundrechtstheorie (Staat als Grundrechtsadressat/Private als Grundrechtsberechtigte) im Hinblick auf bestimmte private Akteure zu modifizieren. Intermediäre Gewalten bezeichnen dabei Akteure, die zwar als Private formal der Ebene der Gesellschaft zugeordnet werden können, jedoch aufgrund bestimmter Merkmale den Ordnungsprinzipien der Privatrechtsgesellschaft widersprechen.[3]

Materiell ist ihr Verhalten mit den Charakteristika der öffentlichen Gewalt vergleichbar. Die begriffliche Anerkennung solcher Zwischengebilde ist gleichzeitig Ausdruck der entwicklungsoffenen Verfassungsinterpretation[4], deren Wirklichkeitsbezug es nahelegt, tatsächliche Grundrechtsgefährdungen auch abseits des Staat-Bürger-Verhältnisses effektiv verfassungsrechtlich einzuhegen: Treten neben den Staat zunehmend private Akteure, die nicht nach den Rechts- und Ordnungsprinzipien der Privatrechtsgesellschaft operieren und grundrechtliche Freiheiten bedrohen, ist es eine Voraussetzung für einen effektiven Grundrechtsschutz, diese überhaupt begrifflich zu erfassen.

In dieser Arbeit werden Intermediäre Gewalten als unmittelbar grundrechtsverpflichtete private Akteure eingeordnet. Diese Zielsetzung ist zurückzuführen auf die gewandelten Voraussetzungen im Staat-Gesellschaft-Dualismus und die daraus entstehenden Herausforderungen für die klassische Grundrechtstheorie.[5] Methodisch wird eine unmittelbare Grundrechtsverpflichtung bestimmter Privater in Rechtsprechung und Literatur entgegen der traditionellen Grundrechtslehre bereits vereinzelt vertreten.[6] Allerdings gibt es noch keine abstrakte Bezeichnung für spezifische gesellschaftliche Akteure, die einer unmittelbaren Grundrechtsbindung unterworfen werden.[7] Es wird vielmehr auf die Umstände des Einzelfalles abgestellt und nur selten werden den grundrechtsverpflichteten Privaten abstrakte Merkmale zugesprochen.[8]

Eine einheitliche Begriffsverwendung hat demgegenüber zwei Vorteile: Zum einen kann man durch die begriffliche Erfassung Intermediäre Gewalten von anderen Privaten unterscheiden und sie damit grundrechtsdogmatisch von der nur mittelbaren Drittwirkung abgrenzen, deren Prämisse die Gleichordnung Pri-

---

[3] Zur Begriffsbildung ausführlich S. 104 ff.

[4] S. o. auf S. 30 ff.

[5] S. o. auf S. 36 ff.

[6] Im Überblick *Hellgardt*, Wer hat Angst vor der unmittelbaren Drittwirkung?, JZ 2018, 901 (901 ff.).

[7] Auf die Schwierigkeiten einer dogmatischen Begriffsbildung des Phänomens „privater Gewalt" in Abgrenzung zu staatlicher Gewalt wies bereits *Leisner*, Grundrechte und Privatrecht, S. 249 ff., 380 hin.

[8] S. u. auf S. 102 f.

vater ist und zu einer schlichten Abwägung der Grundrechtspositionen führt[9]. Werden bestimmte Private als Intermediäre Gewalten qualifiziert, können sie verfassungsrechtlich a priori anders als gewöhnliche Private behandelt werden. Augenscheinlich ist, dass hinsichtlich der grundrechtlichen Pflichtenstellung zwischen natürlichen Personen und bestimmten Korporationen wie zum Beispiel digitalen Großkonzernen unterschieden werden muss.[10] Dies entspricht nicht zuletzt dem aus Art. 3 Abs. 1 GG folgenden Erfordernis, ungleiche Sachverhalte unterschiedlich zu behandeln.[11] Zum anderen ermöglicht der Begriff *Intermediäre Gewalten* für die Praxis eine einheitliche Behandlung eines Typus privater Akteure, der in der bisherigen Rechtspraxis ohne eigene Bezeichnung geblieben ist. Diese Einheitlichkeit ist nicht nur für den Rechtsanwender von Vorteil, sondern bewirkt auch aus der Sicht der Betroffenen ein höheres Maß an Rechtssicherheit. Bislang ist angesichts der uneinheitlichen und kasuistischen Herangehensweise[12] für die Betroffenen unklar, wann und insbesondere in welchem Umfang Grundrechte unter Privaten gelten.[13]

Nicht intendiert ist mit den folgenden Erörterungen eine abschließende Begriffsbildung für die Frage, unter welchen Voraussetzungen Private unmittelbar an Grundrechte gebunden sein sollen. Hierzu sind innergesellschaftliche Prozesse aufgrund ihrer Spontaneität zu komplex. Vielmehr handelt es sich bei den *Intermediären Gewalten* um eine von mehreren möglichen Fallgruppen unmittelbar grundrechtsgebundener Privatrechtssubjekte.

---

[9] S. o. auf S. 19 ff.

[10] Vgl. die Ausführung zu „Unternehmen von öffentlicher Bedeutungen" in *Krüger*, Allg. Staatslehre, S. 414: „Auch für das größere Unternehmen gilt vielmehr, was für alle gesellschaftlichen Gebilde von öffentlicher Bedeutung gilt: Es schuldet der Allgemeinheit mehr als nur sich selbst, und seine Pflichten sind durch ein glückliches Zusammenfallen von eigenem und Gesamtinteresse noch nicht vollständig erfüllt."

[11] Vgl. BVerfGE 4, 144 (155); 103, 310 (318). Das zuvor genannte Differenzierungsbedürfnis zwischen verschiedenen privaten Akteuren ist in der Sache nichts neues, wurde es doch beispielsweise schon von *O. v. Gierke* (1841–1921) deutlich formuliert: „Vor Allem jedoch sind es in Wahrheit kleinere und größere, zum Theil ins Riesenhafte ausgewachsene privatrechtliche Herrschaftsverbände, welche in der Form des geschäftlichen Unternehmens heute als die eigentlichen Träger unseres wirthschaftlichen Lebens erscheinen. Wozu soll es nützen, diese klar am Tage liegende Thatsache abzuleugnen? Was wird denn erreicht mit der von unserem Rechtssystem immer noch festgehaltenen Fiktion, daß hier nichts weiter vorliegt, als eine Summe obligationenrechtlicher Einzelbeziehungen zwischen freien und gleichen Individuen?" (*v. Gierke*, Die soziale Aufgabe des Privatrechts, S. 40).

[12] S. u. auf S. 102 f.

[13] Zum Faktor Rechtsunsicherheit in Drittwirkungsfällen: *Papier*, in: Merten/Papier, Hndb. d. GR II § 55 Rn. 20.

B. Intermediäre Gewalten: Geschichte einer uneinheitlichen Semantik

Eine Recherche zum Begriff *Intermediäre Gewalten* ergibt von der Begriffsschöpfung bis hin zur heutigen Verwendung ein semantisch sehr uneinheitliches Bild. Der Begriff hat sich nie in einer Art und Weise durchgesetzt, aus der sich ein inhaltlich gefestigtes Verständnis ergeben könnte. Daran ändert auch die selbstverständliche Nutzung des Begriffes in Teilen des zeitgenössischen Schrifttums[14] nichts.

I. Vorbemerkung: Staatstheoretisches Erbgut des Begriffes

Der Begriff *Intermediäre Gewalt* beschreibt ein historisch-staatstheoretisches Problem, nämlich die Gewaltausübung durch nicht-staatliche oder autonome unterstaatliche Akteure (z. B. Berufsverbände oder Gemeinden) in Konkurrenz zur einheitlichen Staatsgewalt.[15] In der Sache ist dieses Phänomen so alt wie der moderne Staat selbst. Bildlich verglich schon *T. Hobbes* große autonome Personenverbände innerhalb eines Staates mit der Schädlichkeit von „Eingeweidewürmern eines natürlichen Menschen"[16]. Für den spezifischen Begriff der Intermediären Gewalten gehen die Anfänge einer konsistenten terminologischen Erfassung auf *Montesquieu* (1689–1755) zurück[17], der damit Organe mit einer Stellung zwischen Monarchen und Untertanen beschrieb[18]. Seitdem tauchte der Begriff wiederkehrend ohne systematische Ausarbeitung auf. Er hat sich über die Jahrhunderte auch in die deutsche Rechtswissenschaft eingeschlichen, ohne zu einem Terminus technicus zu werden. Die heutige Begriffsverwendung erfolgt zumeist schlagwortartig und ohne inhaltliche Vertiefung. Das staatstheoretische und verfassungsgeschichtliche Erbgut des Begriffes wird im zeitgenössischen Diskurs in der Regel nicht benannt, sodass eine wesentliche inhaltsprägende Komponente des Begriffes zumeist verschleiert wird.

II. Politischer Kampfbegriff bei *Montesquieu* und *Rousseau*

Die Historie des Begriffes *Intermediäre Gewalten* führt in die Zeit der Französischen Revolution zum französischsprachigen Äquivalent, dem Begriff der *Corps*

---

[14] S. u. auf S. 96 ff.

[15] Hierzu sogleich auf S. 92 ff.

[16] *Hobbes*, Leviathan, 29. Kapitel.

[17] Vgl. *Hattenhauer*, Europäische Rechtsgeschichte, Rn. 1332: „Wort und Begriff der intermediären Gewalt hob an der Schwelle zum Aufklärungszeitalter *Montesquieu* […] ins allgemeine Bewusstsein."

[18] Hierzu sogleich auf S. 92 f.

intermédiaires[19] bzw. *Pouvoirs intermédiaires*[20]. Deutlich intensiver als in anderen Staaten wurde zu dieser Zeit in Frankreich das Für und Wider von Körperschaften diskutiert, die in ihrer Funktion eine vermittelnde Stellung zwischen Individuum und Staat einnahmen. Aufgrund der damit zusammenhängenden ständischen Privilegien wurden sie in Frankreich beim revolutionären Übergang von der Feudalordnung zur Bürgerlichen Gesellschaft zu einem zentralen Streitpunkt:

„Intermediäre Gewalten wurden [...] als Relikte des Ancien Regime, als Verzerrung des einheitlich und homogen imaginierten Gemeinwillens, als potenzielle Fragmentierung der einen und unteilbaren Nation und als Restauration einer überwunden geglaubten, korporativen und feudal-ständischen Ordnung interpretiert.“[21]

1. Corps intermédiaires zwischen Feudalordnung und Bürgerlicher Gesellschaft

Am historischen „Scheideweg zwischen einer ständisch orientierten und einer individualistisch ausgerichteten Gesellschaft“[22] entbrannte also der Streit um die Intermediären Gewalten. Sie wurden zunächst als Organe im Staat verstanden, welche die Machtausübung des Herrschers mäßigen sollten. Dieser auf *Montesquieu* zurückgehende Ansatz war Teil seiner umfassenden Konzeption einer Gewaltenteilung im Staat.[23] Konkret handelte es sich bei den *Corps/Pouvoirs intermédiaires* um den französischen Amtsadel, der gegenüber dem Souverän eine Ausgleichsfunktion wahrnehmen sollte.[24] Ohne solche „Kanäle“, die das Gewaltverhältnis zwischen Souverän und Individuum mäßigen, drohe die Monarchie in Despotismus umzuschlagen.[25] In diesem Verständnis formulierte *Montesquieu*:

---

[19] Dt.: Zwischenkörper oder intermediäre Korporationen.

[20] Dt.: Intermediäre Kräfte; so verwendet in der Originalsprache bei *Montesquieu*, De l'esprit des loix, Teil 1 Buch 2 Kapitel 4; s. auch *Derathé*, Montesquieu et Jean-Jacques Rousseau, Rev Int Philo 1955, 366 (370).

[21] *Auderset*, Zwischengewalten, in: Campagna/Hidalgo/Krause (Hrsg.), Tocqueville-Handbuch, S. 309. Der Begriff „Ancien Régime“ beschreibt gemeinhin den vorrevolutionären Ständestaat in Frankreich. Zunächst als politischer Kampfbegriff verwendet, wurde der Terminus als historischer Epochenbegriff grundlegend zuerst aufgearbeitet bei *Tocqueville*, L'ancien régime et la révolution, passim.

[22] *Simitis*, Die Loi le Chapelier, KJ 1989, 157 (162).

[23] Dass Montesquieus Vorstellung der Mischverfassung primär eine Gewaltenbalance bzw. Gewaltenmäßigung und nicht eine Gewaltentrennung vorsah, verdeutlicht *Seif*, Der mißverstandene Montesquieu, ZNR 2000, 149 (158 ff.). *Seif* rekurriert dabei unter anderem auf den Wortlaut *Montesquieus*: „Nur an einer einzigen Stelle verwendet Montesquieu in XI, 6 das Verb ‚separer‘. Die [...] prägenden Verben sind Synonyma für Mäßigung und Begrenzung der einheitlichen souveränen Gewalt [...].“

[24] *Montesquieu*, Vom Geist der Gesetze, S. 89; s. auch *Pfetsch*, Theoretiker der Politik, S. 261 f.

[25] *Montesquieu*, Vom Geist der Gesetze, S. 89; hierzu *Sparwasser*, Zentralismus, Dezentralisation, Regionalismus und Föderalismus in Frankreich S. 38; s. auch *Müßig*, Die europäische Verfassungsdiskussion im 18. Jhd., S. 36 ff.; *Rolin*, Recht, Gesetz und Gesetzgebung bei Montesquieu, Aufklärung 2003, 239 (251).

„Das Wesen der monarchischen Staatsführung [...] wird durch die zwischen Volk und Führung gestellten, untergeordneten und abhängigen Gewalten bestimmt."[26] Die Abgrenzung zum Kontext der vorliegenden Arbeit liegt auf der Hand: Bei *Montesquieu* sind die *Pouvoirs intermédiaires* integrale Bestandteile des Staates und gerade nicht der gesellschaftlichen Sphäre zuzuordnen. Mit den heute als Intermediären Gewalten bezeichneten Gewerkschaften, Verbänden und Konzernen[27] haben die intermediären Instanzen in *Montesquieus* Werk wenig gemein. Über das auf den Amtsadel beschränkte Begriffsverständnis hinaus wurde der Begriff der *Pouvoirs intermédiaires* von *Montesquieu* nicht systematisch entwickelt oder definiert.[28]

Eine über den Amtsadel hinausgehende begriffliche Erweiterung und kontroverse Debatte über die sog. *Zwischengewalten* entstand durch die Denkschule von *J.-J. Rousseau* (1712–1778).[29] *Rousseau* lehnte alle „societés partielles" (dt.: Teilgesellschaften) strikt ab, da sie nicht Teil des Gemeinwillens (*Volonté Générale*) der Gesellschaft gewesen seien und von ihnen eine illegitime Bedrohung für die individuellen Freiheiten ausginge.[30] Da *Rousseau* für die Bildung des Gemeinwillens voraussetzte, „dass jeder Bürger nur seine eigene Meinung vertritt", müssten Zwischengewalten möglichst verhindert bzw. kleingehalten werden[31]. Zwar definierte *Rousseau* nicht näher, was er unter „societés partielles" verstand, der körperschaftsfeindliche Impetus seiner Staatstheorie prägte jedoch maßgeblich die folgende revolutionäre Gesetzgebung[32]. Im positiven Verfassungsrecht wurde der streng individualistische Gedanke unmittelbar in die Erklärung der Menschenrechte von 1789 aufgenommen, die auf kollektive Grundrechte explizit

[26] *Montesquieu*, Vom Geist der Gesetze, S. 89. Die Ausübung der limitierenden Funktion beschränkte sich nicht auf die Staatsform der konstitutionellen Monarchie, sondern fand sich auch im Kontext entstehender Demokratien wieder. *A. Tocqueville* (1805–1859), der den Begriff der *Pouvoirs Intermédiaires* ausdrücklich verwendete (vgl. *Schäfers*, Intermediäre Kräfte nachhaltiger Gesellschaftspolitik, S. 40), war einer der ersten prominenten Demokratiekritiker im Geiste *Montesquieus*. Bei ihm galten Intermediäre Gewalten wiederum als Sicherungsstrukturen gegen demokratischen Despotismus (vgl. *Schäfers*, Intermediäre Kräfte nachhaltiger Gesellschaftspolitik, S. 40; s. auch *Möllers*, Freiheitsgrade, S. 29 f.). Das Sinnbild dieser Strukturen war bei Tocqueville die Bildung freier Assoziationen, in denen jeweils Partikularinteressen gebündelt vertreten werden.

[27] S. u. auf S. 96 ff.

[28] *Sparwasser*, Zentralismus, Dezentralisation, Regionalismus und Föderalismus in Frankreich, S. 37 f.

[29] Grundlegend: *Derathé*, Montesquieu et Jean-Jacques Rousseau, Rev Int Philo 1955, 366, passim.

[30] *Rousseau*, Vom Gesellschaftsvertrag, Zweites Buch Kapitel 3, Viertes Buch, Kapitel 1; vgl. hierzu *Hofmann*, Das Postulat der Allgemeinheit der Gesetze, in: ders. (Hrsg.), Verfassungsrechtliche Perspektiven, S. 270 f.; *Bieback*, Die öffentliche Körperschaft, S. 151.

[31] *Rousseau*, Vom Gesellschaftsvertrag, Zweites Buch Kapitel 3; s. hierzu *Schmidt*, Demokratietheorien, S. 102 m. w. N.

[32] Vgl. *Derathé*, Montesquieu et Jean-Jacques Rousseau, Rev Int Philo 1955, 366 (371); *Simitis*, Die Loi le Chapelier, KJ 1989, 157 (166).

verzichtete.[33] Aus dem Ideal staatsbürgerlicher Gleichheit[34] heraus sah Art. 3 S. 2 der Erklärung vor, dass keine Körperschaft eine Gewalt ausüben kann, die nicht ausdrücklich vom Volke ausgeht, wobei das Volk selbst nach Art. 3 S. 1 der Ursprung jeder Souveränität ist. Die soziale und politische Emanzipation des Individuums zielte auf die Abschaffung der Intermediären Gewalten.[35] Mit Art. 3 S. 2 beschränkte sich die Proklamation nicht ausschließlich auf das Staat-Bürger-Verhältnis, sondern setzte auch Gewaltausübungen im Bürger-Bürger-Verhältnis explizit eine Schranke.[36]

Noch konkreter äußerte sich die korporationsfeindliche Motivation der Französischen Revolution in ihrem weiteren Verlauf, wobei insbesondere das Gesetz „Loi Le Chapelier"[37] zu nennen ist, dessen Art. 1 festhielt, dass die Zerstörung bzw. Vernichtung aller Arten von Korporationen von Bürgern desselben Standes oder Berufes zu den fundamentalen Grundlagen der französischen Verfassung gehört[38]. Dementsprechend enthielt das Gesetz ein umfassendes Verbot korporativer Zusammenschlüsse (insbesondere Berufsverbände).[39] Auch die Präambel der Französischen Verfassung von 1791 sah vor, dass es keine Körperschaften von Berufen, Kunst und Handwerk mehr geben sollte.[40]

---

[33] Vgl. *Kingreen*, Das Verfassungsrecht der Zwischenschicht, JöR 2017, 1 (2), der von „verbändefeindlichen Wurzeln der Französischen Revolution" spricht und weiter feststellt, dass die Proklamation von 1789 darüber hinaus keine kollektiven Grundrechte (z. B. Versammlungsfreiheit) kannte und hierdurch unter anderem ihre Distanz zu intermediären Machtstrukturen demonstrierte.

[34] So *Müßig*, Die europäische Verfassungsdiskussion im 18. Jhd., S. 45.

[35] *Müßig*, Die europäische Verfassungsdiskussion im 18. Jhd., S. 48; s. auch *Möllers*, Freiheitsgrade, S. 29 f.

[36] Vgl. *Hofmann*, Die Grundrechte, NJW 1989, 3177 (3181) mit Verweis auf *L. v. Stein* und sein gesellschaftliches Verständnis der Frz. Revolution (vgl. *Stein*, Geschichte der sozialen Bewegung in Frankreich von 1789 bis auf unsere Tage).

[37] Dieses Gesetz wurde eingebracht vom Abgeordneten *Isaac René Guy Le Chapelier*, aus dessen Feder auch der sog. Ballhausschwur aus dem Jahre 1789 stammte (*Dietzsch*, in: Pape [Hrsg.], Die alltägliche Romantik, S. 50).

[38] Art. 1 Loi le Chapelier lautete: L'anéantissement de toutes espèces de corporations des citoyens du même état ou profession étant une des bases fondamentales de la constitution française, il est défendu de les rétablir de fait, sous quelque prétexte et quelque forme que ce soit. S. hierzu *Thornhill*, A Sociology of Transnational Constitutions, S. 40; *Kingreen*, Das Verfassungsrecht der Zwischenschicht, JöR 2017, 1 (2); *Alemann*, Organisierte Interessen in der Bundesrepublik, S. 146.

[39] Gleichwohl ist anzumerken: Loi le Chapelier hatte in der französischen Staatspraxis keine große Halbwertszeit: Entgegen dem Gesetz wurde in Paris bereits 1802 eine Handelskammer gegründet (*Chatriot*, Les Corps Intermédiaires En République, HES 2016, 36 [40]). Da dies kein Einzelfall war, wurde der Anwendungsbereich des Gesetzes nach Inkrafttreten fortwährend faktisch eingeschränkt (*Simitis*, Die Loi le Chapelier, KJ 1989, 157 [158]).

[40] „Il n'y a plus ni jurandes, ni corporations de professions, arts et métiers." Das umfangreiche Verbot der *Corps intermédiaires*, das auf die Politik der Jakobiner zurückging, wurde schon während der Französischen Revolution scharf kritisiert (*Thomann*, Les corps intermédiaires, Ebisu 2004, 221 [222]; *Auderset*, Zwischengewalten, in: Campagna/Hidalgo/Krause [Hrsg.], Tocqueville-Handbuch, S. 309 f.).

2. *Erkenntnis für weitere Begriffsbildung*

Die Begriffe *Corps/Pouvoirs intermédiaires* weisen einen sehr hohen Abstraktionsgrad auf, da es sich bei ihnen um politische Kampfbegriffe der Französischen Revolution mit einem breiten inhaltlichen Kontext handelte.[41] An der Schwelle von der ständischen zu einer auf den Prinzipien der Freiheit und Gleichheit beruhenden Gesellschaft wurden korporative Organisationen kritisiert. Für die vorliegende Arbeit und damit den grundrechtlichen Kontext werden aus der Begriffsgeschichte zwei Merkmale übernommen. Zum einen werden Intermediäre Gewalten entgegen der ursprünglichen Begriffsprägung als nicht-staatliche Akteure verstanden. Da staatliche Organe ohnehin dem Normalfall der unmittelbaren Grundrechtsbindung gemäß Art. 1 Abs. 3 GG entsprechen, sind sie vorliegend nicht von Interesse. Entsprechend dem Art. 3 S. 2 der Erklärung der Menschenrechte von 1789 sind Intermediäre Gewalten gerade nicht in den demokratischen Legitimationskontext der öffentlichen Gewalt einbezogen. Zum anderen sind Intermediäre Gewalten typischerweise durch ein korporatives Element geprägt, das sie von den natürlichen Personen bzw. Individuen der Gesellschaft unterscheidet. Beide genannten Merkmale sind begriffsprägend für die nächsten Abschnitte und insbesondere den Definitionsvorschlag auf Seite 104.

III. Zeitgenössische Literatur, Rechtsprechung und positives Verfassungsrecht

Der Umgang der zeitgenössischen Rechtswissenschaft mit dem Begriff *Intermediäre Gewalten* erfolgt äußerst uneinheitlich. Grobe inhaltliche Fluchtpunkte sind in der Regel die soeben benannten Begriffsgrundlagen der Nichtstaatlichkeit[42] und die Abgrenzung zum Individuum. Der Unterschied zum Individuum

[41] Die in Frankreich geführten Auseinandersetzungen über die *Corps intermédiaires* fanden sich inhaltlich in ähnlicher Form auch in Deutschland wieder (*Koselleck/Schreiner*, Bürgerschaft, S. 198 ff.). Im historischen Kontext der gesellschaftlichen Umbrüche in Europa kann man etwa bei *Hegel* (1770–1831) und *Marx* (1818–1883) eine parallele Betrachtungsweise identifizieren, welche die französischen Positionen widerspiegelte. In *Hegels* Beschreibung vom Staat nahmen Zwischengewalten eine unentbehrliche stabilisierende Rolle ein (*Hegel*, Philosophie des Rechts, § 256, S. 397; s. auch *Ottow*, Korporationen in der Rechtsphilosophie Hegels, ARSP 2001, 468 [473]). Dieses Denken war erheblich geprägt von den Erfahrungen der Französischen Revolution und den unmittelbaren Folgen des jakobinischen Terrors (*Hosfeld*, Karl Marx, S. 36). Bei *K. Marx* stand in Kritik an der *hegelschen* Staatslehre die notwendige Zerschlagung der ständischen Gesellschaft und ihrer Intermediären Gewalten im Vordergrund (vgl. *Marx*, MEW Bd. 1, Zur Judenfrage, S. 368). Wie *Rousseau* erkannte auch er in der Auflösung der feudalen Gesellschaft die Reduktion auf das Individuum. Bezugnehmend auf die Französische Revolution resümierte *Marx* in seinen frühen Schriften, dass die feudale Ordnung beseitig wurde und die Gesellschaft der Stände und Korporationen, die einst ‚zu Elementen des Staatslebens' gehörten, sich ‚in ihren Grund, in den *Menschen*' auflöste (beide Zitate aus *Marx*, MEW Bd. 1, Zur Judenfrage, S. 369).

[42] S. bereits BT-Drs. VI/3826 v. 7.9.1972, S. 66, in der Intermediäre Gewalten beiläufig als

wird dadurch betont, dass Intermediären Gewalten stets eine besondere soziale oder wirtschaftliche Stellung zugeschrieben wird. Hinzu tritt nach vielen Literaturstimmen eine besondere Gefährdung der Freiheit anderer Privater. Da das zeitgenössische Schrifttum durchaus leger mit dem Begriff umgeht, kann eine Systematisierung der Fundstellen nur grob vorgenommen werden. Viele Quellen stammen aus dem unionsrechtlichen Schrifttum, das unter Intermediären Gewalten zuvörderst Verbände versteht und dabei ein vergleichsweise enges Begriffsverständnis zugrunde legt. Die restlichen Fundstellen sind rechtsgebietsübergreifend und pflegen ein weites Begriffsverständnis, das unterschiedlichste Merkmale vereint. Die Spuren zu den historischen *Corps intermédiaires* sind jeweils noch lose sichtbar.[43]

1. Enges Begriffsverständnis: Rechtssetzung von Verbänden

Am ehesten können Parallelen zwischen den historischen *Corps intermédiaires* und den Intermediären Gewalten gezogen werden, wie sie 1995 begriffsprägend von *W.-H. Roth* im unionsrechtlichen Kontext eingeführt[44] und von dessen Schüler *M. Jaensch* weiter ausdifferenziert wurden[45]. Im Rahmen der Grundfreiheiten der Europäischen Union hielt *Roth* fest, dass sie nur unter besonderen Voraussetzungen zwischen Privaten Anwendung finden.[46] Unproblematisch sollen Grundfreiheiten jedoch unter Privaten anwendbar sein, wenn „private Institutionen mit typisch staatlichen Machtbefugnissen, also mit Aufsichts- und Regelungskompetenz oder (und) Disziplinarbefugnis (wie z. B. Geldbuße) ausgestattet sind."[47] Für diesen Grenzbereich zwischen „staatlicher und privater Funktionsausübung" verwendet *Roth* schließlich den Begriff der „intermediären Gewalten".[48] Ohne eine abstrakte Definition für derartige Rechtssubjekte zu nennen, gibt er als Beispiel insbesondere Verbände an, die „kollektive Rechtssetzung" ausüben und „denen der einzelne […] nicht ausweichen kann".[49]

„Institutionen außerhalb der Staatsorganisation" bezeichnet werden. Anders *Müller-Graff*, Intermediäre Marktverbände, JZ 1977, 632 (633), der unter „Intermediären Marktverbänden" Einrichtungen versteht, „in denen eine gemeinsame Mitwirkung von Unternehmen oder Unternehmensverbänden und staatsrechtlich legitimierten Organen bei der innerverbandlichen Willensbildung […] institutionalisiert ist."

[43] Aufgrund der historischen Begriffsprägung ist dieser Zusammenhang in der französischen Literatur stärker ausgeprägt (vgl. etwa die Beiträge in der HES 1 [2016] mit dem Titel „Les corps intermédiaires en France: concept(s), généalogie et échelles").

[44] *Roth*, in: FS-Everling, 1231 (1246 f.). In der gegenwärtigen Literatur wird die erstmalige Verwendung des Begriffs der Intermediären Gewalten im Kontext der Drittwirkung *W.-H. Roth* zugeschrieben (vgl. *Burgi*, Mitgliedstaatliche Garantenpflicht statt unmittelbare Drittwirkung der Grundfreiheiten, EWS 1999, 327 [331]; *Schmahl/Jung*, Horizontale Drittwirkung, NVwZ 2013, 607 [Fn. 6]).

[45] *Jaensch*, Die unmittelbare Drittwirkung der Grundfreiheiten, S. 263 ff.

[46] Vgl. *Roth*, in: FS-Everling, 1231 (1246).

[47] *Roth*, in: FS-Everling, 1231 (1246).

[48] Jeweils *Roth*, in: FS-Everling, 1231 (1246).

[49] Jeweils *Roth*, in: FS-Everling, S. 1231 (1247).

M. Jaensch ergänzte diese grobe Einordnung um weitere Kriterien („Normschöpfung", „Unentrinnbarkeit", „Verfolgung öffentlicher Interessen"), die seines Erachtens als Voraussetzungen für eine Qualifizierung als Intermediäre Gewalten vorliegen müssen.[50] Das Telos dieser Kriterien ist die Verdeutlichung der Ähnlichkeit zu staatlichem Verhalten, obgleich die Akteure formal unabhängig vom Staat agieren.[51] Ohne sie explizit zu formulieren, deutet die Interpretation von *Roth* und *Jaensch* auf die Frage hin, wie Intermediäre Gewalten im klassischen Verständnis des Staat-Gesellschaft-Dualismus einzuordnen sind und ob sie trotz ihrer eigentlich privaten Rechtsstellung taugliche Adressaten öffentlich-rechtlicher Pflichten sein können.

Unklar bleibt bei dem Ansatz von *Roth/Jaensch*, warum der Begriff exklusiv für rechtssetzende Verbände verwendet wird und nicht auch sonstige Private in den Blick nehmen soll.[52] Der Sinnbezug „Auftreten wie Mitgliedstaaten" kann deutlich mehr private Rechtssubjekte erfassen als den von den Autoren benannten Personenkreis. Überdies sind staatsähnliche Freiheitsbeschränkungen des Einzelnen nicht nur im Bereich der Rechtssetzung, sondern ebenso in Fällen tatsächlichen Handelns denkbar. Schließlich erfasst auch die Grundfreiheitskontrolle staatlichen Handelns nicht nur den Erlass abstrakt-genereller Normen.[53] Warum *Roth* und *Jaensch* gerade an das Kriterium der kollektiven Rechtssetzung anknüpfen, lässt sich nicht zweifelsfrei erklären. Vermutlich rührt dies aus der ständigen Rechtsprechung des Europäischen Gerichtshofs, der zur Zeit der genannten Begriffsbildung die Drittwirkung der Grundfreiheiten auf kollektive Regelungen im Arbeitsrecht beschränkte.[54]

Auf dem soeben genannten Begriffsverständnis Intermediärer Gewalten bauen diverse weitere Autoren auf.[55] Interessant ist in diesem Zusammenhang, dass der Begriff der Intermediären Gewalten in unionsrechtlichen Publikationen deutlich etablierter ist als in solchen, die rein mitgliedstaatliche Fragestellungen

---

[50] Vgl. *Jaensch*, Die unmittelbare Drittwirkung der Grundfreiheiten, S. 268 ff.

[51] *Jaensch*, Die unmittelbare Drittwirkung der Grundfreiheiten, S. 263, 285.

[52] In diesem Sinne auch *Leisner*, Grundrechte und Privatrecht, S. 383: „Unrichtig aber ist, die Drittwirkung der Grundrechte *überhaupt* […] auf das Verbandsrecht zu beschränken: einerseits gibt es auch außerhalb des Verbandes Gewaltverhältnisse, welche sie fordern, andererseits begründen viele Verbandsbindungen nach Inhalt, Umfang und Intensität keinerlei Privatgewaltverhältnis und sind nach allgemeinem Vertragsrecht zu behandeln."

[53] Vgl. *Körber*, Grundfreiheiten und Privatrecht, S. 771 mit weiteren Hinweisen zu dem Ansatz von *Jaensch*.

[54] Im Überblick *Pache*, in: *Schulze/Janssen/Kadelbach*, Europarecht, § 10 Rn. 9; kritisch *Kluth*, Die Bindung privater Wirtschaftsteilnehmer, AöR 1997, 557 (578 ff.).

[55] Vgl. *Stein*, Drittwirkung im Unionsrecht, S. 52 f.; *Schmidt*, Gesellschaftliche Machtbildung durch Verbände, Der Staat 1978, 244 (251); *Belling/Herold/Kneis*, Die Wirkung der Grundrechte und Grundfreiheiten zwischen Privaten, S. 99; *Rafii*, in: Schöbener (Hrsg.), Europarecht, Rn. 1544; *Burgi*, Mitgliedstaatliche Garantenpflicht statt unmittelbare Drittwirkung der Grundfreiheiten, EWS 1999, 327 (327 ff.); *Lengauer*, Drittwirkung von Grundfreiheiten, S. 113 ff.

betreffen. Der Begriff scheint in der europarechtlichen Literatur schon so verankert zu sein, dass er oftmals rekurrierend auf die Rechtsprechung des Europäischen Gerichtshofs verwendet wird[56], obwohl der Gerichtshof den Terminus nie verwendet hat.

2. Weites Begriffsverständnis: besondere Freiheitsbedrohung und/oder staatsähnliche Stellung

Die überwiegende Mehrheit der Quellen folgt bewusst oder unbewusst einem weiten Begriffsverständnis. Die Autoren verbinden mit dem Begriff der Intermediären Gewalten einerseits eine besondere Machtstellung, andererseits sollen von Intermediären Gewalten staatsähnliche Freiheitsbedrohungen zulasten anderer Privater ausgehen. Das Begriffsverständnis geht bezüglich des Adressatenkreises deutlich über den Umfang des unionsrechtlichen Schrifttums hinaus. Nicht immer wird der Begriffsbestandteil *Gewalt* verwendet, an dessen Stelle zum Teil Wörter wie *Akteure*, *Instanzen* oder *Korporationen* treten. Aufgrund der großen Variationsbreite der Formulierungen werden im Folgenden einige Beispiele und ihr Sinnzusammenhang erläutert.

Im Kontext grundrechtlicher Freiheitsbedrohungen durch private Rechtssubjekte mit einer besonderen Stellung innerhalb der Gesellschaft formulierte zuletzt *T. Kingreen*: „Bei den intermediären Akteuren des 21. Jahrhunderts handelt es sich [neben Verbänden] um weltweit operierende, regelmäßig politisch protegierte Unternehmen und Konzerne […].“[57] Eine Definition Intermediärer Akteure erfolgt zwar nicht, *Kingreen* umschreibt sie jedoch als solche Rechtssubjekte, die aufgrund ihrer sozialen und wirtschaftlichen Macht einer „Zwischenschicht“ zwischen natürlichen Personen und dem Staat zuzuordnen sind.[58] In das dualistische Verständnis der klassischen Grundrechtslehre kann man Intermediäre Gewalten nach dieser Lesart nicht einordnen. Überdies stellt *Kingreen* die „intermediären Akteure“ in einen unmittelbaren geistesgeschichtlichen Kontext mit den privilegierten Ständen des Ancien Régime und den Verbänden in der Weimarer Republik sowie der Bundesrepublik Deutschland.[59]

Materiell werden Intermediäre Gewalten im Schrifttum aufgrund ihrer Macht regelmäßig in die Nähe staatlicher Gewalt gerückt.[60] Ihnen werden zum Teil die-

---

[56] Vgl. *Pache*, in: *Schulze/Janssen/Kadelbach*, Europarecht, § 10 Rn. 9; *Kreuter-Kirchhof*, Personales Eigentum im Wandel, S. 269; *Ludwigs*, in: Dauses/Ludwigs (Hrsg.), Handbuch EU-Wirtschaftsrecht, E. I. Grundregeln Rn. 34; *Ludwigs/Weidermann*, Drittwirkung der Europäischen Grundfreiheiten, JA 2014, 152 (156); *Mörsdorf*, Ungleichbehandlung als Norm, S. 152; *Haratsch*, in: Isensee/Kirchhof, Hndb. d. StR X § 210 Rn. 24; *Stein*, Drittwirkung im Unionsrecht, S. 31 f., 43 f.; *Pießkalla*, Unmittelbare Drittwirkung der Grundfreiheiten, NZA 2007, 1144 (1146); *Kronberg*, Bindung von Sportverbänden an die Europäischen Grundfreiheiten, S. 108.

[57] Vgl. *Kingreen*, Das Verfassungsrecht der Zwischenschicht, JöR 2017, 1 (4 f.).

[58] *Kingreen*, Das Verfassungsrecht der Zwischenschicht, JöR 2017, 1 (4 f.).

[59] Vgl. *Kingreen*, Das Verfassungsrecht der Zwischenschicht, JöR 2017, 1 (2, 4).

[60] Abstrakt bereits *Jessup*, The Use of International Law, S. 32: „But again it is a com-

jenigen Rechts- und Ordnungsprinzipien zugeordnet, die in Kapitel 3 für hoheitliches Handeln identifiziert wurden. So sollen Intermediäre Gewalten „staatsähnliche Unentrinnbarkeitssituationen" auslösen, die es rechtfertigen, sie unmittelbar an Grundrechte zu binden.[61] Damit ist die Einseitigkeit angesprochen, die im traditionellen Staat-Gesellschaft-Dualismus monopolisiert dem staatlichen Handeln zugeordnet wird.[62] Deutlich wird in diesem Zusammenhang die Abgrenzung zu typischen Akteuren der Gesellschaft.[63] Intermediären Gewalten wird eine „große wirtschaftliche und gesellschaftliche Macht" zugeschrieben, die einer „gesellschaftspolitischen Relativierung" bedürfe.[64] Ähnlich resümiert *R. Zippelius*:

> „So erscheinen dann Großindustrie, Gewerkschaften und andere soziale Mächte als ‚intermediäre Gewalten', deren Mächtigkeit und gesamtgesellschaftliche Funktion es rechtfertigt, sie in eine erhöhte ‚Sozialpflichtigkeit' zu nehmen."[65]

Darüber hinaus finden sich zahlreiche Fundstellen[66], die im Begriffsverständnis vergleichbar mit den soeben genannten Beispielen sind, darüber hinaus jedoch keine Konkretisierungen enthalten.

Umgekehrt treten Intermediäre Gewalten in der Literatur auch als Antagonisten zur souveränen Staatlichkeit auf. Hierin wird der latente Widerspruch derartiger Akteure zum Zuhöchstsein staatlicher Gewalt im klassischen Verständnis des Staat-Gesellschaft-Dualismus deutlich[67]. Explizit wurde eine „Bedrohung der Staatlichkeit" und insbesondere des Gewaltmonopols durch die „wirtschaftliche Macht intermediärer Korporationen" ausgemacht.[68] Den außerstaatlichen Aspekt betont auch *U. Di Fabio*, der unter „intermediären Kräfteverbindungen" eine „außerstaatliche – und das ist immer auch die außerhalb eines demokratischen Legitimationszusammenhangs stehende – Macht von ge-

---

monplace that large corporations have disposed of power and influence which have endowed them with attributes comparable to those of sovereign states."

[61] *Köller*, Meinungsfreiheit und unternehmensschädigende Äußerung, S. 220 in Rekurs auf *Bydlinski*, Bemerkungen über Grundrechte und Privatrecht, ÖZöR 1963, 423 (437).

[62] S. o. auf S. 52 f.

[63] Darauf weist *Rüfner*, Zur Bedeutung und Tragweite des Art. 19 Abs. 3 GG, AöR 1964, 261 (263, 265), explizit hin, ohne jedoch den auch von ihm verwendeten Begriff der „Intermediären Gewalten" zu definieren.

[64] Jeweils *Nagel*, Wirtschaftsrecht I, S. 89.

[65] *Zippelius*, Allg. Staatslehre, S. 218.

[66] *Ott*, Recht und Realität der Unternehmenskorporation, S. 29; *Streinz/Leible*, Die unmittelbare Drittwirkung, EuZW 2000, 459 (459); *Isensee*, Wer definiert die Freiheitsrechte?, S. 38; *ders.*, in: Insensee/Kirchhof, Hndb. d. StR IX § 199 Rn. 117; *Meyer-Abich*, Der Schutzzweck der Eigentumsgarantie, S. 134 f.; *Belling*, Die Wirkung der Grundrechte und Grundfreiheiten zwischen Privaten, S. 99; *Schubert*, in: Franzen/Gallner/Oetker, Europäisches Arbeitsrecht, Art. 1 EMRK Rn. 31; kritisch *Canaris*, Drittwirkung der gemeinschaftlichen Grundfreiheiten, in: Bauer (Hrsg.), Umwelt, Wirtschaft und Recht, S. 48.

[67] Siehe oben S. 52 f.

[68] So in einer Randnotiz bei *Möllers*, Der vermisste Leviathan, S. 45 f.

sellschaftlichen Gruppen“ versteht.[69] Grundrechtsdogmatisch entstehe hierdurch ein „Dreiecksverhältnis von Staat, Organisation und Individuum.“[70] Diese Aussage verdeutlicht, dass Intermediäre Gewalten nicht in den klassischen Staat-Gesellschaft-Dualismus eingeordnet werden können.

3. Intermediäre Gewalten im positiven Verfassungsrecht

Im Grundgesetz taucht der Begriff wörtlich nicht auf. Auch abseits einer expliziten Begriffsverwendung kennt der Normtext keinen Typus privater Rechtssubjekte, der sich aufgrund wirtschaftlicher oder sozialer Sonderstellungen in seinem Handeln staatsähnlich geriert oder Freiheiten Dritter besonders bedroht.[71] Insbesondere wird nicht ausdrücklich zwischen verschiedenen privaten Rechtssubjekten – etwa aufgrund unterschiedlicher sozio-ökonomischer Stellungen – differenziert.[72] Verortet im persönlichen Schutzbereich der Grundrechte („Jeder hat das Recht, …“; „Alle Deutschen haben das Recht, …“) bleibt der Private unabhängig von sonstigen Eigenschaften in erster Linie als natürliche Person Grundrechtsträger und Schutzobjekt gegenüber staatlichem Handeln.[73]

Zwar ist zu konstatieren, dass es durchaus grundrechtliche Normen gibt, die private Ordnungen außerhalb des Dualismus zwischen Individuum und Staat erfassen: Art. 19 Abs. 3 GG etwa erkennt an, dass sich nicht nur natürliche, sondern auch inländische juristische Personen und damit korporative Organisationsstrukturen auf Grundrechte berufen können, soweit sie ihrem Wesen nach auf diese anwendbar sind.[74] Auch Art. 9 GG erhält in Abs. 1 und Abs. 3 jeweils eine kollektive Dimension, indem die freie Bildung von Vereinigungen garantiert und diesen Vereinigungen spezifische Rechte und Pflichten zugeordnet werden.[75]

---

[69] *Di Fabio*, in: Isensee/Kirchhof, Hndb. d. StR II § 27 Rn. 15; s. auch *Stern*, Staatsrecht III § 76 IV 8 b). Dies birgt nach *Di Fabio* eine Gefahr „für den Freiheitsanspruch des Einzelnen“.

[70] So *Di Fabio*, Verwaltung und Verwaltungsrecht zwischen gesellschaftlicher Selbstregulierung und staatlicher Steuerung, VVDStRL 1996, 235 (255 f.).

[71] Eine historisch begründete körperschaftsfeindliche Haltung zeigte sich indes bei den linken Vertretern im Parlamentarischen Rat (vgl. *Paul*, in: Bundestag, Der Parlamentarische Rat 1948–1949, Bd. 5/I Dok. Nr. 4 S. 46: „Niemals sollten wir außer acht lassen, daß die Hitlerdiktatur der Ausfluß des Machtstrebens bestimmter Gruppen in Deutschland war, nämlich jener Gruppen, die ihre Organisationsform in den deutschen Monopolen und Trusts fanden […]. Monopole und Trusts werden nicht mehr geduldet, und Organisationen dieser Art müssen verboten sein“).

[72] Ähnlich *Isensee*, in: Isensee/Kirchhof, Hndb. d. StR IX § 199 Rn. 123.

[73] „Insoweit ist die natürliche Person der idealtypische und eigentliche Träger der Grundrechte“ (*Huber*, in: Merten/Papier, Hndb. d. GR II § 49 Rn. 4).

[74] Hierzu noch S. 114 ff.

[75] Die staatsorganisationsrechtliche Lex specialis zu Art. 9 GG findet sich in Art. 21 GG (vgl. *Klafki*, in: Münch/Kunig, GG, Art. 21 Rn. 14; *Streinz*, in: v. Mangoldt/Klein/Starck, GG, Art. 21 Rn. 32); das staatskirchenrechtliche Pendant ist in Art. 137 WRV i. V. m. Art. 140 GG geregelt (zum Verhältnis zu Art. 9 Abs. 1 GG *Bauer*, in: Dreier, GG, Art. 9 Rn. 103).

Ein eher funktionales Beispiel befindet sich in Art. 87f GG, der gemäß Absatz 2 Dienstleistungen im Bereich des Postwesens und der Telekommunikation auf „private Anbieter“ überträgt und insoweit Private adressiert, die sich aufgrund der Natur der Sache dieser Dienstleistungen von klassischen Individuen unterscheiden. Aus den genannten Normen lässt sich jedoch weder eine abstrakte Fallgruppe in der Form Intermediärer Gewalten ableiten noch ein sonstiger übergeordneter Sinnzusammenhang herstellen. Insbesondere für den grundrechtlichen Abschnitt der Verfassung bleibt es dabei, dass seine „Sinnmitte“[76] der Freiheitsschutz des Individuums vor staatlichen Eingriffen ist und nicht der Schutz vor innergesellschaftlichen Grundrechtsbeschränkungen.

4. *Intermediäre Gewalten in der Rechtsprechung des Bundesverfassungsgerichts*

Das Bundesverfassungsgericht verwendet den Begriff *Intermediäre Gewalten* nicht. Geht es darum, private Akteure mit einer besonderen wirtschaftlichen oder sozialen Stellung in Staat und Gesellschaft zu benennen, gibt die Rechtsprechung nur vereinzelte Hinweise. Zwar hat das Gericht bezüglich der subjektiv-abwehrrechtlichen Ausrichtung der Grundrechte sehr deutlich betont, dass die Gesellschaft im Bild des Grundgesetzes nicht vom isolierten Individuum ausgeht: „Das Grundgesetz hat […] die Spannung Individuum – Gemeinschaft im Sinne der Gemeinschaftsbezogenheit und Gemeinschaftsgebundenheit der Person entschieden.“[77] Ob es in dieser „Gemeinschaft“ neben den explizit normierten Einzelfällen (z. B. Art. 19 Abs. 3 GG) vom Individuum zu unterscheidende private Rechtssubjekte im Sinne Intermediärer Gewalten gibt, die Träger von verfassungsrechtlichen Rechten und Pflichten sein können, hatte das Gericht nicht zu beantworten. Das rechtsstaatliche Verteilungsprinzip zugrunde legend stellt das Bundesverfassungsgericht den Bürger und die „von ihm gegründeten Vereinigungen und Einrichtungen“ gleich: Sowohl Individuen als auch Korporationen können „ihr Handeln nach subjektiven Präferenzen in privater Freiheit gestalten, ohne hierfür grundsätzlich rechenschaftspflichtig zu sein.“[78] Mit anderen Worten: Beide sind grundsätzlich nur Grundrechtsberechtigte und keine Grundrechtsverpflichteten.

Ein differenzierteres Bild ergeben die Unterscheidungen, die das Gericht über diese Grundregel hinaus vornimmt. Bei der Begründung der mittelbaren Drittwirkung argumentiert das Bundesverfassungsgericht mit konkreten Umständen, die eine Grundrechtsbindung Privater auslösen können. Diese Fallgruppen werden vom Gericht (neuerdings) als „spezifische Konstellationen/Situationen“[79] bezeichnet und umfassen zum Beispiel die „Unausweichlichkeit von Situationen,

---

[76] BVerfGE 61, 82 (101).

[77] BVerfGE 65, 1 (44) m. w. N.; s. auch BVerfGE 153, 182 (296).

[78] Jeweils BVerfGE 128, 226 (244 f.).

[79] BVerfGE 148, 267 (282, 283); BVerfG, Beschl. v. 27.8.2019, 1 BvR 879/12, NJW 2019, 3769 (3770); BVerfG, Beschl. v. 22.5.2019, 1 BvQ 42/19, NVwZ 2019, 959 (961).

das Ungleichgewicht zwischen sich gegenüberstehenden Parteien, die gesellschaftliche Bedeutung von bestimmten Leistungen oder die soziale Mächtigkeit einer Seite."[80] Ausschlaggebend können weiterhin eine „Monopolstellung"[81] oder eine „erhebliche Marktmacht"[82] sein. Im Bereich privater Datenverarbeitungen stellt das Gericht auf „für die Allgemeinheit grundlegende Dienstleistungen"[83] ab. In diesem Vorgang differenziert das Bundesverfassungsgericht zwischen der einzelnen Person, die auf die etwaige Dienstleistung angewiesen ist, und „privaten, oftmals marktmächtigen Unternehmen"[84], welche die Leistungen erbringen. Aus dem hierdurch entstehenden Abhängigkeitsverhältnis folgen sodann verfassungsrechtliche Anforderungen an die Datenerhebung.[85] Mit diesen Beispielen arbeitet das Bundesverfassungsgericht solche Sachverhalte heraus, an denen zwar auf beiden Seiten Private beteiligt sind, die aber dennoch nicht der spontanen Ordnung der Bürgerlichen Gesellschaft entsprechen.

Die genannten Beispiele verdeutlichen, dass das Bundesverfassungsgericht die Grundrechtsbindung Privater fallbezogen anhand konkreter Situationen begründet. Dabei führt es gerade keine eigene Begrifflichkeit – wie etwa „Intermediäre Gewalten" – für typische private Akteure ein, die an Grundrechte gebunden sein sollen. Das Gericht bleibt dadurch in hohem Maße flexibel, um künftige Grundrechtskonflikte innerhalb der Gesellschaft sachgerecht auflösen zu können. Der Nachteil dieser Flexibilität ist eine gewisse Unsicherheit über den sachlichen Korridor, in dem sich die vom Gericht benannten „spezifischen Konstellationen" bewegen, was also der typische Wesensgehalt der Grundrechtsbindung Privater sein soll.[86] Der schlichte Rückgriff auf die „objektive Wertordnung" des Grundgesetzes vermag diese Unsicherheit nicht auszuräumen.[87]

---

[80] BVerfGE 148, 267 (281).

[81] BVerfG, Beschl. v. 27.8.2019, 1 BvR 879/12, NJW 2019, 3769 (3770).

[82] BVerfG, Beschl. v. 22.5.2019, 1 BvQ 42/19, NVwZ 2019, 959 (961).

[83] BVerfGE 152, 152 (189).

[84] BVerfGE 152, 152 (189).

[85] BVerfGE 152, 152 (190 ff.).

[86] Ähnlich *Dreier*, in: Dreier, GG, Vorb. vor Art. 1 Rn. 99: „Das Bundesverfassungsgericht verzichtet weitgehend auf theoretisch-allgemeine Aussagen zur dogmatischen Verortung, vermengt die Frage mit derjenigen nach den Grenzen verfassungsgerichtlicher Kontrolle der Fachgerichte und bringt die Grundrechte fallbezogen zur Geltung."

[87] Zur Kritik an der „geringen rechtsnormativen Erkenntnisfähigkeit" einer „Werttheorie": *Schöbener*, Die humanitäre Intervention, KJ 2000, 557 (577 f.); s. auch *Denninger*, Freiheitsordnung – Wertordnung – Pflichtordnung, JZ 1975, 545 (passim); *Starck*, in: FS-Geiger, 40 (59): „Die Verwendung der Ausdrücke ‚Wertordnung' oder ‚Rechtswerte' hat keine Einfluß auf die Richtigkeit der Argumentation, weder im bestätigenden noch im ablehnenden Sinne." Die klassische Grundsatzkritik am Wertbegriff findet sich bei *Forsthoff*, in: FS-Schmitt, 35 (40): „Das Wertsystem bezeichnet eine geistige Dimension, aber keine solche, die im Bereich juristischer Norminterpretation ihre Stelle haben könnte" und *Schmitt*, Die Tyrannei der Werte, passim. Eine erhellende Einordnung und Gegenkritik zu den beiden letztgenannten Werken – insbesondere zu *C. Schmitt* – findet sich in *C. Schönbergers* Nachwort zur 4. Auflage der „Tyrannei der Werte".

IV. Zwischenergebnis

Der Begriff *Intermediäre Gewalten* taucht im Grundgesetz und in der Rechtsprechung des Bundesverfassungsgerichts sowie der des Europäischen Gerichtshofs nicht auf. Er ist eine Begriffsschöpfung, die historisch auf die Französische Revolution zurückzuführen ist. Im rechtstheoretischen Sinne ist der Begriff mangels anerkannter Definition seiner Tatbestandsmerkmale und Rechtsfolgen gegenwärtig nicht als Rechtsbegriff einzuordnen. Allenfalls im unionsrechtlichen Schrifttum ist eine Tendenz dahingehend erkennbar, dass der Begriff explizit zur Begründung der Drittwirkung von Grundfreiheiten für solche Verbände verwendet wird, die durch Rechtssetzung die Grundfreiheiten Dritter beeinträchtigen. Im sonstigen Diskurs werden *Intermediäre Gewalten* häufig als rechtspolitisches Schlagwort verwendet. Trotz dieser vielseitigen semantischen Praxis können zwei gemeinsame Fluchtpunkte festgestellt werden, die vorliegend als Grundlage für die weitere Begriffsbildung dienen: Intermediäre Gewalten sind weder staatliche Organe noch können sie als typische Private in der Gestalt individueller Grundrechtsträger bezeichnet werden.

C. Begriffsbestimmung: Intermediäre Gewalten

Auf den Erkenntnissen aus der historischen Betrachtung sowie der zeitgenössischen Begriffsverwendung aufbauend, erfolgt in diesem Abschnitt eine eigene Begriffsbestimmung. Sie bildet die Grundlage dafür, Intermediäre Gewalten als Rechtsbegriff für private Akteure in einer Stellung zwischen Individuum und Staat zu verstehen und sie als unmittelbar grundrechtsverpflichtete Rechtssubjekte einzuordnen.

I. Definitionsvorschlag

Intermediäre Gewalten werden im Folgenden definiert als *nichtstaatliche Akteure, die sich aufgrund einer tatsächlichen und/oder rechtlichen Sonderstellung außerhalb der typischen Ordnungsprinzipien der Gesellschaft bewegen.*

Der Begriffsbestandteil *Intermediär* zeigt an, dass die betreffenden Akteure keine Hoheitsgewalt ausüben, also nicht dem Staat zugeordnet werden können, sich jedoch aufgrund ihrer besonderen Eigenschaften vom Einzelnen unterscheiden. Die Definition leistet insoweit eine doppelte Abgrenzung. Die Bezeichnung als *Gewalten* verdeutlicht analog zur öffentlichen *Gewalt* die grundrechtliche Relevanz des Handelns Intermediärer Gewalten. Da das Definitionselement der Nichtstaatlichkeit einfach feststellbar ist, bedarf insbesondere die Abgrenzung zur Gesellschaft und ihrer Ordnungsprinzipien einer näheren Erläuterung.

II. Typisierende Abgrenzung zur Gesellschaft

Die Abgrenzung Intermediärer Gewalten zu den typischen Ordnungsprinzipien der Gesellschaft erfolgt vorliegend anhand der Methodik des Typusbegriffes[88]. Da der Typusbegriff innerhalb der juristischen Arbeitsweise von geringer Bekanntheit ist, erfolgt zunächst eine kurze Erläuterung seiner Methodik.

1. Vorbemerkung: Methodik des Typusbegriffes in Abgrenzung zum Allgemeinbegriff

Ein grundlegendes Werkzeug der juristischen Methode ist die Subsumtion tatsächlicher Sachverhalte unter die Tatbestandsmerkmale abstrakt-genereller Begriffe[89] mit der Folge eines positiven oder negativen Ergebnisses.[90] Für diese Abgrenzung beinhalten Allgemeinbegriffe grundsätzlich einen „fest umrissenen Katalog unabdingbarer Merkmale"[91] und lösen die jeweilige Rechtsfolge nur aus, wenn die vorausgesetzten Merkmale erfüllt sind.[92] Das hiermit verbundene Entweder-oder bedeutet, dass juristisches Denken grundsätzlich am Grenzfall orientiert ist und dadurch für gewöhnlich eine hohe Trennschärfe zwischen unterschiedlichen Subsumtionsergebnissen erzielen kann.[93] So ist beispielsweise der persönliche Schutzbereich eines Grundrechts entweder eröffnet oder nicht, ein Gesetz ist entweder formell verfassungsgemäß oder nicht usw.

Schwächen hat diese Methodik insbesondere bei Sachverhalten, die aufgrund ihrer Offenheit nicht hinreichend durch abstrakt-generelle Begriffe erfasst werden können.[94] Beispiele hierfür sind der Arbeitnehmerbegriff des Bürgerlichen Gesetzbuchs[95], die in Art. 105 und Art. 106 GG aufgeführten Steuern und Steu-

---

[88] Hierzu und zum Folgenden grundlegend: BVerfG, Beschl. v. 20.5.1996, 1 BvR 21/96, NJW 1996, 2644 (2644); *Leenen*, Typus und Rechtsfindung, passim; *Radbruch*, Klassenbegriffe und Ordnungsbegriffe S. 213 ff.

[89] Auch Allgemeinbegriffe/Klassenbegriffe genannt.

[90] Vgl. *F. Bydlinski/P. Bydlinski*, Grundzüge der juristischen Methodenlehre, S. 28 ff.; *Radbruch*, Klassenbegriffe und Ordnungsbegriffe, S. 217; *Wank*, Methodenlehre, § 8 Rn. 82 f. Die Rechtsanwendung erschöpft sich gleichwohl auch bei der Beurteilung abstrakt-allgemeiner Begriffe nicht in rein formal-logischen Syllogismen, sondern trägt auch immer wertende Elemente in sich (vgl. BVerfGE 34, 269 [287]; *Haferkamp*, Richter, Gesetz und juristische Methode in der Wertungsjurisprudenz, ZfPW 2016, 319 [319 ff., 332, 334]; historisch-kritisch analysierend anhand sog. Richterleitbilder: *Holländer*, Außergesetzliches in der mündlichen Urteilsbegründung, S. 34 ff.).

[91] *Pahlke*, Typusbegriff und Typisierung, DStR-Beih 2011, 66 (67).

[92] S. auch *Radbruch*, Klassenbegriffe und Ordnungsbegriffe, S. 213 f.: „Die Klassenbegriffe sind zusammengesetzt aus Merkmalen, die man einer Einzelerscheinung nur entweder zu- oder absprechen kann [...]."

[93] *Radbruch*, Klassenbegriffe und Ordnungsbegriffe, S. 213; *Schöbener*, in: Depenheuer/Shirvani, Die Enteignung, S. 64.

[94] Vgl. *Radbruch*, Klassenbegriffe und Ordnungsbegriffe, S. 217 ff.

[95] *Fischels*, Der Arbeitnehmerbegriff, S. 30 ff. mit ausführlichen Bezügen zur Rechtsprechung und Lehre.

erarten[96], die Erfassung indirekter Enteignungen im Investitionsschutzrecht[97] oder der grundrechtliche Kunst-Begriff[98]. Ein weiteres Beispiel, das nicht hinreichend durch einen Allgemeinbegriff beschrieben werden kann, sind Intermediäre Gewalten. Es gibt nicht einen fest umrissenen Merkmalskatalog, der Intermediäre Gewalten von anderen Akteuren der Gesellschaft abgrenzen könnte. Dies ist der Tatsache geschuldet, dass die Funktionsweise der Gesellschaft (spontane Ordnung) zu vielfältige Erscheinungen hervorbringt, als dass man ohne große Schwierigkeiten eine trennscharfe Abgrenzung zwischen ihren Akteuren vornehmen könnte.[99] Die oben erörterte Begriffshistorie spricht für diese Schlussfolgerung. Gleichzeitig besteht aus grundrechtsdogmatischer und praktischer Sicht ein Bedürfnis, Intermediäre Gewalten begrifflich zu erfassen.[100]

Als Alternative zum abstrakt-generellen Allgemeinbegriff hält die juristische Methode noch den sog. Typus bereit, der sich durch eine konkret-allgemeine Bestimmungsweise auszeichnet.[101] Das Konkret-Allgemeine lässt es zu, Lebenssachverhalte außerhalb des binären Entweder-oder der abstrakt-generellen Methode begrifflich zuzuordnen.[102] Dies erfolgt durch die Zugrundelegung eines Typus, der diverse Merkmale in sich vereinen kann (auch „Merkmalsgefüge“[103] genannt). Fällt ein Sachverhalt nach dieser Methode nicht unter alle Merkmale des Typus, kann er ihm in einer wertenden Gesamtschau dennoch zugeordnet werden[104]. Positiv konstituieren sich die Merkmale eines Typus durch die ihn leitenden Wertungsgesichtspunkte.[105] Der Wertungsgesichtspunkt Intermediärer Gewalten ist ihre Abgrenzung zu den Ordnungsprinzipien der Gesellschaft (Privatautonomie, spontane Ordnung).[106] Im Rahmen der Voraussetzungen für die unmittelbare Grundrechtsbindung ist der Wertungsgesichtspunkt die Einseitigkeit von Rechtsverhältnissen zu Intermediären Gewalten und damit die verbleibende Selbstbestimmung der anderen Partei.

Im Gegensatz zum abstrakt-generellen Begriff ist für den Typusbegriff eine größere inhaltliche Offenheit charakteristisch.[107] Nicht zu verwechseln ist die Of-

---

[96] BVerfGE 145, 171 (193).

[97] So der Ansatz von *Schöbener*, in: Depenheuer/Shirvani, Die Enteignung, S. 64 f.

[98] So der Ansatz von *Hoppe*, Die Kunstfreiheit als EU-Grundrecht, S. 98 ff.

[99] Vgl. oben S. 45 ff.

[100] S. o. auf S. 90 f.

[101] Grundlegend hierzu *Larenz*, Methodenlehre, S. 461 ff.; *Leenen*, Typus und Rechtsfindung; *Radbruch*, Klassenbegriffe und Ordnungsbegriffe, S. 213 ff.; *Engisch*, Die Idee der Konkretisierung, S. 237 ff. Im Überblick *Pahlke*, Typusbegriff und Typisierung, DStR-Beih 2011, 66 (67 f.). Den Typusbegriff ablehnend *Wank*, Methodenlehre, § 8 Rn. 84 m. w. N.

[102] Vgl. *Leenen*, Typus und Rechtsfindung, S. 40 f.; *Winterhoff*, Verfassung, S. 56 ff.

[103] *Leenen*, Typus und Rechtsfindung, S. 34, 47.

[104] Vgl. BVerfGE 145, 171 (193); BVerfG, Beschl. v. 20.5.1996, 1 BvR 21/96, NJW 1996, 2644 (2644).

[105] *Leenen*, Typus und Rechtsfindung, S. 43 f.; *Larenz*, Methodenlehre, S. 469.

[106] Hierzu ausführlich sogleich auf S. 107 ff.

[107] Vgl. *Leenen*, Typus und Rechtsfindung, S. 34 ff.; kritisch hierzu *Bydlinski*, Juristische Methodenlehre und Rechtsbegriff, S. 544 ff.

fenheit des Typusbegriffes mit einer reinen Generalisierung, da der Typus sonst identisch mit dem Allgemeinbegriff wäre.[108] Die Offenheit des Typus hat vielmehr zur Folge, dass die Subsumtion zunächst abstufbar ist und fließende Übergänge zulässt. Das Entweder-oder des Allgemeinbegriffes weicht im Rahmen des Typus einem Mehr-oder-weniger.[109] Dies grenzt den Typus auch vom sinnverwandten Begriffshof des Allgemeinbegriffes ab.[110] In der Praxis erfolgt die Ergebnisbildung beim Typusbegriff anhand des „durch eine wertende Betrachtung gewonnene[n] Gesamtbild[es].“[111] Das Bundesverfassungsgericht hat zur Rechtsfigur des Typus weiter hinzugefügt, dass es gerade dem Typus zu verdanken ist, dass Normen „in Verbindung mit ihrer Konkretisierung durch Rechtsprechung und Literatur über Jahrzehnte hinweg auch bei geänderten sozialen Strukturen ihren Regelungszweck erfüllen“[112] können. Insoweit besteht durch den Wirklichkeitsbezug des Typus eine methodische Nähe zur dynamischen Verfassungsauslegung.

2. Wertungsgesichtspunkt und typische Erscheinungsformen

Intermediäre Gewalten zeichnen sich dadurch aus, dass sie außerhalb der Ordnungsprinzipien der Privatrechtsgesellschaft operieren. Hierin besteht in der Logik des Typusbegriffes der Wertungsgesichtspunkt Intermediärer Gewalten. In Kapitel 3 wurde dargelegt, dass die für die Privatrechtsgesellschaft typischen Ordnungsprinzipien in der Privatautonomie und der spontanen Ordnungsbildung liegen. Beide Prinzipien beinhalten insbesondere eine individuelle und selbstbestimmte Zweckverfolgung der Akteure der Gesellschaft. Intermediäre Gewalten bewegen sich typischerweise außerhalb dieser Ordnung; teilweise agieren sie sogar selbst ordnungsgebend gegenüber anderen Privaten. Wenn dies Intermediären Gewalten seitens der traditionellen Grundrechtstheorie mit dem Argument zugebilligt wird, dass sie als Private lediglich selbst von ihren grundrechtlichen Freiheiten Gebrauch machen, so geht dabei regelmäßig der Blick für die Freiheitsgefährdungen zulasten Einzelner verloren.

Bezogen auf diesen Wertungsgesichtspunkt werden im Folgenden typische Merkmale Intermediärer Gewalten herausgearbeitet. Diese müssen nicht kumulativ vorliegen, sondern sind jeweils Indizien für eine Zuordnung Privater zum Typus Intermediärer Gewalten. Bei den folgenden Punkten handelt es sich im Sinne der oben erläuterten Methodik um ein zu konkretisierendes Merkmalsgefüge, dessen Gestalt nicht abschließend zu verstehen ist.

---

[108] *Leenen*, Typus und Rechtsfindung, S. 25 m. w. N.
[109] *Leenen*, Typus und Rechtsfindung, S. 34 ff.
[110] Vgl. *Leenen*, Typus und Rechtsfindung, S. 38 f.
[111] BVerfGE 145, 171 (193); s. auch *Larenz*, Methodenlehre, S. 468.
[112] BVerfG, Beschl. v. 20.5.1996, 1 BvR 21/96, NJW 1996, 2644 (2644).

a) Ermöglichung des Freiheitsgebrauchs Dritter

Typisch für Intermediäre Gewalten ist die Art und Weise, wie sie Leistungen erbringen, und zwar dergestalt, dass sie sich einschränkend auf die individuelle Zweckverfolgung Dritter auswirkt. Grundrechtlich formuliert beschreibt dies Sachverhalte, in denen Private strukturell die Voraussetzungen dafür schaffen, dass andere Private überhaupt von ihren Freiheitsrechten Gebrauch machen können.[113] Dieser Konstellation kann man die Beispiele „Unausweichlichkeit von Situationen"[114] und „die gesellschaftliche Bedeutung von bestimmten Leistungen"[115] Privater zuordnen, die das Bundesverfassungsgericht heranzieht, um eine Privatrechtswirkung der Grundrechte zu begründen.

Solche strukturellen Dependenzen widersprechen dem freiheitlichen Ordnungsprinzip der Privatrechtsgesellschaft. Natürlich konstituiert sich auch die Privatrechtsrechtsgesellschaft in gewissem Maße durch persönliche Abhängigkeiten, üblicherweise durch den Abschluss von Verträgen. Diese Abhängigkeiten sind jedoch nicht dauerhaft perpetuiert, sondern als „Konglomerat einer unendlichen Vielfalt sich in ständiger Dynamik, Bewegung und gegenseitiger Angewiesenheit aktualisierender, auch personell ständig neu und verschieden eingebrachter Freiheitsimpulse [...]"[116] zu verstehen.[117]

Ein konkretes Beispiel für eine strukturelle Ermöglichung des Freiheitsgebrauchs Dritter sind Dienstleistungen durch private Akteure in der Daseinsvorsorge. Der Begriff der Daseinsvorsorge ist nicht ausschließlich staatlichem Handeln vorbehalten.[118] Hierfür sprechen nicht zuletzt die wirtschaftspolitischen Tendenzen zugunsten einer Privatisierung der Daseinsvorsorge (s. o. S. 75 ff.), während sich an Inhalt und Funktion der jeweiligen Dienstleistung zunächst nichts ändert. Ein weites Begriffsverständnis zugrunde legend, kann als Charakteristikum von Dienstleistungen der Daseinsvorsorge ihr Versorgungselement identi-

---

[113] Dieser Aspekt klingt an bei *Böckenförde*, Grundrechtstheorie und Grundrechtsinterpretation, NJW 1974, 1529 (1532), der formulierte, dass gesellschaftliche Machtbildung „die Realisierungsmöglichkeit der grundrechtlichen Freiheit für viele andere einzelne in Frage stellen kann [...]."

[114] BVerfGE 148, 267 (281).

[115] BVerfGE 148, 267 (281).

[116] *Rupp*, in Isensee/Kirchhof, Hndb. d. StR II § 31 Rn. 33.

[117] In diese Richtung ist auch die Warnung von *Suhr*, Freiheit durch Geselligkeit, EuGRZ 1984, 529 (535) zu verstehen: „Jedes Defizit an Freiwilligkeit und Wechselseitigkeit [...] verwandelt die Freiheit in einseitige Macht: Der Freiheit des einen durch den anderen entspricht keine gleiche Freiheit des anderen durch einen. Außerdem erweckt das Vertragsparadigma einen irreführenden harmonistischen Schein: In einer arbeitsteiligen Welt herrscht ein unerbittlicher, allgegenwärtiger Kontrahierungsdruck, der zwar nicht das genaue Wo, Wie, Wann und Mit-Wem, wohl aber das Ob determiniert. Das zwingt zu größter Bedachtsamkeit."

[118] S. auch *Dreier*, in: Dreier, GG, Art. 19 Abs. 3 Rn. 54: „Die Ein- bzw. Zuordnung einer Aufgabe als öffentlich oder als Akt der Daseinsvorsorge sagt nichts über die Grenzziehung zwischen staatlicher und privater Sphäre aus"; so wohl auch *Knauff*, Der Gewährleistungsstaat, S. 50 f.

fiziert werden.[119] Ihr Telos zielt auf die „Minderung sozialer Risiken für den Einzelnen“[120] ab. Grundrechtlich gewendet bedeutet Daseinsvorsorge die „Vorsorge zur [...] optimalen Freiheitsverwirklichung“[121]. Welche Leistungen anhand dieser Zweckrichtung konkret als Daseinsvorsorge einzuordnen sind, ist grundsätzlich zeitbezogen-politisch zu bestimmen.[122]

Einen Konnex zwischen Daseinsvorsorge und der besonderen verfassungsrechtlichen Stellung ihrer Dienstleister stellte das Bundesverfassungsgericht ausdrücklich im *Fraport*-Urteil fest, in dem es private Unternehmen, die „in Funktionen eintreten, die [...] früher dem Staat als Aufgabe der Daseinsvorsorge zugewiesen waren“[123], potenziell als Grundrechtsverpflichtete einstufte. In der Folgerechtsprechung fiel der Begriff der Daseinsvorsorge im Zusammenhang mit der Begründung verfassungsrechtlicher Pflichten Privater nicht mehr. Gleichwohl verwendete das Bundesverfassungsgericht bezüglich der Grundrechtsbindung Privater in der Sache einen ähnlichen Begründungsansatz, indem es solche Privaten adressierte, die Veranstaltungen ins Werk setzen, bei denen ein Ausschluss zulasten des Betroffenen „in erheblichem Umfang über die Teilnahme am gesellschaftlichen Leben entscheidet“[124]. Berücksichtigung fand dabei auch Art. 15 Abs. 1a IPwskR, demzufolge die Vertragsstaaten das Recht eines jeden anerkennen, „am kulturellen Leben teilzunehmen“.[125] Damit griff das Bundesverfassungsgericht auf eine Vorschrift zurück, die es bereits in anderen Sachbereichen der Daseinsvorsorge[126] herangezogen hat.

Eine immer größere Rolle spielen bei der Ermöglichung des Freiheitsgebrauchs Dritter Dienstleistungen von privaten Digitalunternehmen. Diskutiert wird von der Literatur etwa, inwieweit auch privat erbrachte digitale Dienstleistungen einen Teil der Daseinsvorsorge darstellen, da sie in großem Umfang soziale Teilhabe gewährleisten.[127] Die Europäische Union bekräftigte in der Rl. 2016/1148 die „zentrale Rolle“ von Netz- und Informationssystemen sowie der dazugehörigen Dienste für die Gesellschaft[128]. Derartige digitale Dienste (z. B. Online-Marktplätze, Online-Suchmaschinen und Cloud-Computing-Dienste[129])

---

[119] Vgl. *Knauff*, Der Gewährleistungsstaat, S. 48 f.

[120] *Knauff*, Der Gewährleistungsstaat, S. 49.

[121] *Hösch*, Die kommunale Wirtschaftstätigkeit, S. 41; s. auch *Knauff*, Der Gewährleistungsstaat, S. 48; *Hünnekens*, Rechtsfragen der wirtschaftlichen Infrastruktur, S. 119.

[122] *Knauff*, Der Gewährleistungsstaat, S. 49 m. w. N.

[123] BVerfGE 128, 226 (249 f.).

[124] BVerfGE 148, 267 (284).

[125] BVerfGE 148, 267 (284). Eine Konkretisierung dessen, was der Begriff „Teilhabe am kulturellen Leben“ potenziell umfassen soll, erfolgt im General comment no. 21 des UN-Ausschusses für wirtschaftliche, soziale und kulturelle Rechte (UN Doc E/C.12/GC21).

[126] S. etwa BVerfGE 132, 134 (160, 162).

[127] *Busch*, Regulierung digitaler Plattformen als Infrastrukturen der Daseinsvorsorge, S. 14 f.

[128] Rl. 2016/1148, Erwägungsgrund 1.

[129] So im Anhang III der Rl. 2016/1148.

stellen für ihre Nutzer eine „wichtige Ressource" dar, zu der „nicht immer Alternativen zur Verfügung stehen"[130]. Eine ähnliche Aussage traf das Bundesverfassungsgericht im *Recht auf Vergessen I*-Beschluss. Dort hielt es fest, dass

> „in allen Lebensbereichen zunehmend für die Allgemeinheit grundlegende Dienstleistungen auf der Grundlage umfänglicher personenbezogener Datensammlungen und Maßnahmen der Datenverarbeitung von privaten, oftmals marktmächtigen Unternehmen erbracht [werden], die maßgeblich über die öffentliche Meinungsbildung, die Zuteilung und Versagung von Chancen, die Teilhabe am sozialen Leben oder auch elementare Verrichtungen des täglichen Lebens entscheiden."[131]

b) Marktbeherrschung und Systemrelevanz

Ein weiteres typisches Merkmal Intermediärer Gewalten ist ihre besondere wirtschaftliche Stellung. Intermediäre Gewalten befinden sich im Spannungsfeld zwischen einer formal-rechtlichen Gleichordnung mit den übrigen Marktteilnehmern und einer realen Ungleichheit im Verhältnis zu ihnen. Da das Grundgesetz mit dem Schutz der Privatautonomie (Art. 2 Abs. 1 GG), des Berufes (Art. 12 Abs. 1 GG) und des Eigentums (Art. 14 GG) Grundentscheidungen auch für ökonomische Funktionsprinzipien der Gesellschaft trifft, ist die tatsächliche wirtschaftliche Stellung privater Akteure verfassungsrechtlich von großer Bedeutung.[132] Dies gilt umso mehr in der aktuellen Ausgestaltung der Wirtschaftsordnung als Marktwirtschaft.[133]

Eine wirtschaftliche Abgrenzung zwischen Akteuren, die innerhalb der spontanen Ordnung operieren und Intermediären Gewalten kann durch die Begriffe der „marktbeherrschenden Stellung"[134], der „Monopolstellung"[135] und der „erheblichen Marktmacht"[136] vorgenommen werden. Sie sind jeweils aus der Rechtsprechung des Bundesverfassungsgerichts bekannt, um eine mittelbare Drittwirkung der Grundrechte zu begründen.[137] Es handelt sich um Begriffe, die weder

---

[130] Rl. 2016/1148, Erwägungsgrund 48.

[131] BVerfGE 152, 152 (189); s. auch BGH, Beschl. v. 23.6.2020, KVR 69/19, Rn. 102, NZKart 2020, 473 (480). Es würde nicht verwundern, wenn das Bundesverfassungsgericht in Zukunft erneut auf den Begriff der Daseinsvorsorge zurückgreift, um diese Fallgruppe stärker zu konturieren.

[132] Zur staatstheoretischen Bedeutung der Leistungsfähigkeit der Wirtschaft allgemein *Krüger*, Allg. Staatslehre, S. 412 ff.

[133] Die gelegentlich anzutreffende These, dass das Grundgesetz hinsichtlich der Wirtschaftsverfassung neutral sei, ist verkürzt (treffend *Papier/Shirvani*, Maunz/Dürig, Art. 14 Rn. 159: „Die Grundrechte des Eigentums und des privatautonomen Wirtschaftens sind konstitutiv für einen verfassungsrechtlichen Systementwurf, der jedenfalls vorrangig durch Delegation und Dezentralisation von Wirtschaftsplanung und durch verkehrswirtschaftliche Koordination geprägt ist"; s. auch BVerfGE 50, 290 [338]; *Canaris*, in: FS-Lerche, 873 [876 f.]).

[134] BVerfG, Beschl. v. 22.5.2019, 1 BvQ 42/19, NVwZ 2019, 959 (961).

[135] BVerfG, Beschl. v. 27.8.2019, 1 BvR 879/12, NJW 2019, 3769 (3770).

[136] BVerfG, Beschl. v. 22.5.2019, 1 BvQ 42/19, NVwZ 2019, 959 (961).

[137] Noch zurückhaltend in BVerfG, Beschl. v. 22.5.2019, 1 BvQ 42/19, NVwZ 2019, 959 (961) für den Begriff der „marktbeherrschenden Stellung".

dem deutschen Verfassungsrecht entspringen, noch durch das Bundesverfassungsgericht definiert werden. Dennoch sind sie geeignet, in wirtschaftlicher Hinsicht eine Abgrenzung zwischen Intermediären Gewalten und regulären Marktteilnehmern vorzunehmen.

Begriffskonkretisierend kann man sich an der ständigen Rechtsprechung des Europäischen Gerichtshofes orientieren, der im Rahmen des Art. 102 AEUV eine marktbeherrschende Stellung definiert als

> „die wirtschaftliche Machtstellung eines Unternehmens [...], die dieses in die Lage versetzt, die Aufrechterhaltung eines wirksamen Wettbewerbs auf dem relevanten Markt zu verhindern, indem sie ihm die Möglichkeit verschafft, sich seinen Wettbewerbern, seinen Abnehmern und schliesslich den Verbrauchern gegenüber in einem nennenswerten Umfang unabhängig zu verhalten."[138]

Der Zweck dieser Auslegung zielt gerade auf die oben genannte Abgrenzung zwischen dem spontanen Ordnungsprinzip der Gesellschaft und solchen Unternehmen ab, die außerhalb des Marktes operieren und die Bedingungen ihrer Interaktion mit Dritten selbst bestimmen können.[139]

Ebenfalls im Widerspruch zur spontanen Ordnung stehen sog. systemrelevante Unternehmen[140]. Ob ein Unternehmen als systemrelevant eingestuft werden kann, beurteilt sich nach seiner Größe, Komplexität, seinem Vernetzungsgrad und seiner Ersetzbarkeit.[141] Typisch für systemrelevante Unternehmen ist, dass sich ihre wirtschaftlichen Risiken aufgrund der genannten Kriterien unkontrolliert auf andere Wettbewerber ausbreiten können.[142] Systemrelevante Unternehmen widersprechen im besonderen Maße der spontanen Ordnung, da sich ihr Handeln sowohl im Erfolg (Angewiesenheit) als auch im Scheitern (Insolvenz)

---

[138] EuGH, Urt. v. 14.2.1978, Rs. 27/76, Rn. 65; s. auch EuGH, Urt. v. 13.2.1979, Rs. 85/76, Rn. 38; EuGH, Urt. v. 4.5.1988, Rs. 30/87, Rn. 26. „Diese allgemeine Begriffsbestimmung gilt *cum grano salis* auch für das deutsche Recht, das – anders als Art. 102 AEUV – eine in mehrere Einzeltatbestände ausdifferenzierte gesetzliche Definition kennt, die sich seit der 8. GWB-Novelle in § 18 Abs. 1 Nr. 1 bis Nr. 3 für die Beherrschung durch ein einzelnes Unternehmen sowie § 18 Abs. 5 für die kollektive oder Oligopolmarktbeherrschung durch zwei oder mehr Unternehmen befinden" (*Fuchs*, in: Immenga/Mestmäcker, Wettbewerbsrecht, § 18 GWB Rn. 88); s. auch *Ehricke*, in: Schöbener, Europarecht, Rn. 2917 ff.; *Wiedemann*, in: Wiedemann, Kartellrecht, § 23 Rn. 35.

[139] Vgl. *Fuchs*, in: Immenga/Mestmäcker, Wettbewerbsrecht, Art. 102 AEUV Rn. 77. S. auch *Ehricke*, in: Schöbener, Europarecht, Rn. 2906: „Marktstarke Unternehmen sind deshalb (meist) in der Lage, sich dem anonymen Wettbewerbsdruck auf dem Markt, auf dem sie tätig sind, zu entziehen und damit die Disziplinierungs- und Überwachungsfunktion des Wettbewerbs zu beschränken oder gar ganz aufzuheben."

[140] Der Begriff „systemrelevante Unternehmen" wurde in der Staats- und Grundrechtslehre noch nicht behandelt. Ansätze hierzu finden sich in *Krüger*, Allg. Staatslehre, S. 413, 415.

[141] Zu diesen aus dem Bankrecht stammenden Kriterien *Ohler*, in: Kirchhof/Korte/Magen (Hrsg.), Öffentliches Wettbewerbsrecht, § 7 Rn. 32; s. auch *Monopolkommission*, Hauptgutachten XX (2012/2013), Rn. 1392 ff.; *Deutscher Bundestag*, WD 10 – 3000 – 016/20, S. 7.

[142] *Monopolkommission*, Hauptgutachten XX (2012/2013), Rn. 1392 f.

übermäßig auf die individuelle Zweckverfolgung anderer Privater auswirkt.[143] Metaphorisch gesprochen überschattet ihr Handeln die freien Entfaltungsmöglichkeiten Dritter.

In letzter Zeit wurde verstärkt auch die Systemrelevanz großer Digitalunternehmen (insb. *Facebook*, *Google*, *Amazon* und *Apple*[144]) diskutiert.[145] In Erwägungsgrund 48 der bereits genannten Richtlinie 2016/1148 der Europäischen Union[146] wurde diesbezüglich festgehalten:

„Die Sicherheit, Verfügbarkeit und Verlässlichkeit […] von digitalen Diensten sind für das reibungslose Funktionieren vieler Unternehmen von wesentlicher Bedeutung. Eine Störung eines solchen digitalen Dienstes könnte die Bereitstellung anderer, von ihnen abhängiger Dienste verhindern und somit wesentliche wirtschaftliche und gesellschaftliche Tätigkeiten in der Union beeinträchtigen.“

Die systemrelevante Bedeutung etwaiger Unternehmen für die Gesellschaft wurde auch in der Rechtsprechung des Bundesverfassungsgerichts herausgestellt.[147] Insbesondere die durch das Gericht beschriebene strukturelle Abhängigkeit natürlicher Personen von bestimmten privaten Digitalunternehmen[148] steht im Widerspruch zur freien und individuellen Zweckverfolgung der Akteure der Gesellschaft, wie sie vom klassischen Staat-Gesellschaft-Dualismus vorausgesetzt wird.

c) Ordnungsgebung durch Selbstregulierung

Ein weiteres typisches Merkmal Intermediärer Gewalten ist ihr Auftreten als ordnungsgebende Akteure in der Gesellschaft.[149] Mit Ordnungsgebung ist die Fähigkeit zur einseitigen Regelsetzung gegenüber anderen Privaten gemeint. Intermediäre Gewalten nehmen durch die Ordnungsgebung eine Funktion wahr, die nicht ausschließlich, aber typischerweise der Staat innehat[150]. Eine verfassungsrechtliche Begriffsbildung für dieses Phänomen ist bisher nicht einheitlich

---

[143] Ähnlich *Krüger*, Allg. Staatslehre, S. 413.

[144] So die Auswahl des *U.S. House Judiciary Subcommittee on Antitrust, Commercial and Administrative Law*, Investigation of Competition in Digital Markets (6.10.2020), S. 132 ff.

[145] Zum Szenario des Verschwindens einer großen Plattform: *Öhman/Aggarwal*, Ethical and legal considerations for the demise of big tech, IPR 2020, 1 (2): „[…] the demise of a global online communication platform such as Facebook could have *catastrophic* social and economic consequences for innumerable communities that rely on the platform on a daily basis, as well as the users whose personal data Facebook collects and stores“; s. auch https://www.reuters.com/article/us-britain-data-privacy-trfn-idUSKBN1XV2FB.

[146] S. o. auf S. 108 ff.

[147] S. o. auf S. 108 ff.

[148] Vgl. BVerfGE 152, 152 (189).

[149] Dieser Wesenszug nimmt u. a. die Ansätze des unionsrechtlichen Schrifttums zur Horizontalwirkung der Grundfreiheiten auf (hierzu oben S. 103 ff.), beschränkt sich aber nicht ausschließlich auf rechtssetzende Verbände.

[150] Siehe oben S. 41 ff.

erfolgt; in der staatsrechtlichen Literatur wird inhaltlich zumeist die Frage nach der Legitimation privater Ordnungsgebung und ihrer Anerkennung durch den Staat aufgeworfen.[151] Dies spiegelt die Herangehensweise der klassischen Staatstheorie wider, nach welcher der Staat der Gesellschaft potenziell einseitig und regulierend gegenübertritt und sich die Ordnungsbildung innerhalb der Gesellschaft gerade nicht mittels einseitiger Regelsetzung vollzieht. Vorliegend wird hingegen nicht die Legitimation privater Ordnungsgebung selbst diskutiert. Letztere wird vielmehr als Faktum und Folge des Wandels des Staat-Gesellschaft-Dualismus vorausgesetzt und von dort aus hinsichtlich möglicher verfassungsrechtlicher Verpflichtungen Privater untersucht.

Unter diesem Gesichtspunkt kann man die Ordnungsgebung Privater als Teil der Selbstregulierung begreifen[152], unter der wiederum „unterschiedliche Ordnungsmuster [erfasst werden], deren Gemeinsamkeit darin besteht, dass gesellschaftliche Aktivitäten nicht dem zufälligen Spiel der Kräfte überlassen, sondern durch Regeln geordnet werden, deren Urheber nicht der Staat ist."[153] Den dabei entstehenden Regeln ist mitunter aufgrund tatsächlicher oder rechtlicher Umstände ein ähnlich hoher Befolgungszwang wie staatlichen Regeln immanent. Von der Literatur ebenfalls unter den Begriff der Selbstregulierung gefasste Handlungen, die keinerlei rechtliche oder tatsächliche Verbindlichkeit (z. B. freiwillige Selbstverpflichtungen[154]) aufweisen, bleiben vorliegend außer Betracht, da sie kein Bedürfnis für eine unmittelbare Grundrechtsbindung Intermediärer Gewalten hervorrufen.[155]

Ein konkretes Beispiel für eine private Ordnungsgebung ist die autonome Rechtssetzung durch solche Verbände, die bereits seitens des unionsrechtlichen Schrifttums als „Intermediäre Gewalten" bezeichnet wurden.[156] Die Kategorie beruht inhaltlich auf der Rechtsprechung des Europäischen Gerichtshofs zur Horizontalwirkung der Grundfreiheiten, deren Anwendungsbereich sich nicht nur auf „Akte der staatlichen Behörden", sondern „auch auf sonstige Maßnahmen [erstreckt], die eine kollektive Regelung im Arbeits- und Dienstleistungsbereich enthalten"[157]. Ursprünglich wurde diese Formel für Rechtsverhältnisse zwischen Sportverbänden und ihren Mitgliedern geprägt.

---

[151] Hierzu grundlegend *Kirchhof*, Private Rechtssetzung, passim; *Augsberg*, Rechtsetzung zwischen Staat und Gesellschaft, passim.

[152] Zur Einordnung der Selbstregulierung als staatsfreie oder staatsferne Ordnungsgebung: *Engler*, Private Regelsetzung, S. 24 ff.

[153] *Bachmann*, Private Ordnung, S. 47.

[154] Zur Einordnung als unverbindliche Regel des Selbstregulierung *Engler*, Private Regelsetzung, S. 54 ff.; s. auch *Bachmann*, Private Ordnung, S. 30 f.

[155] Damit ist Selbstregulierung abzugrenzen vom für die spontane Ordnung typischen Marktgeschehen (ähnlich *Thoma*, Regulierte Selbstregulierung, S. 32 f.).

[156] Vertiefend zur privaten Regelsetzung im Verbandsrecht: *Bachmann*, Private Ordnung, S. 108 ff.

[157] EuGH, Urt. v. 12.12.1974, Rs. 36/74, Rn. 16/19; s. auch EuGH, Urt. v. 8.4.1976, Rs. 43/75, Rn. 38/39; EuGH, Urt. v. 15.12.1995, Rs. C-415/93, Rn. 82; EuGH, Urt. v. 11.4.2000, Rs. C-51/96, Rn. 47; EuGH, Urt. v. 6.6.2000, Rs. C-281/98, Rn. 37 ff.; EuGH,

Die Ordnungsgebung durch Intermediäre Gewalten beschränkt sich jedoch weder auf den Sachbereich des Sportrechts noch auf einen autonom regelbaren eigenen Rechtskreis, sondern umfasst nach dem vorliegenden Verständnis auch private Unternehmen, die in sonstiger Weise verbindliche Regeln für andere Private aufstellen.[158] Dies betrifft beispielsweise die private Ordnungsgebung durch das Verwenden von Allgemeinen Geschäftsbedingungen oder die Ausübung eines arbeitsrechtlichen Weisungsrechts[159] gegenüber anderen Privaten.[160]

Insbesondere im Sachbereich der Digitalisierung wird die Ordnungsgebung durch Private immer sichtbarer. So wurde bezüglich digitaler Plattformen (z. B. soziale Netzwerke und Online-Marktplätze) konstatiert, dass die Plattformbetreiber außerhalb des hoheitlichen Gewährleistungs- und Ordnungsanspruches verstärkt ihre eigenen Regeln setzen[161] und daher als „private Gesetzgeber" agieren.[162] In Rekurs auf die bereits genannten Beispiele des „virtuellen Hausrechts" und des Code-is-Law-Prinzips[163] wird die Stellung als „private Gesetzgeber" insbesondere mit den Möglichkeiten der Plattformen begründet, mittels autonomer und zumeist intransparenter Algorithmen betreffend Suchergebnissen, Bewertungssystemen, Auktionsmechanismen etc. die Marktregeln selbst zu schaffen.[164] Besteht – wie zum Beispiel auf dem Markt der Suchmaschinen – kein funktionierender Wettbewerb[165], konkurrieren Intermediäre Gewalten nicht mehr mit anderen Privaten um die Stellung am Markt, sondern mit dem demokratisch legitimierten Gesetzgeber um die Stellung als zentrale Ordnungsinstanzen.

d) Juristische Personen

Typischerweise handelt es sich bei Intermediären Gewalten nicht um natürliche, sondern um juristische Personen im Sinne des Art. 19 Abs. 3 GG.[166] Natürliche Personen haben in der Regel keine solche rechtliche oder wirtschaftliche Stellung inne, die ihnen die Möglichkeit verleihen würde, die Zweckverfolgung anderer Individuen wesentlich beeinflussen zu können. Intermediäre Gewalten sind als

---

Urt. v. 17.7.2008, Rs. C-94/07, Rn. 47. Prägnant zur Rechtsprechung *Rafii*, in: Schöbener, Europarecht, Rn. 1544, 1576.

[158] Zur privatrechtlichen Frage, wie eine Vertragsbindung auch bei Rechtsgeschäften entstehen kann, denen eine Partei nicht vollumfänglich per Willenserklärung zugestimmt hat: *Bachmann*, Private Ordnung, S. 229 ff.

[159] Zum „Arbeitsverhältnis als Ausdruck ‚privater Gewalt'": *Leisner*, Grundrechte und Privatrecht, S. 257 ff.

[160] Die anderen typischen Wesenszüge Intermediärer Gewalten verdeutlichen dabei, dass allein das Aufstellen Allgemeiner Geschäftsbedingungen oder das Innehaben eines Weisungsrechts noch kein hinreichendes Indiz zur Einordnung als Intermediäre Gewalt ist.

[161] So *Podszun*, Rechtsrahmen für digitale Plattformen, 73. DJT, F 102.

[162] So *Schweitzer*, Digitale Plattformen als private Gesetzgeber, ZEuP 2019, 1, passim.

[163] S. o. auf S. 60 f.

[164] *Schweitzer*, Digitale Plattformen als private Gesetzgeber, ZEuP 2019, 1 (4 ff.).

[165] S. o. auf S. 66 ff.

[166] Vgl. *Kingreen*, Das Verfassungsrecht der Zwischenschicht, JöR 2017, 1 (36).

juristische Personen durch eine auf Dauer angelegte und festgefügte Organisationsstruktur gekennzeichnet.[167] Ihnen wird an vielen Stellen der Rechtsordnung eine eigene Rechtsfähigkeit zugesprochen.[168] Damit ist der rechtliche Anknüpfungspunkt nicht mehr das Handeln des Einzelnen, sondern das eines von ihm zu unterscheidenden „Organisationsgebildes“[169].

Bei Intermediären Gewalten handelt es sich im Gegensatz zu natürlichen Personen typischerweise um solche Rechtssubjekte, deren (Grund-)Rechtsfähigkeit erst von der Rechtsordnung konstruiert werden muss.[170] In Anlehnung an die aus dem Völkerrecht bekannten Begrifflichkeiten zur Völkerrechtssubjektivität kann man auch in diesem Zusammenhang zwischen geborenen und gekorenen Grundrechtsberechtigten unterscheiden.[171] Aufgrund dieser notwendigen Konstruktion entsteht zwangsläufig eine Distanz zur „Sinnmitte“ der Grundrechte, nämlich dem „Schutz der privaten natürlichen Person“[172]. Unabhängig davon, ob man als Bezugspunkt des Art. 19 Abs. 3 GG das „personale Substrat“ oder die Schutzbedürftigkeit der juristischen Person selbst heranzieht[173], ist die Einbeziehung juristischer Personen in den Grundrechtsschutz begründungsbedürftig und nicht wie die der natürlichen Person a priori anzunehmen.[174] Diese Differenzierung

---

[167] Vgl. BVerfGE 122, 342 (355). Hierzu *Kahl/Hilbert*, in: Bonner Kommentar, Art. 19 Abs. 3 Rn. 187 f.

[168] Vgl. die Nachweise bei *Sachs*, in: Sachs, GG, Art. 19 Rn. 60 ff.

[169] So *Dreier*, in: Dreier, GG, Art. 19 Abs. 3 Rn. 44; *Bethge*, Die Grundrechtsberechtigung juristischer Personen, S. 30.

[170] Vgl. *W. Rupp-v. Brünneck*, in: FS-Arndt, 349 (357 ff.); s. auch *Huber*, in: Merten/Papier, Hndb. d. GR II § 49 Rn. 4.

[171] So zuerst *Bethge*, Die Grundrechtsberechtigung juristischer Personen, S. 37; s. auch *Kühling*, in: v. Bogdandy/Bast, Europäisches Verfassungsrecht, S. 687. Eine etwaige Differenzierung wird von weiten Teilen der Lehre mit dem Argument abgelehnt, dass auch eine natürliche Person erst durch die Rechtsordnung Rechtsfähigkeit erlangt (vgl. etwa *Kelsen*, Reine Rechtslehre, S. 312 ff.; aus dem neueren Schrifttum etwa: *Kahl/Hilbert*, in: Bonner Kommentar, Art. 19 Abs. 3 GG Rn. 180). Dem ist insbesondere aus verfassungsgeschichtlicher Sicht entgegenzuhalten, dass als „originärer“ (BVerfGE 41, 126 [83]) Träger von Grundrechten als Ausgangspunkt die natürliche Person stand. Juristische Personen sind erst später zum Kreis der Grundrechtsberechtigten hinzugekommen (hierzu ausführlich *Bethge*, Die Grundrechtsberechtigung juristischer Personen, S. 21 ff.). Abstrahiert man diesen Entstehungsprozess im Nachhinein bis ins Unkenntliche, dann wird ebendiese Unterscheidung unzulässig verschleiert, auch wenn die Abstraktion formal-logisch nicht anzugreifen ist. Für eine solche differenzierende Vorgehensweise vgl. etwa *Stern*, Das Staatsrecht der BR Deutschland, Band III/1 § 71 I 1 ff.; in der Reihenfolge die „Einzelperson“ voranstellend auch *Nawiasky*, Die Grundgedanken des Grundgesetzes für die Bundesrepublik Deutschland, S. 32.

[172] BVerfGE 61, 82 (101).

[173] Hierzu *Dreier*, in: Dreier, GG, Art. 19 Abs. 3 Rn. 31 ff.

[174] Systematisch-teleologisch argumentierend *W. Rupp-v. Brünneck*, in: FS-Arndt, S. 349 (358): „Die Antinomie zwischen Art. 1 und Art. 19 Abs. 3 GG läßt sich nicht lösen, indem man den entscheidenden Unterscheid zwischen natürlichen und juristischen Personen verwischt, sondern indem man ihn ausdrücklich zugrunde legt.“

wirkt sich potenziell auch auf eine unterschiedliche grundrechtliche Schutzbedürftigkeit von Individuen und juristischen Personen aus.[175]

III. Nichtstaatlichkeit Intermediärer Gewalten

Das Kriterium der Nichtstaatlichkeit dient der Abgrenzung zum Regelfall der unmittelbaren Grundrechtsbindung des Staates. Von Intermediären Gewalten müssen insoweit alle Rechtssubjekte unterschieden werden, die bereits nach der traditionellen Grundrechtslehre als Grundrechtsverpflichtete eingeordnet werden. Die Abgrenzung zwischen Intermediären Gewalten und der Staatsgewalt erfolgt nicht im Wege eines typisierenden „Mehr-oder-weniger", da diesbezüglich aufgrund normativer Vorgaben anerkannte abstrakt-generelle Begriffskategorien bestehen.

Konkret sind Intermediäre Gewalten abzugrenzen vom Adressatenkreis des Art. 1 Abs. 3 GG, der die „Trias der Grundrechtsverpflichteten"[176] enthält. In übereinstimmendem Verständnis mit Art. 1 Abs. 1 S. 2 GG („alle staatliche Gewalt") und Art. 93 Abs. 1 Nr. 4a GG („öffentliche Gewalt") erfasst Art. 1 Abs. 3 GG die Staatsgewalt umfassend.[177] Abgrenzungsschwierigkeiten zwischen privaten Akteuren und der staatlichen Gewalt ergeben sich zumeist im Bereich der Exekutive, beispielsweise wenn die Verwaltung mittels privatrechtlicher Handlungs- und Organisationsformen auftritt.[178] Auf die insoweit auftretenden Überschneidungen und Abgrenzungsschwierigkeiten zwischen Staat und Gesellschaft wurde am Beispiel gemischt-wirtschaftlicher Unternehmen bereits hingewiesen (siehe oben S. 78 ff.). Im Falle einer staatlichen Beherrschung können derartige Unternehmen nicht als Intermediäre Gewalten qualifiziert werden. Sie unterfallen dann schon dem „Normalfall" der unmittelbaren Grundrechtsbindung gem. Art. 1 Abs. 3 GG, da ihr Handeln dem Staat zuzuordnen ist. Gleiches gilt für private Akteure, die hoheitliche Befugnisse wahrnehmen (z. B. mittels Beleihung).[179]

Die Nichtstaatlichkeit Intermediärer Gewalten bedeutet nach der traditionellen Grundrechtslehre insbesondere, dass sie grundsätzlich nicht dem Gemeinwohl verpflichtet sind und frei nach ihren subjektiven Interessen handeln können. Demnach entziehen sie sich trotz ihrer Stellung innerhalb der Gesellschaft dem demokratischen Willensbildungsprozess der Bürger und den Verpflichtun-

---

[175] Hierzu s. u. auf S. 164 ff.

[176] So *Höfling*, in: Sachs, GG, Art. 1 Rn. 85.

[177] Unter vielen *Dreier*, in: Dreier, GG, Art. 1 Abs. 3 Rn. 53. Vertiefende Hinweise bei *Höfling*, Die Grundrechtsbindung der Staatsgewalt, JA 1995, 431 (passim). In Abgrenzung hierzu umfasst „öffentliche Gewalt" in Art. 19 Abs. 4 GG nach überwiegender Ansicht nur die Exekutive (vgl. BVerfGE 107, 395 [403 ff.]; 112, 185 [207]; 122, 248 [270 f.]; s. auch *Sachs*, in: Sachs, GG, Art. 19 Rn. 118; *Schulze-Fielitz*, in: Dreier, GG, Art. 19 Abs. 4 Rn. 48).

[178] Ausführlich *Dreier*, in: Dreier, GG, Art. 1 Abs. 3 Rn. 66 ff.

[179] Vgl. unter vielen *Herdegen*, in: Maunz/Dürig, GG, Art. 1 Abs. 3 Rn. 115.

gen, die staatliche Akteure zu beachten haben.[180] In Kapitel 5 dieser Arbeit wird herausgestellt, dass dieses Ergebnis in Rechtsverhältnissen zwischen Intermediären Gewalten und Dritten einen effektiven Grundrechtsschutz verhindert.

IV. Zwischenergebnis

Der Begriff *Intermediäre Gewalten* dient vorliegend als Fallgruppe für eine ausnahmsweise unmittelbare Anwendbarkeit der Grundrechte in privaten Rechtsverhältnissen. Aufbauend auf der Historie und zeitgenössischen Verwendung des Begriffes werden Intermediäre Gewalten in dieser Arbeit als nichtstaatliche Akteure bezeichnet, die sich aufgrund einer tatsächlichen und/oder rechtlichen Sonderstellung außerhalb der typischen Ordnungsprinzipien der Gesellschaft bewegen. Die Abgrenzung zum Individuum als genuinem Grundrechtsberechtigten erfolgt anhand typischer Wesenszüge Intermediärer Gewalten. Hierzu können neben ihrer Verfasstheit als juristische Person unter anderem ihre besondere wirtschaftliche Stellung oder ihre Rolle als ordnungsgebende Instanzen innerhalb der Gesellschaft zählen. Typisch für Intermediäre Gewalten kann weiter sein, dass ihre Dienstleistungen überhaupt erst die Möglichkeiten dafür schaffen, dass Dritte von ihren Freiheitsrechten Gebrauch machen können. Es handelt sich bei diesen Merkmalen um einen nicht abschließenden Katalog, der anhand der Wertungsgesichtspunkte des Typus *Intermediärer Gewalten* zu ergänzen ist. Die Defizite der klassischen Grundrechtsdogmatik in Bezug auf Intermediäre Gewalten und die konkreten Voraussetzungen für ihre unmittelbare Bindung an Grundrechte werden in Kapitel 5 herausgearbeitet.

---

[180] Zu diesem Aspekt vgl. *Di Fabio*, in: Isensee/Kirchhof, Hndb. d. StR II § 27 Rn. 15.

Kapitel 5

Auslöser und Rechtsfolgen der Grundrechtsbindung Intermediärer Gewalten

Das fünfte Kapitel erörtert, ob und in welchem Umfang sich Private gegenüber Intermediären Gewalten auf Grundrechte berufen können. Den Ausgangspunkt bildet erneut die Lesart der klassischen Grundrechtslehre, deren Annahme einer nur mittelbaren Drittwirkung wesentlich das grundrechtliche Schutzniveau in privaten Rechtsverhältnissen bestimmt. Im Folgenden werden anhand der jellinekschen Statuslehre die Defizite herausgestellt, die dem Grundrechtsschutz gegenüber Privaten nach klassischem Verständnis anhaften. Insbesondere im Hinblick auf Grundrechtsbedrohungen seitens Intermediärer Gewalten wird sich zeigen, dass die Dogmatik der mittelbaren Drittwirkung keinen hinreichenden grundrechtlichen Schutz gewährt.

Ein eigener Lösungsansatz erörtert die Möglichkeit einer unmittelbaren Grundrechtsbindung Intermediärer Gewalten. Er beruht auf dem Verständnis, dass Grundrechte ihre abwehrrechtliche Schutzwirkung nicht nur vor einseitigen Freiheitsgefährdungen von Seiten der öffentlichen Gewalt entfalten. Dogmatisch müssen dabei Modifikationen sowohl hinsichtlich der Voraussetzungen als auch der Rechtsfolgen der unmittelbaren Grundrechtsbindung im Vergleich zum Staat-Bürger-Verhältnis vorgenommen werden.

A. Status quo der traditionellen Grundrechtslehre: Defizitärer Grundrechtsschutz gegenüber Intermediären Gewalten

I. Vorbemerkung: Kategorisierung nach der Statuslehre

Die Grundrechtstheorie versucht seit jeher, Grundrechte anhand ihrer unterschiedlichen Eigenschaften zu typisieren und sie somit abgrenzbaren Kategorien zuzuordnen. Etwaigen Kategorisierungen ist gemein, dass sie nicht zwingend vom Grundgesetz vorausgesetzt werden und über die normativen Vorgaben der Verfassung hinaus keine eigenständigen Rechtsgehalte begründen können. Gleichwohl können sie auch ohne eine rechtsbegründende Komponente praktikable Systematisierungen zur Ordnung typischer Grundrechtsfunktionen leisten.[1] Der am meisten rezipierte Ansatz unterscheidet die verschiedenen Grundrechtsfunktionen nach ihrer jeweiligen Schutzrichtung und beruht auf der Statuslehre von *G. Jellinek* (1851–1911), die innerhalb der subjektiv-öffentlichen Rechte zwischen dem negativen, positiven und aktiven Status unterscheidet. Grundrechte können demnach als Freiheiten vom Staat (status negativus i. S. v. Abwehrrechten[2]), Freiheiten durch den Staat (status positivus i. S. v. Leistungs- und Teilhaberechten[3]) oder Freiheiten im Staat (status activus i. S. v. Mitwirkungsrechten[4]) eingeordnet werden.[5]

Da nach der traditionellen Grundrechtslehre Grundrechtsschutz gegenüber anderen Privaten erst mediatisiert durch den Staat gewährt werden soll[6], sind Rechtsverhältnisse zwischen dem Einzelnen und Intermediären Gewalten nach diesem Verständnis dem status positivus zuzuordnen[7], während die abwehrrechtliche Dimension des status negativus allein staatlichen Eingriffen vorbehalten bleiben soll. Diese exklusive Zuordnung wird im Folgenden kritisch beleuchtet, indem beide Schutzrichtungen vergleichend gegenübergestellt werden.

II. Status negativus (Freiheit vom Staat)

Der Grundrechtsschutz in der Schutzrichtung des status negativus bezeichnet die zentrale Funktion der Grundrechte als Abwehrrechte gegenüber staatlichen Grundrechtseingriffen. Der Schutzmechanismus der Grundrechte im status negativus zielt auf die Freiheitssicherung im Subordinationsverhältnis zwischen Staat und Bürger ab.[8]

---

[1] Vgl. der Überblick in *Starck*, in: v. Mangoldt/Klein/Starck, GG, Art. 1 Rn. 182 ff.; *Voßkuhle/Kaiser*, Funktionen der Grundrechte, JuS 2011, 411, passim.

[2] Vgl. *Jellinek*, System der subjektiven öffentlichen Rechte, S. 94 ff., insb. S. 95: „Sie [die Grundrechte] sind, wie allgemein bekannt, zuvörderst Negationen bisher in Kraft gewesener Beschränkungen."

[3] Vgl. *Jellinek*, System der subjektiven öffentlichen Rechte, S. 114: „Das Gemeininteresse muss nicht, aber es kann mit den individuellen zusammenfallen. Insoweit das letztere stattfindet und die Kongruenz vom Staate anerkannt wird, gewährt er dem einzelnen Ansprüche an seine Tätigkeit und stellt ihm Rechtsmittel zur Verfügung, um sie zu realisieren."

[4] Vgl. *Jellinek*, System der subjektiven öffentlichen Rechte, S. 136 ff.

[5] Im Überblick *Voßkuhle/Kaiser*, Funktionen der Grundrechte, JuS 2011, 411 (411 f.). Wie bereits erwähnt, begründet die Zuordnung innerhalb eines Status keine neuen Rechtspositionen. Letztere werden durch die Statuslehre lediglich typisiert. Diese Abgrenzung führte wiederholt zu Kritik an der Statuslehre. Insbesondere wurde ihr vorgeworfen, „Rechte logisch inkonsistent aus dem Status abzuleiten" (zu diesem Aspekt *Pauly/Siebinger*, in: Anter [Hrsg.], Die normative Kraft des Faktischen, S. 143 f.).

[6] S. o. auf S. 19 ff.

[7] S. u. auf S. 125 ff.

[8] S. o. auf S. 52.

1. Inhaltliche Ausprägungen

a) Grundsätzliches

Mit der Funktion der Grundrechte als subjektive Abwehrrechte hat sich eine Rechtsfigur herausgebildet, welche mittels einer Reihe geschriebener und ungeschriebener Anforderungen an staatliches Handeln sowie einer ausdifferenzierten Dogmatik ein vergleichsweise hohes Schutzniveau zugunsten persönlicher Freiheiten gewährleistet.[9] Hinter den dadurch bewirkten Beschränkungen der Hoheitsgewalt steht als übergeordnetes Leitmotiv das rechtsstaatliche Verteilungsprinzip[10], das gerade zum Ausdruck bringt, dass grundrechtlich geschützte Sachverhalte dem Staat keinen freien Zugriff lassen, sondern spezifische Anforderungen an sein Handeln stellen.[11] Man spricht insoweit von der „Vorstaatlichkeit" der Grundrechte.[12] Dieser prinzipiellen Begrenztheit hoheitlichen Handelns steht eine prinzipielle Freiheitsvermutung und ein „systematischer Vorrang der Individualgrundrechte"[13] gegenüber.

b) Grundrechtseingriff als Auslöser der Rechtsfertigungsanforderungen

Die spezifischen Rechtfertigungsanforderungen werden durch die Figur des Grundrechtseingriffes aktiviert.[14] Dem Grundrechtseingriff kommt daher eine Schlüsselfunktion zu: Ohne sein Vorliegen werden die Rechtfertigungsanforderungen an eine verfassungsmäßige Schutzbereichsverkürzung nicht ausgelöst.[15] Inhaltlich ist zwar umstritten, welche Qualität staatliches Handeln konkret aufweisen muss, um als rechtfertigungsbedürftiger Eingriff eingeordnet zu werden[16]; unumstritten innerhalb der traditionellen Grundrechtslehre ist jedoch, dass der Eingriffsbegriff ausschließlich staatliches Handeln umfasst und damit allein im Staat-Bürger-Verhältnis und nicht im Bürger-Bürger-Verhältnis Anwendung findet.[17]

---

[9] Dies gilt insbesondere im Vergleich zur Grundrechtswirkung im status positivus (vgl. BVerfGE 152, 152 [190]; s. auch *Jarass*, Grundrechte als Wertentscheidungen, in: AöR 1985, 363 [366]: „weniger präzise", „nicht so plastisch" und *Dreier*, Dimensionen der Grundrechte, S. 42).

[10] S. o. auf S. 17 ff.

[11] Das rechtsstaatliche Verteilungsprinzip weist eine genuine Verbindung zur abwehrrechtlichen Dimension der Grundrechte auf, da jeweils der bürgerlichen Freiheit die prinzipielle Limitation der Staatsgewalt gegenübergestellt wird (vgl. *Ruffert*, Vorrang der Verfassung, S. 99).

[12] Vgl. *v. Mangoldt*, Anlage zum sten. Bericht zur 9. Sitzung des Parlamentarischen Rates am 6.5.1949, S. 5; instruktiv zu dieser Wendung *Dreier*, in: Dreier, GG, Vorb. zu Art. 1 Rn. 70.

[13] Vgl. *Dreier*, in: Dreier, GG, Vorb. zu Art. 1 Rn. 70.

[14] *Dreier*, in: Dreier, GG, Vorb. zu Art. 1 Rn. 123; *Bethge*, Der Grundrechtseingriff, VVDStRL 1998, 7 (10 f.).

[15] *Peine*, in: Merten/Papier, Hndb. d. GR III § 57 Rn. 14.

[16] Im Überblick *Peine*, in: Merten/Papier, Hndb. d. GR III § 57 Rn. 19 ff.

[17] Unmissverständlich *Bethge*, Der Grundrechtseingriff, VVDStRL 1998, 7 (11); s. auch *v.*

c) Rechtfertigungsanforderungen an Grundrechtseingriffe

Dem Eingriffsbegriff entsprechend wurden die spezifischen Anforderungen an die Verfassungsmäßigkeit von Grundrechtsbeeinträchtigungen für die Besonderheiten des Staat-Bürger-Verhältnisses entwickelt.[18] Bezüglich der Rechtfertigung sind zunächst die spezifischen Anforderungen der konkret betroffenen Grundrechte zu beachten[19]. Darüber hinaus bestehen allgemeine Rechtfertigungsanforderungen, die sich teilweise aus dem Grundgesetz selbst ergeben und teilweise von Rechtsprechung und Lehre als ungeschriebene Rechtfertigungsanforderungen entwickelt wurden.[20] Explizit normiert sind das Einzelfallverbot (Art. 19 Abs. 1 S. 1 GG), das Zitiergebot (Art. 19 Abs. 1 S. 2 GG) und die Wesensgehaltsgarantie (Art. 19 Abs. 2 GG). Ungeschrieben stehen daneben etwa das Bestimmtheitsgebot, der Vorbehalt des Gesetzes und das Rückwirkungsverbot, jeweils abgeleitet aus dem Rechtsstaatsprinzip (Art. 20 Abs. 3 GG).[21]

Eine weitere ungeschriebene Rechtfertigungsanforderung bildet der Grundsatz der Verhältnismäßigkeit (auch Verhältnismäßigkeitsprinzip), der nicht nur aus dem Rechtsstaatsprinzip, sondern auch aus dem Wesen der Grundrechte selbst abgeleitet wird.[22] Der Verhältnismäßigkeitsgrundsatz wird als die „bedeutsamste Grenze staatlicher Grundrechtseinschränkungen“[23] bezeichnet.[24] Er verlangt, „dass ein Grundrechtseingriff einem legitimen Zweck dient und als Mittel zu diesem Zweck geeignet, erforderlich und angemessen ist“[25]. Grundrechte dürfen mit anderen Worten „nur so weit beschränkt werden […], als es zum Schutz öffentlicher Interessen unerläßlich ist.“[26] Das Verhältnismäßigkeitsprinzip wird

---

Kielmansegg, Die Grundrechtsprüfung, JuS 2008, 23 (25); *Peine*, in: Merten/Papier, Hndb. d. GR III § 57 Rn. 37.

[18] Vgl. *Jarass*, Bausteine einer umfassenden Grundrechtsdogmatik, AöR 1995, 345 (373); *Degenhart*, in: Merten/Papier, Hndb. d. GR III § 61 Rn. 69.

[19] Hierzu *Dreier*, in: Dreier, GG, Vorb. zu Art. 1 Rn. 136 ff.

[20] Vgl. *v. Kielmansegg*, Die Grundrechtsprüfung, JuS 2008, 23 (25).

[21] Im Überblick *Sommermann*, in: v. Mangoldt/Klein/Starck, GG, Art. 20 Rn. 287 ff.

[22] Vgl. BVerfGE 19, 342 (348 f.); 61, 126 (134); 65, 1 (44); 76, 1 (50 f.).

[23] *Poscher*, Abwehrrechte, S. 325; ähnlich *Wahl*, in: FS-Würtenberger, 823 (823); *Dreier*, in: Dreier, GG, Vorb. vor Art. 1 Rn. 145.

[24] Die Vorläufer des Grundsatzes reichen bis in die Lehren zum Preußischen Polizeirecht, denen zufolge „der Staat die Freiheit der einzelnen nur so weit einzuschränken berechtigt sei, als es notwendig ist, damit die Freiheit und Sicherheit aller bestehen könne“ (so bereits im Jahre 1791 formuliert von *C. G. Svarez*). *F. Fleiner* brachte diesen Rechtsgedanken einige Zeit später auf die einfache Formel, dass der Staat nicht „mit Kanonen auf Spatzen schießen“ dürfe (*ders.*, Institutionen des deutschen Verwaltungsrechts, S. 404 [8. Auflage 1928]; zuvor bereits *Mayer*, Deutsches Verwaltungsrecht, Bd. 1, S. 267, demnach die Polizei „nicht mit der Störung unnötigerweise zugleich das Zulässige, noch in der gesellschaftlichen Freiheit Liegende unterdrücken und so das Unkraut mit dem Weizen ausraufen“ dürfe). Das Verhältnismäßigkeitsprinzip wurde schließlich vom heute geltenden Verfassungsrecht übernommen (hierzu *Stern*, in: FS-Lerche, S. 165 [171 ff.]).

[25] BVerfGE 109, 279 (335 ff.); 115, 320 (345); 118, 168 (193); 120, 274 (318 f.).

[26] BVerfGE 19, 342 (349).

gemeinhin bezeichnet als „Übermaßverbot“[27]. Dieser Begriff verdeutlicht, dass die Grundrechte dem Staat in ihrer abwehrrechtlichen Ausprägung eine mehr oder weniger starre Obergrenze zulässiger Grundrechtseingriffe setzen, die nicht überschritten werden darf.[28]

d) Verfassungsrechtlich garantierter Rechtsschutz

Die Möglichkeit des Einzelnen, sich im Prozess auf die Grundrechte in ihrer subjektiv-abwehrrechtlichen Dimension zu berufen, ist verfassungsrechtlich garantiert. Zentral ist insoweit die Vorschrift des Art. 19 Abs. 4 GG[29], die dem Einzelnen im Falle einer Verletzung seiner Rechte durch die öffentliche Gewalt Rechtsschutz zusichert.[30] Zum Kanon der Rechte, die geltend gemacht werden können, zählen neben anderen subjektiven Rechten selbstverständlich die Grundrechte in ihrer Funktion als Abwehrrechte.[31] Art. 19 Abs. 4 GG umfasst nach überwiegender Ansicht nur Rechtsverletzungen durch die vollziehende Gewalt.[32] Unstreitig kann der Einzelne Rechtsschutz gegen Grundrechtsverletzungen seitens der Legislative und Judikative jedoch über den außerordentlichen Rechtsbehelf der Verfassungsbeschwerde (Art. 93 Abs. 1 Nr. 4a GG) geltend machen.[33] In abwehrrechtlichen Konstellationen ist dieser Rechtsschutz, sei es ge-

---

[27] S. etwa BVerfGE 15, 226 (234); 100, 313 (390); 141, 220 (333); 153, 182 (283); s. auch *Stern*, in: FS-Lerche, S. 165 (166), demzufolge es sinnvoller sei, „als Oberbezeichnung Übermaßverbot zu verwenden, um den Begriff Verhältnismäßigkeit für das neben Geeignetheit und Erforderlichkeit stehende dritte Inhaltselement freizuhalten.“

[28] Zum Gegenbegriff des Untermaßverbotes s.u. auf S. 128 ff.

[29] Wegen ihrer Schlüsselstellung wird die Norm des Art. 19 Abs. 4 GG als „Grundsatznorm für die gesamte Rechtsordnung“ bezeichnet (so BVerfGE 58, 1 [40] in Rekurs auf *v. Mangoldt/Klein*, GG, Bd. 1, 2. Auflage 1957, Art. 19 Anm. III 1). Von *R. Thoma* stammt die Bezeichnung der Norm als „Schlußstein“ im „Gewölbe des Rechtsstaats“ (*ders.*, Recht, Staat, Wirtschaft, Bd. 3, S. 9).

[30] In Abgrenzung zum Staat-Bürger-Verhältnis als reines Untertanenverhältnis ist Art. 19 Abs. 4 GG Sinnbild eines wechselseitigen Staat-Gesellschaft-Dualismus, in welchem dem Bürger zugunsten des staatlichen Gewaltmonopols die Ausübung von Gewalt versagt bleibt, die staatliche Gewalt gleichwohl rechtlich eingehegt und durch den Bürger stets überprüfbar ist (vgl. *Schulze-Fielitz*, in: Dreier, GG, Art. 19 Abs. 4 Rn. 35).

[31] Grundrechte werden auch bezeichnet als „subjektive öffentliche Rechte par excellence“ (*Schmitt Glaeser/Horn*, Verwaltungsprozeßrecht, Rn. 157; *Schenke*, in: Kopp/Schenke, VwGO, § 42 Rn. 121).

[32] Ausführlich *Stern*, Staatsrecht Bd. IV/2 § 123 IV 1 b, γ.

[33] Zum Verhältnis zwischen der Verfassungsbeschwerde und Art. 19 Abs. 4 GG vgl. BVerfGE 94, 166 (213 f.): „Die Verfassungsbeschwerde ist nicht ein zusätzlicher Rechtsbehelf zum fachgerichtlichen Verfahren, der sich diesem in gleicher Funktion ohne weiteres anschließt. Sie ist ein besonderes Rechtsschutzmittel zur prozessualen Durchsetzung der Grundrechte oder der diesen gleichgestellten Rechte, mithin ein außerordentlicher Rechtsbehelf, mit dem der Träger des vermeintlich verletzten Grundrechts Eingriffe der öffentlichen Gewalt abwehren kann“; s. dazu auch *Schlaich/Korioth*, Das Bundesverfassungsgericht, Rn. 149 ff.

mäß Art. 19 Abs. 4 GG oder gemäß Art. 93 Abs. 1 Nr. 4a GG, naturgemäß ein Rechtsschutz im rein bipolaren Staat-Bürger-Verhältnis.

2. Defizite im Grundrechtsschutz gegenüber Intermediären Gewalten

Nach der traditionellen Grundrechtslehre können sich Private gegenüber Intermediären Gewalten nicht auf Grundrechte in ihrer abwehrrechtlichen Schutzrichtung berufen. Daraus resultiert insbesondere dann eine grundrechtliche Verlustbilanz, wenn Private – etwa in Folge von Privatisierungen – in Funktionen eintreten, die ehemals der Staat erfüllt hat. Entzieht sich der Staat solchen Rechtsverhältnissen, entfällt mit ihm gleichfalls der unmittelbare Grundrechtsadressat und somit der zuvor noch wirksame Grundrechtsschutz in seiner abwehrrechtlichen Dimension.[34] Sachverhalte, die ursprünglich durch grundrechtlichen Freiheitsschutz gekennzeichnet waren, werden dem freien Spiel der Kräfte überlassen, das wiederum das grundrechtliche Vakuum in freiheitsfördernder Weise ausfüllen soll.[35]

Dies wirkt sich defizitär aus, wenn auch nach der Übertragung staatlicher Aufgaben eine Einseitigkeit in den Rechtsverhältnissen zu den Dienstleistern – etwa in Form faktischer oder rechtlicher Angewiesenheiten – bestehen bleibt. In gleicher Weise sind einseitige Regelsetzungen unter Privaten zu beobachten, wenn Verhaltensbedingungen in solchen Bereichen ausgehandelt werden, in denen staatliche Ordnungskräfte von vornherein begrenzt sind (z. B. digitale öffentliche Räume oder weltweit grenzüberschreitende Sachverhalte)[36]. Ob der Wettbewerb tatsächlich bewirkt, dass sich Private den privatrechtlichen Ordnungsprinzipien entsprechend als Freie und Gleiche begegnen oder aber die Kraft des Marktes nicht ausreicht, um Monopolstellungen zu verhindern, ist für den Grundrechtsschutz nicht entscheidend. Die Gewährleistung eines abwehrrechtlichen Grundrechtsschutzes hängt vielmehr vom Kriterium des staatlichen Grundrechtseingriffes ab. Sie richtet sich nicht nach dem Bestehen einer Subordination zwischen den Parteien, sei es im Staat-Bürger- oder im Bürger-Bürger-Verhältnis.[37]

---

[34] Zu dieser „Verflachung des Grundrechtsschutzes" *Kämmerer*, Verfassungsstaat auf Diät?, JZ 1996, 1042 (1050).

[35] *F. Böhm* hat den Satz geprägt, dass der Wettbewerb „das großartigste und genialste Entmachtungsinstrument der Geschichte [ist]. Man braucht es nur zu beschwören, alle weitere Arbeit leistet es von allein" (*ders.*, Die Bedrohung der Freiheit durch private ökonomische Macht, Universitas 1963, 37 [46]).

[36] Zu den Bereichen nachlassender Ordnungskräfte des Staates s. o. auf S. 69 ff.

[37] Etwas anderes klingt für das Staat-Bürger-Verhältnis in BVerfGE 116, 135 (149 ff.) an. In dieser Entscheidung verneint das Bundesverfassungsgericht den Anwendungsbereich des Art. 19 Abs. 4 GG dann, wenn sich der Einzelne in der konkreten Situation nicht „in einem Verhältnis typischer Abhängigkeit und Unterordnung" zum Staat befindet. Die Bindung des Staates an Art. 12 Abs. 1 GG ließ das Gericht überaschenderweise offen (kritisch zur Entscheidung *Huber*, in: v. Mangoldt/Klein/Starck, GG, Art. 19 Rn. 431).

Intermediäre Gewalten bleiben somit unabhängig von ihrer sozialen oder wirtschaftlichen Stellung private und daher an Grundrechte nicht gebundene Rechtssubjekte.[38] Ihre Handlungen und Rechtspositionen anderen gegenüber sind vielmehr selbst grundrechtlich abgesichert. Kollidieren sie mit den Freiheiten Dritter, soll ein Interessenausgleich über den sog. status positivus der Grundrechte erreicht werden. Kennzeichnend ist dabei ein von vornherein schwächerer Grundrechtsschutz im Vergleich zur abwehrrechtlichen Schutzrichtung. Dies herauszustellen ist die Aufgabe des folgenden Abschnittes.

III. Status positivus (Freiheit durch den Staat)

Die Dimension des status positivus umfasst subjektive Rechtsansprüche des Einzelnen auf Leistungen des Staates.[39] Der Leistungsbegriff wird vorliegend in einem weiten Sinne als Oberbegriff für alle positiven Pflichten verstanden.[40] Freiheit wird in dieser Konstellation nicht durch ein Unterlassen, sondern ein aktives Tun des Staates gewährt. Für den Grundrechtsschutz gegenüber Dritten ist dabei die staatliche Schutzpflicht zentral. Sie kommt zum Tragen, wenn die klassische Eingriffskonstellation nicht oder – etwa wegen einer Privatisierung – nicht mehr einschlägig ist.[41] Für die staatliche Schutzpflicht ist kennzeichnend, dass dem Einzelnen Grundrechtsschutz erst dadurch gewährleistet wird, dass der Staat als moderierende Instanz die Grundrechte der konfligierenden Parteien in einen Ausgleich bringt.

1. Inhaltliche Ausprägungen

a) Grundsätzliches

In seiner Rolle als Freiheitsgewährleister hat sich der Staat auch im Falle von Grundrechtsgefährdungen, die nicht von ihm selbst ausgehen, „fördernd vor die Grundrechte zu stellen“[42]. Die Pflicht hierzu besteht gerade auch dann, wenn die Grundrechtsbeeinträchtigung nicht von unmittelbar grundrechtsgebundenen Rechtssubjekten ausgeht.[43] Entsprechend wird die Figur der mittelbaren Drittwirkung dem status positivus zugeordnet.[44]

---

[38] Vgl. *Canaris*, Grundrechte und Privatrecht, AcP 1984, 201 (245); *Muckel*, Wandel des Verhältnisses von Staat und Gesellschaft, VVDStRL 2020, 245 (277 ff.).

[39] *Starck*, in: v. Mangoldt/Klein/Starck, GG, Art. 1 Rn. 187; aus unionsrechtlicher Perspektive *Schöbener*, in: Schöbener, Europarecht, Rn. 1611 ff.

[40] So auch *Jarass*, in: Jarass/Pieroth, GG, Vor Art. 1 Rn. 4 m. w. N.

[41] Insoweit wandelt sich der Inhalt des Grundrechtsschutzes von der Eingriffsabwehr zur Schutzpflicht (so *Kämmerer*, Verfassungsstaat auf Diät?, JZ 1996, 1042 [1049]).

[42] *Nierhaus*, in: Bonner Kommentar, GG, Art. 19 Abs. 2 Rn. 111; bezogen auf konkrete Rechtsgüter u. a. BVerfGE 39, 1 (42); 46, 160 (164); 90, 145 (195); 142, 313 (337); s. auch *Bethge/v. Coelln*, Grundriss Verfassungsrecht, S. 123, die den Staat als „Grundrechtsverbürgungsanstalt“ bezeichnen.

[43] *Dreier*, in: Dreier, GG, Vorb. vor Art. 1 GG Rn. 101.

[44] Teilweise wird der Grundrechtsschutz gegenüber anderen Privaten primär durch den

b) Anforderungen an staatliches Handeln

Im Gegensatz zu den gesicherten Maßgaben der abwehrrechtlichen Grundrechtsdimension besteht für den status positivus eine fortdauernde Diskussion darüber, welche verfassungsrechtlichen Anforderungen gelten, wenn sich der Staat im Rahmen eines Bürger-Bürger-Verhältnisses „fördernd vor die Grundrechte zu stellen hat".[45] Hervorgehoben wird insoweit die Notwendigkeit „elastischer Wertschutzmöglichkeiten"[46] im Privatrechtsverhältnis konträr zur strengen Grundrechtskontrolle im Staat-Bürger-Verhältnis. An ihre Stelle treten weiche Rechtmäßigkeitskriterien.[47]

aa) Verfassungsgerichtliche Zurückhaltung als Ausgangspunkt

So führt das Bundesverfassungsgericht komparativ zum Staat-Bürger-Verhältnis aus, dass sich die verfassungsrechtlichen Anforderungen privater Grundrechtsbeeinträchtigungen

> „nicht in gleicher Weise formal bestimmen [lassen], sondern […] in Blick auf die unterschiedlichen und nicht selten vielpoligen Konstellationen zwischen Privaten je nach Schutzbedarf durch Abwägung zu ermitteln [sind]."[48]

Begriff der objektiven Wertordnung beschrieben und damit einer eigene Grundrechtsfunktion zugeordnet, die vom Begriff des status positivus bisweilen unterschieden wird (so etwa *Voßkuhle/Kaiser*, Funktionen der Grundrechte, JuS 2011, 411 [412]; *Jarass*, Hdnb. d. GR II, § 38 Rn. 67; s. auch *Dreier*, Idee und Gestalt des freiheitlichen Verfassungsstaates, S. 66 ff.). Durch diese Zuordnung könnte jedoch der Eindruck entstehen, dass es sich bei den der objektiven Wertordnung zuzuordnenden Rechten nicht auch um subjektive Rechte im Sinne des status positivus handeln würde (kritisch daher *Canaris*, Grundrechte und Privatrecht, AcP 1984, 201 [224 f.]: „Auch diese Grundrechtsfunktion erklärt nämlich nicht die Zulässigkeit der Verfassungsbeschwerde, weil sie ja gerade nicht die subjektiv-rechtliche, sondern die objektiv-rechtliche Seite der Grundrechte betrifft"). Das Bundesverfassungsgericht formulierte dahingehend unzweideutig: „Verfehlt er [der Zivilrichter] diese Maßstäbe und beruht sein Urteil auf der Außerachtlassung dieses verfassungsrechtlichen Einflusses auf die zivilrechtlichen Normen, so verstößt er nicht nur gegen objektives Verfassungsrecht, indem er den Gehalt der Grundrechtsnorm (als objektiver Norm) verkennt, er verletzt vielmehr […] das Grundrecht, auf dessen Beachtung […] der Bürger einen verfassungsrechtlichen Anspruch hat" (BVerfGE 7, 198 [206 f.]).

45 Daher formuliert *Dreier*, Dimensionen der Grundrechte, S. 42: „Grundrechte als objektive Normen sind heterogener und komplexer strukturiert als Grundrechte in ihrer abwehrrechtlichen Dimension […] und insgesamt noch weit von jener dogmatisch insgesamt befriedigenden Durchdringung entfernt, die die Grundrechte als Abwehrrechte vergleichsweise leicht und sicher handhabbar macht."

46 *Dürig*, in: FS-Nawiasky, 157 (177).

47 Insbesondere die aus dem status negativus bekannten Schranken-Schranken (Bestimmtheitsgebot, Einzelfallverbot, Verhältnismäßigkeit etc.) sind nach der klassischen Grundrechtstheorie nicht auf innergesellschaftliche Freiheitsbedrohungen übertragbar (vgl. *Lübbe-Wolff*, Die Grundrechte als Eingriffsabwehrrechte, S. 160). Hierfür fehlt es nach klassischer Lehre bereits an einem diese auslösenden Grundrechtseingriff.

48 BVerfGE 152, 152 (190 f.).

Die zu prüfenden Grundrechte haben mit anderen Worten nur eine dirigierende, nicht jedoch eine determinierende Funktion[49] und geben dem Richter lediglich Richtlinien und Impulse zur Auslegung des einfachen Rechts.

Aus der Sicht des Bundesverfassungsgerichts tritt eine institutionelle Herausforderung im Verhältnis zur Fachgerichtsbarkeit insgesamt hinzu. Zum einen muss das Gericht die Grenzen der Überprüfbarkeit fachgerichtlicher Entscheidungen ausloten, wobei es sich insbesondere nicht als „Superrevisionsinstanz“[50] gerieren darf.[51] Zum anderen hat es auch im Bürger-Bürger-Verhältnis einen effektiven Grundrechtsschutz zu gewährleisten und den „Fachgerichten gegenüber seine grundrechtsspezifische Kontrollfunktion“[52] wahrzunehmen.[53] Zugunsten einer prinzipiellen Zurückhaltung formuliert das Bundesverfassungsgericht, dass es nur solche Entscheidungen zu korrigieren hat, die „auf einer grundsätzlich unrichtigen Auffassung von der Bedeutung eines Grundrechts, insbesondere vom Umfang seines Schutzbereichs, beruhen und auch in ihrer materiellen Bedeutung für den konkreten Rechtsfall von einigem Gewicht sind“[54]. Der Fachgerichtsbarkeit wurde daher bezüglich der Grundrechtsprüfung im Einzelfall ein „Konkretisierungsprimat“ zugesprochen.[55] So legen die seitens des Bundesverfassungsgerichts genannten Maßstäbe ihren Fokus weniger auf eine inhaltliche Ergebnisprüfung als vielmehr auf das grundlegende Vorgehen der Fachgerichte. Mit *R. Alleweldt* kann insoweit von einer „Ausstrahlungskontrolle als Vorgehenskontrolle“ gesprochen werden statt von einer abwehrrechtlichen Ergebniskontrolle, welche die konkreten Voraussetzungen eines verfassungsmäßigen Grundrechtseingriffes überprüft.[56]

---

[49] *Alleweldt*, Bundesverfassungsgericht und Fachgerichtsbarkeit, S. 76; *Hager*, Von der Konstitutionalisierung des Zivilrechts zur Zivilisierung der Konstitutionalisierung, JuS 2006, 769 (771) spricht von „strukturierender“ Wirkung.

[50] BVerfGE 7, 198 (207).

[51] Vertiefend zum Verhältnis zwischen dem Bundesverfassungsgericht und der Fachgerichtsbarkeit: *Kunig*, Verfassungsrecht und einfaches Recht, VVDStRL 2002, 34 (passim); s. auch *Grimm*, Verfassungsgerichtsbarkeit, S. 296 ff.

[52] So BVerfGE 152, 216 (241).

[53] Im Kontext der mittelbaren Drittwirkung: *Ruffert*, Privatrechtswirkung der Grundrechte, JuS 2020, 1 (2); s. auch *Kämmerer*, Verfassungsstaat auf Diät?, JZ 1996, 1042 (1050 f.).

[54] BVerfGE 81, 242 (253) und mit gleichlautender oder ähnlicher Formulierung BVerfGE 30, 173 (188); 89, 1 (10); 129, 78 (102); 134, 204 (234); 142, 74 (101). Auch das völlige Außerachtlassen durch die Zivilgerichte ist grundrechtswidrig, dürfte gleichwohl in den seltensten Fällen vorkommen (vgl. *Schlaich/Korioth*, Bundesverfassungsgericht, Rn. 294). Diese beschränkte Kontrolldichte gilt im Übrigen auch außerhalb der Zivilgerichtsbarkeit, da sie aus dem grundsätzlichen Spannungsverhältnis zwischen dem Bundesverfassungsgericht und den Fachgerichten herrührt.

[55] *Scherzberg*, Grundrechtsschutz und „Eingriffsintensität“, S. 132; kritisch zum Begriff *Alleweldt*, Bundesverfassungsgericht und Fachgerichtsbarkeit, S. 229.

[56] Gegenüberstellend *Alleweldt*, Bundesverfassungsgericht und Fachgerichtsbarkeit, S. 206 ff.

bb) Untermaßverbot und praktische Konkordanz als materielle Maßstäbe

Zur Konkretisierung der materiellen Prüfungsmaßstäbe haben sich für die Grundrechtsprüfung im Bürger-Bürger-Verhältnis insbesondere die zwei folgenden Rechtsfiguren durchgesetzt: An die Stelle des aus dem status negativus bekannten Übermaßverbotes tritt das „Untermaßverbot", das unter Privaten durch die Herstellung einer „praktischen Konkordanz" verwirklicht wird. Im Sachbereich der mittelbaren Drittwirkung haben sich beide Begriffe (Untermaßverbot und praktische Konkordanz) als Kompromiss etabliert, der zwischen den Gegenpositionen eines absoluten Vorrangs des privatrechtlich Vereinbarten und dem Einfluss grundrechtlicher Wertungen in Bürger-Bürger-Verhältnissen vermittelt.

Das Untermaßverbot wurde als „Pendant zum Übermaßverbot konzipiert"[57] und bedeutet in Abgrenzung zu letzterem, dass der Staat in Privatrechtsverhältnissen nur ein Minimum an Grundrechtsschutz zu gewährleisten hat.[58] Dieser „Mindeststandard staatlicher Intervention"[59] im Bürger-Bürger-Verhältnis ist von vornherein relativ und schwächer ausgeprägt als der Grundrechtsschutz im Staat-Bürger-Verhältnis.[60] Begründet wird dieses qualitative Minus insbesondere mit dem Schutz der Privatautonomie[61], dem „Vorrang gesellschaftlicher Selbstregulierung vor staatlicher Intervention"[62] und der Besonderheit, dass sich im

---

[57] *Voßkuhle/Kaiser*, Funktionen der Grundrechte, JuS 2011, 411 (412); s. auch *Ruffert*, Privatrechtswirkung der Grundrechte, JuS 2020, 1 (3), der das Untermaßverbot als „schutzpflichtendogmatisches Korrelat zum Übermaßverbot" bezeichnet.

[58] Grundlegend zum Untermaßverbot *Hain*, Der Gesetzgeber in der Klemme zwischen Übermaß- und Untermaßverbot, DVBl. 1993, 982; *ders.*, Das Untermaßverbot in der Kontroverse, ZG 1996, 75. *Schmidt*, in: FS-Canaris, 131 (140) spricht insoweit von einem „Mindest-Schutz-Standard"; kritisch zur Figur des Untermaßverbots *Poscher*, in: Herdegen/Masing/Poscher/Gärditz, Hndb. d. Verfassungsrechts, § 3 Rn. 96 ff.

[59] *Sommermann*, in: v. Mangoldt/Klein/Starck, GG, Art. 20 Rn. 319.

[60] Vgl. *Canaris*, in: Bauer/Czybulka/Kahl/Voßkuhle (Hrsg.), Umwelt, Wirtschaft und Recht, S. 39 f.; *Kämmerer*, Verfassungsstaat auf Diät?, JZ 1996, 1042 (1049 f.); *Bäcker*, Grundrechtlicher Informationsschutz gegen Private, Der Staat 2012, 91 (99 f.); *Suhr*, Grundrechte gegen die Natur, in: Berichte der Akademie für Naturschutz und Landschaftspflege, 1988, 3 (5); *Ruffert*, Vorrang der Verfassung, S. 16; *Degenhart*, in: Merten/Papier, Hndb. d. GR III § 61 Rn. 70.

[61] *Michael/Morlok*, Grundrechte, Rn. 739; *Canaris*, in: Bauer/Czybulka/Kahl/Voßkuhle (Hrsg.), Umwelt, Wirtschaft und Recht, S. 39 f.

[62] *Ruffert*, Vorrang der Verfassung, S. 219; ähnlich *Neuner*, Das BVerfG im Labyrinth der Drittwirkung, NJW 2020, 1851 (1852 f.), der auf das Subsidiaritätsprinzip abstellend festhält: „Erst wenn der Einzelne sich nicht selbst effektiv zu helfen vermag, besteht Anlass, andere Privatrechtsakteure in die soziale Pflicht zu nehmen"; s. auch *Bethge*, Grundrechtsverwirklichung und Grundrechtssicherung durch Organisation und Verfahren, NJW 1982, 1 (3): „Im ersten Fall [Bürger-Bürger-Verhältnis] dienen die grundrechtsrelevanten Organisations- und Verfahrensnormen zur Regulierung nicht notwendig privatrechtlicher, aber jedenfalls staatsfreier Geschehensabläufe vornehmlich in der grundrechtsrelevanten Beziehung zwischen verschiedenen Rechtsträgern, aber auch zur Sicherung einer anderweitig nicht effektuierbaren Grundrechtsposition. Der Staat ist hier auf seine Funktion als grundrechtseffektuierender

Bürger-Bürger-Verhältnis zwei gleichermaßen Grundrechtsberechtigte gegenüberstehen[63]. Staatstheoretisch perpetuieren diese Argumente die Prämissen des Staat-Gesellschaft-Dualismus im traditionellen Grundrechtsverständnis, das der Ebene der Gesellschaft die Ordnungsprinzipien der Freiheit, Autonomie und formalen Gleichordnung der Bürger zuschreibt[64]. Handlungen Privater haben sich demnach gerade nicht an verfassungsrechtlichen Zielvorgaben (konkret: Grundrechten) zu orientieren.

Der grundrechtliche Mindestschutz in multipolaren Rechtsverhältnissen soll durch die Herstellung praktischer Konkordanz gewährleistet werden. Von *K. Hesse* als allgemeines Prinzip der Verfassungsinterpretation eingeführt[65], greifen Rechtsprechung und Lehre auch in der spezifischen Konstellation der mittelbaren Drittwirkung auf die Rechtsfigur der praktischen Konkordanz zurück. In Privatrechtsverhältnissen seien demnach die

„kollidierende[n] Grundrechtspositionen [...] in ihrer Wechselwirkung zu erfassen und nach dem Grundsatz der praktischen Konkordanz so in Ausgleich zu bringen, dass sie für alle Beteiligten möglichst weitgehend wirksam werden.“[66]

In Abgrenzung zu Grundrechtskonflikten im Staat-Bürger-Verhältnis gilt für die praktische Konkordanz im Bürger-Bürger-Verhältnis insbesondere nicht die aus dem rechtsstaatlichen Verteilungsprinzip bekannte Freiheitsvermutung. Schließlich stehen sich Private gegenüber, bei denen eine Grundrechtsgewährleistung zugunsten des einen notwendig eine Grundrechtsbeschränkung zulasten des anderen bedeutet. Den Ordnungsprinzipien der Privatrechtsgesellschaft entsprechend soll grundsätzlich keine Rechtsposition verfassungsrechtlichen Vorrang vor der anderen genießen.[67] In der Praxis gestaltet sich die praktische Konkor-

Organisations- und Verfahrensgesetzgeber für ein im übrigen strikt staatsfreies, besser staatsdistanziertes horizontales Zusammenwirken der einzelnen Rechtsgenossen bzw. für die Realisierung eines ohne Organisation vom Leerlauf bedrohten grundrechtlich geschützten Lebensbereichs beschränkt.“

[63] *Canaris*, Grundrechte und Privatrecht, S. 19.

[64] S. o. auf S. 45 ff.

[65] Zum Güterausgleich *Hesse*, Grundzüge des Verfassungsrechts, Rn. 72: „[B]eiden Gütern müssen Grenzen gezogen werden, damit beide zu optimaler Wirksamkeit gelangen können. Die Grenzziehungen müssen daher im jeweiligen konkreten Falle verhältnismäßig sein; sie dürfen nicht weiter gehen als es notwendig ist, um die Konkordanz beider Rechtsgüter herzustellen.“

[66] BVerfGE 129, 78 (101 f.); 148, 267 (280); 152, 152 (185); s. auch *Muckel*, Praktische Konkordanz gegenläufiger Grundrechte im Zivilrecht, JA 2010, 670 (672); *Hager*, Von der Konstitutionalisierung des Zivilrechts zur Zivilisierung der Konstitutionalisierung, JuS 2006, 769 (771).

[67] In dieses Argument fügt sich die folgende Aussage des Bundesverfassungsgerichts im Rahmen einer Entscheidung zur mittelbaren Drittwirkung ein: „Die Abwägung ist damit letztlich nicht von einer übergreifenden Vorrangregel geleitet, sondern auf eine abgestufte Balance zwischen Freiheitsvermutung und Schutzanspruch hin orientiert“ (BVerfGE 152, 152 [188]).

danz im Sachbereich der mittelbaren Drittwirkung als ergebnisoffene Einzelfallabwägung ohne zwingende verfassungsrechtliche Vorgaben.[68] Die fehlende normative Rationalisierbarkeit dieser Herangehensweise ist seitens der Literatur häufig kritisiert worden.[69]

Bis zu einem gewissen Grad ist die Offenheit der Güterabwägung im Rahmen der mittelbaren Drittwirkung indes notwendig. Sie ist Ausdruck eines Interessenausgleiches in Konstellationen spontaner Ordnungsbildung, die anders als das Staat-Bürger-Verhältnis nicht von grundrechtlichen Schematisierungen – wie etwa dem rechtsstaatlichen Verteilungsprinzip – vorgeprägt sein können. Dementsprechend leitet das Bundesverfassungsgericht erst auf der Einzelfallebene Differenzierungen hinsichtlich der Reichweite der mittelbaren Grundrechtswirkung ab.[70]

c) Verfassungsrechtlich garantierter Rechtsschutz

Die Beachtung des Untermaßverbotes und der praktischen Konkordanz ist primär Aufgabe der Fachgerichte, da es sich – wenn auch unter grundrechtlichem Blickwinkel – im Kern um eine Auslegung des einfachen Rechts handelt[71]. Die Gerichte sind dabei „kraft Verfassungsgebotes" verpflichtet, die grundrechtlichen Wertungen auch in privatrechtlichen Streitigkeiten zu beachten.[72] Die Begründung eines etwaigen Verfassungsgebotes ist notwendig, da sich die Pflicht zur Beachtung von Grundrechten im Rahmen der nur mittelbaren Drittwirkung nicht bereits aus dem üblichen Prüfungsprogramm der Zivilgerichte ergibt.[73]

---

[68] Insbesondere sollen das Verhältnismäßigkeitsprinzip und seine jeweiligen Prüfungsschritte nicht anwendbar sein (vgl. *Suhr*, Die Freiheit vom staatlichen Eingriff, JZ 1980, 166 [169]; *Bethge*, in: Maunz/Schmidt-Bleibtreu/Klein/Bethge, BVerfGG, § 90 Rn. 313). Auch die Wesensgehaltsgarantie aus Art. 19 Abs. 2 GG verspricht über die ohnehin notwendige Abwägung der Rechtspositionen hinaus keinen Erkenntnisgewinn zur stärkeren Konturierung der Drittwirkungsdogmatik (hierzu *Dreier*, in: Dreier, GG, Art. 19 Abs. 2 Rn. 10).

[69] Zur Kritik vgl. *Schöbener*, Die humanitäre Intervention, KJ 2000, 557 (577) m. w. N.; s. auch *Oeter*, „Drittwirkung" der Grundrechte, AöR, 1994, 529 (538): „Güterabwägung unter dem Leitstern der ‚im Grundgesetz niedergelegten Wertordnung' lebt von der ‚Auffüllung' der karg formulierten Grundrechtsgewährleistungen mit vorausgesetzten Wertvorstellungen, also der Anreicherung mit meta-rechtlichen Prämissen"; zur Kritik an der begrenzten Operabilität des Untermaßverbotes s. auch *Hanau*, Der Grundsatz der Verhältnismäßigkeit, S. 68.

[70] Vgl. BVerfGE 148, 267 (280 f.), das konkret die „Unausweichlichkeit von Situationen, das Ungleichgewicht zwischen sich gegenüberstehenden Parteien, die gesellschaftliche Bedeutung von bestimmten Leistungen oder die soziale Mächtigkeit einer Seite" anführt.

[71] BVerfGE 7, 198 (205 f.). In praktischer Hinsicht wird zugunsten eines primär fachgerichtlich vermittelten Grundrechtsschutzes die breite Erfahrung der einzelnen Gerichte in ihren jeweiligen Sachgebieten sowie ihre institutionelle Einrichtung als dezentrale Instanzen zur Auslegung und Fortbildung des Rechts angeführt (vgl. *Voßkuhle*, Theorie und Praxis der verfassungskonformen Auslegung von Gesetzen durch Fachgerichte, AöR 2000, 177 [196]).

[72] So BVerfGE 7, 198 (206).

[73] Im Hinblick auf die Wertordnungsrhetorik treffend *Michl*, Die Bedeutung der Grund-

Denkbar ist bezüglich des genannten Verfassungsgebotes auch ein Verweis auf die Norm des Art. 20 Abs. 3 GG, die eine Gesetzesbindung der Rechtsprechung anordnet, wovon potenziell auch Grundrechte umfasst sind[74]. Eine tiefergehende Begründung der Drittwirkung – wie sie vom Bundesverfassungsgericht durch den Rekurs auf die objektive Wertordnung erbracht wird – kann ein Verweis auf Art. 20 Abs. 3 GG jedoch nicht ersetzen, da die Norm Zivilgerichte zunächst an die Normen des Privatrechts bindet und keine Aussage darüber trifft, ob in Privatrechtsverhältnissen Grundrechte überhaupt Anwendung finden.[75]

Ein Verstoß gegen die zuvor genannten Auslegungsmaßstäbe[76] durch das zuständige Fachgericht kann seitens des Betroffenen zusätzlich im Rahmen einer Verfassungsbeschwerde vor dem Bundesverfassungsgericht geltend gemacht werden. Für Art. 93 Abs. 1 Nr. 4a GG gilt dann jedoch die Besonderheit, dass als Beschwerdegegenstand nicht die tatsächliche Grundrechtsbeeinträchtigung durch die jeweilige private Partei, sondern die Auslegung durch die Zivilgerichte angegriffen wird; sie selbst ist der relevante Akt der öffentlichen Gewalt.[77] Im Ergebnis haben die Beschwerdeführer somit nicht die Grundrechtsbeeinträchtigung durch Dritte, sondern die Nichtbeachtung der objektiven Wertordnung durch den Staat zu rügen.[78] Diese dogmatisch voraussetzungsvolle Konstruktion hilft darüber hinweg, dass die Geltung der Grundrechte unmittelbar im Rechtsverhältnis zwischen Privaten verneint wird.[79]

---

rechte im Privatrecht, JURA 2017, 1026 (1065): „Normen können verpflichten, Werte nicht. Daher musste das BVerfG auch ein »Verfassungsgebot« annehmen, das den Zivilrichter zur grundrechtskonformen Auslegung und Anwendung des Privatrechts verpflichtet."

[74] Dass die Grundrechte „Gesetz" im Sinne des Art. 20 Abs. 3 GG sind, ist einhellig anerkannt (vgl. BVerfGE 78, 214 [227]; *Sachs*, in: Sachs, GG, Art. 20 Rn. 107; *Jarass*, in: Jarass/Pieroth, GG, Art. 20 Rn. 53).

[75] Vgl. *Jocham*, Die Grenzen der richterlichen Rechtsfortbildung im Privatrecht, S. 84 ff.

[76] S. o. auf S. 128 ff.

[77] Vgl. *Schlaich/Korioth*, Das Bundesverfassungsgericht, Rn. 230; *Lechner/Zuck*, BVerfGG, § 90 Rn. 112e; kritisch *Bethge*, Grundrechte und gerichtlicher Schutz, KritV 1990, 9 (23 f.): „[D]ie eigentliche Funktion der Verfassungsbeschwerde, Grundrechtsschutz zugunsten des einzelnen gegenüber der öffentlichen Gewalt zu gewähren, tritt in den Hintergrund; sie lässt sich nur noch mit formalen Kriterien aufrechterhalten"; s. auch *Canaris*, Grundrechte und Privatrecht, AcP 1984, 201 (242): „Es kommt hinzu, daß ein falsches Grundrechtsverständnis des Zivilgerichts nach der Rechtsprechung des BVerfG grundsätzlich die Verfassungsbeschwerde eröffnet. Diese kann aber [...] nur auf die Verletzung eines subjektiven Rechts gestützt werden. Auch das spricht dafür, daß die Grundrechte in Wahrheit nicht nur als – rein objektive – Auslegungsrichtlinien, sondern als solche, d.h. als echte subjektive Rechte des Bürgers ins Spiel kommen."

[78] Vgl. *Bethge*, in: Maunz/Schmidt-Bleibtreu/Klein/Bethge, BVerfGG, § 90 Rn. 288; kritisch *Scherzberg*, Grundrechtsschutz und „Eingriffsintensität", S. 168 f.

[79] An diesem Umweg kann man kritisieren, dass Zivilgerichte im Rechtsverhältnis zu den Parteien Grundrechte berücksichtigen müssen, die materiell im Grunde erst im Rechtsverhältnis zwischen den Privaten relevant werden. Diese Differenz zwischen den verschiedenen Rechtsverhältnissen kommt normativ in Art. 93 Abs. 1 Nr. 4a GG („durch die öffentliche Gewalt") nicht zur Geltung.

2. Defizite im Grundrechtsschutz gegenüber Intermediären Gewalten

Der Grundrechtsschutz Einzelner gegenüber den Freiheitsbedrohungen durch Intermediäre Gewalten wird von der klassischen Grundrechtsdogmatik nur unzureichend erfasst. Dies gilt sowohl in materieller als auch in prozessualer Hinsicht.

a) Unzureichender Schutz vor Subordinationen im Privatrechtsverhältnis

Eine wesentliche Ursache für den mangelnden Grundrechtsschutz in privatrechtlichen Subordinationsverhältnissen ist, dass innerhalb der Konstellationen, die von der mittelbaren Drittwirkung erfasst werden, keine weitere dogmatische Differenzierung je nach grundrechtlicher Gefährdungsintensität vorgenommen wird. So werden zunächst alle privaten Rechtsverhältnisse pauschal nach den Konfliktlösungsmechanismen der mittelbaren Drittwirkung (Untermaßverbot und praktische Konkordanz) behandelt, unabhängig davon, ob die private Grundrechtsbeschränkung in einem Verhältnis der Subordination auftritt oder es sich um typische Privatrechtsverhältnisse handelt[80]. Streiten etwa zwei Künstler untereinander über ein Urheberrecht, wird dieser Streit verfassungsrechtlich ebenso über die Rechtsfigur der mittelbaren Drittwirkung gelöst[81] wie das Vorgehen eines Fußballfans gegen einen marktbeherrschenden Sportverband, der gegen ihn ein bundesweites Stadionverbot verhängt hat[82]. Auch im letztgenannten Fall gelten nach der klassischen Grundrechtstheorie weder das strenge Verhältnismäßigkeitsprinzip noch andere Vorrangregeln, die in ihrer Zielrichtung etwaige Subordinationen ausgleichen und zwingend zur Verfassungswidrigkeit der Grundrechtsbeschränkung führen könnten.

Abermals vollzieht sich dabei die idealtypische Trennung von Übermaß- und Untermaßverbot anhand der Unterscheidung zwischen dem Staat-Bürger-Verhältnis und dem Bürger-Bürger-Verhältnis.[83] Häufig wird als scheinbar hinrei-

---

[80] In diese Richtung gehende Differenzierungsversuche wurden seitens des Bundesverfassungsgerichts bisher nur in wenigen Fällen angestellt (vgl. die Beispiele auf S. 102 ff.).

[81] Vgl. BVerfG, Urt. v. 31.5.2016, 1 BvR 1585/13, GRUR 2016, 690 (692 f.): „Die Zivilgerichte haben bei der Auslegung und Anwendung des Urheberrechts die im Gesetz zum Ausdruck kommende Interessenabwägung zwischen dem Eigentumsschutz der Tonträgerhersteller und den damit konkurrierenden Grundrechtspositionen nachzuvollziehen und dabei unverhältnismäßige Grundrechtsbeschränkungen zu vermeiden."

[82] BVerfGE 148, 267 (280): „Sie [Grundrechte] zielen hier nicht auf eine möglichst konsequente Minimierung von freiheitsbeschränkenden Eingriffen, sondern sind als Grundsatzentscheidungen im Ausgleich gleichberechtigter Freiheit zu entfalten. Die Freiheit der einen ist dabei mit der Freiheit der anderen in Einklang zu bringen. Dabei kollidierende Grundrechtspositionen sind hierfür in ihrer Wechselwirkung zu erfassen und nach dem Grundsatz der praktischen Konkordanz so in Ausgleich zu bringen, dass sie für alle Beteiligten möglichst weitgehend wirksam werden."

[83] Kritisch *Schmidt*, Entscheidungsfreiheit des einzelnen, AöR 1976, 24 (35): „Denn aus der Problemdiskussion ausgegrenzt wird auch die für die Bedingungen der individuellen Freiheit gleichrangige Freiheitssicherung gegenüber gesellschaftlicher Macht. Die Trias

chendes Argument für dieses Entweder-oder die Tatsache angeführt, dass im letzteren Fall mehrere Grundrechtsberechtigte aufeinandertreffen.[84] Dementsprechend soll die wirtschaftliche oder soziale Stellung der Parteien die Grundrechtsberechtigung nicht in eine Grundrechtsverpflichtung und das Untermaßverbot nicht in ein Übermaßverbot umschlagen lassen können.[85] Terminologisch schlug *D. Suhr* daher vor, Bürger-Bürger-Verhältnisse begrifflich nicht als „Grundrechtskollisionen" einzuordnen, sondern sie mit den „Regeln für Kommunikationen und Interaktionen"[86] zu lösen. Diese Formulierung spiegele sachgemäßer den Gegensatz zum Staat-Bürger-Verhältnis wider.[87]

Für das Gros der Auseinandersetzungen zwischen privaten Rechtssubjekten wird man diesem Ansatz folgen können. Die Mechanismen der mittelbaren Drittwirkung sind dann durchaus dazu geeignet, Konflikte auf Augenhöhe auszugleichen.[88] Dieser Ausgleich wird jedoch in dem Moment defizitär, wenn man mit einer Fallgruppe etwa in Form „Intermediärer Gewalten" die Existenz privater Rechtssubjekte anerkennt, die aufgrund einer Sonderstellung den Rechts- und Ordnungsprinzipien der Privatrechtsgesellschaft (spontane Ordnung, Privatautonomie) und damit auch ihren Kommunikationsregeln entwachsen sind. In diesem Moment liegen die Voraussetzungen für die Distinktion zwischen Staat und Gesellschaft, zwischen Subordination und Gleichordnung, nicht mehr vor. Die hiermit verbundene „Trennlinie zwischen Grundrechtsberechtigung und Grundrechtsverpflichtung"[89] wird unscharf.

Staat-Gesellschaft-individuelle Freiheit wird nur im Hinblick auf die staatliche Herrschaft entfaltet. Vom Innern der Gesellschaft ist nicht die Rede, weil in dieser Unterscheidung ‚Gesellschaft' nur in ihrer außengerichteten Abwehrfunktion begriffen wird, vordergründig gegen den Staat […]."

[84] Vgl. *Singer*, in: FS-Windbichler, 139 (139 f.): „Für einen [unmittelbaren] Schutz gegen Private bietet die Verfassung daher grundsätzlich keine Grundlage, da sich die Rechtssubjekte im Privatrechtsverkehr auf der Ebene der Gleichordnung bewegen"; s. auch Bethge, in: Maunz/Schmidt-Bleibtreu/Klein/Bethge, BVerfGG, § 90 Rn. 313; *Smets*, Staatsgleiche Grundrechtsbindung Privater, NVwZ 2016, 35 (38).

[85] Zur Unterscheidung zwischen privater und staatlicher Macht anhand der Trennlinie von Grundrechtsberechtigung und -verpflichtung zuletzt *Muckel*, Wandel des Verhältnisses von Staat und Gesellschaft, VVDStRL 2020, 245 (277 ff.).

[86] So *Suhr*, Entfaltung der Menschen, S. 130.

[87] Dazu weiter *Suhr*, Entfaltung der Menschen, S. 132 Fn. 9: „Wo es um die Abwehrfunktion der Grundrechte (direkt gegenüber dem Staat oder gesetzesvermittelt gegenüber dem Bürger) geht, ist [hingegen] das Schutzburgdenken passend. Im übrigen aber besteht auch ein schützendes Haus, das geschützte Räume umhegt, nicht nur aus Wänden, sondern auch aus Türen und Fenstern, und in der Systemtheorie werden Grenzen nicht nur durch das definiert, was sie zurückhalten, sondern vor allem durch das, was sie selektiv hindurchlassen."

[88] S. o. auf S. 125 ff.

[89] *Kempen*, in: Merten/Papier, Hndb. d. GR II § 54 Rn. 74 f.

b) Besonderer Ermessensspielraum der Zivilgerichte

Das Fehlen geeigneter materieller Schutzmechanismen gegenüber Grundrechtsbeeinträchtigungen durch Intermediäre Gewalten wird dadurch verstärkt, dass den Zivilgerichten bei der Beurteilung grundrechtlicher Einflüsse auf das einfache Recht ein besonderer Ermessensspielraum zuerkannt wird. Dieser hebt sich ab von der ohnehin zurückgenommenen Kontrolldichte des Bundesverfassungsgerichts gegenüber den Fachgerichten.[90]

Das besondere Ermessen der Zivilgerichte ergibt sich daraus, dass sich die Kontrolle des Bundesverfassungsgerichts akzessorisch zur Reichweite des Einflusses der Grundrechte auf das Privatrecht verhält.[91] Eine nur mittelbare Drittwirkung hat eine nur abgeschwächte Grundrechtsprüfung zur Folge. Im Gegensatz zu den strengen grundrechtlichen Vorgaben im Staat-Bürger-Verhältnis stellt das Bundesverfassungsgericht daher regelmäßig lediglich darauf ab, dass Zivilgerichte eine grundrechtlich beeinflusste Abwägung der gegenüberstehenden Rechtspositionen vornehmen müssen.[92] Wenn die Grundrechte aber nur als abwägungsintendierende Normen im Sinne einer praktischen Konkordanz verstanden werden, lassen sie den Zivilgerichten in der Regel einen „so erheblichen Spielraum, daß das Bundesverfassungsgericht eine Grundrechtsverletzung nicht feststellen kann."[93] Insoweit wird angeführt, dass die Grundrechte im Bereich des Privatrechts eine deutlich geringere Regelungsdichte aufweisen, die einer vollständigen Prüfung einer zivilgerichtlichen Entscheidung durch das Bundesverfassungsgericht entgegenstünde.[94] Die Schwelle der Verfassungswidrigkeit zivilgerichtlicher Entscheidungen ist damit von vornherein höher als in Fällen gleichgearteter Grundrechtsbeschränkungen durch die öffentliche Gewalt.

Verfassungsrechtlich zwingend ist die besondere Zurückhaltung des Bundesverfassungsgerichts in zivilrechtlichen Streitigkeiten keineswegs, steht sie im Ergebnis doch auf demselben umstrittenen Fundament wie die Theorie der mittelbaren Drittwirkung. Kritik am zivilgerichtlichen Ermessenspielraum äußerten etwa *E. Stein* und *W. Rupp-v. Brünneck* in ihren jeweils abweichenden Meinungen zur *Mephisto*-Entscheidung des Bundesverfassungsgerichts. Lediglich zu überprüfen, ob die Zivilgerichte den Einfluss der Grundrechte überhaupt erkannt und berücksichtigt haben, würde der Aufgabe des Bundesverfassungsgerichts als „Hüter der Grundrechte auf allen Rechtsgebieten" nicht gerecht wer-

---

[90] Hierzu bereits oben auf S. 126 f.

[91] Vgl. zur mittelbaren Drittwirkung BVerfGE 95, 28 (37): „Die Beachtung dieser Grundsätze kann vom Bundesverfassungsgericht nachgeprüft werden. Dabei reicht seine Kontrollbefugnis gegenüber den Zivilgerichten aber nicht weiter als der Einfluß der Grundrechte auf das Privatrecht"; zu diesem Konnex *Hager*, Von der Konstitutionalisierung des Zivilrechts zur Zivilisierung der Konstitutionalisierung, JuS 2006, 769 (774).

[92] BVerfGE 134, 204 (234); s. auch BVerfGE 152, 152 (190 f.).

[93] *Rüfner*, in: Isensee/Kirchhof, Hndb. d. StR IX § 197 Rn. 112.

[94] So *Schlaich/Korioth*, Bundesverfassungsgericht, Rn. 332.

den.[95]Andernfalls käme es zu einer „evidente[n] Verkürzung des [...] Grundrechtsschutzes."[96]

Diese Kritik muss gerade dann gelten, wenn Grundrechtsbeschränkungen durch Intermediäre Gewalten beurteilt werden, die in ihrer Intensität staatlichen Grundrechtseingriffen nahekommen und die zivilgerichtliche Auslegung sich nachteilig für den Grundrechtsschutz der unterlegenen Partei auswirkt. Ein wenig rezipiertes Argument hierfür findet sich in einer Entscheidung des Bundesverfassungsgerichts selbst, das sich „in Fällen höchster Eingriffsintensität [...] durchaus befugt [sieht], die von den Zivilgerichten vorgenommene Wertung durch seine eigene zu ersetzen."[97] Der Maßstab der „Eingriffsintensität" wurde in der weiteren Rechtsprechung gleichwohl nur vereinzelt aufgegriffen.[98]

c) Keine Grundrechtswirkung ohne einfaches Recht

Ein weiteres Defizit, das in der dogmatischen Konstruktion der mittelbaren Drittwirkung selbst begründet ist, ist die Abhängigkeit des Grundrechtsschutzes vom Bestehen einfachgesetzlicher Rechtsnormen. Wie bereits gesehen versagt es die klassische Grundrechtstheorie, einklagbare Rechtspositionen Privater gegenüber anderen Privaten – und damit auch Intermediären Gewalten – aus den Grundrechten selbst abzuleiten.[99] Grundrechte sollen vielmehr erst mediatisiert durch die richterliche Konkretisierung des einfachen Rechts[100] und auch nur in dessen Grenzen zur Geltung kommen[101]. Es bedarf somit erst notwendig einer einfachgesetzlichen Rechtsnorm, auf die die Grundrechte „ausstrahlen" können. Andernfalls greift der mittelbare Grundrechtsschutz nicht.[102]

Diese Akzessorietät zwischen dem Bestehen einer einfachgesetzlichen Rechtsgrundlage und der Grundrechtswirkung dürfte zwar in der Praxis regelmäßig keine Probleme hervorrufen, da in den allermeisten Fällen zumindest auf zivilrechtliche Generalklauseln zurückgegriffen werden kann[103]. Es ist jedoch nicht

---

[95] BVerfGE 30, 173 (201 f.) – abweichende Meinung (*Stein*).

[96] BVerfGE 30, 173 (221) – abweichende Meinung (*Rupp-v. Brünneck*).

[97] BVerfGE 42, 143 (149); s. auch *Jarass*, in: Jarass/Pieroth, GG, Art. 1 Rn. 57.

[98] Vgl. die Nachweise in *Voßkuhle*, in: v. Mangoldt/Klein/Starck, GG, Art. 93 Rn. 62.

[99] S. o. auf S. 19 ff.

[100] S. o. auf S. 19 ff.

[101] *Schenke*, in: Dreier (Hrsg.), Macht und Ohnmacht des Grundgesetzes, S. 51 (59) bezeichnet dies daher als „Rechtsfindung *intra legem*".

[102] Vgl. *Suhr*, Grundrechte gegen die Natur, in: Berichte der Akademie für Naturschutz und Landschaftspflege, 1988, 3 (5).

[103] In extensiver Interpretation BVerfGE 81, 242 (255 f.): „Selbst wenn der Gesetzgeber davon absieht, zwingendes Vertragsrecht für bestimmte Lebensbereiche oder für spezielle Vertragsformen zu schaffen, bedeutet das keineswegs, daß die Vertragspraxis dem freien Spiel der Kräfte unbegrenzt ausgesetzt wäre. Vielmehr greifen dann ergänzend solche zivilrechtlichen Generalklauseln ein, die als Übermaßverbote wirken, vor allem die §§ 138, 242, 315 BGB. Gerade bei der Konkretisierung und Anwendung dieser Generalklauseln sind die Grundrechte zu beachten"; s. auch *Dürig*, in: FS-Nawiasky, 157 (176).

ausgeschlossen, dass ein Sachverhalt von überhaupt keiner Norm erfasst wird.[104] Selbst wenn eine etwaige Untätigkeit des Gesetzgebers nicht beabsichtigt ist, müsste nach der Ausstrahlungswirkung der Grundrechte strenggenommen eine allein wegen grundrechtlicher Wertungen vorgenommene Entscheidung – etwa in Form einer Rechtsfortbildung – ausscheiden.[105] Beschränken Intermediäre Gewalten oder sonstige Private die Grundrechte Dritter, bedeutet dies aus der Sicht des Betroffenen eine grundrechtliche Schieflage:

> „Ihm [dem Betroffenen] wird grundrechtsdogmatisch eine (unausgesprochene) Duldungspflicht auferlegt, die erst außer Kraft tritt, wenn der Staat sich des Opfers vermittels einer Schutznorm annimmt. Nicht der Aggressor braucht für den Übergriff eine sein Übergriffsinteresse schützende ‚Schutznorm'. Sondern das Opfer muß sich bei der Abwehr durch eine solche ‚Schutznorm' ausweisen, die sowohl seine Duldungspflicht als auch die Einwirkungsbefugnis des Aggressors begrenzt."[106]

In dieser Differenzierung wird erneut das rechtsstaatliche Verteilungsprinzip sowie der Staat-Gesellschaft-Dualismus sichtbar, da sich die prinzipielle Freiheit Privater auch im Falle grundrechtsbeschränkender Handlungen zulasten Dritter durchsetzt, soweit der Staat nicht regulierend einschreitet.

Das Bundesverfassungsgericht hat diese einfachgesetzliche Bezogenheit der mittelbaren Drittwirkung mitunter übergangen. So hat es etwa in der Soraya-Entscheidung entgegen der Grundaussage des § 253 Abs. 1 BGB a. F. die Ableitung eines Schadensersatzanspruches unmittelbar aus dem in Art. 2 Abs. 1 i. V. m. Art. 1 Abs. 1 GG verankerten allgemeinen Persönlichkeitsrecht der Betroffenen als eine zulässige Rechtsfortbildung angesehen.[107] In eine ähnliche Richtung geht die Maßgabe aus der *Stadionverbot*-Entscheidung, dass es unerheblich ist,

> „ob die Zivilgerichte sich für ihre Wertungen unmittelbar auf die Grundrechte selbst berufen oder deren Wertungen mittels einfachrechtlicher Erwägungen und unter Rückgriff auf Auslegungsgrundsätze des Zivilrechts zur Geltung bringen und damit die Rechtsordnung für die weitere Entwicklung offener halten."[108]

Lässt man eine Rechtsfortbildung außerhalb und bisweilen auch entgegen einfachgesetzlicher Normen zu[109], entwickeln sich Grundrechte potenziell zu unmit-

---

[104] Etwa im Bereich der „ureigensten Privat- und Geheimsphäre" (*Dürig*, in: FS-Nawiasky, 157 [179]); s. auch *Kulick*, Horizontalwirkung im Vergleich, S. 325 ff.

[105] Vgl. *Wank*, Grenzen richterlicher Rechtsfortbildung, S. 103 f.; a. A. wohl *Stern*, Staatsrecht III § 76 IV 7 c), demzufolge die Schutzfunktion der Grundrechte durch den Zivilrichter auch dadurch verwirklicht werden kann, „daß die Gerichte den ‚gesetzesfreien Raum' mit unmittelbar aus den Grundrechten genommenen Maßstäben ausfüllen."

[106] *Suhr*, Grundrechte gegen die Natur, in: Berichte der Akademie für Naturschutz und Landschaftspflege, 1988, 3 (10).

[107] BVerfGE 34, 269 (292). Diese Erweiterung sei aufgrund des höheren Rangs der einschlägigen Verfassungsartikel durch die Instanzgerichte vertretbar als „zwingend" erachtet worden.

[108] BVerfGE 148, 267 (285).

[109] Die Kritik hieran wurde mehrfach formuliert, etwa bei *Christensen*, Richterrecht – rechtsstaatlich oder pragmatisch?, NJW 1989, 3194 (3196 f.).

telbar geltenden Anspruchsgrundlagen auch unter Privaten und verlieren dadurch ihre bloß mittelbare Wirkung. Letzteres ist zwar vertretbar, widerspricht jedoch der eigentlichen Konstruktion der mittelbaren Drittwirkung.

IV. Zwischenergebnis

Unabhängig von einer vergleichbaren Eingriffsintensität gewährleisten Grundrechte gegenüber Intermediären Gewalten somit nur ein Mindestmaß an Schutz (Untermaß)[110], gegenüber staatlicher Gewalt hingegen eine strikt einzuhaltende Obergrenze zulässiger Grundrechtsbeschränkungen (Übermaß)[111]. Stellt man das Staat-Bürger-Verhältnis vergleichend neben das Intermediäre Gewalten-Bürger-Verhältnis, sind beide durch Subordination statt Wechselseitigkeit und hieraus potenziell erwachsende Freiheitsgefährdungen gekennzeichnet. Das Ausmaß grundrechtlichen Rechtsschutzes zugunsten der Betroffenen soll nach herkömmlicher Auffassung gleichwohl entscheidend davon abhängen, ob die Grundrechtsbeschränkung formal staatlicher Natur ist oder von Intermediären Gewalten herrührt. Nur im ersten Fall kann man als Betroffener die grundrechtsbeschränkende Maßnahme unmittelbar auch verfassungsprozessual angreifen.

B. Lösungsansatz: Unmittelbare Grundrechtsbindung Intermediärer Gewalten

I. Grundsätzliches

Zur Beseitigung der auf den Seiten 124 f. und 132 ff. genannten Defizite muss die Dogmatik der Grundrechtsbindung nicht vollkommen neu gedacht werden. Eine zusätzliche Grundrechtsfunktion muss nicht begründet werden, ebenso wenig wie es einer neuerlichen Wertordnungsrhetorik bedarf. Der vorliegende Ansatz verfolgt die These, dass, soweit es ausnahmsweise im Bürger-Bürger-Verhältnis zu strukturellen Subordinationsverhältnissen kommt, grundrechtlicher Schutz nach den aus dem Staat-Bürger-Verhältnis bekannten Mechanismen gewährleistet werden kann.[112] Dieser Ansatz ersetzt die mittelbare Drittwirkung nicht, sondern tritt neben sie. Letztere beansprucht weiterhin ihren natürlichen Anwen-

---

[110] S. o. auf S. 128 ff.

[111] S. o. auf S. 122 ff.

[112] In diese Richtung – und konträr zur sonstigen Rechtsprechung – BVerfGE 152, 152 (191): In dieser Entscheidung deutet das Gericht eine staatsgleiche Grundrechtsbindung an, wenn Private in „staatsähnlich dominante Position rücken". Man kann dies als späten Erfolg der Argumentation *H. C. Nipperdeys* bezeichnen, der eine unmittelbare Anwendung der Grundrechte insbesondere bei Machtungleichgewichten zwischen Privaten befürwortete (vgl. *Nipperdey*, Grundrechte und Privatrecht, S. 16 f.).

dungsbereich in typischen Privatrechtsverhältnissen und hält dort geeignete Mechanismen für einen Interessenausgleich bereit.[113]

1. Argumentationslast einer privaten Grundrechtsbindung

Die Argumentationslast zur Begründung einer unmittelbaren Grundrechtsbindung Intermediärer Gewalten fällt zwingend umfassender aus, da es an einem normativen Äquivalent zu Art. 1 Abs. 3 GG für Private fehlt. Bedenklich ist in diesem Zusammenhang die Herangehensweise des Europäischen Gerichtshofs, der lediglich in negativer Hinsicht feststellt, dass Art. 51 Abs. 1 S. 1 GRCh – also die unionsrechtliche Parallelnorm des Art. 1 Abs. 3 GG – die Grundrechtsbindung Privater nicht ausschließt[114], ohne dies jedoch mit einer fundiert begründeten Dogmatik zu untermauern.

Erforderlich ist in einem ersten Schritt,

> „[...] diejenigen privaten Verhaltensformen zu identifizieren, die in ihrer Gefährdungsrichtung strukturanalog zu gefährdenden Tendenzen politischer Machtausdehnungen sind, gegen die die Grundrechte als Abwehrrechte ursprünglich konzipiert wurden."[115]

Aus dieser Zielsetzung heraus wird im folgenden Abschnitt erläutert, was es konkret bedeutet, ein Grundrechtsverhältnis auch zwischen Privaten anzuerkennen. Hierzu werden Rechtsquellen benannt, auf die für die Begründung der unmittelbaren Grundrechtsbindung Intermediärer Gewalten zurückgegriffen werden kann (S. 140 f.). Anschließend werden konkrete Voraussetzungen und Rechtsfolgen der unmittelbaren Grundrechtsbindung herausgearbeitet (S. 142 ff.).

2. Grundrechtsverhältnisse ohne Staat

Der Begriff des Grundrechtsverhältnisses beschreibt Rechtsverhältnisse, in denen Grundrechte unmittelbar als subjektive Rechte geltend gemacht werden können. Er bezieht sich klassischerweise auf das Staat-Bürger-Verhältnis („klassisches", „dualistisches" bzw. „vertikales" Grundrechtsverhältnis[116]). Die gelegentlich anzutreffende Verwendung der Begriffe „mehrpoliges"[117], „horizonta-

---

[113] S. o. auf S. 125 ff.

[114] EuGH, Urt. v. 6.11.2018, C-569/16 und C-570/16, NJW 2019, 499 (505 Rn. 87).

[115] *Fischer-Lescano/Maurer*, Grundrechtsbindung von privaten Betreibern öffentlicher Räume, NJW 2006, 1393 (1394 f.); s. auch *Kingreen*, Das Verfassungsrecht der Zwischenschicht, JöR 2017, 1 (36); *Krieger*, in: Schmidt-Bleibtreu/Hofmann/Henneke, GG, Art. 3 Rn. 13: „Entscheidend ist [...], ob ein soziales Machtgefälle besteht, das eine privatrechtliche Rechtsbeziehung dem Verhältnis von Staat und Bürger vergleichbar macht", ohne dabei jedoch näher auf den Macht-Begriff einzugehen; vgl. ferner *Roßnagel*, Technik, Recht und Macht, MMR 2020, 222 (223).

[116] *Lindner*, Der Dritte im System der Grundrechtsdogmatik, JURA 2020, 9 (9); *Aulehner*, Grundrechte und Gesetzgebung, S. 353.

[117] BVerfGE 137, 273 (321); 128, 326 (371); 111, 307 (324)

les"[118] oder „multipolares"[119] Grundrechtsverhältnis, die auf eine Einbeziehung sich gegenüberstehender privater Rechtssubjekte abzielt[120], ist irreführend, soweit sie verschleiert, welche Parteien tatsächlich in einem grundrechtlichen Anspruchs- und Abwehrverhältnis zueinander stehen. Insbesondere wird hierdurch nicht aufgedeckt, welche Rechtmäßigkeitskriterien in etwaigen Beziehungsgeflechten gelten sollen.

Begrifflich trennschärfer ist es, die Bezeichnung des Grundrechtsverhältnisses solchen Fällen vorzubehalten, in denen sich eine unmittelbare rechtliche Wirkung der Grundrechte entfaltet. Überzeugend ist insoweit, typische Privatrechtsverhältnisse dogmatisch nicht als Grundrechtsverhältnisse, sondern als „Grundrechtskollisionen"[121] zu bezeichnen, da die Grundrechte gerade nicht unmittelbar wirken sollen.[122] Die Grundrechtskollision ist dann keine rechtliche, sondern eine tatsächliche Kollision von grundrechtlichen Freiheiten, die mithilfe staatlicher Schutzpflichten respektive der Ausstrahlungswirkung der Grundrechte (mittelbare Drittwirkung) aufgelöst wird.[123]

Für den spezifischen Fall eines Rechtsverhältnisses zwischen Intermediären Gewalten und Dritten beschränkt der vorliegende Ansatz die Grundrechtswirkungen nicht auf ihre Ausstrahlungswirkung oder die Aktivierung staatlicher Schutzpflichten, sondern erweitert sie um ihre klassischen Funktionen als Abwehr- und Leistungsrechte. Sie werden damit zu einem Grundrechtsverhältnis im obigen Begriffsverständnis.[124] Dieser Ansatz stützt sich normativ nicht auf Art. 1 Abs. 3 GG, sondern auf die subjektiv-rechtliche Eigenschaft der Grundrechte als solche, insbesondere in ihrer abwehrrechtlichen Dimension.[125] Grundrechte hal-

---

[118] *Brosius-Gersdorf/Gersdorf*, Kopftuchverbot, NVwZ 2020, 428 (430).

[119] *Lüdemann*, Digitalisierte Öffentlichkeiten und multipolare Grundrechtsverhältnisse, ZUM 2021, 640 (642); gar von „tripolaren" und „tetrapolaren" Grundrechtsverhältnissen ist in *Meyer*, Künstliche Intelligenz, ZRP 2018, 233 (233) die Rede.

[120] *Aulehner*, Grundrechte und Gesetzgebung, S. 351 führt die begriffliche Erweiterung des klassischen Grundrechtsverhältnisses auf einen heute weitgehend nivellierten Staat-Gesellschaft-Dualismus zurück.

[121] *Lindner*, Der Dritte im System der Grundrechtsdogmatik, JURA 2020, 9 (14).

[122] *Michl*, Die Bedeutung der Grundrechte im Privatrecht, JURA 2017, 1026 (1063) verneint daher mit den Argumenten der klassischen Grundrechtstheorie das Bestehen eines Grundrechts-verhältnisses zwischen Privaten; anders *Volkmann*, in: Herdegen/Masing/Poscher/Gärditz, Hndb. d. VerfR § 16 Rn. 33, der den Begriff des „Grundrechtsverhältnisses" auch für das Bürger-Bürger-Verhältnis verwendet, obwohl er in Rn. 21 als Rechtsverhältnis definiert wird, das Rechte und Pflichten für die an ihm Beteiligten begründet.

[123] Vgl. auch die Differenzierung in *Murswiek*, Die staatliche Verantwortung für die Risiken der Technik, S. 95 ff. zwischen der bloßen Beeinträchtigung grundrechtlicher Schutzgüter durch Dritte und dem grundrechtlich relevanten staatlichen Eingriff. Beide Ansätze stehen nebeneinander.

[124] *Leisner*, Grundrechte und Privatrecht, S. 383 verwendet in diesem Zusammenhang den Begriff des „Privatgewaltverhältnisses".

[125] Daneben kommen grundrechtliche Leistungsrechte gegenüber Intermediären Gewalten im Sinne des status positivus in Betracht (s. u. auf S. 167 ff.).

ten dadurch Einzug in spezifische Privatrechtsverhältnisse als unmittelbar geltende subjektive Rechte, die Ansprüche auch dann begründen können, wenn einfachgesetzliche Vorschriften nicht einschlägig sind oder hinter den grundrechtlichen Gewährleistungen zurückbleiben.

Diese Erweiterung der Abwehr- und Leistungsdimension auf Privatrechtsverhältnisse zwischen Intermediären Gewalten und Dritten fußt auf der Strukturanalogie zwischen dem Staat-Bürger-Verhältnis und dem Intermediäre Gewalten-Bürger-Verhältnis und der jeweils bestehenden Einseitigkeit der Grundrechtsbeschränkungen. Grundrechte als Schutzmechanismus vor einem übermächtigen Gegenüber werden dadurch aus dem Kontext ihrer primären Staatsgerichtetheit herausgelöst und auf den Schutz vor einer einseitigen Fremdbestimmung, zum Beispiel durch Intermediäre Gewalten, übertragen.[126]

3. Rechtsquellen

Materiell-rechtliche Anhaltspunkte für eine solche Strukturanalogie können aus der ständigen Rechtsprechung des Bundesverfassungsgerichts zur mittelbaren Drittwirkung gewonnen werden. In ihr werden bisweilen solche Umstände benannt, die über die ohnehin geltende Ausstrahlungswirkung der Grundrechte[127] hinaus eine Grundrechtsbindung aufgrund der Einseitigkeit bestimmter privater Rechtsbeziehungen auslösen.[128] Die dabei benannten Kriterien zeichnen sich jeweils durch das Gegenteil idealtypischer Privatrechtssituationen im Bürger-Bürger-Verhältnis aus und widersprechen insoweit dem für das Privatrecht grundlegenden Funktionsmechanismus der wechselseitigen Abhängigkeit der Vertragspartner[129].

Außerhalb des Verfassungsrechts bietet sich ein Rückgriff auf die aus dem Zivilrecht stammende Rechtsfigur des Kontrahierungszwanges an.[130] Konkret

---

[126] Zu einer vorsichtigen Abgrenzung zwischen typischen Privatrechtsverhältnissen und solchen, in denen Private „staatsähnlich dominante Positionen" einnehmen BVerfGE 152, 152 (191); s. auch *Klein*, Die Grundrechte im demokratischen Staat, S. 56 f., 67, der als Rechtsgedanken der Grundrechte den Schutz „individueller[r] Freiheit vor der Überwältigung durch überlegene soziale Gewalt" anführt; vgl. ferner *Grabitz*, Freiheit als Verfassungsprinzip, Rechtstheorie 1977, 1 (10) im Kontext der Drittwirkung: „Man kann aber darauf verzichten, darin ein anderes oder zusätzliches Problem des Grundrechtsschutzes [...] zu sehen, würde man die Funktion der Grundrechte im sozialen Rechtsstaat darin erblicken, soziale Strukturen zu erhalten oder zu schaffen, die die größtmögliche Chance der Persönlichkeitsentfaltung garantieren. Denn dabei wäre es im Prinzip gleichgültig, wer diese Chance beeinträchtigt, die öffentliche Gewalt, andere Individuen oder gesellschaftliche Machtgruppen."

[127] S. o. auf S. 21 f.

[128] Vgl. BVerfGE 89, 214 (232); 148, 267 (283 f.).

[129] Vgl. *Busche*, Privatautonomie und Kontrahierungszwang, S. 125: „Der Vertragsprozeß ist [...] durch das gegenseitige Angewiesensein der Vertragsprätendenten gekennzeichnet."

[130] Vgl. *Ruffert*, Privatrechtswirkung der Grundrechte, JuS 2020, 1 (4); ausführlich *Christensen/Fischer-Lescano*, Das Ganze des Rechts, S. 278 ff.

wird unter Kontrahierungszwang ein „vom Willen des Normadressaten unabhängiger Rechtszwang zum Abschluss eines schuldrechtlichen Vertrages mit einem bestimmten – vom Rechtszwang begünstigten – Rechtssubjekt verstanden."[131] In der Grundrechtslehre wird insbesondere über den allgemeinen Gleichheitssatz des Art. 3 Abs. 1 GG ein ähnliches Ergebnis für Leistungen angestrebt, die für Dritte von besonderer gesellschaftlicher Bedeutung sind.[132] Sowohl die Ratio des Kontrahierungszwangs als auch die der unmittelbaren Grundrechtsbindung Intermediärer Gewalten zielt auf eine Freiheitssicherung in potenziell einseitigen Rechtsverhältnissen ab.[133]

4. *Modifizierungsbedürfnis privater Grundrechtsbindung*

Selbstverständlich ist, dass die grundrechtlichen Anforderungen aus dem Staat-Bürger-Verhältnis nicht unbesehen auf das Grundrechtsverhältnis zwischen Intermediären Gewalten und Privaten übertragen werden können. Es bedarf nicht nur einer restriktiven Anwendung der Grundrechtsbindung auf private Rechtssubjekte[134], sondern zum Teil auch erheblicher Modifikationen ihrer Rechtsfolgen[135]. Ganz allgemein muss eine Übertragung von Grundrechtsfiguren auf private Grundrechtsverhältnisse dann ausscheiden, wenn die Grundrechtsdogmatik zwingend an staatliche Handlungsformen anknüpft. Dazu zählen etwa Teile der Schrankendogmatik der Grundrechte.[136] Zudem ist innerhalb der einschlägigen Grundrechte zu differenzieren, ob sie sich für eine Drittwirkung eignen oder per se nur staatsbezogene Sachverhalte erfassen.[137] So dürften von vornhinein aus-

---

131 *Busche*, in: MüKo, BGB, Vor § 145 Rn. 12.

132 S. u. auf S. 169 ff.

133 Vgl. *Kilian*, Kontrahierungszwang und Zivilrechtssystem, AcP 1980, 47 (52): „Kontrahierungszwang ist aufzufassen als ein Korrektiv für das marktbedingte Fehlen einer zumutbaren Handlungsalternative für den Begünstigten beim Vertragsschluß über wichtige Güter und Leistungen" und auf S. 64: „Er [Kontrahierungszwang] dient als Instrument, um Freiheitsspielraum von marktstarken Unternehmen zum abhängigen Vertragspartner zu verlagern"; *Zoppel*, Europäische Diskriminierungsverbote und Privatrecht, S. 33: „Eine Rechtfertigung eines Vertragsabschlusszwanges kann anders formuliert dann angenommen werden, wenn der ordnungstheoretische Begründungsansatz der Vertragsfreiheit versagt. In diesen Szenarien stellt Vertragsfreiheit kein effektives Mittel mehr für die Verteilung von Gütern und Dienstleistungen dar. Sie kommt somit einer ihrer wesentlichen Aufgaben nicht mehr nach"; *Christensen/Fischer-Lescano*, Das Ganze des Rechts, S. 278: „Funktion zivilrechtlicher Gleichheitspostulate ist es, strukturelle Exklusionslagen, die durch nicht-politische Medien generiert werden, zu bekämpfen. Das generalisiert und respezifiziert den ursprünglich staatsbezogenen Gehalt der Gleichheitsrechte."

134 Die Grundrechtsbindung Privater ist gerade nicht wie diejenige des Staates umfassend angeordnet (Art. 1 Abs. 3 GG), sondern als Ausnahmetatbestand begründungsbedürftig.

135 S.u. auf S. 148 ff.

136 S.u. auf S. 156 f.

137 Hierzu und zur folgenden Aufzählung *Lücke*, Die Drittwirkung der Grundrechte, JZ 1999, 377 (379 ff.), der zwischen „drittwirkungsgeeigneten" und „drittwirkungsungeeigneten" Grundrechten differenziert; eine ähnliche Differenzierung vornehmend *Böckenförde*, Grund-

scheiden die Grundrechte aus Art. 4 Abs. 3 GG, Art. 12 Abs. 2 GG, Art. 16 GG, Art. 17 GG, Art. 19 Abs. 4 GG und die in Art. 93 Abs. 1 Nr. 4a GG benannten grundrechtsgleichen Rechte[138].

II. Konkrete Voraussetzungen der unmittelbaren Grundrechtsbindung Intermediärer Gewalten

Damit eine unmittelbare Grundrechtsbindung in Betracht kommt, müssen zunächst die Begriffsvoraussetzungen des Typus *Intermediäre Gewalt* vorliegen. Letztere wurden definiert als „nichtstaatliche Akteure, die sich aufgrund einer tatsächlichen und/oder rechtlichen Sonderstellung außerhalb der typischen Ordnungsprinzipien der Gesellschaft bewegen“[139]. Anhand des Wertungsgesichtspunktes der Subordination wurden typische Erscheinungsformen Intermediärer Gewalten aufgezeigt. Durch eine restriktive Auslegung des Kreises der privaten Verpflichtungsadressaten wird sichergestellt, dass eine unmittelbare Grundrechtsbindung für die ganz überwiegende Mehrzahl der Privatrechtsverhältnisse ausscheidet und dort allenfalls eine nur mittelbare Drittwirkung in Betracht zu ziehen ist.

Der vorliegende Ansatz begründet eine unmittelbare Grundrechtsbindung zudem nicht nur aus den Eigenschaften der handelnden Rechtssubjekte. Die oben genannte gesteigerte Argumentationslast für eine Grundrechtsbindung Intermediärer Gewalten wird hinreichend erst dadurch erfüllt, dass auch im konkreten Rechtsverhältnis eine Fremdbestimmung durch einseitiges Handeln nachgewiesen werden kann.

1. Fremdbestimmung durch rechtliche oder tatsächliche Einseitigkeit

Zur konkreten Feststellung einer privaten Grundrechtsbindung hat *T. Kingreen* den Begriff der „grundrechtstypischen Gefährderlage“ verwendet, um damit solche Situationen zu erfassen, in denen Private „bei funktionaler Betrachtung ein dem Staat vergleichbares Gefährdungspotenzial für die Grundrechte“ haben.[140] Diese Voraussetzung der Grundrechtsbindung wird vorliegend dahingehend konkretisiert, dass Intermediäre Gewalten rechtlich oder tatsächlich einseitig

---

rechtsgeltung gegenüber Trägern gesellschaftlicher Macht?, in: Posser/Wassermann (Hrsg.), Freiheit in der sozialen Demokratie, S. 77 (81); s. auch *Kulick*, Horizontalwirkung im Vergleich, S. 413 ff.

[138] Eine Ausnahme gilt für die Wahlrechtsgrundsätze aus Art. 38 Abs. 1 S. 1 GG, insbesondere für den Grundsatz der Freiheit der Wahl, da auch Private durch unzulässigen Zwang die Wahlfreiheit anderer Privater – etwa aufgrund beruflicher oder wirtschaftliche Abhängigkeitsverhältnisse – einschränken können (vgl. BVerfGE 66, 369 [380]).

[139] Ausführlich zur Begriffsbildung s. o. auf S. 104 ff.

[140] *Kingreen*, Das Verfassungsrecht der Zwischenschicht, JöR 2017, 1 (35) in Anspielung auf die reziproke Situation einer „grundrechtstypischen Gefährdungslage“ (zu dieser Auslegung des Art. 19 Abs. 3 GG vgl. BVerfGE 45, 63 [79]; 61, 82 [102]; 106, 28 [43]).

über die Verhaltensweisen Dritter entscheiden können und dadurch ein Widerspruch zu den auf Privatautonomie und Spontanität beruhenden Rechts- und Ordnungsprinzipien der Privatrechtsgesellschaft entsteht[141].

Während die Einseitigkeit im öffentlich-rechtlichen Subordinationsverhältnis bedeutet, dass der Staat ohne Einwilligung Recht setzen und zwangsweise durchsetzen kann[142], heißt Einseitigkeit in privaten Rechtsbeziehungen, dass aus der Selbstbestimmung der Parteien eine einseitige Fremdbestimmung wird[143]. Intermediäre Gewalten sind in diesem Fall im Stande, vertragliche oder sonstige Regelungen Dritten gegenüber einseitig bestimmen zu können. Typisch für die einseitige Regelsetzung durch Intermediäre Gewalten ist ihre rechtliche oder faktische Bindungswirkung, ohne dass die Regelungsadressaten den Inhalt der Regelung wesentlich beeinflussen können.[144] Eine privatautonome Entscheidung, die voraussetzt, „dass die Bedingungen der Selbstbestimmung des Einzelnen auch tatsächlich gegeben sind“[145], kann unter diesen Bedingungen nicht getroffen werden.

2. Typische Fallgruppen

Im Folgenden werden dem Tatbestand der einseitigen Fremdbestimmung typische, nicht abschließende Fallgruppen zugeordnet, die eine unmittelbare Grundrechtsbindung Privater begründen können. Ausschlaggebend sind insbesondere die wirtschaftliche Stellung des Leistungserbringers sowie der konkrete Inhalt der Leistung.

a) Marktbeherrschende Stellung des Leistungserbringers

aa) Unausweichlichkeit

Regelmäßig ist es in den Eigenschaften der Person der Intermediären Gewalt selbst begründet, insbesondere in ihrer ökonomischen Stellung, dass sie Dritten gegenüber rechtlich oder faktisch einseitig über das Zustandekommen und den Inhalt eines Rechtsverhältnisses bestimmen kann. Ein konkretes von der Judikative eingeführtes Kriterium, das insoweit als Tatbestandsmerkmal für eine unmittelbare Grundrechtsbindung dienen kann, ist die „Unausweichlichkeit der

---

[141] S. auch *Suhr*, Freiheit durch Geselligkeit, EuGRZ 1984, 529 (535): „Jedes Defizit an Freiwilligkeit und Wechselseitigkeit […] verwandelt die Freiheit in einseitige Macht: Der Freiheit des einen durch den anderen entspricht keine gleiche Freiheit des anderen durch einen. Außerdem erweckt das Vertragsparadigma einen irreführenden harmonistischen Schein: In einer arbeitsteiligen Welt herrscht ein unerbittlicher, allgegenwärtiger Kontrahierungsdruck, der zwar nicht das genaue Wo, Wie, Wann und Mit-Wem, wohl aber das Ob determiniert. Das zwingt zu größter Bedachtsamkeit.“

[142] S. o. auf S. 52 f.

[143] Vgl. BVerfGE 81, 242 (255); 89, 214 (232); 103, 89 (100 f.); 114, 1 (34); 114, 73 (90).

[144] Vgl. *Engert*, Private Normsetzungsmacht, RW 2014, 301 (303).

[145] BVerfGE 114, 1 (34).

Situation". Das Bundesverfassungsgericht verwendet den Begriff, um Pflichten Privater zu begründen, die sich nicht bereits aus dem einfachen Recht ergeben.[146]

Inhaltlich wird die Unausweichlichkeit durch das Bundesverfassungsgericht nicht konkretisiert. Es liegt nahe, unter diesem Begriff zu verstehen, dass der Private nicht umhinkommt, mit dem bestimmten Leistungserbringer (Intermediäre Gewalt) zu kontrahieren, wenn er nicht auf die von ihm angebotene Leistung verzichten möchte.[147] In einer solchen Konstellation – auch im Wege der Rechtsfortbildung – Pflichten des Leistungserbringers zu begründen, ist in der Sache nicht neu. Eine einschlägige Entscheidung, die nach wie vor Rechtsprechung und Literatur wesentlich prägt, stammt vom Reichsgericht aus dem Jahre 1901, in der das Gericht aus der rechtlichen oder tatsächlichen Monopolstellung des Leistungserbringers ein Willkürverbot sowie einen Kontrahierungszwang im Verhältnis zu Dritten begründete[148] und damit zugleich „die formale Freiheitsethik, die der deutschen Privatrechtsordnung zugrunde lag, in eine materiale Ethik sozialer Verantwortung zurückverwandelt"[149] hat. Das vom Bundesverfassungsgericht verwendete Kriterium der Unausweichlichkeit ist sinnbezüglich zu ebendieser Entwicklungslinie.

Die Unausweichlichkeit ist in erster Linie ein ökonomisch geprägter Faktor, der sich aus einer örtlichen und sachlichen Betrachtung des Marktes ergeben kann, auf dem die Intermediäre Gewalt agiert.[150] Das Bundesverfassungsgericht stellt wie das Reichsgericht auf die aus einem Monopol resultierende Entscheidungsmacht des Leistungsanbieters ab.[151] Naheliegend erscheint es indes, nicht

[146] Vgl. BVerfGE 148, 267 (281); 152, 152 (185).

[147] Ähnlich im Hinblick auf die „besondere Machtkonstellation" in Rechtsverhältnissen mit marktbeherrschenden Unternehmen: *Bydlinski*, Grundfragen den Kontrahierungszwangs, AcP 1980, 1 (35): „Genauer geht es um eine so starke Machtstellung, daß der Überlegene wenigstens gegenüber einzelnen Interessenten von normalen wirtschaftlichen Erwägungen absehen kann, während der Interessent ohne zumutbare Ausweichmöglichkeit bei Befriedigung eines bestimmten Bedarfes auf die Leistung des überlegenen Partners angewiesen ist, weil dieser der einzige zureichend erreichbare Anbieter ist, oder weil sich alle in Frage kommenden Anbieter gegenüber dem betreffenden Interessenten gleichermaßen abweisend verhalten."

[148] RGZ 48, 114 (127).

[149] *Wieacker*, Industriegesellschaft und Privatrechtsordnung, S. 24. Auf den Zusammenhang zum Kontrahierungszwang im geltenden Recht weist u. a. *Busche*, Privatautonomie und Kontrahierungszwang, S. 9 f., 162 ff. hin. Im Kontext der Drittwirkung rekurriert BVerfGE 89, 214 (233) auf *F. Wieacker*.

[150] Der Rückgriff auf die Kriterien „örtlich" und „sachlich" beruht auf der in § 18 Abs. 1 und 2 GWB normierten Bestimmungsweise einer marktbeherrschenden Stellung. In örtlicher Hinsicht lehnte der BGH in seinem Urteil v. 29.5.2020, V ZR 275/18, Rn. 25 eine grundrechtliche Pflichtenstellung des Leistungserbringers ab, wenn eine alternative Leistungserbringung 20 km entfernt zur Verfügung steht. In sachlicher und örtlicher Hinsicht wurden in BVerfG, Beschl. v. 27.8.2019, 1 BvR 879/12, NJW 2019, 3769 (3770) grundrechtliche Verpflichtungen eines Hotelbetreibers verneint, da es noch andere Hotels im Ort gab.

[151] BVerfGE 148, 267 (284); s. auch *Leisner*, Grundrechte und Privatrecht, S. 379 f.; *Wollenschläger*, in: v. Mangoldt/Klein/Starck, GG, Art. 3 Rn. 62; *Heun*, in: Dreier, GG, Art. 3

erst eine Monopolstellung, sondern bereits eine marktbeherrschende Stellung ausreichen zu lassen.[152] Typisch ist für die Unausweichlichkeit weiter, dass es sich bei der Leistung um ein Massengeschäft mit allgemeiner Zugänglichkeit handelt, sodass es auf die konkrete Person des Leistungsempfängers nicht ankommt („ohne Ansehen der Person“[153]).[154] Das Kriterium der Unausweichlichkeit korreliert insoweit mit den typischen Charakteristika Intermediärer Gewalten (s. o. S. 105 ff.).

Verfassungsrechtlich ist es naheliegend, zur Bestimmung des grundrechtlichen Spannungsverhältnisses zwischen Selbst- und Fremdbestimmung auf das ökonomische Fundament von Privatrechtsverhältnissen abzustellen, da die Privatrechtsgesellschaft maßgeblich auf einer marktwirtschaftlich geprägten Privatautonomie aufbaut.[155] Die Stellung am Markt wird dadurch zu einem entscheidenden Faktor für die Einseitigkeit in Privatrechtsverhältnissen, die wiederum mitursächlich für die Begründung grundrechtlicher Pflichten Privater ist.

bb) Angewiesenheit

Ein sachverwandtes Kriterium der Unausweichlichkeit ist die Angewiesenheit auf den Vertragspartner. Auch sie ist ein Merkmal, das vom Bundesverfassungsgericht im Kontext der Drittwirkung und von der Zivilgerichtsbarkeit im Kontext des Kontrahierungszwangs herangezogen wird.[156] Ebenso wie die Unausweichlichkeit wird sie regelmäßig bei Monopolstellungen bejaht. Der Bundesgerichtshof betont dabei zusätzlich nicht nur die beherrschende Stellung im wirtschaftlichen, sondern auch im sozialen Sinne, insbesondere im Falle von Aufnahmeverpflichtungen von Vereinen.[157] Versteht man die Fallgruppe „Un-

---

Rn. 70, der nicht nur von einer „Wirkung“, sondern einer „Bindung“ der Grundrechte hinsichtlich Privater spricht.

[152] Vgl. *Bydlinski*, Grundfragen den Kontrahierungszwangs, AcP 1980, 1 (35); *Dürig*, in: Maunz/Dürig/Herzog, GG, Art. 3 Abs. 1 Rn. 511 f. (4. Auflage) geht auch im Falle „extreme[r] Marktmacht“ von einer „Annäherung an die volle Grundrechtsbindung“ aus.

[153] Vgl. die Konstellationen in BVerfGE 148, 267 (284) und BVerfG, Beschl. v. 27.8.2019, 1 BvR 879/12, NJW 2019, 3769 (3770).

[154] In diesem Zusammenhang kann die Wertung des einfachgesetzlichen Diskriminierungsverbotes des allgemeinen Gleichbehandlungsgesetzes (AGG) herangezogen werden, das in § 19 Abs. 1 Nr. 1 ein weitreichendes Benachteiligungsverbot für sog. Massengeschäfte normiert. Als Massengeschäft definiert § 19 Abs. 1 Nr. 1 AGG solche Rechtsgeschäfte, die „typischerweise ohne Ansehen der Person zu vergleichbaren Bedingungen in einer Vielzahl von Fällen zustande kommen.“ Gleichwohl geht der Schutz des AGG sachlich weiter als derjenige der bereits skizzierten Grundrechtsbindung, da das AGG sich nicht auf Situationen der Unausweichlichkeit beschränkt.

[155] Vgl. oben S. 110.

[156] Vgl. BVerfG, Beschl. v. 22.5.2019, 1 BvQ 42/19, NVwZ 2019, 959 (961); BGH, Urt. v. 9.11.1989, IX ZR 269/87, NJW 1990, 761 (762 f.).

[157] Vgl. BGH, Urt. v. 26.6.1979, KZR 25/78, GRUR 1979, 788 (788); BGH, Urt. v. 23.11.1998, II ZR 54/98, NJW 1999, 1326 (1326).

ausweichlichkeit" nicht nur ökonomisch, dürfte die „Angewiesenheit" daneben regelmäßig keine weitere Bedeutung erlangen. Eine Ausnahme besteht allenfalls dann, wenn dem Leistungsempfänger eine Leistung von allen Marktteilnehmern gleichermaßen willkürlich versagt wird, ohne dass eine Monopolstellung feststellbar ist.[158]

b) Konkreter Leistungsinhalt als Indiz der Einseitigkeit

Neben der Stellung am Markt wird als Begründungsansatz für grundrechtliche Pflichten auch die Bedeutung des konkreten Leistungsinhaltes angeführt.[159] Dabei wird die rechtliche oder tatsächliche Einseitigkeit des Rechtsverhältnisses mit der Relevanz seines Inhaltes verknüpft, um hieraus auf eine besondere grundrechtliche Gefährdungslage in Privatrechtsverhältnissen zu schließen.[160]

Fraglich ist, welche Leistungen oder Güter konkret von diesem Begründungsansatz erfasst werden. Zu restriktiv dürfte es sein, grundrechtliche Pflichten allein für die Bereitstellung lebenswichtiger Güter zu bejahen.[161] Dagegen streitet insbesondere Art. 1 Abs. 1 GG, der neben dem Lebensnotwendigen („Nahrung, Kleidung, Hausrat, Unterkunft, Heizung, Hygiene und Gesundheit"), auch ein „Mindestmaß an Teilhabe am gesellschaftlichen, kulturellen und politischen Leben umfasst."[162]

Einem begrifflich weiten Verständnis folgt das Bundesverfassungsgericht, das solche privaten Akteure in eine verfassungsrechtliche Pflichtenstellung rückt, die gegenüber einem unbestimmten Personenkreis Leistungen anbieten, die „in erheblichem Umfang über die Teilnahme am gesellschaftlichen Leben entscheide[n]"[163]. Aus der gleichen Zielrichtung heraus wurden solche privaten Rechts-

---

[158] Zum Verhältnis von Marktstellung und Angewiesenheit als Tatbestandsmerkmale eines zivilrechtlichen Kontrahierungszwanges *Grunewald*, Vereinsaufnahme und Kontrahierungszwang, AcP 1982, 181 (194 ff.).

[159] Vgl. BVerfGE 148, 267 (284); BVerfG, Beschl. v. 27.8.2019, 1 BvR 879/12, NJW 2019, 3769 (3770).

[160] Siehe sogleich die Nachweise in Fn. 163, Kapitel 4.

[161] So noch *Dürig*, in: Maunz/Dürig/Herzog, GG, Art. 3 Rn. 511 (4. Auflage), der für „existenzwichtige Leistungen" von einer annähernd „volle[n] Grundrechtsbindung" ausgeht; für die Paralleldiskussion aus dem zivilrechtlichen Kontraktionszwang *Ellenberger*, in: Grüneberg, BGB, Einf § 145 Rn. 10, gleichwohl mit weitem Begriffsverständnis lebenswichtiger Güter; a. A. *Bydlinski*, Grundfragen den Kontrahierungszwangs, AcP 1980, 1 (37), der auf den „Normalbedarf" abstellt; hierzu BGH, Urt. v. 9.11.1989, IX ZR 269/87, NJW 1990, 761 (762 f.).

[162] Beide Zitate aus BVerfGE 125, 175 (223).

[163] BVerfGE 152, 152 (189), das damit inhaltlich an BVerfGE 148, 267 (283) anknüpft; für den Bereich der Digitalwirtschaft s. auch *Roßnagel*, Technik, Recht und Macht, MMR 2020, 222 (223): „Diese Überlegung dürfte vor allem für private Anbieter relevant werden, die Infrastrukturen der digitalen Gesellschaft betreiben: Je abhängiger die Gesellschaft von ihren Infrastrukturleistungen ist und je tiefgreifender ihre Leistungserbringung die Verwirklichung von Grundrechten, insbesondere der informationellen Selbstbestimmung und der gesellschaftlichen Kommunikation, beeinflusst, desto eher unterliegen sie einer staatsgleichen Grundrechtsbindung."

subjekte adressiert, die Aufgaben erfüllen, welche früher begrifflich der staatlichen Daseinsvorsorge zugeordnet wurden.[164]

Die Fallgruppen der „Daseinsvorsorge" und der „Teilhabe am gesellschaftlichen Leben" sind aufgrund ihrer Unbestimmtheit konkretisierungsbedürftig. Einschlägige Konstellationen der bisherigen Rechtsprechungskasuistik erfassen den Bereich der Post- und Telekommunikationsleistungen[165], die Veranstaltung eines Fußball-Bundesligaspiels[166] und den privatisierten öffentlichen Raum, in dem eine allgemeine Kommunikation stattfindet (öffentliches Forum)[167]. Eine Anwendung auf die Bereitstellung digitaler Leistungen, die soziale Teilhabevoraussetzungen schaffen, wurde vom Bundesverfassungsgericht bislang offengelassen.[168] Abgelehnt wurde eine grundrechtliche Pflichtenstellung des Betreibers eines Wellness-Hotels, da das potenziell grundrechtsbeschränkende Hausverbot lediglich die individuelle Freizeitgestaltung betraf. Generell hat der Bundesgerichtshof darauf hingewiesen, dass es bei der Konkretisierung der Fallgruppen auf eine „objektiv-typisierende Betrachtung" ankommt und nicht auf die subjektive Sicht des jeweiligen Leistungsempfängers abzustellen ist[169]. Seitens der Literatur wird neben den bereits genannten Fallgruppen etwa noch die Teilnahme am bargeldlosen Zahlungsverkehr als Leistung bezeichnet, die bereits aus grundrechtlichen Wertungen heraus diskriminierungsfrei zu erbringen ist.[170]

Eine Grundrechtsbindung allein wegen der Bedeutung des Leistungsinhaltes dürfte allerdings ausscheiden, wenn nicht alle Leistungsanbieter den Empfänger gleichermaßen willkürlich von der Leistung ausschließen, da der Leistungsempfänger sich andernfalls selbstbestimmt im Sinne einer privatautonomen Entscheidung anderen Anbietern zuwenden kann. Der Leistungsinhalt ist somit lediglich ein Indiz für die Einseitigkeit, das regelmäßig neben das bereits genannte Merkmal der Stellung der Intermediären Gewalt am Markt tritt.

---

[164] BVerfGE 128, 226 (249 f.).

[165] In einem obiter dictum BVerfGE 128, 226 (249 f.). Gleiches käme bei einer (hypothetischen) Vollprivatisierung der Deutschen Bahn AG in Betracht (zum jetzigen Stand ihrer Grundrechtsbindung *Burgi*, Die Deutsche Bahn zwischen Staat und Wirtschaft, NVwZ 2018, 601 [602]); kritisch *Smets*, Staatsgleiche Grundrechtsbindung Privater aus Funktionsnachfolge?, NVwZ 2016, 35 (36).

[166] BVerfGE 148, 267 (281).

[167] BVerfG, Beschl. v. 18.7.2015, 1 BvQ 25/15, NJW 2015, 2485 (2485 f.) in Anschluss an BVerfGE 128, 226 (253 f.).

[168] BVerfG, Beschl. v. 22.5.2019, 1 BvQ 42/19, NVwZ 2019, 959 (961).

[169] BGH, Urt. v. 29.5.2020, V ZR 275/18, NJW 2020, 3382 (3384).

[170] Vgl. *Derleder*, in: Jestaedt/Lepsius (Hrsg.), Verhältnismäßigkeit, S. 247, 253 f.; umfassend *Niekiel*, Das Recht auf ein Girokonto, S. 196 ff.

III. Rechtsfolgen unmittelbarer Grundrechtsbindung Intermediärer Gewalten

Sind die Voraussetzungen für eine unmittelbare Grundrechtsbindung Intermediärer Gewalten erfüllt, stellt sich die Frage, welche konkreten Rechtsfolgen sich hieraus ergeben. Dies wird im Folgenden anhand der grundrechtlichen Wirkrichtungen der Statuslehre erörtert.

1. Status negativus

Eine unmittelbare Grundrechtsbindung im Sinne des status negativus zielt – entsprechend der Terminologie im Staat-Bürger-Verhältnis – auf die Abwehr von Grundrechtsbeeinträchtigungen durch Intermediäre Gewalten ab.

a) Grundrechtseingriffe durch Intermediäre Gewalten

Handlungen unmittelbar grundrechtsgebundener Rechtssubjekte werden nach der überkommenen Dogmatik erst dann verfassungsrechtlichen Rechtfertigungsanforderungen unterworfen, wenn überhaupt ein Eingriff in Grundrechte vorliegt.[171] Vereinzelte Ansätze der Literatur und Rechtsprechung bejahen zwar die Möglichkeit einer unmittelbaren bzw. staatsähnlichen Grundrechtsbindung privater Rechtssubjekte, setzen sich jedoch nicht dezidiert mit dem Eingriffsbegriff auseinander, sodass zumeist unklar bleibt, ob und inwieweit auf ihn – insbesondere in Abgrenzung zum staatsbezogenen Eingriffsbegriff – zurückgegriffen werden kann.[172] Selbst in Fällen einer nur mittelbaren Drittwirkung, in der zwischen den Privaten also schon kein Grundrechtsverhältnis im engeren Sinne besteht[173], ist nicht selten von „Eingriffen" durch Private die Rede, ohne dass der Eingriffsbegriff dabei zwingend mit bestimmten Rechtfertigungsanforderungen verknüpft wird, die nicht auch ohne eine Verwendung des Eingriffsbegriffes geprüft werden könnten.[174]

---

[171] Zu dieser Scharnierfunktion des Eingriffes s. o. auf S. 121 f.

[172] BVerfGE 128, 226 (249 f.); BVerfG, Beschl. v. 18.7.2015, 1 BvQ 25/15, NJW 2015, 2485 (2486); *Leisner*, Grundrechte und Privatrecht, S. 378 ff.; *Gamillscheg*, Die Grundrechte im Arbeitsrecht, AcP 1964, 385 (419 ff.).

[173] S. o. auf S. 138 ff.

[174] Vgl. etwa BVerfGE 7, 198 (210, 221); 35, 202 (226, 230, 234, 239, 240); BVerfG, Beschl. v. 6.10.2009, 2 BvR 693/09, NJW 2010, 220 (221); EuGH, Urt. v. 13.5.2014, Rs. C-131/12, u. a. Rn. 80 f. Anders ist der Duktus etwa in BVerfGE 30, 173 (199) und 142, 74 (96), wonach ein klassischer Eingriff zwischen Privaten nicht vorliegen könne und ebenso die Rechtfertigungsanforderungen, die im Staat-Bürger-Verhältnis gelten, nicht auf Privatrechtsverhältnisse übertragen werden können (dennoch ist in BVerfGE 30, 173 [214] von einem Eingriff die Rede). *Floren*, Grundrechtsdogmatik im Vertragsrecht, S. 64 differenziert innerhalb des Begriffes „Eingriff" zwischen „Privateingriffen" und „Staatseingriffen"; *Schlink*, Freiheit durch Eingriffsabwehr, EuGRZ 1984, 457 (464) erstreckt den Eingriffsbegriff auch auf private Handlungen, misst letztere am Verhältnismäßigkeitsprinzip; kritisch zur unpräzisen Terminologie: *Classen*, Die Drittwirkung der Grundrechte, AöR 1997, 65 (79 ff.); *Poscher*, Grund-

Soll eine unmittelbare Grundrechtsbindung Privater auf der Rechtsfolgenseite nicht wirkungslos bleiben, muss sich der Eingriffsbegriff akzessorisch zur Reichweite der Grundrechtsbindung verhalten.[175] Zu differenzieren ist dabei zwischen einer nur mittelbaren und einer unmittelbaren Grundrechtsbindung. Ergibt sich für Private eine nur mittelbare Grundrechtsbindung, dann bleibt der Anknüpfungspunkt der Grundrechtsprüfung die gerichtliche Würdigung des Privatrechtsverhältnisses und nicht die private Grundrechtsbeschränkung, sodass es sich allenfalls um einen staatlichen Grundrechtseingriff handelt.[176] Bejaht man eine ausnahmsweise unmittelbare Grundrechtsbindung Privater – wie sie vorliegend für Intermediäre Gewalten angenommen wird –, so sind die von ihnen ausgehenden Grundrechtsbeschränkungen ebenfalls als Grundrechtseingriff zu qualifizieren.[177]

Auf die Kriterien des klassischen Eingriffsbegriffes, die zwingend an staatliche Rechtsakte in der Gestalt eines Ge- oder Verbotes anknüpfen[178], kann dabei nicht zurückgegriffen werden. Grundrechtsbeschränkungen durch Intermediäre Gewalten können sich begrifflich am – inzwischen nahezu einhellig anerkannten – modernen Eingriffsbegriff orientieren, der solche Handlungen umfasst, die ein grundrechtlich geschütztes Verhalten erschweren oder unmöglich machen[179]. Der moderne Eingriffsbegriff wird dabei aus seiner Staatsrichtung herausgelöst und auf alle unmittelbar grundrechtsgebundenen Rechtssubjekte erweitert. Exemplarisch läge bereits in der Datenverarbeitung durch Intermediäre Gewalten ein Eingriff in das Recht auf informationelle Selbstbestimmung[180], in der Löschung

---

rechte als Abwehrrechte, S. 319 und *Murswiek*, Die staatliche Verantwortung für die Risiken der Technik, S. 94 f.

[175] Noch abstrakter *Herdegen*, in: Maunz/Dürig, GG, Art. 1 Abs. 3 Rn. 40: „Das grundrechtliche Verständnis des Eingriffs muss sich an der Schutzfunktion der Grundrechte orientieren." Der Autor geht gleichwohl von einem staatszentrierten Eingriffsbegriff aus.

[176] Vgl. *Poscher*, Grundrechte als Abwehrrechte, S. 164.

[177] Dies ist fraglos ein Bruch mit der klassischen Grundrechtstheorie, die den Eingriffsbegriff verankert im status negativus allein solchen Grundrechtsbeschränkungen aus dem Staat-Bürger-Verhältnis vorbehält (so etwa *Voßkuhle/Kaiser*, Der Grundrechtseingriff, JuS 2009, 313 [313]; *Lücke*, Die Drittwirkung der Grundrechte, JZ 1999, 377 [380 f.], der die Zuordnung der Drittwirkung zur abwehrrechtlichen Dimension explizit ablehnt; s. auch *Michael/Morlok*, Grundrechte, Rn. 739, nach denen ein staatlicher Eingriff in Grundrechte weit schwerer wiege als eine gleichstarke Grundrechtsbeeinträchtigung Privater). Beeinträchtigungen durch Private sind nach dem klassischem Eingriffsbegriff nur dann als Eingriff zu qualifizieren, wenn der Staat das Verhalten Privater gegenüber anderen Privaten imperativ anordnet (vgl. *Sachs*, in: Sachs, GG, Vorb. Rn. 89). Auch der moderne Eingriffsbegriff, dem sich die klassische Grundrechtstheorie weitgehend angeschlossen hat, setzt eine Zurechnung privater Grundrechtsbeeinträchtigungen zu staatlichem Handeln voraus (vgl. *Hobusch*, Der moderne Eingriffsbegriff, JA 2019, 278 [279]).

[178] So insb. *Sachs*, in: Sachs, GG, Vorb. zu Abschnitt 1 Rn. 78 ff.

[179] Freilich auf staatliches Verhalten beschränkend *Voßkuhle/Kaiser*, Der Grundrechtseingriff, JuS 2009, 313 (313).

[180] Unter Heranziehung der mittelbaren Drittwirkung BGH, Beschl. v. 23.6.2020, KVR 69/19, GRUR 2020, 1318 (1328).

von Beiträgen ein Eingriff in die Meinungsfreiheit[181] oder in der Verweisung von Demonstranten von öffentlich zugänglichen Flächen ein Eingriff in die Versammlungsfreiheit[182] der Betroffenen. Die Pflicht zur Rechtfertigung von Grundrechtseingriffen resultiert dann nicht erst mediatisiert aus einer staatlichen Entscheidung, sondern wird den Intermediären Gewalten selbst auferlegt.

b) Grundrechtsverzicht durch Einwilligung

In Rechtsverhältnissen zwischen Intermediären Gewalten und Dritten ist die Möglichkeit zu erörtern, ob letztere über ihren eigenen Grundrechtsschutz – etwa im Wege einer Einwilligung – wirksam disponieren können. Dabei kann auf die aus dem Staat-Bürger-Verhältnis bekannte Rechtsfigur des Grundrechtsverzichtes[183] zurückgegriffen werden. In der Praxis betrifft dieser Problemkreis beispielsweise den digitalen Rechtsverkehr, in dem die Einwilligung in die Verarbeitung personenbezogener Daten eine zentrale Rolle einnimmt.

aa) Begriff und Abgrenzung

Im Rahmen eines Grundrechtsverzichtes stimmt der Bürger durch eine freiwillige Einwilligung einer Grundrechtsbeschränkung in der Weise zu, dass ihre Rechtmäßigkeit nicht an dem konkret betroffenen Grundrecht gemessen wird.[184] Ein dauerhafter und vollständiger Verzicht auf grundrechtlichen Schutz geht damit freilich nicht einher, da ein Grundrechtsverzicht nur im eng umgrenzten Rahmen und nur für konkrete Eingriffshandlungen zulässig ist.[185]

---

[181] Unter Heranziehung der mittelbaren Drittwirkung OLG Dresden, Beschl. v. 8.8.2018, 4 W 577/18, NJW 2018, 3111 (3113 f.); OLG Karlsruhe, Beschl. v. 28.2.2019, 6 W 81/18, NJW-RR 2019, 1006 (1008).

[182] Unter Heranziehung der mittelbaren Drittwirkung BVerfG, Beschl. v. 18.7.2015, 1 BvQ 25/15, NJW 2015, 2485: Ob es sich im Sachverhalt des genannten Beschlusses tatsächlich um eine Intermediäre Gewalt in der oben genannten Begriffsdefinition handelt, ist vorliegend nicht zu entscheiden.

[183] Hierzu umfangreich *Stern*, Staatsrecht Bd. III/2 § 86. Die Rechtsfigur ist in der unionsrechtlichen Grundrechtsordnung gleichermaßen anerkannt (vgl. EuGH, Urt. v. 26.2.2013, Rs. C-399/11, Rn. 49 im Anwendungsbereich des Art. 47 GRCh: „Der Angeklagte kann aus freiem Willen ausdrücklich oder stillschweigend darauf verzichten, vorausgesetzt, dass der Verzicht eindeutig feststeht, seiner Bedeutung entsprechende Mindestgarantien vorgesehen werden und ihm kein wichtiges öffentliches Interesse entgegensteht"; s. auch *Jarass*, in: Jarass, GRCh, Art. 52 Rn. 18; *Frenz*, Hndb. Europarecht, Bd. 4 Rn. 315 ff.).

[184] *Sachs*, in: Sachs, GG, Vorb. Rn. 55 weist darauf hin, dass es unerheblich ist, ob in der Folge ein Eingriff abgelehnt wird oder dieser durch den Verzicht erst gerechtfertigt wird; anders *Neuner*, Die Einwilligung im Deliktsrecht, JuS 2021, 617 (618): „Verfassungsrechtlich sind Einwilligungen eine Form der Grundrechtsausübung und kein Grundrechtsverzicht"; in der übrigen verfassungsrechtlichen Literatur werden die Begriffe „Verzicht" und „Einwilligung" weitgehend synonym verwendet (vgl. *Ahammer*, der Grundrechtsverzicht, S. 48 ff. m. w. N.); zur Uneinheitlichkeit der Rechtsprechung bzgl. etwaiger Grundrechtsverzichte *Stern*, Staatsrecht Bd. III/2 § 86 I 5 c.

[185] Vgl. *Fischinger*, Der Grundrechtsverzicht, JuS 2007, 808 (808); am Beispiel des allgemeinen Persönlichkeitsrechts *Di Fabio*, in: Maunz/Dürig, GG, Art. 2 Abs. 1 Rn. 229.

Abzugrenzen ist der Grundrechtsverzicht durch Einwilligung vom typischen Fall der mittelbaren Drittwirkung, in dem gewöhnliche Private miteinander kontrahieren, sodass mangels unmittelbarer Grundrechtsbindung schon kein Bedürfnis für einen Grundrechtsverzicht besteht.[186] Dort ist allenfalls für die Reichweite der Ausstrahlungswirkung bzw. staatlichen Schutzpflicht entscheidend, inwieweit die tatsächlichen Grundrechtsbeschränkungen auf dem freien Willen der Beteiligten fußen oder das Resultat einer Zwangslage sind.[187] Gegebenenfalls ist der Staat dann dazu berufen, private Rechtsverhältnisse aus grundrechtlichen Wertungen heraus zu korrigieren.[188]

bb) Abgrenzung des Grundrechtsverzichtes von der vertraglichen Bindung

Ist eine der Parteien unmittelbar an Grundrechte gebunden, kann aus dem gleichzeitigen Bestehen eines Privatrechtsverhältnisses nicht ein automatischer Grundrechtsverzicht – etwa qua Vertragsschluss – der betroffenen Partei abgeleitet werden. Die Begründung auch eines mehrseitigen Rechtsgeschäfts ist insoweit zu unterscheiden von einer notwendigerweise explizit zu erteilenden Einwilligung in einen Grundrechtseingriff.[189] Dies schließt nicht aus, dass beides – Vertragsschluss und Einwilligung – in einem einheitlichen Vorgang erfolgen kann, was insbesondere der Fall ist, wenn sich die Gegenleistung mit dem Inhalt des Grundrechtsverzichtes des Betroffenen deckt[190]. Für eine grundsätzliche Differenzierung spricht rechtsdogmatisch, dass die rechtsgeschäftliche Bindung zunächst Teil der aus Art. 2 Abs. 1 GG garantierten Privatautonomie ist, die Einwilligung in die Beeinträchtigung weiterer Grundrechte jedoch außerhalb dieser Bindung zu verorten ist.[191] Zudem gibt es Konstellationen, in denen ein Grundrechtsverhältnis auch gänzlich ohne zugrundeliegendes Vertragsverhältnis bestehen kann,

---

[186] Zutreffend *Ruffert*, Vorrang der Verfassung, S. 245; s. auch *Merten*, in: Merten/Papier, Hndb. d. GR III § 73 Rn. 42 ff.: „Mangels unmittelbarer Drittwirkung fehlt es in diesen Fällen bei exakter Begriffsverwendung auch an einem Verzicht auf die Ausübung von Grundrechten"; anders *Zöllner*, Regelungsspielräume im Schuldvertragsrecht, AcP 1996, 1 (12 f.), der einerseits eine Grundrechtsbindung Privater strikt ablehnt, gleichzeitig jedoch von einem Grundrechtsverzicht ausgeht; *Adam*, Der Grundrechtsverzicht des Arbeitnehmers, AuR 2005, 129 (129); s. auch *Gornik*, Öffentliche Räume, S. 261 ff., ohne jedoch eine Grundrechtsbindung als Voraussetzung für einen Grundrechtsverzicht zu benennen.

[187] *Jarass*, in: Jarass/Pieroth, GG, Art. 1 Rn. 57; hingegen *Sachs*, in: Sachs, GG, Vorb. Rn. 57: „Belange voll verantwortungsfähiger Betroffener selbst können es nicht rechtfertigen, ihnen einen Grundrechtsschutz wider Willen aufzunötigen."

[188] BVerfGE 89, 214 (232); kritisch *Merten*, in: Merten/Papier, Hndb. d. GR III § 73 Rn. 46 f.

[189] Für die Konstellation der mittelbaren Drittwirkung exemplifiziert dies *Ruffert*, Vorrang der Verfassung, S. 245 f.; anders wohl *Floren*, Grundrechtsdogmatik im Vertragsrecht, S. 157 ff., der beide Ebenen tendenziell verbindet.

[190] Differenzierend am Beispiel von Glaubenskonflikten in arbeitsrechtlichen Vertragsverhältnissen *Greiner*, Ideelle Unzumutbarkeit, S. 197 ff.

[191] S. auch *Robbers*, Der Grundrechtsverzicht, JuS 1985, 925 (927).

etwa im Falle einseitig ausgesprochener Hausverbote. Auch dort muss für eine mögliche Einwilligung das Grundrechtsverhältnis eigenständig betrachtet werden.

cc) Übertragung der Rechtsfigur auf private Rechtsverhältnisse

Die aus dem Staat-Bürger-Verhältnis bekannten Maßgaben zum Grundrechtsverzicht können grundsätzlich auf Rechtsverhältnisse zwischen Intermediären Gewalten und Dritten übertragen werden. Die klassische Grundrechtstheorie bejaht insoweit bereits, dass eine Einwilligung zumindest in Konstellationen der mittelbaren Drittwirkung direkte Auswirkungen auf die Reichweite der staatlichen Schutzpflicht hat.[192] Eine Einwilligungserklärung muss erst recht dann berücksichtigt werden, wenn private Rechtssubjekte sich gegenüber anderen Privaten nicht nur mittelbar, sondern unmittelbar auf Grundrechte berufen können. Auch materiell sprechen die sogleich zu erörternden Tatbestandsvoraussetzungen nicht gegen eine Übertragung des Grundrechtsverzichtes auf private Grundrechtsverhältnisse, da sie nicht notwendig den Staat als Erklärungsadressaten voraussetzen.[193]

dd) Tatbestand und Rechtsfolge eines Grundrechtsverzichtes

Die Kernvoraussetzung für einen wirksamen Grundrechtsverzicht ist eine freiwillige Einwilligungserklärung der betroffenen Partei, aus der unzweideutig der entsprechende Verzichtswille hervorgeht.[194] Freiwillig ist die Einwilligung, wenn sie ohne jegliche Form der Fremdbestimmung abgegeben wurde.[195] An das Erfordernis der Freiwilligkeit sind hohe Anforderungen zu knüpfen, um dem Über-Unterordnungsverhältnis zwischen Grundrechtsverpflichtetem und Grundrechtsberechtigtem hinreichend Rechnung zu tragen.[196] Je stärker die Subordi-

[192] Konkret wird dabei die Frage diskutiert, ob der Grundrechtsverzicht nicht nur in Eingriffssituationen, sondern auch in der Schutzpflichtenkonstellation herangezogen werden kann. Diese Möglichkeit wird aufgrund eines Erst-recht-Schlusses bejaht bei *Fischinger*, Der Grundrechtsverzicht, JuS 2007, 808 (812). S. auch *Michael/Morlok*, Grundrechte, Rn. 539; für die Grundrechte der GRCh vgl. *Frenz*, Hndb. Europarecht Bd. 4 Rn. 317.

[193] Exemplarisch für eine Übertragung *Jarass*, Das allgemeine Persönlichkeitsrecht, NJW 1989, 857 (862); *Di Fabio*, in: Maunz/Dürig, GG, Art. 2 Abs. 1 Rn. 229; *Pötters*, Grundrechte und Beschäftigtendatenschutz, S. 97 ff.

[194] Vgl. *Fischinger*, Der Grundrechtsverzicht, JuS 2007, 808 (809); *Robbers*, Der Grundrechtsverzicht, JuS 1985, 925 (926). Insbesondere an konkludente Erklärungen sind daher hohe Anforderungen zu stellen (vgl. *Ahammer*, Der Grundrechtsverzicht, S. 56 f.).

[195] Vertiefend zur Freiwilligkeit *Michael/Morlok*, Grundrechte, Rn. 538.

[196] *Fischinger*, Der Grundrechtsverzicht, JuS 2007, 808 (809 f.); *Dreier*, in: Dreier, GG, Vor Art. 1, Rn. 131; s. auch *Bäcker*, Grundrechtlicher Informationsschutz gegen Private, Der Staat 2012, 91 (105); *Starck*, in: v. Mangoldt/Klein/Starck, GG, Art. 1 Rn. 112 im arbeitsrechtlichen Kontext: „Einwilligungen sind problematisch, weil die Freiwilligkeit oft nicht gegeben ist, entweder wegen des Abhängigkeitsverhältnisses oder wegen des Wunsches, eine Stelle zu bekommen"; mit großzügiger Lesart – selbst für arbeitsrechtliche Konstellationen – *Zöllner*, Regelungsspielräume im Schuldvertragsrecht, AcP 1996, 1 (13).

nation zwischen dem Grundrechtsverpflichteten und dem Betroffenen ist, desto höher sind die Hürden dafür, die Einwilligung tatsächlich als freiwillig einordnen zu können.[197] In Rechtsverhältnissen mit Intermediären Gewalten gilt diese Formel exemplarisch, da ihnen gegenüber eine Subordination begriffsimmanent ist[198].

Liegt eine wirksame Einwilligung vor, so wird bereits das Vorhandensein eines Grundrechtseingriffes verneint.[199] Ist dies nicht der Fall, muss der Grundrechtseingriff verfassungsrechtlich gerechtfertigt werden.[200] Näheres zu Inhalt und Rechtsfolgen – insbesondere im Hinblick auf die generelle Dispositionsbefugnis – kann sich darüber hinaus aus den einzelnen Grundrechten selbst ergeben.[201] Für die gesamte Prüfung gilt, dass die Voraussetzungen des Grundrechtsverzichtes aufgrund der potenziell weitreichenden Rechtsfolgen restriktiv auszulegen sind.[202]

ee) Die Einwilligung am Beispiel des Rechts auf informationelle Selbstbestimmung (Art. 2 Abs. 1 i. V. m. Art. 1 Abs. 1 GG) und Art. 8 GRCh

Angesichts ihrer praktischen Bedeutung im digitalen Rechtsverkehr wird die Einwilligung vielfach im Rahmen grundrechtlicher Datenschutzverbürgungen diskutiert. Namentlich leitet sich aus dem Recht auf informationelle Selbstbestimmung (Art. 2 Abs. 1 i. V. m. Art. 1 Abs. 1 GG) auch „die Befugnis des Einzelnen [ab], grundsätzlich selbst über die Preisgabe und Verwendung seiner persönlichen Daten zu bestimmen“[203]. Im europäischen Primärrecht ist die Einwilligung zur Datenverarbeitung ausdrücklich in Art. 8 Abs. 2 S. 1 GRCh vorgesehen. Sie bildet dort – neben sonstigen gesetzlichen Erlaubnistatbeständen – eine zentrale

---

[197] Vgl. *Fischinger*, Der Grundrechtsverzicht, JuS 2007, 808 (812); *Dreier*, in: Dreier, GG, Vor Art. 1 Rn. 131: Je stärker Zwangslage, desto stärker Anforderungen in Freiwilligkeit; s. auch *Schoch*, in: FS-Stern, 1491 (1511). Aus diesem Grund bezweifelt *Forsthoff*, Anmerkung zu BVerwG, Urt. v. 24.10.1956, VC 236/54, DVBl. 1957, 721 (725) die Möglichkeit eines Grundrechtsverzichtes im Staat-Bürger-Verhältnis.

[198] S. o. auf S. 105 ff.

[199] *Kingreen/Poscher*, Grundrechte, Rn. 203; BVerwGE 42, 331 (335); a. A. *Stern*, Staatsrecht, Bd. III/2 § 86 III 2, S. 918.

[200] Siehe dazu unten auf S. 156 ff.

[201] Der Ausschluss eines Grundrechtsverzichtes wird teilweise für den Menschenwürdeschutz aus Art. 1 Abs. 1 GG (so etwa *Dreier*, in: Dreier, GG, Vorb Art. 1 Rn. 133) und teilweise bei entgegenstehenden bedeutsamen Gemeinwohlanliegen angenommen (*Sachs*, in: Sachs, GG, Vorb. Rn. 57); zu Art. 9 Abs. 3 GG vgl. *Schmidt*, in: Erfurter Kommentar, GG, Einl. Rn. 61.

[202] Exemplarisch für das Recht auf informationelle Selbstbestimmung aus Art. 2 Abs. 1 i. V. m. Art. 1 Abs. 1 GG: *Jöns*, Daten als Handelsware, S. 86; *Kube*, in: Isensee/Kirchhof, Hnd. d. StR VII § 148 Rn. 82.

[203] BVerfGE 65, 1 (43). Die Einwilligung wird auch als „genuiner Ausdruck“ des Rechts auf informationelle Selbstbestimmung bezeichnet (*Roßnagel/Pfitzmann/Garstka*, Modernisierung des Datenschutzrechts, S. 15).

Rechtmäßigkeitsvoraussetzung. Wegen der hohen Regelungsdichte des geltenden datenschutzrechtlichen Sekundärrechts ist die grundrechtliche Perspektive des Unionsrechts von besonderer Bedeutung.[204]

Konkret normieren Art. 6 Abs. 1 lit. a DS-GVO und die ihn ergänzenden Maßgaben des Art. 7 sowie Art. 4 Nr. 11 DS-GVO einen Einwilligungstatbestand für private und hoheitliche Datenverarbeitungen, der unmittelbare Wirkung auch in den Rechtsordnungen der Mitgliedstaaten entfaltet.[205] Eine wirksame Einwilligung führt nicht nur zur sekundärrechtlichen Rechtmäßigkeit der Datenverarbeitung; der Tatbestand stimmt auch mit den verfassungsrechtlichen Begriffsmerkmalen eines wirksamen Grundrechtsverzichtes überein.[206] Zutreffend wird die Einwilligung daher als Grundrechtsverzicht[207] bzw. eingriffsausschließende Handlung[208] qualifiziert.[209] Entsprechend der allgemeinen Bestimmungen zum Grundrechtsverzicht ist auch im Recht auf informationelle Selbstbestimmung die Freiwilligkeit der Einwilligung zentral. Im idealtypischen Vertragsverhältnis auf Augenhöhe stellt das Tatbestandsmerkmal der Freiwilligkeit regelmäßig keine Probleme dar.[210] Befinden sich die Vertragspartner hingegen in

---

[204] Entsprechend groß ist der Anwendungsbereich der Chartagrundrechte (vgl. Art. 51 Abs. 1 S. 1 GRCh).

[205] Im Bereich der Einwilligung gibt wurde keine Öffnungsklausel für mitgliedstaatliche Regelungen normiert (vgl. *Klement*, in: Simitis/Hornung/Spiecker gen. Döhmann, DS-GVO, Art. 7 Rn. 14).

[206] Vgl. Art. 4 Nr. 11 DS-GVO: „‚Einwilligung' der betroffenen Person [bezeichnet] jede freiwillig für den bestimmten Fall, in informierter Weise und unmissverständlich abgegebene Willensbekundung in Form einer Erklärung oder einer sonstigen eindeutigen bestätigenden Handlung, mit der die betroffene Person zu verstehen gibt, dass sie mit der Verarbeitung der sie betreffenden personenbezogenen Daten einverstanden ist."

[207] *Stern*, Staatsrecht, Bd. III/2 § 86 I 5, S. 898 f.; *Robbers*, Der Grundrechtsverzicht, JuS 1985, 925 (930); *Dreier*, in: Dreier, GG, Art. 2 Abs. 1 Rn. 90; s. auch *Pötters*, Grundrechte und Beschäftigtendatenschutz, S. 97 f.; a. A. – jedoch ohne Begründung – *Samardzic/Becker*, Die Grenzen des Datenschutzes, EuZW 2020, 646 (648 Fn. 11).

[208] Vgl. *Martini*, Das allgemeine Persönlichkeitsrecht, JA 2009, 839 (842) und *Jarass*, Das allgemeine Persönlichkeitsrecht, NJW 1989, 857 (860); *Klement*, in: Simitis/Hornung/Spiecker gen. Döhmann, DS-GVO, Art. 7 Rn. 18; *Knecht*, in: Schwarze/Becker/Hatje/Schoo, GRCh, Art. 8 Rn. 7; die Einwilligung als Rechtfertigung einer Datenverarbeitung einordnend *Schoch*, Das Recht auf informationelle Selbstbestimmung, JURA 2008, 352 (357); *Buermeyer*, Informationelle Selbstbestimmung, S. 156 f.

[209] Aus den sekundärrechtlichen Anforderungen ergeben sich somit Rückschlüsse auf die grundrechtlichen Anforderungen an einen wirksamen Verzicht. Hierfür spricht nicht zuletzt, dass der primärrechtliche Datenschutz wesentlich dem Sekundärrecht nachgebildet wurde. So stützt sich Art. 8 GRCh entstehungsgeschichtlich auf bereits zuvor bestehendes Sekundärrecht zum Datenschutz, konkret der Rl. 95/46/EG, die inzwischen durch die VO 216/697 (DS-GVO) ersetzt wurde (vgl. Charta-Erläuterung zu Art. 8 GRCh im Amtsblatt der EU, C 303/20; s. auch *Johlen*, in: Stern/Sachs, GRCh, Art. 8 Rn. 10 ff.).

[210] Abgrenzend zur Fremdbestimmung BVerfG, Beschl. v. 23.10.2006, 1 BvR 2027/02, MMR 2007, 93 (93).

einem rechtlichen oder faktischen Subordinationsverhältnis, steigen die Anforderungen an die Freiwilligkeit der Einwilligung.[211]

Kritik wird an der Tauglichkeit der Rechtsfigur insbesondere in solchen Fällen vorgebracht, in denen einseitig vorgegebene Vertragsbedingungen dem Betroffenen nur die Wahl zwischen einer umfassenden Datenverarbeitung und einem völligen Verzicht auf die Leistung lassen („take-it-or-leave-it").[212] Gerade gegenüber Vertragspartnern in marktbeherrschenden Stellungen droht die Einwilligung dann zu einem Automatismus zu verkümmern, der nicht Ausdruck einer selbstbestimmten Entscheidung über die eigenen Daten ist.[213] Die DS-GVO versucht, dieser Problematik Rechnung zu tragen, indem die Einwilligung dann keine gültige Rechtsgrundlage liefern soll, „wenn zwischen der betroffenen Person und dem Verantwortlichen ein klares Ungleichgewicht besteht"[214]. Positiv gewendet soll eine freiwillige Einwilligung dann vorliegen, wenn der Betroffene „eine echte oder freie Wahl hat und somit in der Lage ist, die Einwilligung zu verweigern oder zurückzuziehen, ohne Nachteile zu erleiden"[215].

Eine quantitative Begrenzung der Datenverarbeitung erfolgt durch Art. 7 Abs. 4 DS-GVO, demzufolge sich die Freiwilligkeit der Einwilligung auch danach richtet, ob die zu erhebenden Daten für die Erfüllung des Vertrages erforderlich sind oder nicht.[216] Weiterhin hat die Einwilligung in grund- und sekundärrechtlicher Hinsicht an bestimmte Daten anzuknüpfen.[217] Globaleinwilligun-

---

[211] Vgl. *Buermeyer*, Informationelle Selbstbestimmung, S. 162 f.; umfassend *Klement*, in: Simitis/Hornung/Spiecker gen. Döhmann, DS-GVO, Art. 7 Rn. 54 ff.

[212] Vgl. die Fundamentalkritik bei *Veil*, Die Datenschutz-Grundverordnung, NVwZ 2018, 686 (688); s. auch BVerfG, Beschl. v. 17.7.2013, 1 BvR 3167/08, NJW 2013, 3086 (3088); BVerfG, Beschl. v. 23.10.2006, 1 BvR 2027/02, MMR 2007, 93 (93 f.): „Eine solche einseitige Bestimmungsmacht eines Vertragspartners kann sich auch daraus ergeben, dass die von dem überlegenen Vertragspartner angebotene Leistung für den anderen Partner zur Sicherung seiner persönlichen Lebensverhältnisse von so erheblicher Bedeutung ist, dass die denkbare Alternative, zur Vermeidung einer zu weitgehenden Preisgabe persönlicher Informationen von einem Vertragsschluss ganz abzusehen, für ihn unzumutbar ist. Sind in einem solchen Fall die Vertragsbedingungen in dem Punkt, der für die Gewährleistung informationellen Selbstschutzes von Bedeutung ist, zugleich praktisch nicht verhandelbar, so verlangt die aus dem allgemeinen Persönlichkeitsrecht folgende Schutzpflicht eine gerichtliche Überprüfung, ob das Geheimhaltungsinteresse des unterlegenen Teils dem Offenbarungsinteresse des überlegenen Teils angemessen zugeordnet wurde"; vgl. ferner *Eichenhofer*, e-Privacy, S. 168.

[213] *Veil*, Die Datenschutz-Grundverordnung, NVwZ 2018, 686 (688); *Hoffmann-Riem*, Recht im Sog der digitalen Transformation, S. 168; s. auch *Klement*, in: Simitis/Hornung/Spiecker gen. Döhmann, DS-GVO, Art. 7 Rn. 62.

[214] DS-GVO, ErwGr 43 S. 1. Obwohl der ErwGr exemplarisch auf behördliche Datenverarbeitungen abzielt, wird die Bestimmung auch auf private Subordinationsverhältnisse übertragen (so *Munz*, in: v. Westphalen/Thüsing, Vertragsrecht und AGB-Klauselwerke, Datenschutzklauseln Rn. 55).

[215] DS-GVO, ErwGr 42 S. 5.

[216] Ausführlich hierzu *Golland*, Das Kopplungsverbot in der Datenschutz-Grundverordnung, MMR 2018, 130 (passim).

[217] Vgl. *Ingold*, in: Sydow, DS-GVO, Art. 7 Rn. 39.

gen oder Blankettermächtigungen im Sinne eines umfassenden Verzichtes sind insoweit ausgeschlossen.[218]

c) Rechtfertigungsanforderungen

aa) Keine Berücksichtigung nur staatsgerichteter Anforderungen

Liegt ein Grundrechtseingriff seitens eines unmittelbar grundrechtsgebundenen Privatrechtssubjekts vor, ist fraglich, an welchen verfassungsrechtlichen Maßstäben dieser zu messen ist. Eine schlichte Übertragung der Schrankendogmatik des „klassischen" Grundrechtsverhältnisses scheidet aus, da sie in Teilen an staatliches Handeln anknüpft.[219] Dies wird insbesondere deutlich, wenn Grundrechte Einschränkungen nur „durch oder aufgrund eines Gesetzes" vorsehen. Ein etwaiges rechtsaktförmiges Handeln ist privaten Rechtssubjekten nicht möglich. In Betracht kommt allenfalls, als verfassungsimmanente Grundrechtsschranke die eigene Grundrechtsbetätigung der eingreifenden Intermediären Gewalt heranzuziehen.[220]

Auch auf der Ebene der Schranken-Schranken können diejenigen Rechtfertigungsanforderungen nicht gelten, die zwingend an staatliche Handlungsformen anknüpfen. Der Vorbehalt des Gesetzes, das Einzelfallverbot sowie das Zitiergebot können für private Grundrechtseingriffe daher kein Maßstab sein.[221]

bb) Verhältnismäßigkeitsgrundsatz als zentrale Rechtfertigungsanforderung

Als zentrale Schranke für Eingriffe grundrechtsgebundener Privatrechtssubjekte kommt der Grundsatz der Verhältnismäßigkeit in Betracht. Demnach muss ein Grundrechtseingriff zur Förderung eines legitimen Zweckes geeignet sein und im Hinblick auf die Grundrechtsverkürzung ein erforderliches und angemessenes Maß wahren.[222] Zu erörtern ist, ob und inwieweit der Grundsatz – insbesondere im Hinblick auf seine Teilaspekte – auf private Grundrechtsverhältnisse übertragen werden kann.

---

[218] *Di Fabio*, in: Maunz/Dürig, GG, Art. 2 Abs. 1 Rn. 229; *Pötters*, Grundrechte und Beschäftigtendatenschutz, S. 98; kritisch im Hinblick auf „Dauervereinbarungen" und „besonders gravierende Belastungen" *Jarass*, in: Jarass/Pieroth, GG, Art. 2 Rn. 57.

[219] Vgl. *Lübbe-Wolff*, Die Grundrechte als Eingriffsabwehrrechte, S. 160 f.

[220] Vgl. BVerfGE 142, 74 (101 f.): In der Entscheidung, der die Konstellation einer mittelbaren Drittwirkung zugrunde lag, identifizierte das Bundesverfassungsgericht das Eigentumsrecht aus Art. 14 Abs. 1 GG der einen Partei als Schranke der Kunstfreiheit (Art. 5 Abs. 3 S. 1 GG) der anderen Partei.

[221] Explizit zum Vorbehalt des Gesetzes BVerfGE 84, 212 (226 f.); 93, 352 (360); s. auch *Pötters*, Grundrechte und Beschäftigtendatenschutz, S. 70 f.

[222] S. bereits oben auf S. 122 zur Bedeutung des Verhältnismäßigkeitsgrundsatzes im status negativus.

(1) Modifizierte Anwendbarkeit gegenüber unmittelbar grundrechtsverpflichteten Privaten

Einer Anwendung des Verhältnismäßigkeitsgrundsatzes in privaten Rechtsverhältnissen steht nicht von vornherein entgegen, dass die Rechtsfigur historisch im Staat-Bürger-Verhältnis entstanden ist und zunächst nur dort umfassende Geltung beanspruchte.[223] Auch in zivilrechtlichen Konstellationen finden äquivalente Erwägungen inzwischen Anwendung[224], wobei weniger das Ob, sondern das Wie der Wirkung eines Verhältnismäßigkeitsgrundsatzes im Privatrecht diskutiert wird[225]. Eine geübte Praxis, gerade im Hinblick auf die Frage, welche Teilaspekte der klassischen Verhältnismäßigkeitsprüfung in grundrechtlichen Drittwirkungskonstellationen Anwendung finden können, hat sich noch nicht etabliert.[226]

(a) Keine unbedingte Anwendung in privaten Rechtsverhältnissen

In ihrer abwehrrechtlichen Ausprägung verhindert die Verhältnismäßigkeitsprüfung übermäßige Grundrechtsbeeinträchtigungen durch den Staat, wirkt somit freiheitssichernd zugunsten des Einzelnen.[227] Sie ist Ausdruck des rechtsstaatlichen Verteilungsprinzips[228] und gründet auf einem Regel-Ausnahme-Verhältnis[229]. Entsprechend hat der insoweit darlegungsbelastete Staat überwiegende

---

[223] Vgl. bereits Fn. 24, Kapitel 5; zur Herkunft des Verhältnismäßigkeitsgrundsatzes ausführlich *Sommermann*, in: v. Mangoldt/Klein/Starck, GG, Art. 20 Rn. 309 ff.; *Merten*, in: Merten/Papier, Hndb. d. GR III § 68 Rn. 6 ff.; s. auch *Tischbirek*, Die Verhältnismäßigkeitsprüfung, S. 8 ff.

[224] Vgl. BVerfGE 35, 202 (221); 63, 88 (115) und die zahlreichen Nachweise in *Kähler*, in: Jestaedt/Lepsius, Verhältnismäßigkeit, S. 211 Fn. 16.

[225] Vgl. *Böckenförde*, Grundrechte als Grundsatznormen, Der Staat 1990, 1 (19 f.) m. w. N.; *Ruffert*, Vorrang der Verfassung, S. 99 ff.; im Hinblick auf die Beeinträchtigung von Gleichheitsgrundrechten *Grünberger*, Personale Gleichheit, S. 825 ff.

[226] Die Prüfungsdichte des Bundesverfassungsgerichts reicht von vereinzelter Ablehnung der Verhältnismäßigkeitsprüfung in Privatrechtsverhältnissen (vgl. BVerfGE 30, 173 [199]: die dort vertretene Rechtsansicht steht indes im Widerspruch zur sonstigen Herangehensweise des Bundesverfassungsgerichts – vgl. das Sondervotum von *W. Rupp-v. Brünneck*, BVerfGE 30, 173 [221]) bis hin zur einer mehr oder minder strengen Prüfung (BVerfGE 7, 198 [212]; 35, 202 [221 und Leitsatz 3]; BVerfG, Beschl. v. 17. 7. 2013, 1 BvR 3167/08, NJW 2013, 3086 [3087 f.]; BVerfG, Beschl. v. 6.10.2009, 2 BvR 693/09, NJW 2010, 220 [222]). Die Rechtsprechung bezieht sich abwechselnd auf die verschiedenen Teilaspekte der Verhältnismäßigkeitsprüfung, häufig lediglich auf die Angemessenheit. Zwar im Staat-Bürger-Verhältnis, aber in allgemeiner Formulierung hielt das Bundesverfassungsgericht zudem fest: „Der Grundsatz der Verhältnismäßigkeit ist mit Verfassungsrang ausgestattet. Er ist bei der Auslegung und Anwendung der Normen des einfachen Rechts stets zu beachten" (BVerfGE 43, 101 [106]).

[227] BVerfGE 81, 310 (338).

[228] *Ruffert*, Vorrang der Verfassung und Eigenständigkeit des Privatrechts, S. 99.

[229] *v. Arnauld*, Die normtheoretische Begründung des Verhältnismäßigkeitsgrundsatzes, JZ 2000, 276 (278 f.); zum sinnverwandten Grundsatz „in dubio pro libertate" vgl. *Schneider*,

Gründe anzuführen, um eine ausnahmsweise Beschränkung der Grundrechte zu rechtfertigen.[230] Der Verhältnismäßigkeitsgrundsatz bewirkt, dass dies nicht mehr als nötig und in angemessener Weise geschieht.[231] Gleichzeitig ist der Grundsatz im Staat-Bürger-Verhältnis ein besonderer Ausdruck des Freiheitsschutzes vor einseitig ausgeübter Rechtsmacht in Subordinationsverhältnissen, wie sie für das öffentliche Recht typisch sind.[232]

Bereits aufgrund dieser Wirkrichtung ergibt sich, dass die aus der Staat-Bürger-Relation bekannte Verhältnismäßigkeitsprüfung jedenfalls nicht als globale Wirksamkeitsvoraussetzung für Privatrechtsverhältnisse gelten kann.[233] Die hiergegen streitende typischerweise Gleichordnung und privatautonome Interaktion der Rechtssubjekte wurde bereits angesprochen.[234] Ein abstraktes grundrechtliches Vorrangverhältnis einer der beteiligten Parteien kann nicht begründet werden.[235] Es bedarf daher lediglich der Prüfung einer „Angemessenheits-Verhältnismäßigkeit"[236]. Gemeint ist damit ein horizontaler Ausgleich der in Rede stehenden tatsächlichen Grundrechtskollision (praktische Konkordanz). Trotz ihrer begrenzten Rationalisierbarkeit[237] ist die Rechtsfigur der praktischen Konkordanz in besonderem Maße dazu geeignet, grundrechtliche Konflikte gleichrangiger Privatrechtssubjekte aufzulösen, da sie gerade nicht von der aus dem Staat-Bürger-Verhältnis bekannten grundsätzlichen Freiheitsvermutung[238]

Prinzipien der Verfassungsinterpretation, VVDStRL 1963, 1 (31 ff.) und zur Kritik hieran bei *Merten*, in: Merten/Papier, Hndb. d. GR III § 56 Rn. 53 f.

[230] Zum Überwiegenserfordernis *Hanau*, Der Grundsatz der Verhältnismäßigkeit als Schranke privater Gestaltungsmacht, S. 105 f.

[231] *v. Arnauld*, Die normtheoretische Begründung des Verhältnismäßigkeitsgrundsatzes, JZ 2000, 276 (179).

[232] *Stürner*, Der Grundsatz der Verhältnismäßigkeit im Schuldvertragsrecht, S. 20; *Tischbirek*, Die Verhältnismäßigkeitsprüfung, S. 10 f.

[233] *Barczack*, in: Scheffczyk/Wolter (Hrsg.), Linien der Rspr. des Bundesverfassungsgerichts, Bd. 4, S. 116 f.; pauschal *Papier*, in: Merten/Papier, Hndb. d. GR II § 55 Rn. 19: „Vor allem die Privatautonomie würde erheblich eingeschränkt, wenn man auch im Privatrechtsverkehr die für staatliche Grundrechtseingriffe geltenden Prinzipien der Eignung, Erforderlichkeit und Verhältnismäßigkeit anwenden würde"; differenzierend *Preis*, Prinzipien des Kündigungsrechts, S. 275 ff. Nicht zielführend erscheint daher die Aussage in BGH, Urt. v. 11.2.1987, IV a ZR 194/85, NJW 1987, 2238 (2239), wonach die Verhältnismäßigkeit ein „das ganze Zivilrecht beherrschende[r] Grundsatz" sei; ähnlich unbestimmt BGH, Urt. v. 6.12.1989, IVa ZR 249/88, NJW 1990, 911 (912 f.).

[234] S. o. auf S. 45 ff.; daher *Preis*, Prinzipien des Kündigungsrechts, S. 284: „Wo die Vertragsfreiheit funktioniert, bedarf es keiner Verhältnismäßigkeitskontrolle durch die Rechtsordnung"; s. auch *Stürner*, Der Grundsatz der Verhältnismäßigkeit im Schuldvertragsrecht, S. 21; *Tischbirek*, Die Verhältnismäßigkeitsprüfung, S. 11; *Poscher*, in: Herdegen/Masing/Poscher/Gärditz, Hndb. d. Verfassungsrechts, § 3 Rn. 58.

[235] Erst in Ansehung des Einzelfalles sei eine „bedingte Vorrangrelation" zu ermitteln (*Böckenförde*, Grundrechte als Grundsatznormen, Der Staat 1990, 1 [20]).

[236] *Böckenförde*, Grundrechte als Grundsatznormen, Der Staat 1990, 1 (20).

[237] S. o. auf S. 128 ff.

[238] Vgl. BVerfGE 13 97 (105); 17, 306 (313 f.); 32, 54 (72).

ausgeht, sondern aus der Zielsetzung einer Güterabwägung auf Augenhöhe heraus funktioniert[239].

(b) Verhältnismäßigkeitsprüfung in Rechtsverhältnissen zwischen Intermediären Gewalten und Dritten

Die Anwendung der grundrechtlichen Verhältnismäßigkeitsprüfung kann jedoch ein sinnvolles Instrument zum Grundrechtsschutz und der Begrenzung von Rechtsmacht sein, wenn sich private Rechtssubjekte zueinander – strukturanalog zur Staat-Bürger-Relation – in einem rechtlichen oder tatsächlichen Subordinationsverhältnis befinden.[240] In diesen Fällen greift es zu kurz, die Verhältnismäßigkeitsprüfung aus dem Postulat einer formalen Gleichheit der Parteien heraus lediglich auf eine Ausgleichsmaxime („Angemessenheits-Verhältnismäßigkeit“[241]) zu beschränken, da es sich um typisierbare Fallgestaltungen handelt, auf die der Idealtypus privatautonomer Rechtsverhältnisse erkennbar nicht zutrifft[242].

Die Asymmetrie etwaiger Privatrechtsverhältnisse lässt vielmehr erkennen, welche Partei als potenzieller grundrechtlicher „Störer“ auftritt und welche Partei hiervon negativ betroffen ist.[243] Die Handlungsspielräume einer selbstbestimmten Freiheitsbetätigung dehnen sich zugunsten der überlegenen Partei naturgemäß aus, die Freiheit der unterlegenen Partei verringert sich reziprok hierzu. Übersteigt diese Disparität das der Privatautonomie innewohnende Maß ungleicher Verhandlungsstärken, kann sich dies in der Prüfung des Verhältnismäßigkeitsgrundsatzes niederschlagen. Zu den typisierbaren Fallgestaltungen zählen exemplarisch Grundrechtseingriffe durch die in Kapitel 4 als Intermediäre Gewalten definierten Rechtssubjekte. Die freiheitssichernde Funktion des Verhältnismäßigkeitsgrundsatzes[244] entfaltet sich auch ihnen gegenüber als Schutz vor einseitiger Rechtsmacht[245] – und zwar in einer abwehrrechtlichen Wirkrich-

---

[239] Vgl. BVerfGE 152, 152 (190 f.) zum Gewährleistungsgehalt des Rechts auf informationelle Selbstbestimmung in Privatrechtsverhältnissen im Gegensatz zum Staat-Bürger-Verhältnis: „Seine Anforderungen und die hieraus folgenden Rechtfertigungslasten lassen sich damit nicht in gleicher Weise formal bestimmen, sondern sind in Blick auf die unterschiedlichen und nicht selten vielpoligen Konstellationen zwischen Privaten je nach Schutzbedarf durch Abwägung zu ermitteln.“

[240] Die Voraussetzungen, aufgrund derer in diesen Fällen eine unmittelbare Grundrechtsbindung angenommen werden kann, wurden bereits herausgearbeitet (S. 151 ff.)

[241] S. o. Fn. 236, Kapitel 5.

[242] Aus dieser Argumentation heraus eine grundrechtliche Drittwirkung bejahend BVerfGE 89, 214 (232).

[243] Dem Zweck einer solchen Gegenüberstellung folgt das Bundesverfassungsgericht, wenn es Privatrechtssubjekten wegen ihrer gesellschaftlichen Stellung grundrechtliche Pflichten Dritten gegenüber zuschreibt.

[244] BVerfGE 81, 310 (338).

[245] Auf einseitige Rechtsgeschäfte (insbesondere Gestaltungsrechte) abstellend *Preis*, Prinzipien des Kündigungsrechts, S. 285 ff.; s. auch *Canaris*, Kreditkündigung und Kreditver-

tung. Auch zwischen Intermediären Gewalten und Dritten kommt damit sinnfällig das zentrale Telos der Grundrechte, der Schutz individueller Freiheiten, zum Ausdruck.

Die einzelnen Teilaspekte der Verhältnismäßigkeitsprüfung sind im Falle grundrechtsgebundener Privatrechtssubjekte an die Eigenarten privater Grundrechtsverhältnisse anzupassen.[246] Die Prüfung nähert sich dabei umso mehr an den klassischen vierstufigen Verhältnismäßigkeitsgrundsatz an, je stärker sich die Parteien in einem Subordinationsverhältnis befinden und eine einseitige Rechtssetzung der grundrechtsgebundenen Partei vorliegt.[247] Die Befugnis der Zivilgerichte, den Verhältnismäßigkeitsgrundsatz in privaten Grundrechtsverhältnissen – etwa im Wege einer Rechtsfortbildung – heranzuziehen, reicht umso weiter, je schwerer die verfassungsrechtlich geschützte Position der betroffenen Partei wiegt.[248] Auch wenn es im Rahmen der Verhältnismäßigkeitsprüfung um den Grundrechtsschutz der betroffenen Partei geht, sind die Vorgaben des einfaches Rechts zu berücksichtigen, insbesondere, wenn der Gesetzgeber bereits selbst eine detaillierte grundrechtliche Interessenabwägung vorgenommen hat[249]. Die

---

weigerung, ZHR 1979, 113 (129), demzufolge sich das Übermaßverbot als „eines der wichtigsten Mittel zur Disziplinierung und Kontrolle der einseitigen Ausübung privater Rechtsmacht" erweist; ferner *ders.*, Grundrechte und Privatrecht, AcP 1984, 201 (220); s. auch *Derleder*, in: Jestaedt/Lepsius (Hrsg.), Verhältnismäßigkeit, S. 242: „Die Geeignetheit und Erforderlichkeit eines Eingriffs müssen sich unter Parallelisierung staatlicher Macht einerseits und wirtschaftlicher, sozialer oder intellektueller Machtstellung andererseits für die Privatrechtssubjekte als verbindlich erweisen, wenn sie eine Einschränkung der Gestaltungsmacht des anderen Teils notwendig machen." Allgemein zur „Begrenzungsfunktion" der Verhältnismäßigkeit im Privatrecht *Stürner*, Der Grundsatz der Verhältnismäßigkeit im Schuldvertragsrecht, S. 285 f. und *Tischbirek*, Die Verhältnismäßigkeitsprüfung, S. 142: „Denn der Effekt der Verhältnismäßigkeitsprüfung unter Bedingungen ungleicher Rechteverteilung ist dann immer einer der sozialen Horizontalisierung. Die Figur stellt dann ein Stück weit soziale Gleichheit her, wo sie soziale Subordinationsverhältnisse vorfindet."

[246] Hierzu sogleich auf S. 157 ff. Beispiele für eine modifizierte Übertragung finden sich bei *Kulick*, Horizontalwirkung im Vergleich, S. 423 ff. und *Britz*, Einzelfallgerechtigkeit versus Generalisierung, S. 151 ff.

[247] *Preis*, Prinzipien des Kündigungsrechts, S. 288 f. geht davon aus, dass die Verhältnismäßigkeitsprüfung in Privatrechtsverhältnissen umso strenger anzuwenden ist, je eher die folgenden Kriterien erfüllt sind: Subordination („tatsächliche oder rechtliche Machtposition eines Rechtssubjekts"), Möglichkeit der einseitigen Rechtsdurchsetzung, Handlungsspielraum des Eingreifenden.

[248] Allgemein zur verfassungsrechtlich determinierten Rechtsfortbildung durch Zivilgerichte BVerfGE 138, 377 (393): „Belastet ein Zivilgericht eine Person etwa mit einer im Wege der Rechtsfortbildung begründeten Pflicht, so erfolgt dies zumeist, um die Rechtsposition einer anderen Person zu stärken. Je schwerer der verfassungsrechtliche Gehalt der gestärkten Position wiegt, umso klarer ist eine entsprechende Lösung dem Gericht wie dem Gesetzgeber durch die Verfassung vorgezeichnet und umso weiter kann die Befugnis der Gerichte reichen, diese Position im Wege der Rechtsfortbildung – auch unter Belastung einer gegenläufigen, aber schwächeren Rechtsposition – durchzusetzen […]"; s. auch das fünfte Kriterium bei *Preis*, Prinzipien des Kündigungsrechts, S. 288 f.

[249] Jeder Ansatz einer grundrechtlichen Drittwirkungslehre muss sensibel sein für die

Prüfung der Teilaspekte des Verhältnismäßigkeitsprinzips ist somit durch den Grad der einfachgesetzlichen Maßgaben vorgezeichnet.[250]

Die eingriffsabwehrende Zielrichtung der Verhältnismäßigkeitsprüfung umfasst ausdrücklich auch den Bereich der vertraglichen Bindung. Der teilweise vertretene unbedingte Vorrang des vertraglich Vereinbarten gegenüber grundrechtlichen Wertungen[251] beruht auf einem formalen Freiheitsverständnis, das in den benannten typisierbaren Fallgestaltungen an seine Grenzen stößt. Von einer Gleichordnung kann dort nur im Hinblick auf die abstrakte Fassade der Handlungsform (Vertrag) ausgegangen werden; tatsächlich handelt es sich um eine rechtlich oder faktisch einseitige Rechtsdurchsetzung.[252] Ziel und Anspruch kann dabei nicht die Herstellung von umfassender Vertragsgerechtigkeit durch Grundrechtsbindung sein.[253] Im Zentrum steht vielmehr der Schutz der im Grundgesetz spezifisch verbürgten Rechte auch gegenüber unmittelbar grundrechtsgebundenen Privatrechtssubjekten.

(2) (Legitimer) Zweck

Als Ausgangspunkt der Verhältnismäßigkeitsprüfung ist der Zweck der zu überprüfenden Handlung zu ermitteln. Im Staat-Bürger-Verhältnis sind die Anforderungen an die Legitimität dieses Zweckes bereits dann erfüllt, wenn der Staat mit der Maßnahme ein öffentliches Interesse verfolgt, das nicht bereits verfassungsrechtlich ausgeschlossen ist.[254] Im konkreten Fall erfolgt die Zweckbestim-

---

grundlegende Aufgabenverteilung zwischen Gesetzgebung und Rechtsprechung (vgl. *Kulick*, Horizontalwirkung im Vergleich, S. 238 ff.). Eine Orientierung allein an grundrechtlichen Wertungen würde sich unzulässig zulasten des einfachen Gesetzgebers auswirken. Gleichwohl wird umgekehrt zu selten beachtet, dass es im Falle gerichtlicher Rechtsfortbildung auf grundrechtlicher Basis dem Gesetzgeber nicht verwehrt ist, im Nachhinein anderslautende konkretisierende Normen zu erlassen, soweit diese den verfassungsrechtlichen Anforderungen gerecht werden (vgl. *Leisner*, Grundrechte und Privatrecht, S. 316 ff.). Gerichte werden mit anderen Worten nicht schon in dem Moment zum Ersatzgesetzgeber, wenn sie Ansprüche Privater aus Grundrechten ableiten (kritisch, *Böckenförde*, Grundrechte als Grundsatznormen, Der Staat 1990, 1 [24 ff.]).

[250] Jeweils mit einfachgesetzlichen Beispielen *Tischbirek*, Fächerdichotomie und Verhältnismäßigkeit, JZ 2018, 421 (428 f.) und *Preis*, Prinzipien des Kündigungsrechts, S. 290 f.; s. auch *Poscher*, Grundrechte als Abwehrrechte, S. 331 f.

[251] Vgl. *Zöllner*, Regelungsspielräume im Schuldvertragsrecht, AcP 1996, 1 (2 f., 8, 12 f.); *Medicus*, Der Grundsatz der Verhältnismäßigkeit im Privatrecht, AcP 1992, 35 (61 f.).

[252] In etwaigen Ausnahmefällen entgegen dem Mantra „Vertrag ist Vertrag" BVerfGE 89, 214 (233 f.); s. auch *Preis*, in: FS-Dieterich, 429 (440); *Ramm*, Drittwirkung und Übermaßverbot, JZ 1988, 489 (489 f.); *Baer*, „Ende der Privatautonomie", ZRP 2002, 290 (292); umfassend *Arnold*, Vertrag und Verteilung, S. 226 ff.; zur Kritik an der Rspr. des Bundesverfassungsgerichts vgl. *Rixen*, in: Sachs, GG, Art. 2 Rn. 55b f.

[253] Vgl. die Kritik bei *Oechsler*, Gerechtigkeit im modernen Austauschvertrag, S. 140 ff.

[254] Vgl. BVerfGE 124, 300, (331). *Reimer*, in: Jestaedt/Lepsius (Hrsg.), Verhältnismäßigkeit, S. 64 setzt daher mit der Legitimität der Zwecksetzung ihre grundsätzliche Legalität gleich.

mung nach der subjektiven Zwecksetzung und dem objektiven Regelungsgehalt der staatlichen Handlung.[255]

Fraglich ist, inwieweit diese Maßgaben auf Grundrechtseingriffe Intermediärer Gewalten übertragen werden können. Die Zwecklegitimitätskontrolle muss zunächst dahingehend eingeschränkt werden, dass es auf die verfassungsrechtliche Legitimität privater Handlungen auch seitens Intermediärer Gewalten grundsätzlich nicht ankommen kann, da nicht-staatliche Rechtssubjekte in ihren Handlungszwecken nicht auf die Verfolgung öffentlicher Interessen bzw. des Gemeinwohls beschränkt sind. Die Legitimität privater Handlungen ergibt sich bereits daraus, dass sie stets auch eine Grundrechtsbetätigung darstellen.[256]

Auch wenn die Legitimität nach dem soeben Gesagten grundsätzlich auszublenden ist, ist es dennoch zielführend, den Handlungszweck als Anknüpfungspunkt für die weiteren Prüfungsschritte des Verhältnismäßigkeitsgrundsatzes zu ermitteln.[257] Zweifel werden bisweilen daran gehegt, ob die Zwecksetzung privater Handlungen aufgrund ihrer Beliebigkeit überhaupt ermittelbar und damit gerichtlich überprüfbar ist.[258] Diese Kritik kann für den gesamten Bereich der zivilrechtlichen Vertragsauslegung nicht gelten, da insoweit anerkannt auch auf die Zwecksetzung der Parteien abgestellt wird.[259] Ebenso ist es im Rahmen deliktischer Handlungen gängig, ihren Zweck anhand der inneren Motivation und äußeren Umstände im Nachhinein zu bestimmen.[260]

(3) Geeignetheit

Die Betrachtung der Geeignetheit eines Eingriffes bedeutet, ihn hinsichtlich seiner „Zwecktauglichkeit“[261] zu überprüfen. Letztere ist dann zu bejahen, wenn der Eingriff den verfolgten Zweck fördert.[262] Der Prüfungsschritt beurteilt nicht die Grundrechtsbeeinträchtigung als solche, sondern wirkt sich erst reflexiv grundrechtsschonend aus: Wenn eine Maßnahme bereits aus tatsächlichen Erwägun-

---

[255] *Jarass*, in: Jarass/Pieroth, GG, Art. 20 Rn. 116.

[256] So *Kulick*, Horizontalwirkung im Vergleich, S. 423.

[257] So etwa BVerfGE 152, 152 (191); s. auch *Schlink*, Abwägung im Verfassungsrecht, S. 215.

[258] So *Hirschberg*, Der Grundsatz der Verhältnismäßigkeit, S. 159 f.

[259] Vgl. nur BGH, Urt. v. 14.3.1990, VIII ZR 18/89, NJW-RR 1990, 817 (819); BGH, Urt. v. 15.2.2017, VIII ZR 59/16, NJW 2017, 1660 (1662); am Beispiel von Kündigungen im Arbeitsverhältnis *Preis*, Prinzipien des Kündigungsrechts, S. 310 ff.

[260] Im Rahmen des § 826 BGB stellt der BGH auf das „Gesamtbild des Vorgangs“ ab (BGH, Urt. v. 2.6.1981, VI ZR 28/80, NJW 1981, 2184 (2185); auch subjektive Elemente sind dabei zu berücksichtigen (*Staudinger*, in: Schulze, BGB, § 826 Rn. 7). *Tischbirek*, Die Verhältnismäßigkeitsprüfung, S. 140 zeigt anhand weiterer privatrechtlicher Vorschriften auf, dass es dem BGB nicht fremd ist, nach den Handlungszwecken der Rechtssubjekte zu fragen.

[261] *Lerche*, Übermaß und Verfassungsrecht, S. 76.

[262] BVerfGE 30, 292 (316); 109, 279 (336); 150, 244 (279 f.).

gen heraus ungeeignet ist, den Zweck zu fördern, dann ist der mit ihr verbundene Grundrechtseingriff entbehrlich und daher verfassungswidrig.[263]

Die Reichweite der Zwecktauglichkeitsprüfung fällt für Eingriffe Intermediärer Gewalten je nach Fallkonstellation unterschiedlich aus, da der Eintritt des gewünschten Erfolges privatrechtlich veranlasster Handlungen nicht ohne weiteres objektiv überprüfbar ist. Beispielsweise bereitet die Bewertung der Zwecktauglichkeit eines Hausverbotes[264] oder der Löschung von Inhalten auf digitalen Plattformen[265] weniger Schwierigkeiten als die Bewertung eines Vertragsschlusses, dessen Zweckverwirklichung mitunter von einer Vielzahl von Faktoren (z. B. Inhalt und Komplexitätsgrad der Leistungspflichten, Risiko- und Prognoseentscheidungen) abhängt und daher nur begrenzt beurteilt werden kann. Abstrakt lässt sich formulieren, dass der Ermessensspielraum des privaten Entscheidungsträgers umso größer ist, je komplexer die konkreten Kausalzusammenhänge sind.[266] Etwaige Einschränkungen der Zwecktauglichkeitsprüfung sind auch aus dem Staat-Bürger-Verhältnis bekannt.[267] Zusätzlich vergrößert sich dieser Ermessensspielraum dort, „wo der Privatrechtsgesetzgeber weite Räume privatautonomer Gestaltung geschaffen hat“[268]. Diese unter Umständen abgeschwächte Zwecktauglichkeitsprüfung lässt insbesondere den letzten Aspekt der Verhältnismäßigkeitsprüfung nicht obsolet werden, da eine Güterabwägung nicht notwendig von einer umfassenden Geeignetheitsprüfung abhängig ist.

(4) Erforderlichkeit

Am Maßstab der Erforderlichkeit wird untersucht, ob die eingreifende Maßnahme durch ein milderes Mittel ersetzt werden kann, das den Zweck gleichermaßen effektiv fördert.[269] Grundsätzlich spricht nichts dagegen, die Erforderlichkeitsprüfung auch im Rahmen von Handlungen grundrechtsgebundener Privatrechtssubjekte vorzunehmen.[270] Aus den bereits im Rahmen der Geeignetheit

---

[263] *Reimer*, in: Jestaedt/Lepsius (Hrsg.), Verhältnismäßigkeit, S. 66; *Poscher*, in: Herdegen/Masing/Poscher/Gärditz, Hndb. d. Verfassungsrechts § 3 Rn. 62 betont daher, dass es sich in erster Linie um eine rein empirische Frage handelt.

[264] Ein Stadionverbot ist geeignet, um Gefahren vor künftigen Störungen der betroffenen Person vorzubeugen (vgl. *Kulick*, Horizontalwirkung im Vergleich, S. 424).

[265] Das Löschen von Hassbotschaften ist geeignet, die Gemeinschaftsstandards des jeweiligen Netzwerkes durchzusetzen und die Rechte Dritter zu schützen.

[266] Zur Anerkennung von Einschätzungsprärogativen im Privatrecht vgl. *Tischbirek*, Fächerdichotomie und Verhältnismäßigkeit, JZ 2018, 421 (428 f.).

[267] Vgl. *Dreier*, in: Dreier, GG, Vor Art. 1 Rn. 147; *Sommermann*, in: v. Mangoldt/Klein/Starck, GG, Art. 20 Rn. 316 mit Nachweisen aus der Rspr.

[268] *Tischbirek*, Fächerdichotomie und Verhältnismäßigkeit, JZ 2018, 421 (429).

[269] BVerfGE 30, 292 (316); 67, 157 (176); 135, 90 (118); 136, 382 (386 f.).

[270] Inklusive notwendiger Modifikationen vgl. *Schlink*, Abwägung im Verfassungsrecht, S. 215 ff.; *Preis*, Prinzipien des Kündigungsrechts, S. 288 ff.; *Tischbirek*, Fächerdichotomie und Verhältnismäßigkeit, JZ 2018, 421 (428 f.); a. A. *Kulick*, Horizontalwirkung im Vergleich, S. 424.

angestellten Erwägungen heraus muss sich auch hinsichtlich der Erforderlichkeit der Ermessenspielraum je nach dem Komplexitätsgrad der Maßnahme vergrößern.[271] Zudem muss die Wahl des milderen Mittels der eingreifenden Partei rechtlich und tatsächlich möglich sein.[272]

Seitens der Literatur wird einer Übertragung des Erforderlichkeitsmaßstabes auf private Grundrechtsbeschränkungen vor allem entgegengehalten, dass hierdurch die Privatautonomie ungebührlich verkürzt würde.[273] Dieses Argument verfängt jedoch nur dann, wenn zwischen den Parteien ein Rechtsverhältnis besteht, das den Grundsätzen der Privatautonomie überhaupt entspricht. Befinden sich die Parteien in einem Verhältnis der einseitigen Fremdbestimmung, dient die Überprüfung an verfassungsrechtlichen Maßstäben gerade auch der Herstellung selbstbestimmter Verhaltensmöglichkeiten.[274] Aus diesem Grund ist auch der Einwand zu hinterfragen, dass der Erforderlichkeitsgrundsatz im Vertragsrecht ausscheiden müsse, weil schon kein milderes Mittel zur Verfügung stehe, da der Eingriff auf einem konkreten Vertrag beruhe, der keine Handlungsalternative bereithalte.[275] Dies lässt die Möglichkeit außer Betracht, dass privatrechtliche Vereinbarungen in Ausnahmefällen aus grundrechtlichen Wertungen heraus korrigiert werden können.[276] Gerade für eine solche Wertung kann auch der Maßstab der Erforderlichkeit herangezogen werden.[277]

(5) Angemessenheit (Verhältnismäßigkeit i. e. S.)

Den letzten Teilaspekt des Verhältnismäßigkeitsgrundsatzes stellt die Überprüfung der Verhältnismäßigkeit im engeren Sinne dar. Im Staat-Bürger-Verhältnis muss die Grundrechtsbeschränkung danach in „angemessenem Verhältnis zu dem Gewicht und der Bedeutung des Grundrechts stehen“[278]. Anders als die Rechtsgüterabwägung im Rahmen der mittelbaren Drittwirkung ist die Angemessenheitsprüfung im Staat-Bürger-Verhältnis ein konkreter Ausdruck davon, dass der Staat als eingreifende Partei einem grundrechtlichen „Begründungs- und

---

[271] S. o. im Rahmen der Geeignetheit. Vgl. *Preis*, Prinzipien des Kündigungsrechts, S. 287.

[272] *Preis*, Prinzipien des Kündigungsrechts, S. 313.

[273] Vgl. *Bieder*, Das ungeschriebene Verhältnismäßigkeitsprinzip als Schranke privater Rechtsausübung, S. 50 ff.; s. auch *Stürner*, Der Grundsatz der Verhältnismäßigkeit im Schuldvertragsrecht, S. 285 f. *M. Stürner* betont gleichwohl, dass er nur eine „allgemeine“ Geltung des Erforderlichkeitsgrundsatzes im Vertragsrecht ablehnt. Dieser Aussage ist für den typischen Fall privatautonomer Rechtsverhältnisse beizupflichten.

[274] Vgl. *Preis*, Prinzipien des Kündigungsrechts, S. 284; *Tischbirek*, Die Verhältnismäßigkeitsprüfung, S. 168.

[275] *Stürner*, Der Grundsatz der Verhältnismäßigkeit im Schuldvertragsrecht, S. 320.

[276] Vgl. BVerfGE 81, 242 (255 f.); 89, 214 (232).

[277] Vgl. die Konstellation in BVerfG, Beschl. v. 17.7.2013, 1 BvR 3167/08, NJW 2013, 3086 (3087). Im außervertraglichen Bereich stellte das Bundesverfassungsgericht etwa in der Lüth-Entscheidung auf das mit der Erforderlichkeit vergleichbare Kriterium der Notwendigkeit ab (BVerfGE 7, 198 [215 f.]).

[278] BVerfGE 67, 157 (173).

Rechtfertigungszwang“[279] unterworfen ist und gerade kein Interessenausgleich auf Augenhöhe stattfindet. Dementsprechend hat der Staat überwiegende Gründe für die beschränkende Maßnahme darzulegen.[280] Die Rechtsprechung judiziert dabei anhand einer Reihe konkretisierender Maßstäbe, zu denen insbesondere die Schwere des Eingriffs[281], die Zumutbarkeit[282], das Gewicht und die Dringlichkeit der rechtfertigenden Gründe[283] sowie die Vorteile für die Allgemeinheit[284] zählen.[285]

Die Rechtfertigungsbedürftigkeit des Eingriffs und damit die Last zur Darlegung überwiegender Gründe liegt auch in Privatrechtsverhältnissen bei der unmittelbar grundrechtsgebundenen Partei. Die Angemessenheit fungiert insoweit nicht – wie im Rahmen der nur mittelbaren Drittwirkung – als Ausgleichsmaxime gleichgeordneter Interessen, sondern als Begrenzung einseitig ausgeübter Rechtsmacht.[286] Diese Wirkrichtung folgt aus der funktional begründeten Überlegenheit des unmittelbar Grundrechtsverpflichteten[287], die notwendig nur auf eine der beteiligten Parteien zutreffen kann.[288] Zur konkreten Bestimmung der Angemessenheit können auch in privaten Grundrechtsverhältnissen die oben genannten Kriterien herangezogen werden. Hierbei sind – der Rechtsprechung zur mittelbaren Drittwirkung entsprechend – insbesondere die Schwere/Intensität des Eingriffes[289], die Zumutbarkeit[290] und das Gewicht der rechtfertigenden Gründe[291] ausschlaggebend. Da es sich bei Intermediären Gewalten um Privat-

---

[279] *Stern*, Staatsrecht Bd. III/2 § 84 II 4 a, b.

[280] S. o. Fn. 230, Kapitel 5.

[281] Vgl. BVerfGE 90, 145 (173); 115, 320 (345); 118, 168 (195).

[282] Vgl. BVerfGE 67, 157 (178); 68, 193 (219); 69, 209 (218); 130, 372 (391).

[283] Vgl. etwa BVerfGE 113, 63 (80) („Rang des zu schützenden Rechtsguts“); BVerfGE 120, 274 (327) („Rang und die Art der Gefährdung der Schutzgüter“).

[284] BVerfGE 38, 281 (302); 76, 1 (51); 153, 182 (267).

[285] Indes betont das Bundesverfassungsgericht: „Der Grundsatz der Verhältnismäßigkeit im engeren Sinne enthält als solcher aber keine inhaltlichen Aussagen darüber, welche Auswirkungen und Bedingungen eines staatlichen Eingriffs in die Abwägung einzubeziehen sind und wann ein Mittel verhältnismäßig ist und wann nicht“ (BVerfGE 92, 277 [327]).

[286] Aus zivilrechtlicher Perspektive *Canaris*, Kreditkündigung und Kreditverweigerung, ZHR 1979, 113 (130 f.), der im Zusammenhang mit der Verhältnismäßigkeit i. e. S. auf das Verbot unverhältnismäßiger Schädigung verweist, das „grundsätzlich für *jede* Art einseitiger Rechtsausübung“ gelte.

[287] S. o. auf S. 105 ff.

[288] Dies fügt sich in den neueren Ansatz des Bundesverfassungsgerichts, grundrechtliche Pflichten aus der Stellung der einen Partei und nicht lediglich aus der Grundrechtsfunktion der objektiven Wertordnung bzw. Ausstrahlungswirkung heraus zu begründen (BVerfGE 89, 214 [232]; 128, 226 [249 f.]; 148, 267 [281]; 152, 152 [185]).

[289] Vgl. BVerfGE 7, 230 (237); 35, 202 (226 ff.); 100, 214 (222); 119, 1 (29); 152, 152 (203 f.); s. auch BVerfG, Beschl. v. 27.10.2006, 1 BvR 1811/99, NJW 2007, 3055 (3055).

[290] Vgl. BVerfGE 89, 214 (234).

[291] Hierzu zählt auch die Berücksichtigung der eigenen Grundrechtsbetätigung. Daneben treten die den Einzelfall bestimmenden Umstände. So wurde etwa in der *Stadionverbot*-Entscheidung als rechtfertigender Grund die Besorgnis herangezogen, dass von einer Person die Gefahr künftiger Störungen ausgeht (BVerfGE 148, 267 [285]).

rechtssubjekte handelt, kann es auf die Vorteile für das Allgemeinwohl in der Regel nur nachrangig ankommen.[292]

Wegen ihrer Stellung als Grundrechtsberechtigte muss im Rahmen der Angemessenheitsprüfung zugunsten Intermediärer Gewalten berücksichtigt werden, dass der Grundrechtseingriff zugleich eine eigene Grundrechtsbetätigung darstellen kann. Insbesondere wird durch eine unmittelbare Grundrechtsbindung Privater nicht in Abrede gestellt, dass ihr Handeln selbst als Grundrechtsbetätigung zu qualifizieren ist.[293] Hieraus erwächst zwar kein subjektiver Anspruch gegenüber der anderen Partei, da letztere gerade nicht unmittelbar grundrechtsverpflichtet ist. Im Rahmen der Rechtsgüterabwägung ist jedoch einzubeziehen, dass Intermediäre Gewalten – in der Regel in Verbindung mit Art. 19 Abs. 3 GG[294] – von grundrechtlichen Schutzbereichen umfasstes Verhalten ausüben. Im Zusammenspiel mit den weiteren Maßstäben der Angemessenheit kann der grundrechtlich geschützte Freiheitsgebrauch somit zu einer Rechtfertigung des Grundrechtseingriffes führen.

Zu beachten ist indes, dass die Schutzbedürftigkeit der eigenen Grundrechtsausübung Einschränkungen unterliegen kann. Dies gilt namentlich für solche juristischen Personen, bei denen in der Art und Weise des Freiheitsgebrauches „das personale Element bis zur Bedeutungslosigkeit zurück[tritt]".[295] Exemplarisch rekurriert das Bundesverfassungsgericht auf das „personale Moment der

---

[292] Anders EuGH, Urt. v. 15.12.1995, Rs. C-415/93, NJW 1996, 505 (509 Rn. 85 f.), demzufolge in Bezug auf private Beschränkungen von Grundfreiheiten ebenfalls die Rechtfertigungsgründe der öffentlichen Ordnung, Sicherheit und Gesundheit Anwendung finden sollen. Auch das Bundesverfassungsgericht bezieht im Rahmen zivilrechtlicher Grundrechtskollisionen bisweilen die Interessen der Allgemeinheit mit ein (bzgl. des Informationsinteresses der Öffentlichkeit BVerfGE 152, 152 [201]).

[293] Vgl. BVerfG, Beschl. v. 18.7.2015, 1 BvQ 25/15, NJW 2015, 2485 (2486), das auch für den Fall einer staatsgleichen Grundrechtsbindung Privater annimmt, dass dies die eigene Grundrechtsberechtigung unberührt lässt; anders *Böckenförde*, Grundrechtsgeltung gegenüber Trägern gesellschaftlicher Macht?, in: Posser/Wassermann (Hrsg.), Freiheit in der sozialen Demokratie, S. 77 (84): „Es liegt in der Sachlogik solcher Bindung, daß der auf sie Verpflichtete nicht zugleich auch ein aus ihr Berechtigter sein kann; die eigene Grundrechtsinhaberschaft muß insoweit zurücktreten." Wenig überzeugend ist es, in diesem Zusammenhang das sog. Konfusionsargument ins Feld zu führen, dessen Prämissen seitens der Literatur bereits vielfach kritisiert wurden (vgl. *Dreier*, in: Dreier, GG, Art. 19 Abs. 3 Rn. 59). Auch für den spezifischen Fall der grundrechtlichen Drittwirkung konnte es sich nicht durchsetzen, da seit der Lüth-Entscheidung anerkannt ist, dass sich grundrechtliche Verpflichtung und Berechtigung, wenn auch einfachgesetzlich mediatisiert, in einem Privatrechtssubjekt konzentrieren können (vgl. *Kingreen*, Das Verfassungsrecht der Zwischenschicht, JöR 2017, 1 [7 f.]; s. auch *de Wall*/*Wagner*, Die sog. Drittwirkung, JA 2011, 734 [736 Fn. 22]).

[294] S. o. auf S. 114 ff.

[295] BVerfGE 50, 290 (355); vgl. auch die Erwägungen in BVerfGE 7, 198 (204 f.); 61, 82 (100 f.); 99, 367 (391); daher *Badura*, Paritätische Mitbestimmung und Verfassung, S. 50: „Die Lehre vom personalen Grundzug der Grundrechte ist ein fester Bestandteil der verfassungsgerichtlichen Praxis"; zur Relativierung des eigenen Grundrechtsschutzes s. auch *Roßnagel*, Technik, Recht und Macht, MMR 2020, 222 (223).

Grundrechte“[296], wenn es die Reichweite des Grundrechtsschutzes „größerer Kapitalgesellschaften“[297], Dachgesellschaften[298] und solcher Wirtschaftsgesellschaften bemisst, die zum Zweck eines „entpersonalisierten Massengeschäfts“[299] bestehen.[300] Die Grundrechtsbetätigung juristischer Personen wiegt dabei umso geringer, je weniger die hinter der juristischen Person stehenden natürlichen Personen betroffen sind.[301] Dies ist im Rahmen der Angemessenheitsprüfung grundrechtlicher Eingriffe Intermediärer Gewalten zu berücksichtigen.

d) Zwischenergebnis

Grundrechtseingriffe durch unmittelbar grundrechtsgebundene Privatrechtssubjekte sind am Grundsatz der Verhältnismäßigkeit zu messen. Er dient ähnlich wie im Staat-Bürger-Verhältnis als ein freiheitssicherndes Korrektiv in Subordinationsverhältnissen. Die einzelnen Teilaspekte der klassischen Verhältnismäßigkeitsprüfung können auch in Grundrechtsverhältnissen ohne staatliche Beteiligung herangezogen werden, notwendig unter Beachtung gebotener Modifikationen.

2. Status positivus

a) Originäre und derivative Leistungsrechte im Staat-Bürger-Verhältnis

Der status positivus – also die grundrechtliche Leistungsdimension – wurde bereits in Gestalt der staatlichen Schutzpflicht bezüglich nicht-staatlicher Grundrechtsgefährdungen ins Feld geführt.[302] Abseits dessen beschreibt der status positivus auch solche Leistungspflichten, die auf grundrechtlichen Ansprüchen allein im zweiseitigen Staat-Bürger-Verhältnis beruhen. Dabei wird differenziert zwischen derivativen und originären Leistungsrechten.[303] Derivative Ansprüche sind abhängig von vorhergehendem staatlichem Handeln, das im Nachhinein Inhalt eines potenziellen Teilhabeanspruches wird. Konkrete Beispiele sind die

---

[296] So die von *Dürig*, in: Maunz/Dürig/Herzog/Scholz, GG, Art. 19 Abs. 3 Rn. 6 (1977) geprägte Wendung; kritisch hierzu *Kingreen*, Das Sozialstaatsprinzip im Europäischen Verfassungsverbund, S. 231 ff.

[297] BVerfGE 50, 290 (355); s. hierzu auch *v. Mangoldt*, Bundestag, Der Parlamentarische Rat 1948–1949, Bd. 5/II, Dok. Nr. 34 S. 771.

[298] BVerfGE 99, 367 (391): „Konzernobergesellschaften“.

[299] BVerfGE 124, 25 (34).

[300] Als Kriterien der individuellen Betroffenheit werden in BVerfGE 99, 367 (389) „Rechtsform, Größe, Mitgliederstruktur und Vereinigungszweck“ der juristischen Person genannt.

[301] Vgl. *Kirchhof/Kreuter-Kirchhof*, Waldeigentum und Naturschutz, S. 41; kritisch *Isensee*, in: Isensee/Kirchhof, Hndb. d. StR § 199 Rn. 117 ff.

[302] S. o. auf S. 125 ff.

[303] *Martens*, Grundrechte im Leistungsstaat, VVDStRL 1972, 7 (21 ff.); *Borowski*, Grundrechtliche Leistungsrechte, JöR 2002, 301 (302 f.).

Zulassung zum Hochschulstudium[304], der Zugang zu schulischer Bildung[305] oder der Anspruch auf bestimmte Versicherungsleistungen[306]. Originäre Leistungsrechte bestehen hingegen unabhängig von einer vorherigen Bereitstellung der Leistung. Sie zielen auf eine solche erst ab und beruhen unmittelbar auf den Grundrechten. Originäre Leistungsrechte sind allenfalls ausnahmsweise zu bejahen[307], da aus den abstrakt formulierten Bestimmungen des Grundgesetzes in der Regel kein subjektives Recht auf Vornahme einer bestimmten staatlichen Handlung abgeleitet werden kann.[308]

Die normative Grundlage originärer Leistungspflichten wird überwiegend in den speziellen Freiheitsrechten gesucht.[309] Gleichheitsrechtliche Erwägungen werden typischerweise im Rahmen derivativer Leistungsrechte angestellt, da der Anspruch jeweils auf eine – im Verhältnis zu anderen Bürgern – gleichberechtigte Teilhabe abzielt.[310] Als inhaltliche Grenze grundrechtlicher Leistungsrechte wird regelmäßig der „Vorbehalt des Möglichen“[311] herangezogen.

---

[304] BVerfGE 33, 303 (330 ff.).

[305] BVerfG, Beschl. v. 19.11.2021, 1 BvR 971/21, NJW 2022, 167 (171).

[306] BVerfGE 45, 376 (386 ff.).

[307] Zum grundrechtlichen Anspruch auf die Gewährleistung eines menschenwürdigen Existenzminimums vgl. BVerfGE 125, 175 (222 ff.); 132, 134 (160), wobei sich dieser Anspruch nur dem Grunde nach unmittelbar aus dem Grundgesetz ergebe. Über die konkrete Ausgestaltung habe der Gesetzgeber zu entscheiden. Zu Auskunftsansprüchen der Presse vgl. BVerwGE 146, 56 Rn. 29: „Bleibt der zuständige Gesetzgeber untätig, muss unmittelbar auf das Grundrecht aus Art. 5 I 2 GG als Rechtsgrundlage für pressespezifische Auskunftspflichten zurückgegriffen werden. Ohne einen solchen Rückgriff, der – was nach der Verfassungsordnung die Ausnahme bleibt – den objektivrechtlichen Gewährleistungsgehalt des Grundrechts in einen subjektivrechtlichen Anspruch umschlägt, liefe die Pressefreiheit in ihrem objektivrechtlichen Gewährleistungsgehalt leer“; bestätigend BVerwGE 151, 348 Rn. 24; exemplarisch zur Diskussion über Informationsansprüche aus Art. 5 Abs. 3 S. 1 Alt. 2 GG: *Mayen*, Der grundrechtliche Informationsanspruch des Forschers gegenüber dem Staat, S. 47, 54 ff.

[308] Umfassend *Murswiek*, in: Isensee/Kirchhof, Hndb. d. StR IX § 192 Rn. 91 ff. Ferner wird auf die finanziellen Belastungen des Staatshaushaltes verwiesen, die aus grundrechtlich abgeleiteten Leistungsrechten erwachsen könnten (*Starck*, in: v. Mangoldt/Klein/Starck, GG, Art. 1 Rn. 189).

[309] Vgl. die Beispiele aus Fn. 307, Kapitel 5; zur Diskussion, ob auch der allgemeine Gleichheitssatz originäre Leistungsansprüche begründen kann *Wollenschläger*, in: v. Mangoldt/Klein/Starck, GG, Art. 3 Rn. 175 ff.

[310] Vgl. *Martens*, Grundrechte im Leistungsstaat, VVDStRL 1972, 7 (21 ff.); partiell können sich auch aus den Freiheitsrechten derivative Leistungsrechte ergeben (vgl. BVerfGE 33, 303 [331 f.]; *Ernst*, in: v. Münch/Kunig, GG, Art. 8 Rn. 102).

[311] BVerfGE 33, 303 (333); 35, 79 (153); 87, 1 (35); 97, 332 (349); zuletzt BVerfG, Beschl. v. 19.11.2021, 1 BvR 971/21, NJW 2022, 167 (170).

b) Derivative Leistungsrechte gegenüber Intermediären Gewalten

Die grundrechtliche Leistungsdimension kann sich auch gegenüber unmittelbar grundrechtsverpflichteten Privatrechtssubjekten entfalten. Ohne den Begriff der derivativen Leistungsrechte zu nennen – diesen aber in der Sache betreffend – judiziert das Bundesverfassungsgericht, dass Private, die eine gesellschaftlich bedeutende Leistung für einen unbestimmten Personenkreis erbringen oder sich in einer Monopolstellung befinden, ihre Entscheidungsmacht nicht dazu nutzen dürfen, bestimmte Personen ohne sachlichen Grund von der Leistung auszuschließen.[312] Im Falle eines Ausschlusses bestehen zugunsten der betroffenen Partei zudem grundlegende Verfahrensrechte (z. B. vorherige Anhörung), die es ihr ermöglichen sollen, „sich mit den Vorwürfen auseinanderzusetzen und ihre Rechte unter Darlegung ihrer Sichtweise rechtzeitig geltend zu machen."[313] Normativ leitet das Gericht die genannten Anforderungen aus Art. 3 Abs. 1 GG ab, die Heranziehung spezieller Gleichheitssätze wird explizit offengelassen.[314]

Auf den Typus der Intermediären Gewalten und die Frage ihrer Grundrechtsverpflichtung ist die genannte Rechtsprechung übertragbar, da sie die einseitige Ausübung von Rechtsmacht in Privatrechtsverhältnissen adressiert und dabei auf die Sonderstellung des Leistungserbringers abstellt und insoweit den bereits genannten begrifflichen Wertungsgesichtspunkten Intermediärer Gewalten entspricht. Im Hinblick auf die verfassungsrechtliche Rechtfertigung einer Ungleichbehandlung dürfte neben dem Einwand sachlicher Gründe der aus dem Staat-Bürger-Verhältnis bekannte Vorbehalt des Möglichen greifen.[315] Überdies können Intermediäre Gewalten – parallel zur Rechtfertigung von Eingriffen in Freiheitsrechte – die eigene Grundrechtsausübung als Rechtfertigungsgrund ins Feld führen.[316]

Die Gewährung grundrechtlicher Ansprüche führt im Bereich derivativer Leistungsrechte nicht dazu, dass die Privatautonomie ungebührlich eingeschränkt wird.[317] Zum einen vergrößert sich das effektive Maß der rechtlichen

---

[312] BVerfGE 148, 267 (283 f.); BVerfG, Beschl. v. 22.5.2019, 1 BvQ 42/19, NVwZ 2019, 959 (961); BVerfG, Beschl. v. 27.8.2019, 1 BvR 879/12, NJW 2019, 3769 (3770).

[313] BVerfGE 148, 267 (286).

[314] BVerfGE 148, 267 (283). Derivative Leistungsrechte gegenüber Privaten werden partiell auch im Rahmen freiheitsrechtlicher Gewährleistungen diskutiert (vgl. BVerfG, Beschl. v. 18.7.2015, 1 BvQ 25/15, NJW 2015, 2485 [2486] zum Zugang zu einem privaten Grundstück gestützt auf Art. 8 GG; hierzu bereits OVG NRW, Urt. v. 6.9.1991, 23 A 1410/89, Rn. 74 ff., juris: „hinsichtlich solcher privater Grundstücke [...], hinsichtlich deren weit und breit ein echtes Monopol besteht"; vgl. ferner LG Münster, Urt. v. 24.6.1977 – 10 O 154/77, NJW 1978, 1329 [1329] bezüglich eines Anspruches eines Sportreporters auf den Besuch eines Fußballspiels aus Art. 5 GG).

[315] Grundrechtliche Ansprüche müssen sich insbesondere im Rahmen der rechtlichen und wirtschaftlichen Möglichkeiten des Leistungserbringers bewegen.

[316] Vgl. die Herangehensweise in BVerfGE 148, 267 (281).

[317] Zu pauschal etwa *Heldt*, BVerfG: Ausstrahlungswirkung des allgemeinen Gleichheitssatzes in das Zivilrecht, NVwZ 2018, 813 (819): „Private Vertragsbeziehungen dürfen dem

und tatsächlichen Selbstbestimmung zugunsten der unterlegenen Partei. Zum anderen ist auch im Rahmen gleichheitsrechtlicher Erwägungen zu betonen, dass etwaige Verpflichtungen zulasten Privater nur ausnahmsweise bejaht werden. Dies gilt nicht nur für den vorliegenden Ansatz, der eine unmittelbare Grundrechtsbindung primär für den Typus der Intermediären Gewalt erörtert. Auch die Rechtsprechung des Bundesverfassungsgerichts verfährt restriktiv, indem sie den Anwendungsbereich auf abgrenzbare Fallgruppen beschränkt.[318]

Originäre Leistungsrechte gegenüber privaten Rechtssubjekten sind hingegen grundsätzlich nicht denkbar. Bereits dargelegt wurde, welche Bedenken gegenüber der Gewährung etwaiger Ansprüche im Hinblick auf staatliche Leistungen bestehen.[319] Bezüglich privater Rechtssubjekte kommt hinzu, dass ihre Grundrechtsbindung vorliegend erst damit begründet wurde, dass sie sich aus einer aktiven Handlung heraus in einer gesellschaftlichen Sonderstellung befinden und bestimmte Leistungen erbringen. Vor der erstmaligen Bereitstellung einer etwaigen Leistung müssen grundrechtliche Leistungspflichten daher ausscheiden.

C. Zwischenergebnis

In Relation zur Intensität der grundrechtlichen Bedrohungen, die potenziell von Intermediären Gewalten ausgehen, verbürgt der Status quo der Grundrechtstheorie ihnen gegenüber einen materiell und prozessual schwachen Grundrechtsschutz. Insbesondere spiegelt die im Rahmen der mittelbaren Drittwirkung zu prüfende praktische Konkordanz nicht hinreichend die rechtliche oder tatsächliche Subordination der vorliegend behandelten Sachverhalte wider. Um dieses Defizit auszuräumen, wurden aus einer Strukturanalogie zwischen einseitigen Grundrechtsgefährdungen durch die öffentliche Gewalt und durch Intermediäre Gewalten Teile der klassischen Grundrechtsfunktionen auf private Grundrechtsverhältnisse übertragen. Die Begründung einer unmittelbaren Drittwirkung privater Rechtssubjekte ist notwendig verbunden mit einer erhöhten Argumentationslast, da sie von der Regel der idealtypischen Trennung zwischen staatlicher Grundrechtsbindung und privater Grundrechtsberechtigung abweicht. Akteure der Gesellschaft werden daher nur dann durch Grundrechte verpflichtet, wenn sie die Begriffsvoraussetzungen des Typus „Intermediäre Gewalten" erfüllen.

Gleichbehandlungsgebot nicht unmittelbar unterliegen, ansonsten wäre das Prinzip der Privatautonomie ausgehebelt."

[318] Vgl. BVerfGE 148, 267 (283); BVerfG, Beschl. v. 27.8.2019, 1 BvR 879/12, NJW 2019, 3769 (3770); die folgende Kritik von *Smets*, Die Stadionverbotsentscheidung des BVerfG, NVwZ 2019, 34 (37) ist rein spekulativ: „Gut möglich also, dass der Senat [...] private Vertragsbeziehungen, die die Gleichberechtigung von Mann und Frau oder die Diskriminierungstatbestände betreffen auch allgemein und nicht nur in speziellen Fallgestaltungen den bereits dem Gesetzgeber auferlegten Rechtfertigungsanforderungen unterwerfen würde."

[319] S. o. auf S. 167 f.

Zudem muss auch das konkrete Rechtsverhältnis durch eine Fremdbestimmung der überlegenen Partei gekennzeichnet sein. Letztere kann sich insbesondere aus einer marktbeherrschenden Stellung oder der Bedeutung des konkreten Leistungsinhaltes ergeben. Bei restriktiver Anwendung dieser Maßgaben scheidet eine unmittelbare Grundrechtsbindung für den Regelfall privater Rechtsverhältnisse aus.

Auf Rechtsfolgenseite bewirkt eine unmittelbare Grundrechtsbindung zunächst das Bestehen eines Grundrechtsverhältnisses, in dem sich die betroffene Partei auf Grundrechte in ihrer subjektiv-rechtlichen Wirkung berufen kann, soweit bezüglich der konkret betroffenen Rechte keine wirksame Einwilligung vorliegt. Private Grundrechtseingriffe sind in erster Linie am Grundsatz der Verhältnismäßigkeit zu messen, dessen Teilaspekte in modifizierter Weise Anwendung finden. Bezüglich der leistungsrechtlichen Dimension einer unmittelbaren Grundrechtsbindung Privater können sich allenfalls derivative Leistungsrechte ergeben, die wiederum dem Vorbehalt des Möglichen unterliegen und die verpflichtete Partei sich durch das Vorliegen sachlicher Gründe rechtfertigen kann.

Kapitel 6

Zusammenfassende Schlussbetrachtung

A. Grundrechtliche Bedrohungsszenarien im Bürger-Bürger-Verhältnis am Beispiel der Digitalisierung

Grundrechtliche Bedrohungsszenarien beschränken sich nicht auf das Staat-Bürger-Verhältnis. Sie prägen vielfach auch innergesellschaftliche Rechtsverhältnisse. Ein aktuelles und tiefgreifendes Beispiel hierfür ist der Metaprozess der Digitalisierung, der, gekennzeichnet durch allumfassende Datenverarbeitungen, von grundrechtsgefährdenden Nebeneffekten begleitet wird (S. 7 ff.). Die sich derzeit vollziehende Transformation des Analogen in das Digitale ermöglicht es marktbeherrschenden Digitalunternehmen, über Bürger, die regelmäßig auf die jeweiligen Leistungen angewiesen sind, feingranulare Persönlichkeitsprofile zu erstellen, künftiges Verhalten zu prognostizieren und dieses zu beeinflussen. Sog. Big-Data-Analysen gehen einher mit tiefgreifenden Gefährdungen des Persönlichkeitsrechts, aber auch weitere Grundrechte sind potenziell betroffen, etwa wenn Plattformbetreiber Meinungsäußerungen löschen oder unliebsamen Nutzern den Zugang zu ihren Dienstleistungen willkürlich versagen.

B. Staat-Gesellschaft-Dualismus als staatstheoretische Prämisse des Drittwirkungsdiskurses

Trotz mitunter tiefgreifender grundrechtlicher Bedrohungslagen sollen Grundrechte nach überwiegender Ansicht zwischen Privaten keine unmittelbare subjektiv-rechtliche Anwendung finden, sondern insoweit eine nur mittelbare Wirkung entfalten (S. 19 ff.). Der Vorbehalt der *Mittelbarkeit* ist voraussetzungsvoll und erklärungsbedürftig, finden Rechtssätze doch in der Regel entweder vollständig Anwendung oder gar nicht.

Der Theorie der mittelbaren Drittwirkung zufolge sind im Rahmen von Privatrechtsstreitigkeiten grundrechtliche Wertungen zu berücksichtigen, da die Grundrechte als Richtlinien in das Zivilrecht einstrahlen und insoweit die Auslegung einfachgesetzlicher Normen beeinflussen (S. 19 f.). Die bloße Mittelbarkeit bedeutet rechtsdogmatisch zum einen, dass nicht die privaten Parteien selbst, sondern das entscheidende Gericht grundrechtlich gebunden ist. Zum anderen sollen sich aus den Grundrechten selbst zugunsten Privater keine subjektiven

Rechte ableiten lassen. Der Anknüpfungspunkt dieser Konstruktion bleibt somit grundsätzlich das einfache Recht (S. 135 ff.).

Die vielfach vorgebrachte Kritik an dieser Konstruktion betrifft unter anderem, dass sie nicht hinreichend zwischen den verschiedenen Rechtsverhältnissen differenziert (S. 21 ff.): Obwohl die konkrete grundrechtliche Wertung materiellrechtlich das Bürger-Bürger-Verhältnis betrifft, wird die Pflicht zu ihrer Berücksichtigung nicht den Parteien selbst, sondern erst dem entscheidenden Gericht zugeordnet. Dieser als *mittelbar* bezeichnete Umweg der Grundrechtswirkung trägt dem Umstand Rechnung, dass Grundrechte in ihrer klassischen Lesart nur als staatsgerichtete Rechte verstanden werden (S. 15 ff.), sodass eine Bindung Privater grundsätzlich ausgeschlossen wird. Gleichzeitig berücksichtigt der Ansatz, dass sich auch die Beurteilung privater Rechtsverhältnisse der Wertordnung des Grundgesetzes nicht völlig entziehen kann. Normtextlich schweigt das Grundgesetz zur Grundrechtsbindung Privater, es schließt eine solche jedenfalls nicht aus (S. 21 ff.).

Das Beharren auf der ausschließlichen Staatsgerichtetheit der Grundrechte und die mehr oder minder strikte Ablehnung einer unmittelbar-grundrechtlichen Verpflichtung privater Rechtssubjekte erklärt sich wesentlich aus den Prämissen der *klassischen* (auch *liberalen* oder *traditionellen*) Grundrechtstheorie (S. 15 ff.). Ein zentraler Argumentationstopos der klassischen Grundrechtstheorie, der gegen eine Grundrechtsbindung Privater vorgebracht wird, ist, dass sie der Unterscheidung der Ebenen *Staat* und *Gesellschaft* zuwiderlaufe (S. 26 ff.). Diese Differenzierung zwischen Staat und Gesellschaft, die gleichzeitig eine Trennlinie zwischen Grundrechtsbindung und Grundrechtsberechtigung sein soll, kommt sinnfällig im rechtsstaatlichen Verteilungsprinzip (S. 17 ff.) und der primären Funktion der Grundrechte als Abwehrrechte gegen staatliches Handeln (S. 16 f.) zum Ausdruck.

Der insoweit vorausgesetzte Staat-Gesellschaft-Dualismus prägt die klassische Grundrechtstheorie fundamental, ist selbst gleichwohl nicht als Rechtssatz mit normativem Gehalt zu verstehen (S. 24 ff., 29 ff.). Die idealtypische Unterscheidung zwischen Staat und Gesellschaft kann lediglich als Ordnungsmodell dienen, dessen historisch-politisch gewachsene Prämissen die Interpretation der Grundrechte beeinflussen. Die ideengeschichtliche Rezeption der historischen Entwicklung des Verhältnisses zwischen Staat und Gesellschaft fällt seitens der Grundrechtstheorie dergestalt aus, dass beiden Ebenen unterschiedliche Rechts- und Ordnungsprinzipien zugeordnet werden (S. 35 ff.). Von der klassischen Grundrechtstheorie wird betont, dass den Staat primär seine Rolle als einseitig rechtssetzende Instanz des Gemeinwesens kennzeichnet (Einseitigkeit), dem die Ausübung von Gewalt monopolisiert zugeordnet (Einzigkeit) wird und diese Ausübung keiner Mitwirkung oder Zustimmung ihrer Adressaten bedarf (S. 51 ff.). Die Gesellschaft hingegen wird aufgefasst als Konglomerat freier und gleicher Rechtssubjekte (spontane Ordnung), die in Gleichordnungsverhältnissen nach dem Prinzip der Privatautonomie interagieren und deren konstitutives Element in der Übereinkunft liegt (S. 45 ff.). Diese idealtypische Unterscheidung zwischen Subordination und Gleichordnung deckt sich mit der Annahme, Grundrechte in ihrer abwehrrechtlichen Dimension nur gegenüber staatlicher Gewalt wirksam werden zu lassen.

Versteht man den Staat-Gesellschaft-Dualismus als Ordnungsmodell der Grundrechtstheorie, ist zu berücksichtigen, dass sich Entwicklungen und Veränderungen im Verhältnis zwischen Staat und Gesellschaft auch auf das Verständnis der Grundrechte sowie der Reichweite ihrer Bindung auswirken (S. 29 ff.). Dass die Verfassung nicht aus sich heraus zu interpretieren ist, sondern etwaige äußere Bedingungen bei ihrer Auslegung eine Berücksichtigung finden, wird durch den Begriff des *Verfassungswandels* beschrieben (S. 30 ff.). Dieses zeitbezogene Element der Verfassungsauslegung ist auch für die Rechtsfigur der Drittwirkung relevant, etwa wenn bestimmte private Akteure aufgrund ihrer besonderen Stellung in der Gesellschaft zunehmend Grundrechte Dritter bedrohen.

C. Staat-Gesellschaft-Dualismus im Wandel

Die gegenwärtigen Entwicklungen des Staat-Gesellschaft-Dualismus deuten darauf hin, dass die jeweiligen Rechts- und Ordnungsprinzipien von Staat und Gesellschaft mitunter wechselseitig diffundieren (S. 56 ff.). Der Staat begibt sich beispielsweise in die Rolle des Wirtschaftsteilnehmers und damit auf Augenhöhe mit den Akteuren der Privatrechtsgesellschaft. Umgekehrt gerieren sich private Rechtssubjekte als ordnungsgebende Instanzen der Gesellschaft, etwa, wenn sie in marktbeherrschender Stellung unverzichtbare Dienstleistungen anbieten und bisweilen einseitig über die Teilhabe Dritter am gesellschaftlichen Leben entscheiden.

Der Wandel im Verhältnis zwischen Staat und Gesellschaft hat verschiedene Ursachen, die zum Teil rechtlicher und zum Teil tatsächlicher Natur sind. Von ihnen sind insbesondere hervorzuheben die Metaprozesse der Digitalisierung, der Privatisierung und der Globalisierung (S. 69 ff.). Im digitalen Raum nimmt der Staat bisweilen nur die Rolle eines unbeteiligten Dritten ein, während private Akteure sich selbst und ihren Nutzern eine Ordnung geben (S. 73 ff.). Die Privatisierungsbestrebungen seit den 1980er Jahren haben zur Folge, dass sich der Staat seiner Aufgaben teilweise entledigt und die mit ihnen verbundene Rechtsmacht an Private abgibt (S. 75 ff.). Obwohl private Rechtssubjekte zum Teil mit der Erfüllung ehemals staatlicher Aufgaben, etwa im Bereich der Daseinsvorsorge, betraut werden, sollen sie nach der klassischen Grundrechtstheorie nicht an Grundrechte gebunden sein. Von den oben genannten Metaprozessen stellt die Globalisierung die Ordnungskräfte des Staates zusätzlich auf die Probe, da sich die staatliche Souveränität zunächst nur auf die Grenzen des Staatsgebietes bezieht (S. 70 ff.). In grenzüberschreitenden Sachverhalten, die nicht durch zwischenstaatliche Rechtssätze normiert werden, erfüllen private Rechtsregimes die ordnungsgebende Funktion des staatlichen Rechts. Auch in diesem Bereich wird einseitigen Freiheitsbeschränkungen durch Private nicht mit der klassisch-abwehrrechtlichen Lesart der Grundrechte begegnet.

D. *Intermediäre Gewalten* als typische Grundrechtsgefährder

Die zunehmende Komplexität des Verhältnisses zwischen Staat und Gesellschaft wird von der klassischen Grundrechts- und Verfassungstheorie begrifflich nicht hinreichend erfasst. Dies gilt auch für die überkommene Dogmatik der mittelbaren Drittwirkung, die an einer dichotomischen Grundordnung (Staat und Bürger) festhält.

Einer Grundrechtsbindung Privater, gleich welcher ökonomischen und sozialen Stellung, wird nach wie vor mit dem Argument entgegengetreten, es handele sich um Rechtssubjekte, die anderen Privaten gegenüber als Freie und Gleiche aufträten (S. 24 f., S. 123 f.). Wegen dieser pauschalen Betrachtung nichtstaatlicher Rechtssubjekte unterblieb bislang der Versuch, innerhalb des Kreises privater Akteure stärker zu differenzieren und insbesondere solche Rechtssubjekte zu identifizieren, die in staatsähnlicher Weise Grundrechte gefährden.

Zur begrifflichen Differenzierung eignet sich der Terminus *Intermediäre Gewalten* (S. 89 ff.). Das staatstheoretische Erbgut des Begriffes zeigt, dass seitens des historischen Schrifttums mit *Intermediäre Gewalten* bzw. *Corps intermédiaires* Akteure zwischen Staat und Gesellschaft beschrieben wurden (z. B. Zünfte), die besondere Funktionen innerhalb des Gemeinwesens wahrnahmen und denen hieraus resultierende Pflichten zugeordnet wurden (S. 92 ff.). Heute wird der Terminus von Teilen der unionsrechtlichen Literatur verwendet, die unter Intermediären Gewalten insbesondere private Verbände verstehen, die aufgrund ihrer Befugnis zur kollektiven Rechtssetzung in staatsähnlicher Weise Grundfreiheiten Dritter gefährden und daher an diese zu binden sind (S. 96 ff.). Eine zweifelsfreie Zuordnung nach der oben genannten schematischen Unterteilung zwischen staatlichen und gesellschaftlichen Rechts- und Ordnungsprinzipien ist nicht möglich.

Dieser rechtshistorische und verbandsspezifische Ansatz ist verallgemeinerungsfähig im Hinblick auf andere private Rechtssubjekte, die zwar nichtstaatlicher Natur sind, dennoch gegenüber Dritten im Verhältnis der Subordination auftreten. Definitorisch können sie bezeichnet werden als *nichtstaatliche Akteure, die sich aufgrund einer tatsächlichen und/oder rechtlichen Sonderstellung außerhalb der typischen Ordnungsprinzipien der Gesellschaft bewegen* (S. 104). Der Begriff dient zunächst der grundrechtsdogmatischen Erfassung und kann etwa als Anknüpfungspunkt grundrechtlicher Pflichten herangezogen werden.

Bei typologischer Erfassung (S. 105 ff.) sind für Intermediäre Gewalten verschiedene Erscheinungsformen charakteristisch. Teilweise ermöglichen Intermediäre Gewalten aufgrund ihrer Funktionen erst den Freiheitsgebrauch Dritter, wie beispielsweise im Falle der durch Private erbrachten Daseinsvorsorgeleistungen (S. 108 ff.). Die besondere Stellung innerhalb der Gesellschaft kann sich weiterhin aus einer marktbeherrschenden Stellung oder der Systemrelevanz des privaten Akteurs ergeben (S. 110 ff.). Typisch ist ferner, dass Intermediäre Gewalten als „Ersatzgesetzgeber" in Erscheinung treten und Dritten gegenüber verbindliche Regeln im Wege der Selbstregulierung erlassen können (S. 112 ff.).

Schließlich handelt es sich bei Intermediären Gewalten regelmäßig um Korporationen mit eigener Rechtspersönlichkeit, die verfassungsrechtlich als juristische Personen unter Art. 19 Abs. 3 GG fallen und sich hierdurch vom Individuum als genuinem Grundrechtsträger unterscheiden (S. 114 f.).

E. Unmittelbare Grundrechtsbindung *Intermediärer Gewalten*

Die von den vorliegend als Intermediäre Gewalten bezeichneten Rechtssubjekte ausgehenden Grundrechtsbedrohungen gegenüber Dritten werden von der klassischen Grundrechtstheorie nur unzureichend erfasst (S. 120 ff., S. 125 ff.). Insoweit soll die abwehrrechtliche Funktion der Grundrechte (*status negativus*) a priori ausscheiden, da sie nach traditionellem Verständnis ausschließlich staatliche Grundrechtseingriffe abdeckt. Die Dogmatik der mittelbaren Drittwirkung wird überwiegend der leistungsrechtlichen Funktion der Grundrechte (*status positivus*) zugeordnet.

Entscheiden Zivilgerichte über Privatrechtsverhältnisse, haben sie im Rahmen der mittelbaren Drittwirkung grundrechtliche Interessenkollisionen zwischen den Parteien zu beachten und diese im Wege der praktischen Konkordanz aufzulösen (S. 126 ff.). Anders als im Staat-Bürger-Verhältnis gewährleisten die Grundrechte in Drittwirkungskonstellationen nur ein Mindestmaß an Schutz, das zudem seitens des Bundesverfassungsgerichts nur zurückhaltend überprüft wird. In privaten Subordinationsverhältnissen greift zugunsten der unterlegenen Partei weder der aus der abwehrrechtlichen Konstellation bekannte Grundsatz der Verhältnismäßigkeit noch finden andere Schranken-Schranken Anwendung. Die mittelbare Drittwirkung erschöpft sich in einer einstufigen Interessenabwägung, die davon ausgeht, dass sich die Parteien in ihrer Rolle als Private grundsätzlich als Freie und Gleiche auf Augenhöhe begegnen.

Auf vereinzelten Ansätzen aus Literatur und Rechtsprechung aufbauend wurde schließlich die Möglichkeit aufgezeigt, bestimmte private Rechtssubjekte unmittelbar an Grundrechte zu binden und ihr Handeln damit einer strengeren Grundrechtskontrolle als der nur mittelbaren Drittwirkung zu unterziehen (S. 137 ff.). Dieser Lösungsweg ist mit einem hohen Argumentationsaufwand behaftet, da es an einem normativen Äquivalent zu Art. 1 Abs. 3 GG für Private fehlt und eine Vielzahl grundrechtlicher Rechtsfiguren auf das Staat-Bürger-Verhältnis zugeschnitten ist. Die Adressaten des Lösungsansatzes sind Intermediäre Gewalten nach der obigen Begriffsbestimmung. Für eine unmittelbare Grundrechtsbindung ist im konkreten Rechtsverhältnis (S. 138 ff.) eine „grundrechtstypische Gefährderlage“ erforderlich (S. 142). Sie wird verstanden als spezifische Fremdbestimmung aufgrund einer rechtlichen oder tatsächlichen Subordination in Rechtsverhältnissen zu privaten Dritten. Typische Fallgruppen etwaiger Rechtsverhältnisse sind die Unausweichlichkeit (S. 143 ff.), die Angewiesenheit (S. 145) und die besondere Bedeutung des konkreten Leistungsinhaltes (S. 146 ff.).

Liegen die Voraussetzungen für eine unmittelbare Grundrechtsbindung vor und hat der Betroffene nicht wirksam in die private Grundrechtsbeeinträchtigung eingewilligt (S. 150 ff.), kann sie als rechtfertigungsbedürftiger Grundrechtseingriff qualifiziert werden (S. 148 ff.). Im Zentrum der Rechtfertigungsanforderungen an private Grundrechtseingriffe steht die Verhältnismäßigkeitsprüfung (S. 156 ff.). Sie ist – mit einigen Modifikationen – auf private Grundrechtsverhältnisse übertragbar und entfaltet wie im Staat-Bürger-Verhältnis Schutz vor einseitiger Rechtsmacht. Neben der Eingriffsabwehr entfaltet sich auch die leistungsrechtliche Dimension der Grundrechte gegenüber Intermediären Gewalten (S. 167 ff.). In der Gestalt derivativer Leistungsrechte sind Intermediäre Gewalten dazu verpflichtet, Leistungen im Hinblick auf die Gleichheitssätze des Art. 3 GG grundrechtskonform zu erbringen (S. 169 ff.).

Literaturverzeichnis

Adam, Roman, Der Grundrechtsverzicht des Arbeitnehmers, in: Arbeit und Recht Band 53, 2005, 129–135

Adelberg, Philipp Nikolaus, Rechtspflichten und -grenzen der Betreiber sozialer Netzwerke, Zum Umgang mit nutzergenerierten Inhalten, Wiesbaden 2020

Ahammer, Rauni, Der Grundrechtsverzicht als dogmatische Kategorie, Baden-Baden 2017

Albrecht, Eduard, Rezension über Maurenbrechers Grundsätze des heutigen deutschen Staatsrechts, in: Göttingische Gelehrte Anzeigen 1837, 1489–1504

Alemann, Ulrich, Organisierte Interessen in der Bundesrepublik, 2. Auflage, Opladen 1989

Alexy, Robert, Theorie der Grundrechte, 1. Auflage, Baden-Baden 1985

Alleweldt, Ralf, Bundesverfassungsgericht und Fachgerichtsbarkeit, Tübingen 2006

Angermann, Erich, Das Auseinandertreten von „Staat" und „Gesellschaft" im Denken des 18. Jahrhunderts, in: Böckenförde, Ernst-Wolfgang (Hrsg.), Staat und Gesellschaft, 1976, S. 109–130

Anter, Andreas, Die Macht der Ordnung, Tübingen 2004

von Arnauld, Andreas, Die normtheoretische Begründung des Verhältnismäßigkeitsgrundsatzes, in: Juristenzeitung 55. Jahrgang 2000, 276–280

ders., Freiheit und Regulierung in der Cyberwelt, Berichte der Deutschen Gesellschaft für Internationales Recht, 2015, S. 1–34

Arnold, Stefan, Vertrag und Verteilung, Tübingen 2014

Auderset, Juri, Zwischengewalten, in: Campagna/Hidalgo/Krause (Hrsg.), Tocqueville-Handbuch, Stuttgart 2021, S. 309 f.

Auer-Reinsdorff, Astrid/Conrad, Isabell (Hrsg.), Handbuch IT-und Datenschutzrecht, 3. Auflage, München 2019 (zitiert: *Bearbeiter*, in: Auer-Reinsdorff/Conrad (Hrsg.), Hndb. IT-und Datenschutzrecht)

Augsberg, Ino/Petras, Maximilian, Deplatforming als Grundrechtsproblem, Juristische Schulung 2022, 97–108

Augsberg, Steffen, Rechtsetzung zwischen Staat und Gesellschaft, Berlin 2003

Aulehner, Josef, Grundrechte und Gesetzgebung, Tübingen 2011

Bachmann, Gregor, Private Ordnung, Tübingen 2006

ders., Nationales Privatrecht im Spannungsfeld der Grundfreiheiten, in: Archiv für die civilistische Praxis 2010, 424–488

Bäcker, Matthias, Grundrechtlicher Informationsschutz gegen Private, in: Der Staat 2012, 91

Badura, Peter, Das Verwaltungsrecht des liberalen Rechtsstaates, in: Göttinger rechtswissenschaftliche Studien Band 66, 1967

ders., Paritätische Mitbestimmung und Verfassung, München 1985

ders., Wirtschaftsverfassung und Wirtschaftsverwaltung, 4. Auflage, Tübingen 2011

Baer, Susanne, „Ende der Privatautonomie" oder grundrechtliche fundierte Rechtsetzung?, in: Zeitschrift für Rechtspolitik 2002, 290–294

Barczack, Tristan, Konstitutionalisierung der Privatrechtsordnung, in: Scheffczyk, Fabian/Wolter, Kathleen (Hrsg.), Linien der Rspr. des Bundesverfassungsgerichts, Bd. 4, Berlin 2017, S. 91–122

Bauer, Hartmut, Zukunftsthema „Rekommunalisierung“, in: Die Öffentliche Verwaltung 2012, 329–338

ders./Büchner, Christiane/Hajasch, Lydia (Hrsg.), Rekommunalisierung öffentlicher Daseinsvorsorge, Potsdam 2012 (zitiert: *Bearbeiter*, in: Bauer/Büchner/Hajasch (Hrsg.), Rekommunalisierung öffentlicher Daseinsvorsorge)

Beck, Ulrich, Was ist Globalisierung?, Frankfurt, a. M. 2007

Becker, Florian, Öffentliches und Privates Recht, in: Neue Zeitschrift für Verwaltungsrecht 2019, 1385–1392

Becker, Michael, Der unfaire Vertrag, Tübingen 2003

Becker, Michael/Schmidt, Johannes/Zintl, Reinhard, Politische Philosophie, 4. Auflage, Paderborn 2017

Belling, Detlev/Herold, Antje/Kneis, Marek, Die Wirkung der Grundrechte und Grundfreiheiten zwischen Privaten, in: Attila, Badó/Belling, Detlev (Hrsg.), Rechtsentwicklungen aus europäischer Perspektive im 21. Jahrhundert, Potsdam 2014, S. 53–111

Benda, Ernst, Industrielle Herrschaft und sozialer Staat, Göttingen 1966

Benz, Arthur, Der moderne Staat, München 2001

Benz, Wolfgang, Der Holocaust, München 1995

Berger, Klaus Peter, Rechtliche Rahmenbedingungen der Globalisierung – vom Wettbewerb der Rechtsordnungen zu „Private Governance“, in: Bierbaum, Detlef (Hrsg.), So investiert die Welt, Wiesbaden 2008, S. 33–45

Bethge, Herbert, Zur Problematik von Grundrechtskollisionen, München 1977

ders., Grundrechtsverwirklichung und Grundrechtssicherung durch Organisation und Verfahren, in: Neue Juristische Wochenschrift 1982, 1–7

ders., Die Grundrechtsberechtigung juristischer Personen nach Art. 19 Abs. 3 GG, Passau 1985

ders., Grundrechte und gerichtlicher Schutz, in: Kritische Vierteljahresschrift für Gesetzgebung und Rechtswissenschaft 1990, 9–33

ders., Der Grundrechtseingriff, in: Veröffentlichungen der Vereinigung der Deutschen Staatsrechtslehrer Heft 57, 1998, S. 7–56

ders./v. Coelln, Christian, Grundriss Verfassungsrecht, 4. Auflage, München 2011

Bieback, Karl-Jürgen, Die öffentliche Körperschaft, Berlin 1976

Binder, Julius, Recht und Macht als Grundlagen der Staatswirksamkeit, Erfurt 1921

Böckenförde, Ernst-Wolfgang, Die verfassungstheoretische Unterscheidung von Staat und Gesellschaft als Bedingung der individuellen Freiheit, in: Rheinisch-Westfälische Akademie der Wissenschaften Band 183, 1973, S. 7–46

ders., Grundrechtstheorie und Grundrechtsinterpretation, in: Neue Juristische Wochenschrift 1974, 1529–1538

ders., Grundrechtsgeltung gegenüber Trägern gesellschaftlicher Macht?, in: Posser, Diether/Wassermann, Rudolf (Hrsg.), Freiheit in der sozialen Demokratie, Karlsruhe 1975, S. 77–89

ders., Staat, Gesellschaft, Freiheit, Frankfurt a. M. 1976

ders., Die Eigenart des Staatsrechts und der Staatsrechtswissenschaft, in: Achterberg, Norbert/Krawietz, Werner/Wyduckel, Dieter (Hrsg.), Festschrift für Hans Ulrich Scupin, Berlin 1983, S. 317–331

ders., Grundrechte als Grundsatznormen, in: Der Staat 1990, 1–31

Boehme-Neßler, *Volker*, Unscharfes Recht, Berlin 2008
ders., Das Ende des Staates? Auswirkungen der Digitalisierung auf den Staat, in: Zeitschrift für öffentliches Recht 2009, 145–199
ders., Das Recht auf Vergessenwerden – Ein neues Internet-Grundrecht im Europäischen Recht, in: Neue Zeitschrift für Verwaltungsrecht 2014, 825–830
ders., Big Data und Demokratie, in: Deutsches Verwaltungsblatt 2015, 1282–1287
ders., Die Macht der Algorithmen und die Ohnmacht des Rechts, in: Neue Juristische Wochenschrift 2017, 3031–3037
von Bogdandy, *Armin*/*Bast*, *Jürgen* (Hrsg.), Europäisches Verfassungsrecht, Berlin 2009 (zitiert: *Bearbeiter*, *in*: v. Bogdandy/Bast, Europäisches Verfassungsrecht)
Bohlender, *Matthias*, Metamorphosen des liberalen Regierungsdenkens, Weilerswist 2007
Böhm, *Franz*, Die Bedrohung der Freiheit durch private ökonomische Macht, in: Universitas – Zeitschrift für Wissenschaft, Kunst und Literatur 1963, 37–48
ders., Privatrechtsgesellschaft und Marktwirtschaft, in: ORDO 1966, 75–151
Borowski, *Martin*, Grundrechtliche Leistungsrechte, in: Jahrbuch des öffentlichen Rechts 2002, 301–328
ders., Die Glaubens- und Gewissensfreiheit des Grundgesetzes, Tübingen 2006
ders., Die Drittwirkung vor dem Hintergrund der Transformation moralischer Menschenrechte in Grundrechte, in: Sandkühler, Hans Jörg (Hrsg.), Menschenrechte in die Zukunft denken, Baden-Baden 2009, S. 119–126
Bötticher, *Eduard*, Gestaltungsrecht und Unterwerfung im Privatrecht, Berlin 1964
Botzenhart, *Manfred*, Wandlungen der ständischen Gesellschaft im Deutschland der preußischen und rheinbündischen Reformen, Der Staat 1980, Beiheft 4: Von der ständischen zur bürgerlichen Gesellschaft, 55–75
Bredekamp, *Horst*, Leviathan und Internet, Die Zeit v. 3.1.1997
Brenneisen, *Hartmut*/*Arndt*, *Christian*, Versammlungen auf privaten Flächen, in: Zeitschrift für öffentliches Recht in Norddeutschland 2016, 269–274
Britz, *Gabriele*, Einzelfallgerechtigkeit versus Generalisierung, Tübingen 2008
Brock, *Lothar*/*Albert*, *Mathias*, Entgrenzung der Staatenwelt, in: Zeitschrift für Internationale Beziehungen 1995, 259–286
Brosius-Gersdorf, *Frauke*/*Gersdorf*, *Hubertus*, Kopftuchverbot für Rechtsreferendarin: Unanwendbarkeit des Neutralitätsgebots, in: Neue Zeitschrift für Verwaltungsrecht 2020, 428–432
Brugger, *Winfried*, Elemente verfassungsliberaler Grundrechtstheorie, in: Juristenzeitung 1987, 633–640
Brunner, *Otto*, Die Freiheitsrechte in der altständischen Gesellschaft, in: Böckenförde, Ernst-Wolfgang (Hrsg.), Staat und Gesellschaft, Darmstadt 1976, S. 20–36
ders., Neue Wege der Verfassungs- und Sozialgeschichte, 3. Auflage, Göttingen 1980
Buchner, *Benedikt*, Informationelle Selbstbestimmung im Privatrecht, Tübingen 2006
Büchner, *Stefanie*, Zum Verhältnis von Digitalisierung und Organisation, in: Zeitschrift für Soziologie 2018, 332–348
Buermeyer, *Ulf*, Informationelle Selbstbestimmung und effektiver Rechtsschutz im Strafvollzug, Baden-Baden 2019
Bühler, *Joachim*, Das Integrative der Verfassung, Baden-Baden 2011
Bull, *Hans Peter*, Die Staatsaufgaben nach dem Grundgesetz, Frankfurt a. M. 1973
Bumke, *Christian*, Ausgestaltung von Grundrechten, Tübingen 2009
Burgi, *Martin*, Mitgliedstaatliche Garantenpflicht statt unmittelbare Drittwirkung der Grundfreiheiten, in: Europäisches Wirtschafts- und Steuerrecht 1999, 327–332

ders., Warum die „kommunale Zusammenarbeit“ kein vergaberechtspflichtiger Beschaffungsvorgang ist, in: Neue Zeitschrift für Baurecht und Vergaberecht NZBau 2005, 208–212

ders., Die Deutsche Bahn zwischen Staat und Wirtschaft, in: Neue Zeitschrift für Verwaltungsrecht 2018, 601–609

Busch, Christoph, in: Friedrich-Ebert-Stiftung (Hrsg.), Regulierung digitaler Plattformen als Infrastrukturen der Daseinsvorsorge, Bonn 2021

Bydlinski, Franz, Bemerkungen über Grundrechte und Privatrecht, in: Österreichische Zeitschrift für öffentliches Recht 1963, 423–460

ders./Bydlinski, Peter, Grundzüge der juristischen Methodenlehre, 3. Auflage, Stuttgart 2018

Canaris, Claus-Wilhelm, Kreditkündigung und Kreditverweigerung, in: Zeitschrift für das gesamte Handelsrecht und Wirtschaftsrecht 1979, 113–138

ders., Grundrechte und Privatrecht, in: Archiv für die civilistische Praxis 1984, 201–246

ders., Verfassungs- und europarechtliche Aspekte der Vertragsfreiheit in der Privatrechtsgesellschaft, in: Badura, Peter/Scholz, Rupert (Hrsg.), Festschrift für Peter Lerche, München 1993, S. 873–891

ders., Die Bedeutung der iustitia distributiva im deutschen Vertragsrecht, in: Sitzungsberichte der Bayerischen Akademie der Wissenschaften 1997, S. 3–133

ders., Grundrechte und Privatrecht: eine Zwischenbilanz, stark erweiterte Fassung des Vortrags gehalten vor der Juristischen Gesellschaft zu Berlin am 10. Juni 1998, Berlin 1999

ders., Zur Drittwirkung der gemeinschaftsrechtlichen Grundfreiheiten, in: Bauer, Hartmut/Czybulka, Detlef/Kahl, Wolfgang/Voßkuhle, Andreas (Hrsg.), Umwelt, Wirtschaft und Recht, Tübingen 2002, S. 29–69

Cannivé, Klaus, Der Staat als Aktionär, in: Neue Zeitschrift für Gesellschaftsrecht 2009, 445–449

Cassirer, Ernst, Vom Mythus des Staates, 2. Auflage, Hamburg 2015

Chatriot, Alain, Les Corps Intermédiaires En République, in: Histoire, économie & société 2016, 36–44

Christensen, Ralph, Richterrecht – rechtsstaatlich oder pragmatisch?, in: Neue Juristische Wochenschrift 1989, 3194–3197

ders./Fischer-Lescano, Andreas, Das Ganze des Rechts, Berlin 2007

Classen, Claus Dieter, Die Drittwirkung der Grundrechte in der Rechtsprechung des Bundesverfassungsgerichts, in: Archiv des öffentlichen Rechts 1997, 65–107

ders., Religionsrecht, 3. Auflage, Tübingen 2021

Conze, Werner, Frührevolutionäre Gesellschaft, in: Böckenförde, Ernst-Wolfgang (Hrsg.), Staat und Gesellschaft, Darmstadt 1976, S. 37–76

van Creveld, Martin, Aufstieg und Untergang des Staates, München 1999

Dauses, Manfred/Ludwigs, Markus (Hrsg.), Handbuch EU-Wirtschaftsrecht, München Januar 2022, 55. Ergänzungslieferung (zitiert: *Bearbeiter*, in: Dauses/Ludwigs (Hrsg.), Handbuch EU-Wirtschaftsrecht)

de Wall, Heinrich/Wagner, Roland, Die sogenannte Drittwirkung der Grundrechte, in: Juristische Arbeitsblätter 2011, 734–740

Dederer, Hans-Georg, Korporative Staatsgewalt, Tübingen 2004

Deges, Frank, Grundlagen des E-Commerce, Wiesbaden 2019

Denninger, Erhard, Freiheitsordnung – Wertordnung – Pflichtordnung, in: Juristenzeitung 1975, 545–550

Depenheuer, Otto/Grabenwarter, Christoph (Hrsg.), Verfassungstheorie, Tübingen 2010 (zitiert: *Bearbeiter*, in: Depenheuer/Grabenwarter (Hrsg.), Verfassungstheorie)

Deppe, Frank, Niccolò Machiavelli, Köln 2013

Derathé, Robert, Montesquieu et Jean-Jacques Rousseau, in: Revue Internationale de Philosophie 1955, 366–386

Derin, Benjamin/Golla, Sebastian, Der Staat als Manipulant und Saboteur der IT-Sicherheit?, in: Neue Juristische Wochenschrift 2019, 1111–1116

Derleder, Peter, Die uneingelöste Grundrechtsbindung des Privatrechts, in: Jestaedt, Matthias/Lepsius, Oliver (Hrsg.), Verhältnismäßigkeit, Tübingen 2015, S. 234–260

Detterbeck, Steffen, Allgemeines Verwaltungsrecht, 20. Auflage, München 2022

Deutscher Bundestag/Bundesarchiv (Hrsg.), Der Parlamentarische Rat 1948–1949, Band 2, Boppard am Rhein 1981

Deutscher Bundestag/Bundesarchiv (Hrsg.), Der Parlamentarische Rat 1948–1949, Band 5, Boppard am Rhein 1993

Deutsches Institut für Vertrauen und Sicherheit im Internet, Internet-Milieus 2016, Hamburg 2016

Di Fabio, Udo, Verwaltung und Verwaltungsrecht zwischen gesellschaftlicher Selbstregulierung und staatlicher Steuerung, in: Veröffentlichungen der Vereinigung der Deutschen Staatsrechtslehrer Heft 56, 1997, S. 237–282

ders., Privatisierung und Staatsvorbehalt, in: Juristenzeitung 1999, 585–592

ders., Der offene Staat in der Wirtschaftsgesellschaft, in: Kirchhof, Paul (Hrsg.), Festschrift für Klaus Vogel, Heidelberg 2000, S. 3–20

ders., Grundrechtsgeltung in digitalen Systemen, München 2016

ders., Ausstiegsordnung durch Vertrag, in: Neue Zeitschrift für Verwaltungsrecht 2020, 1324–1326

Dicke, Klaus, Erscheinungsformen und Wirkungen von Globalisierung in Struktur und Recht des internationalen Systems auf universaler und regionaler Ebene sowie gegenläufige Renationalisierungstendenzen, in: Berichte der Deutschen Gesellschaft für Völkerrecht Band 39, 2000, S. 13–44

Dietzsch, Steffen, Die Nachtseiten des Städtischen in der europäischen Romantik, in: Pape, Walter (Hrsg.), Die alltägliche Romantik, Berlin 2016, S. 41–54

Dreier, Horst, Staatliche Legitimität, Grundgesetz und neue soziale Bewegungen. in: Marko, Joseph/Stolz, Armin (Hrsg.), Demokratie und Wirtschaft, Wien 1978, S. 139–185

ders., Hans Kelsen und Niklas Luhmann, in: Rechtstheorie 1983, 419–458

ders., Hierarchische Verwaltung im demokratischen Staat, Tübingen 1991

ders., Dimensionen der Grundrechte, Hannover 1993

ders., Subjektiv-rechtliche und objektiv-rechtliche Grundrechtsgehalte, in: Juristische Ausbildung 1994, 505–513

ders., Der freiheitliche Verfassungsstaat als riskante Ordnung, in: Rechtswissenschaft 2010, 11–38

ders., Grundgesetz-Kommentar, 3. Auflage, Tübingen 2013 (zitiert: *Bearbeiter*, in: Dreier, GG)

Dürig, Günter, Grundrechte und Zivilrechtsprechung, in: Maunz, Theodor (Hrsg.), Festschrift für Hans Nawiasky, München 1956, S. 157–190

ders./Herzog, Roman/Scholz, Rupert (Hrsg.), Grundgesetz Kommentar, München November 2021, 96. Ergänzungslieferung (zitiert: *Bearbeiter*, in: Dürig/Herzog/Scholz, GG)

Ehmke, Horst, „Staat" und „Gesellschaft" als verfassungstheoretisches Problem, in: Böckenförde, Ernst-Wolfgang (Hrsg.), Staat und Gesellschaft, Darmstadt 1976, S. 241–274

Eichenhofer, Johannes, e-Privacy, Tübingen 2021

Eifert, Martin, Rechenschaftspflichten für soziale Netzwerke und Suchmaschinen, in: Neue Juristische Wochenschrift 2017, 1450–1454

ders., Transformation der Verwaltungsrechtswissenschaft, in: Jahrbuch des öffentlichen Rechts 2017, 457–469

Eilers, Stephan/Oppel, Florian, Die Besteuerung der digitalen Wirtschaft, in: Internationales Steuerrecht 2018, 361–370

Engel, Christoph, Das Internet und der Nationalstaat, in: Berichte der Deutschen Gesellschaft für Völkerrecht 2000, S. 353–426

ders., Freiheit und Autonomie, Preprints of the Max Planck Institute for Research on Collective Goods, Bonn 2003

Engert, Andreas, Private Normsetzungsmacht, in: Rechtswissenschaft 2014, 301–340

Engi, Lorenz, Governance, in: Der Staat 2008, 573–587

Engisch, Karl, Die Idee der Konkretisierung in Recht und Rechtswissenschaft unserer Zeit, 2. Auflage, Heidelberg 1968

Engler, Carolin Marie, Private Regelsetzung, Berlin 2017

Erbguth, Wilfried/Guckelberger, Annette, Allgemeines Verwaltungsrecht, 10. Auflage, Baden-Baden 2022

Ernst, Christian, Die Gefährdung der individuellen Selbstentfaltung durch den privaten Einsatz von Algorithmen, in: Klafki, Anika/Würkert, Felix/Winter, Tina (Hrsg.), Digitalisierung und Recht, Hamburg 2017, S. 63–81

Eschholz, Big Data-Scoring unter dem Einfluss der Datenschutz-Grundverordnung, in: Datenschutz und Datensicherheit 2017, 180–185

Fehling, Michael, Die „neue Verwaltungsrechtswissenschaft" – Problem oder Lösung. Innovation durch Kanonisierung?, Die Verwaltung 2012, Beiheft 12, 65–103

Fischels, André, Der Arbeitnehmerbegriff, Baden-Baden 2019

Fischer-Lescano, Andreas, Der Kampf um die Internetverfassung, in: Juristenzeitung 2014, 965–974

ders./Maurer, Hartmut, Grundrechtsbindung von privaten Betreibern öffentlicher Räume, in: Neue Juristische Wochenschrift 2006, 1393–1396

Fischinger, Philipp, Der Grundrechtsverzicht, in: Juristische Schulung 2007, 808–813

Fleiner, Fritz, Institutionen des deutschen Verwaltungsrechts, 8. Auflage, Tübingen 1928

Floren, Dieter, Grundrechtsdogmatik im Vertragsrecht, Berlin 1999

Forsthoff, Ernst, Anmerkung zu BVerwG, Urt. v. 24.10.1956, VC 236/54, in: Deutsches Verwaltungsblatt 1957, S. 721

ders., Die Bundesrepublik Deutschland, in: Merkur 1960, 807–821

ders., Der Staat der Industriegesellschaft, München 1971

ders., Die Umbildung des Verfassungsgesetzes, in: Barion, Hans/Forsthoff, Ernst/Weber, Werner (Hrsg.), Festschrift für Carl Schmitt, Berlin 1994, S. 35–62

Franke, Johannes, Die Finanzierung des Netzausbaus zwischen Markt und Staat, Tübingen 2020

Franzen, Martin/Gallner, Inken/Oetker, Hartmut (Hrsg.), Kommentar zum europäischen Arbeitsrecht, 4. Auflage, München 2022 (zitiert: *Bearbeiter*, in: Franzen/Gallner/Oetker, Europäisches Arbeitsrecht)

Franzius, Claudio, Der „Gewährleistungsstaat", in: Der Staat 2003, 493–517 *ders.*, Die Neue Verwaltungsrechtswissenschaft, in: Jahrbuch des öffentlichen Rechts 2017, 441–455

Frenz, Walter, Handbuch Europarecht, Band 4: Europäische Grundrechte, Berlin 2009

Friehe, Matthias, Löschen und Sperren in sozialen Netzwerken, in: Neue Juristische Wochenschrift 2020, 1697–1702

Froitzheim, Oliver, Code is law, in: Kommunikation und Recht 2020, 122–128

Frotscher, Werner/Pieroth, Bodo, Verfassungsgeschichte, 19. Auflage, München 2021

Galgano, Francesco, Die Globalisierung im Spiegel des Rechts, in Zeitschrift Europäisches Privatrecht 2003, 237–242

Gall, Lothar, Von der Ständischen zur Bürgerlichen Gesellschaft, München 1993

Gamillscheg, Franz, Die Grundrechte im Arbeitsrecht, in: Archiv für die civilistische praxis 1964, 385–445

Gern, Alfons/Brüning, Christoph (Hrsg.), Deutsches Kommunalrecht, 4. Auflage, Baden-Baden 2019

Gersdorf, Hubertus, Privatisierung öffentlicher Aufgaben, in: Juristenzeitung 2008, 831–840

von Gierke, Otto, Die soziale Aufgabe des Privatrechts, Heidelberg 1889

Glasze, Georg, Privatisierung öffentlicher Räume?, in: Berichte zur deutschen Landeskunde 2001, S. 160–177

Goldhammer, Michael, Grundrechtsberechtigung und -verpflichtung gemischtwirtschaftlicher Unternehmen, in: Juristische Schulung 2014, 891–995

Golland, Alexander, Das Kopplungsverbot in der Datenschutz-Grundverordnung, in: Multimedia und Recht 2018, 130–135

Gornik, Andreas, Die Bindung der Betreiber öffentlicher Räume an die Kommunikationsgrundrechte, Baden-Baden 2017

Götz, Volkmar, Grundpflichten als verfassungsrechtliche Dimension, in: Veröffentlichungen der Vereinigung der Deutschen Staatsrechtslehrer Heft 41, 1983, S. 8–41

Grabbe, Jürgen, Verfassungsrechtliche Grenzen der Privatisierung kommunaler Aufgaben, Berlin 1979

Grabitz, Eberhard, Freiheit und Verfassungsrecht, Tübingen 1976

ders., Freiheit als Verfassungsprinzip, in: Rechtstheorie 1977, 1–18

Graf v. Westphalen, Friedrich, Digitale Grundrechtecharta, in: Zeitschrift für Internationales Wirtschaftsrecht 2018, 97–98

Gramm, Christof, Privatisierung und notwendige Staatsaufgaben, Berlin 2001

Greiner, Stefan, Ideelle Unzumutbarkeit, Berlin 2004

Grewlich, Klaus, „Governance“ und europäisches Regulierungsrecht in Netzwerkindustrien, in: Heckmann, Dirk/Schenke, Ralf/Sydow, Gernot (Hrsg.), Festschrift für Thomas Würtenberger, Berlin 2013, S. 479–495

Grimm, Dieter, Die Zukunft der Verfassung I, Berlin 1991

ders., Der Wandel der Staatsaufgaben und die Zukunft der Verfassung, in: Grimm, Dieter (Hrsg.), Staatsaufgaben, Baden-Baden 1994, S. 613–646

ders., Regulierte Selbstregulierung in der Tradition des Verfassungsstaats, in: Die Verwaltung Beiheft 4, 2001, 9–20

ders., Verfassungsgerichtsbarkeit, Berlin 2021

Grimm, Rüdiger, Spuren im Netz, in: Datenschutz und Datensicherheit 2012, 88–91

Gröschner, Rolf/Dierksmeier, Claus/Henkel, Michael/Wiehart, Alexander, Rechts- und Staatsphilosophie, Berlin 2000

Großmann-Doerth, Hans, Selbstgeschaffenes Recht der Wirtschaft und staatliches Recht, Freiburg im Breisgau 1933

Grünberger, Michael, Personale Gleichheit, Baden-Baden 2013
Grüneberg, Christian (Hrsg.), Bürgerliches Gesetzbuch, 81. Auflage, München 2022 (zitiert: *Bearbeiter*, in: Grüneberg, BGB)
Grunewald, Barbara, Vereinsaufnahme und Kontrahierungszwang, in: Archiv für die civilistische Praxis 1982, 181–213
Grützner, Thomas/Jakob, Alexander, Compliance von A–Z, 2. Auflage
Grzeszick, Bernd, Rechte und Ansprüche, Tübingen 2002
Guckelberger, Annette, Die Drittwirkung der Grundrechte, in: Juristische Schulung 2003, 1151–1157
dies., Die Rekommunalisierung privatisierter Leistungen in Deutschland, in: Verwaltungsarchiv 2013, 161–187
Guggenberger, Nikolaus, Das Netzwerkdurchsetzungsgesetz, in: Zeitschrift für Rechtspolitik 2017, 98–101
Gurlit, Elke, Verwaltungsvertrag und Gesetz, Tübingen 2000
Gusy, Christoph, Grundrechtsbindungen Privater, in: Masing, Johannes/Jestaedt, Matthias/Capitant, David/Le Divellec, Armel (Hrsg.), Strukturfragen des Grundrechtsschutzes in Europa, Tübingen 2015, S. 93–112
Häberle, Peter, Verfassungslehre als Kulturwissenschaft, 2. Auflage, Berlin 1998
Habermas, Jürgen, Die Einbeziehung des Anderen, Frankfurt a. M. 1996
Haferkamp, Hans-Peter, Richter, Gesetz und juristische Methode in der Wertungsjurisprudenz, in: Zeitschrift für die gesamte Privatrechtswissenschaft 2016, 319–334
Hager, Günter, Von der Konstitutionalisierung des Zivilrechts zur Zivilisierung der Konstitutionalisierung, in: Juristische Schulung 2006, 769–775
Hager, Johannes, Grundrechte im Privatrecht, in: Juristenzeitung 1994, 373–383
Hahn, Hans-Werner/Berding, Helmut (Hrsg.) Gebhardt Handbuch der deutschen Geschichte, Band 14, 10. Auflage, Stuttgart 2010
Hain, Karl-Eberhard, Der Gesetzgeber in der Klemme zwischen Übermaß- und Untermaßverbot, in: Deutsches Verwaltungsblatt 1993, 982–984
ders., Das Untermaßverbot in der Kontroverse, in: Zeitschrift für Gesetzgebung 1996, 75–84
Hanau, Hans, Der Grundsatz der Verhältnismäßigkeit, Tübingen 2004
Härtel, Ines, Digitalisierung im Lichte des Verfassungsrechts, in: Landes- und Kommunalverwaltung 2019, 49–60
Hatje, Armin/Schwarze, Jürgen/Becker, Ulrich/Schoo, Johann (Hrsg.) EU-Kommentar, 4. Auflage, Baden-Baden 2019 (zitiert: *Bearbeiter*, in: Hatje/Schwarze/Becker/Schoo, GRCh)
Hattenhauer, Hans, Europäische Rechtsgeschichte, 4. Auflage, Heidelberg 2004
von Hayek, Friedrich August, Entnationalisierung des Geldes, Tübingen 1977
ders., Arten der Ordnung, in: Freiburger Studien: gesammelte Aufsätze, 2. Auflage, Tübingen 1994, S. 32–46
ders., Die Verfassung der Freiheit, 4. Auflage, Tübingen 2005
Hegel, Georg Wilhelm Friedrich, Grundlinien der Philosophie des Rechts, 14. Auflage, Frankfurt a. M. 2015
Hein, Dieter, Die Revolution von 1848/49, München 2004
Heinig, Hans Michael, Der Sozialstaat im Dienst der Freiheit, Tübingen 2008
Heinrich, Christian, Formale Freiheit und materiale Gerechtigkeit, Tübingen 2000
Heintzen, Markus, Beteiligung Privater an öffentlichen Aufgaben und staatliche Verantwortung, in: Veröffentlichungen der Vereinigung der Deutschen Staatsrechtslehrer Heft 62, 2003, S. 220–266

Heldt, Amélie, Anmerkung, BVerfG: Ausstrahlungswirkung des allgemeinen Gleichheitssatzes in das Zivilrecht, in: Neue Zeitschrift für Verwaltungsrecht 2018, 813–819
Heller, Hermann, Geschichtliche Voraussetzungen des heutigen Staates, in: Böckenförde, Ernst-Wolfgang (Hrsg.), Staat und Gesellschaft, Darmstadt 1976, S. 3–19
Hellgardt, Alexander, Wer hat Angst vor der unmittelbaren Drittwirkung?, in: Juristenzeitung 2018, 901–910
Herdegen, Matthias/Masing, Johannes/Poscher, Ralf/Gärditz, Klaus, Handbuch des Verfassungsrechts, München 2021 (zitiert: *Bearbeiter*, in: Herdegen/Masing/Poscher/Gärditz, Hndb. d. Verfassungsrechts)
Herkenrath, Mark, Transnationale Konzerne im Weltsystem, Wiesbaden 2003
Hermann, Ulrich, Erziehungsstaat – Staatserziehung – Nationalbildung, in: Zeitschrift für Pädagogik 1993, 567–582
Herrmann, Christoph, Währungshoheit, Währungsverfassung und subjektive Rechte, Tübingen 2010
Hesse, Konrad, Unterscheidung von Staat und Gesellschaft, in: Die öffentliche Verwaltung 1975, 437–443
Hingst, Ulla, Auswirkungen der Globalisierung auf das Recht der völkerrechtlichen Verträge, Berlin 2001
Hirsch, Ernst Eduard, Macht und Recht, in: Juristenzeitung 1962, 1–6
Hirschberg, Lothar, Der Grundsatz der Verhältnismäßigkeit, Göttingen 1981
Hladjk, Jörg, Online-Profiling und Datenschutz, Baden-Baden 2007
Hobbes, Thomas, Leviathan (Deutsche Übersetzung von Jacob Peter Mayer, Reclam), Ditzingen 2018
Hobusch, Alexander, Der moderne Eingriffsbegriff, in: Juristische Arbeitsblätter 2019, 278–281
Hoeren, Thomas, Selbstregulierung im Banken- und Versicherungsrecht, Karlsruhe 1995
Höffe, Otfried, Niccolò Machiavelli: Der Fürst (Klassiker Auslegen), Berlin 2013
ders., Kritik der Freiheit, München 2015
Hoffer, Raoul/Lehr, Leo Alexander, Onlineplattformen und Big Data auf dem Prüfstand, in: Neue Zeitschrift für Kartellrecht 2019, 10–20
Hoffmann-Riem, Wolfgang, Verantwortungsteilung als Schlüsselbegriff moderner Staatlichkeit, in: Kirchhof, Paul (Hrsg.), Festschrift für Klaus Vogel, Heidelberg 2000, S. 47–64
ders., Freiheitsschutz in den globalen Kommunikationsinfrastrukturen, in: Juristenzeitung 2014, 53–63
ders., Innovation und Recht, Recht und Innovation, Tübingen 2016
ders./Schmidt-Aßmann, Eberhard/Voßkuhle, Andreas (Hrsg.), Grundlagen des Verwaltungsrechts, 2. Auflage, München 2012 (zitiert: *Bearbeiter*, in: Hoffmann-Riem/Schmidt-Aßmann/Voßkuhle (Hrsg.), Grundlagen des VerwR)
Hoffmann, Christian/Schulz, Sönke/Borchers, Kim Corinna, Grundrechtliche Wirkungsdimensionen im digitalen Raum, in: Multimedia und Recht 2014, 89–95
Höfling, Wolfram, Offene Grundrechtsinterpretation, Berlin 1987
Hofmann, Hasso, Legitimität gegen Legalität, Berlin 1992
ders., Das Postulat der Allgemeinheit der Gesetze, in: Hoffmann, Hasso (Hrsg.), Verfassungsrechtliche Perspektiven, Tübingen 1995, S. 260–296
Holländer, Felix Kasimir, Außergesetzliches in der mündlichen Urteilsbegründung, Berlin 2021
Holste, Heike, Die Zerstörung des Rechtsstaates durch den Nationalsozialismus, in: Juristische Arbeitsblätter 2009, 359–366

Hömig, Dieter/Wolff, Heinrich Amadeus (Hrsg.), Grundgesetz, 13. Auflage, Baden-Baden 2022 (zitiert: *Bearbeiter*, in: Hömig/Wolff, GG)

Hönn, Günther, Privatautonomie von innen und außen, in: Juristenzeitung 2021, 693–701

Hoppe, Ursula, Die Kunstfreiheit als EU-Grundrecht, Frankfurt a. M. 2011

Horn, Hans-Detlef, Der Staat und „sein“ Gebiet: eine durch Rechtsgrenzen gesicherte Schicksalsgemeinschaft, in: Horn, Hans-Detlef/Gornig, Gilbert (Hrsg.), Territoriale Souveränität und Gebietshoheit, Berlin 2016, S. 21–34

Hornung, Gerrit, Grundrechtsinnovationen, Tübingen 2015

ders., Erosion traditioneller Prinzipien des Datenschutzrechts durch Big Data, in: Hoffmann-Riem, Wolfgang (Hrsg.), Big Data – Regulative Herausforderungen, Baden-Baden 2018, S. 81–98

Hösch, Ulrich, Die kommunale Wirtschaftstätigkeit, Tübingen 2000

Hosfeld, Rolf, Karl Marx, München 2009

Huber, Ernst Rudolf, Deutsche Verfassungsgeschichte seit 1789, Bd. IV (Struktur und Krisen des Kaiserreichs), Stuttgart 1969

Huber, Peter M., Zur Drittwirkung von Grundrechten und Grundfreiheiten, in: Festschrift für Meinhard Schröder, Berlin 2012, S. 335–341

Hufen, Friedhelm, Die Grundrechte und der Vorbehalt des Gesetzes, in: Grimm, Dieter (Hrsg.), Wachsende Staatsaufgaben – sinkende Steuerungsfähigkeit des Rechts, Baden-Baden 1990, S. 273–289

ders., Entstehung und Entwicklung der Grundrechte, in: Neue Juristische Wochenschrift 1999, 1504–1510

ders., Staatsrecht II (Grundrechte), 9. Auflage, München 2021

Hünnekens, Georg, Rechtsfragen der wirtschaftlichen Infrastruktur, Köln 1995

Immenga, Ulrich/Mestmäcker, Ernst-Joachim (Hrsg.), Wettbewerbsrecht, 6. Auflage, München 2020 (zitiert: *Bearbeiter*, in: Immenga/Mestmäcker, Wettbewerbsrecht)

International Data Corporation, Data Age 2025, 2017

Ipsen, Günther, Staat aus dem Volk, in: Der Staat 1973, 145–164

Isensee, Josef, Wer definiert die Freiheitsrechte?, Heidelberg 1980

ders., Grundrechte und Demokratie, in: Der Staat 1981, 161–176

ders., Subsidiaritätsprinzip und Verfassungsrecht, Berlin 2001

ders./Kirchhof, Paul, Handbuch des Staatsrechts der Bundesrepublik Deutschland, 13 Bände, 3. Auflage, Heidelberg 2003–2015 (zitiert: *Bearbeiter*, in: Isensee/Kirchhof, Hndb. d. StR)

Jaeger, Till/Metzger, Axel, Open Source Software, 5. Auflage, München 2020

Jaensch, Michael, Die unmittelbare Drittwirkung der Grundfreiheiten, Baden-Baden 1997

Jaguttis, Malte, Gesteuerte Freiheit, Tübingen 2014

Jarass, Hans Dieter, Grundrechte als Wertentscheidungen bzw. objektivrechtliche Prinzipien in der Rechtsprechung des Bundesverfassungsgerichts, in: Archiv des öffentlichen Rechts 1985, 363–395

ders., Das allgemeine Persönlichkeitsrecht im Grundgesetz, in: Neue Juristische Wochenschrift 1989, 857–862

ders., Bausteine einer umfassenden Grundrechtsdogmatik, in: Archiv des öffentliche Rechts 1995, 345–381

ders., EU-Grundrechte und Privatrecht, in: Heiderhoff, Bettina/Lohsse, Sebastian/Schulze, Reiner (Hrsg.), EU-Grundrechte und Privatrecht, Baden-Baden 2016, S. 31–58

ders. (Hrsg.), Charta der Grundrechte der Europäischen Union, 4. Auflage, München 2021 (zitiert: *Bearbeiter*, in: Jarass, GRCh)

Jarass, Lorenz W., Privilegierungen im Internet, Baden-Baden 2019
Jellinek, Georg, System der subjektiven öffentlichen Rechte, 2. Auflage, Tübingen 1905
ders., Die Erklärung der Menschen- und Bürgerrechte, 4. Auflage, München 1927
Jessup, Philip C., The Use of International Law, Ann Arbor 1959
Jestaedt, Matthias, Demokratieprinzip und Kondominialverwaltung, Berlin 1993
von Jhering, Rudolph, Geist des römischen Rechts, Band 3, 5. Auflage, Leipzig 1906
Jobst, Simon, Konsequenzen einer unmittelbaren Grundrechtsbindung Privater, in: Neue Juristische Wochenschrift 2020, 11–16
Jocham, Felix, Die Grenzen der richterlichen Rechtsfortbildung im Privatrecht, Berlin 2021
Johnson, David R./Post, David G., Law and Borders, in: Stanford Law Review 1996, 1367–1402
Jöns, Johanna, Daten als Handelsware, Baden-Baden 2019
Kahl, Wolfgang, Die rechtliche Bedeutung der Unterscheidung von Staat und Gesellschaft, in: Juristische Ausbildung 2002, 721–729
ders./Waldhoff, Christian/Walter, Christian (Hrsg.), Bonner Kommentar zum Grundgesetz, 215. Aktualisierung, Heidelberg 2022 (zitiert: *Bearbeiter*, in: Bonner Kommentar)
Kahl, Wolfgang/Weißenberger, Christian, Die Privatisierung kommunaler öffentlicher Einrichtungen, in: Juristische Ausbildung 2009, 194–202
Kainer, Friedemann, Die Gewährleistung von Privatautonomie im Spannungsverhältnis horizontaler Wirkung von Grundfreiheiten und Grundrechte in der Europäischen Union: eine Skizze, in: Stumpf, Cordula/Kainer, Friedemann/Baldus, Christian (Hrsg.), Festschrift für Peter-Christian Müller-Graff, Baden-Baden 2015, S. 484–492
Kalscheuer, Fiete/Hornung, Christian, Das Netzwerkdurchsetzungsgesetz, in: Neue Zeitschrift für Verwaltungsrecht 2017, 1721–1725
Kämmerer, Jörn Axel, Privatisierung, Tübingen 2001
Kant, Immanuel, Die Metaphysik der Sitten (Reclam-Ausgabe, Ditzingen 1990)
Karpen, Ulrich, Die Unterscheidung von Staat und Gesellschaft als Bedingung der rechtsstaatlichen Freiheit, in: Juristische Arbeitsblätter 1986, 299–310
Katz, Alfred, Verantwortlichkeiten und Grenzen bei „Privatisierung" kommunaler Aufgaben, in: Neue Zeitschrift für Verwaltungsrecht 2010, 405–411
Kelsen, Hans, Reine Rechtslehre, Studienausgabe der 2. Aufl. 1960, herausgegeben von Matthias Jestaedt, Tübingen 2017
Kersten, Jens/Meinel, Florian, Grundrechte in privatisierten öffentlichen Räumen, in: Juristenzeitung 2007, 1127–1134
Kessler, Gerhard, Staat und Gesellschaft, in: Zeitschrift für die gesamte Staatswissenschaft 1927, 225–234
von Kielmansegg, Sebastian, Die Grundrechtsprüfung, in: Juristische Schulung 2008, 23–29
Kilian, Wolfgang, Kontrahierungszwang und Zivilrechtssystem, in: Archiv für die civilistische Praxis 1980, 47–83
Kimminich, Otto, Einführung in das öffentliche Recht, Freiburg im Breisgau1972
Kingreen, Thorsten, Das Sozialstaatsprinzip im Europäischen Verfassungsverbund, Tübingen 2003
ders., Das Verfassungsrecht der Zwischenschicht, in: Jahrbuch des öffentlichen Rechts 2017, S. 1–39
ders./Poscher, Ralf, Grundrechte, Staatsrecht II, 37. Auflage, Heidelberg 2021
Kirchhof, Ferdinand, Private Rechtsetzung, Berlin 1987

Kirchhof, Gregor, Rechtsfolgen der Privatisierung, in: Archiv des öffentlichen Rechts 2007, 215–256
ders./Korte, Stefan/Magen, Stefan (Hrsg.), Öffentliches Wettbewerbsrecht, Heidelberg 2014
Kirchhof, Paul, Der Vertrag als Ausdruck grundrechtlicher Freiheit, in: Habersack, Mathias/Hommelhoff, Peter/Hüffer, Uwe/Schmidt, Karsten (Hrsg.), Festschrift für Peter Ulmer, Berlin 2003, S. 1211–1230
ders., Staatliche Verantwortlichkeit und privatwirtschaftliche Freiheit, in: Horn, Hans-Detlef (Hrsg.), Festschrift für Walter Schmitt Glaeser, Berlin 2003, S. 3–19
ders./Kreuter-Kirchhof, Charlotte, Waldeigentum und Naturschutz, Baden-Baden 2017
Klein, Eckart, Grundrechtliche Schutzpflicht des Staates, in: Neue Juristische Wochenschrift 1989, 1633–1640
Klein, Hans Hugo, Die Grundrechte im demokratischen Staat, Stuttgart 1972
ders., Über Grundpflichten, in: Der Staat 1975, 153–168
Kluth, Winfried, Die Bindung privater Wirtschaftsteilnehmer an die Grundfreiheiten des EG-Vertrages, in: Archiv des öffentlichen Rechts 1997, 557–582
Knauff, Matthias, Der Gewährleistungsstaat, Berlin 2004
ders., Vertragsschließende Verwaltung und verfassungsrechtliche Rechtsschutzgarantie, in: Neue Zeitschrift für Verwaltungsrecht 2007, 546–549
Knebel, Sophie, Die Drittwirkung der Grundrechte und -freiheiten gegenüber Privaten, Baden-Baden 2018
Knieper, Thomas/Tonndorf, Katrin/Wolf, Cornelia, Access Denied: Der Mythos vom unkontrollierbaren Internet, in: Bach, Maurizio (Hrsg.), Der entmachtete Leviathan, Baden-Baden 2013, S. 217–245
Köndgen, Johannes, Privatisierung des Rechts, in: Archiv für die civilistische Praxis 2006, 477–525
Kopp, Ferdinand/Schenke, Wolf-Rüdiger (Hrsg.), Verwaltungsgerichtsordnung Kommentar, 28. Auflage, München 2022 (zitiert: *Bearbeiter*, in: Kopp/Schenke, VwGO)
Köppe, Olaf, Politische Einheit und pluralistische Gesellschaft: Ambivalenzen der Verfassungstheorie Böckenfördes, in: Kritische Justiz 1997, 45–62
Körber, Torsten, Grundfreiheiten und Privatrecht, Tübingen 2004
ders., Konzeptionelle Erfassung digitaler Plattformen, in: Zeitschrift für Urheber- und Medienrecht 2017, 93–101
Koselleck, Reinhart/Schreiner, Klaus, Bürgerschaft, Stuttgart 1994
Kotkin, Joel, The coming of neo-feudalism, New York 2020
Krämer, Hagen, Digitalisierung, Monopolbildung und wirtschaftliche Ungleichheit, in: Wirtschaftsdienst 2019, S. 47–52
Krause, Peter, Die Rechtsprechung des Bundesverfassungsgerichts zum Privatrecht – Teil 1, in: Juristenzeitung 1984, 656–663
Kreuter-Kirchhof, Charlotte, Personales Eigentum im Wandel, Tübingen 2017
Kreuzer, Karl, Entnationalisierung des Privatrechts durch globale Rechtsintegration?, in: Dreier, Horst/Forkel, Hans/Laubenthal, Klaus (Hrsg.), Raum und Recht, Festschrift 600 Jahre Würzburger Juristenfakultät, Berlin 2002, S. 247–296
Kroemer, Lars Christian, Die Grundrechtsbindung Privater im Widerstreit zwischen gesellschaftlicher Freiheit und staatlicher Verantwortung, in: Junge Tagung Öffentliches Recht 2022, 2022, S. 23–43
Kronberg, Marie, Voraussetzungen und Grenzen der Bindung von Sportverbänden an die Europäischen Grundfreiheiten, Berlin 2011

Krönke, Christoph, Privatverfahrensrecht in digitalen Grundrechtsnetzwerken, in: Zeitschrift für Urheber- und Medienrecht 2022, 13–20
Krotz, Friedrich, Mediatization as a mover in modernity: social and cultural change in the context of media change, in: Lundby, Knut (Hrsg.), Mediatization of Communication, Berlin 2014, S. 131–162
Krüger, Herbert, Allgemeine Staatslehre, Stuttgart 1964
ders., Verfassungsvoraussetzungen und Verfassungserwartungen, in: Ehmke, Horst/Kaiser, Joseph/Kewenig, Wilhelm/Meessen, Karl/Rüfner, Wolfgang (Hrsg.), Festschrift für Ulrich Scheuner, Berlin 1973, S. 285–306
Krüger, Philipp, Versammlungsfreiheit in privatisierten öffentlichen Räumen, in: Die Öffentliche Verwaltung 2011, 837–843
Kühling, Jürgen/Sackmann, Florian, Irrweg „Dateneigentum“, in: Zeitschrift für Datenschutzrecht 2020, 24–30
Kuhn, Thomas S., Die Struktur wissenschaftlicher Revolutionen, 26. Auflage, Frankfurt a. M. 2020 (übersetzt von Kurt Simon)
Kulick, Andreas, Horizontalwirkung im Vergleich, Tübingen 2020
ders., Verfassungsrechtliche Maßstäbe der Gesichtserkennung, in: Neue Zeitschrift für Verwaltungsrecht 2020, 1622–1627
Kumm, Matthias, Who is Afraid of the Total Constitution?, in: German Law Journal 2006, 341–369
Kutscha, Martina, „Schlanker Staat“ mit Januskopf, in: Kritische Justiz 1998, 399–405
Ladeur, Karl-Heinz, Die Regulierung von Selbstregulierung und die Herausbildung einer „Logik der Netzwerke“, in: Die Verwaltung, Beiheft 4, 2001, 59–78
ders., Die Beobachtung der kollektiven Dimension der Grundrechte durch eine liberale Grundrechtstheorie, in: Der Staat 2011, 493–531
Lämmerzahl, Torsten, Die Beteiligung Privater an der Erledigung öffentlicher Aufgaben, Berlin 2007
Larenz, Karl, Methodenlehre der Rechtswissenschaft, 6. Auflage, Berlin 1991
Larkins, Jeremy, From Hierarchy to Anarchy, New York 2010
Lechner, Hans/Zuck, Rüdiger, Bundesverfassungsgerichtsgesetz, 8. Auflage, München 2019
Leenen, Detlef, Typus und Rechtsfindung, Berlin 1971
Leisner-Egensperger, Anna, Rekommunalisierung und Grundgesetz, in: Neue Zeitschrift für Verwaltungsrecht 2013, 1110–1116
Leisner, Walter, Grundrechte und Privatrecht, München 1960
ders., „Privatisierung“ des Öffentlichen Rechts, Berlin 2007
Lengauer, Aline-Maria, Drittwirkung von Grundfreiheiten, Wien 2011
Lerche, Peter, Übermaß und Verfassungsrecht, Köln 1961
Lessig, Code and other laws of cyberspace, New York 1999
Lichtblau, Klaus, Theorie der bürgerlichen Gesellschaft, Lahn-Giessen 1978
Lindner, Josef Franz, Der Dritte im System der Grundrechtsdogmatik, in: Juristische Ausbildung 2020, 9–16
Lobe, Adrian, Speichern und Strafen, München 2019
Loewenstein, Karl, Verfassungslehre, Tübingen 1959
Lübbe-Wolff, Gertrude, Die Grundrechte als Eingriffsabwehrrechte, Baden-Baden 1988
Lücke, Jörg, Die Drittwirkung der Grundrechte an Hand des Art. 19 Abs. 3 GG, in: Juristenzeitung 1999, S. 377–384
Lüdemann, Jörn, Connected Cars, in: Zeitschrift für Datenschutzrecht 2015, 247–254

ders., Digitalisierte Öffentlichkeiten und multipolare Grundrechtsverhältnisse, in: Zeitschrift für Urheber- und Medienrecht 2021, 640–643

Ludwigs, Markus/Weidermann, Sabine, Drittwirkung der Europäischen Grundfreiheiten, in: Juristische Arbeitsblätter 2014, 152–165

Luhmann, Niklas, Grundrechte als Institution, Berlin 1965

ders., Politische Verfassungen im Kontext des Gesellschaftssystems, in: Der Staat 1973, 1–22

ders., Die Unterscheidung von Staat und Gesellschaft, in: Luhmann, Niklas, Soziologische Aufklärung 4, Beiträge zur funktionalen Differenzierung der Gesellschaft, 1987, S. 67–73

ders., Die Gesellschaft der Gesellschaft, Frankfurt a. M. 1998

Majer, Christian F., Das Ende der Privatautonomie?, in: Juristische Rundschau 2015, 107–115

Malaviya, Nina, Verteilungsentscheidungen, Tübingen 2009

von Mangoldt, Hermann, Grundrechte und Grundsatzfragen des Bonner Grundgesetzes, in: Archiv des öffentlichen Rechts 1949, 273–290

ders./Klein, Friedrich/Starck, Christian, Grundgesetz Kommentar, 7. Auflage, München 2018 (zitiert: *Bearbeiter*, in: v. Mangoldt/Klein/Starck, GG)

Mankowski, Peter, Rechtskultur, Tübingen 2010

Mann, Thomas, Die öffentlich-rechtliche Gesellschaft, Tübingen 2002

Marburger, Peter, Die Regeln der Technik im Recht, Köln 1979

Marnau, Ninja, Anonymisierung, Pseudonymisierung und Transparenz für Big Data, in: Datenschutz und Datensicherheit 2016, 428–433

Marsch, Nikolaus, Das europäische Datenschutzgrundrecht, Tübingen 2018

Martens, Wolfgang, Grundrechte im Leistungsstaat, in: Veröffentlichungen der Vereinigung der Deutschen Staatsrechtslehrer Heft 30, 1972, S. 7–42

Martino, Alessandra Di, Datenschutz im Europäischen Recht, Baden-Baden 2005

Marx, Karl, Zur Judenfrage, in: Marx/Engels Werke Band 1, Berlin 1976, S. 347–377

Maurer, Hartmut, Die verfassungsrechtlichen Grenzen der Privatisierung in Deutschland, in: Juridicia International 2009, 4–13

ders./Waldhoff, Christian, Allgemeines Verwaltungsrecht, 20. Auflage, München 2020

Mayen, Thomas, Der grundrechtliche Informationsanspruch des Forschers gegenüber dem Staat, Berlin 1992

ders., Über die mittelbare Grundrechtsbindung Privater in Zeiten des Einflusses sozialer Netzwerke auf die öffentliche Kommunikation, in: Zeitschrift für das gesamte Handels- und Wirtschaftsrecht 2018, 1–7

Mayer-Schönberger, Viktor, The International Lawyer in Times of Cyberspace, in: Drolshammer, Jens/Pfeifer, Michale (Hrsg.), The Internationalization of the Practice of Law, Den Haag 2001, S. 401–410

Mayer, Franz C., Recht und Cyberspace, in: Neue Juristische Wochenschrift 1996, 1782–1791

Mayer, Otto, Deutsches Verwaltungsrecht Band 1, 1. Auflage, Leipzig 1895

Mayr, Otto, Uhrwerk und Waage, München 1987

Meder, Stephan, Ius non scriptum – Traditionen privater Rechtsetzung, Tübingen 2008

ders., Doppelte Körper im Recht, Tübingen 2015

Medicus, Dieter, Der Grundsatz der Verhältnismäßigkeit im Privatrecht, in: Archiv für die civilistische Praxis 1992, 35–70

Meinel, Florian, Machthaber jenseits des Staates, in: Humboldt Forum Recht 2004, S. 64–79

Merten, Detlef/Papier, Hans-Jürgen (Hrsg.), Handbuch der Grundrechte in Deutschland und Europa, München 2004–2007 (zitiert: *Bearbeiter*, in: Merten/Papier, Hndb. d. GR)
Mestmäcker, Ernst-Joachim, Europäische Prüfsteine der Herrschaft und des Rechts, Baden-Baden 2016
ders., Private Macht – Grundsatz Fragen in Recht, Wirtschaft und Gesellschaft, in: Möslein, Florian (Hrsg.), Private Macht, Tübingen 2016, S. 25–46
Meyer-Abich, Jann, Der Schutzzweck der Eigentumsgarantie, Berlin 1980
Meyer-Cording, Ulrich, Die Rechtsnormen, Tübingen 1971
Meyer, Jürgen/Hölscheidt, Sven (Hrsg.), Charta der Grundrechte der Europäischen Union, 5. Auflage, Baden-Baden 2019 (zitiert: *Bearbeiter*, in: Meyer/Hölscheidt, GRCh)
Meyer, Stephan, Künstliche Intelligenz, in: Zeitschrift für Rechtspolitik 2018, 233–238
Michael, Lothar/Morlok, Martin, Grundrechte, 8. Auflage, Baden-Baden 2022
Michl, Fabian, Die Bedeutung der Grundrechte im Privatrecht, in: Juristische Ausbildung 2017, 1026–1076
Mitchell, Timothy, The Limits of the State, in: The American Political Science Review 1991, 77–96
Möllers, Christoph, Staat als Argument, München 1999
ders., Globalisierte Jurisprudenz, in: Archiv für Rechts- und Sozialphilosophie 2001, Beiheft 79, 41–60
ders., Religiöse Freiheit als Gefahr?, in: Veröffentlichungen der Vereinigung der Deutschen Staatsrechtslehrer Heft 68, 2009, S. 47–93
ders., Der vermisste Leviathan, 3. Auflage, Frankfurt a. M. 2016
ders., Freiheitsgrade, Frankfurt a. M. 2020
Montesquieu, Charles Louis, Vom Geist der Gesetze (Übersetzung von Friedrich August v. d. Heydte), Berlin 1950
Mörsdorf, Oliver, Ungleichbehandlung als Norm, Tübingen 2018
Muckel, Stefan, Praktische Konkordanz gegenläufiger Grundrechte im Zivilrecht, in: Juristische Arbeitsblätter 2010, 670–672
ders., Grundrechtsberechtigung und Grundrechtsverpflichtung – Wer kann sich auf Grundrechte berufen und wer wird durch sie verpflichtet?, in: Juristische Arbeitsblätter 2020, 411–417
ders., Wandel des Verhältnisses von Staat und Gesellschaft, in: Veröffentlichungen der Vereinigung der Deutschen Staatsrechtslehrer Heft 79, 2020, S. 245–289
Mühlhoff, Rainer, Digitale Entmündigung und *User Experience Design*, in: Leviathan 2018, 551–574
Müller-Glöge, Rudi/Preis, Ulrich/Schmidt, Ingrid (Hrsg.), Erfurter Kommentar zum Arbeitsrecht, Grundgesetz, 22. Auflage, München 2022 (zitiert: *Bearbeiter*, in: Erfurter Kommentar, GG)
Müller, Friedrich, Strukturierende Rechtslehre, 2. Auflage, Berlin 1994
von Münch, Ingo/Kunig, Philip, Grundgesetz Kommentar, 7. Auflage, München 2021 (zitiert: *Bearbeiter*, in: Münch/Kunig, GG)
Münchener Kommentar zum Bürgerlichen Gesetzbuch (hrsg. von Säcker, Franz Jürgen/Rixecker, Roland/Oetker, Hartmut/Limperg, Bettina), Band 1, 9. Auflage, München 2021, § 145 (zitiert: *Bearbeiter*, in: MüKo, BGB)
Münchener Kommentar zum Bürgerlichen Gesetzbuch (hrsg. von Säcker, Franz Jürgen/Rixecker, Roland/Oetker, Hartmut/Limperg, Bettina), Band 8, 8. Auflage, München 2020, § 1004 (zitiert: *Bearbeiter*, in: MüKo, BGB)

Münkler, *Herfried*, Machiavelli, Frankfurt a. M. 2004
Murswiek, *Dietrich*, Die staatliche Verantwortung für die Risiken der Technik, Berlin 1985
Müßig, *Ulrike*, Die europäische Verfassungsdiskussion im 18. Jahrhundert, Tübingen 2008
Nassehi, *Armin*, Die „Welt"-Fremdheit der Globalisierungsdebatte, in: Soziale Welt 1998, 151–165
Nawiasky, *Hans*, Die Grundgedanken des Grundgesetzes für die Bundesrepublik Deutschland, Stuttgart 1950
Nebel, *Maxi*, Big Data und Datenschutz in der Arbeitswelt, in: Zeitschrift für Datenschutzrecht 2018, 520–524
Neckel, *Sighard*, „Refeudalisierung", Leviathan 2013, 39–56
Nellen, *Stefan*/*Stockinger*, *Thomas*, Staat, Verwaltung und Raum im langen 19. Jahrhundert, in: Zeitschrift für Verwaltungsgeschichte 2017, 3–28
Neuner, *Jörg*, Allgemeiner Teil des Bürgerlichen Rechts, 12. Auflage, München 2020
ders., Das BVerfG im Labyrinth der Drittwirkung, in: Neue Juristische Wochenschrift 2020, 1851–1855
ders., Die Einwilligung im Deliktsrecht, in: Juristische Schulung 2021, 617–626
Niekiel, *Oliver*, Das Recht auf ein Girokonto, Baden-Baden 2011
Nipperdey, *Hans Carl*, Grundrechte und Privatrecht, Krefeld 1961
Nipperdey, *Thomas*, Deutsche Geschichte 1800–1866, 1. Auflage in der Beck'schen Reihe, München 2013
Nocun, *Katharina*, Datenschutz unter Druck, in: Roßnagel, Alexander/Friedewald, Michael/Hansen, Marit (Hrsg.), Die Fortentwicklung des Datenschutzes, Wiesbaden 2018, S. 39–58
Nussbaum, *Martha*, Die Grenzen der Gerechtigkeit, 1. Auflage, Berlin 2014
Oechsler, *Jürgen*, Gerechtigkeit im modernen Austauschvertrag, Tübingen 1997
Oestmann, *Peter*, Verkehrssitte, Privatautonomie und spontane Ordnung, in: Kritische Vierteljahresschrift für Gesetzgebung und Rechtswissenschaft 2002, 409–437
Oeter, *Stefan*, Die „Drittwirkung" der Grundrechte und die Autonomie des Privatrechts, in: Archiv des öffentlichen Rechts 1994, 529–563
Öhman, *Carl*/Aggarwal, *Nikita*, What if Facebook goes down? Ethical and legal considerations for the demise of big tech, in: Internet Policy Review 2020, 1–21
Omlor, *Sebastian*, Blockchain-basierte Zahlungsmittel, in: Zeitschrift für Rechtspolitik 2018, 85–89
Ossenbühl, *Fritz*, Staat und Markt in der Verfassungsordnung, in: Murswiek, Dietrich/Storost, Ulrich/Wolff, Heinrich (Hrsg.), Festschrift für Helmut Quaritsch, Berlin 2000, S. 235–254
Ott, *Claus*, Recht und Realität der Unternehmenskorporation, Tübingen 1977
Ottow, *Raimund*, Korporationen in der Rechtsphilosophie Hegels, in: Archiv für Rechts- und Sozialphilosophie 2001, 468–480
Paal, *Boris*/*Hennemann*, *Moritz*, Big Data im Recht, in: Neue Juristische Wochenschrift 2017, 1697–1701
Pahlke, *Armin*, Typusbegriff und Typisierung, in: Deutsches Steuerrecht, Beiheft 2011, 66–71
Papier, *Hans-Jürgen*, Grunderwerbsverträge mit „Bauplanungsabreden", in: Juristische Schulung 1981, 498–503
ders., Rechtsstaatlichkeit und Grundrechtsschutz in der digitalen Gesellschaft, in: Neue Juristische Wochenschrift 2017, 3025–3031
Patt, *Walter*, Grundzüge der Staatsphilosophie im Klassischen Griechentum, Würzburg 2002

Pauly, Walter/Siebinger, Martin, Staat und Individuum. in: Anter, Andreas (Hrsg.), Die normative Kraft des Faktischen, 2. Auflage, Baden-Baden 2020, S. 139–155
Perner, Stefan, Grundfreiheiten, Grundrechte-Charta und Privatrecht, Tübingen 2013
Peuker, Enrico, Verfassungswandel durch Digitalisierung, Tübingen 2020
Pfetsch, Frank R., Theoretiker der Politik, Paderborn 2003
Pießkalla, Michael, Unmittelbare Drittwirkung der Grundfreiheiten des EG-Vertrags bei Boykottaufrufen durch Gewerkschaften, in: Neue Zeitschrift für Arbeitsrecht 2007, 1144–1148
Podszun, Rupprecht, Empfiehlt sich eine stärkere Regulierung von Online-Plattformen und anderen Digitalunternehmen? Gutachten F zum 73. Deutschen Juristentag, 2020
Polanyi, Michael, The Logic of Liberty, Chicago 1951
Popitz, Heinrich, Phänomene der Macht, 2. Auflage, Tübingen 2004
Poscher, Ralf, Grundrechte als Abwehrrechte, Tübingen 2003
Pötters, Stephan, Grundrechte und Beschäftigtendatenschutz, Baden-Baden 2013
Preis, Ulrich, Prinzipien des Kündigungsrechts, München 1987
ders., Verhältnismäßigkeit und Privatrechtsordnung in: Hanau, Peter/Heither, Friedrich, Kühling, Jürgen (Hrsg.), Festschrift für Thomas Dieterich, München 1999, S. 429–462
Quaritsch, Helmut, Staat und Souveränität, Band 1, Frankfurt a. M. 1970
Radbruch, Gustav, Klassenbegriffe und Ordnungsbegriffe, in: Meder, Stefan u.a. (Hrsg.), Juristische Hermeneutik im 20. Jahrhundert, Göttingen 2018, S. 213–222
Rademacher, Timo/Perkowski, Lennart, Staatliche Überwachung, neue Technologien und Grundrechte, in: Juristische Schulung 2020, 713–720
Ramadori, Paolo, Grundrechte als objektive Werte, in: Grimm, Dieter (Hrsg.), Vorbereiter – Nachbereiter?, Tübingen 2019, S. 39–72
Ramm, Thilo, Der Wandel der Grundrechte und der freiheitliche soziale Rechtsstaat, in: Juristenzeitung 1972, 137–146
ders., Drittwirkung und Übermaßverbot, in: Juristenzeitung 1988, 489–493
Raue, Benjamin, Meinungsfreiheit in sozialen Netzwerken, in: Juristenzeitung 2018, 961–970
ders., Plattformnutzungsverträge im Lichte der gesteigerten Grundrechtsbindung marktstarker sozialer Netze, in: Neue Juristische Wochenschrift 2022, 209–215
Reichold, Hermann, Sozialgerechtigkeit versus Vertragsgerechtigkeit, in: Juristenzeitung 2004, 384–393
Reinhard, Wolfgang, Geschichte der Staatsgewalt, 3. Auflage, München 2002
Reit, Nina-Annette, Public Private Partnership und materielle Privatisierung kommunaler Krankenhäuser, Baden-Baden 2015
Remmert, Barbara, Private Dienstleistungen in staatlichen Verwaltungsverfahren, Tübingen 2003
Riedel, Manfred, Hegels „Bürgerliche Gesellschaft“ und das Problem ihres geschichtlichen Ursprungs, in: Archiv für Rechts- und Sozialphilosophie 1962, 539–566
Ritter, Ernst Hasso, Der kooperative Staat, in: Archiv des öffentlichen Rechts 1979, 389–413
Robbers, Gerhard, Der Grundrechtsverzicht, in: Juristische Schulung 1985, 925–931
Rolin, Jan, Recht, Gesetz und Gesetzgebung bei Montesquieu, in: Aufklärung 2003, 239–274
Roßnagel, Alexander, Modernisierung des Datenschutzrechts, in: Multimedia und Recht 2005, 71–75
ders., Grundrechtsverwirklichung im vernetzten und automatisierten Straßenverkehr, in: Roßnagel, Alexander/Hornung, Gerrit (Hrsg.), Grundrechtsschutz im Smart Car, Wiesbaden 2019, S. 17–42

ders., Technik, Recht und Macht, in: Multimedia und Recht 2020, 222–228

ders./Pfitzmann, Andreas/Garstka, Hansjürgen, Modernisierung des Datenschutzrechts, Gutachten im Auftrag des Bundesministeriums des Inneren, Berlin 2001

Roth, Wulf-Henning, Drittwirkung der Grundfreiheiten?, in: Due, Ole/Lutter, Marcus/Schwarze, Jürgen (Hrsg.), Festschrift für Ulrich Everling, Band II, Baden-Baden 1995, S. 1231–1247

Röthel, Anne, Lex mercatoria, lex sportiva, lex technica, in: Juristenzeitung 2007, 755–763

Ruffert, Matthias, Vorrang der Verfassung und Eigenständigkeit des Privatrechts, Tübingen 2001

ders., Privatrechtswirkung der Grundrechte, in: Juristische Schulung 2020, 1–6

Rüfner, Wolfgang, Zur Bedeutung und Tragweite des Art. 19 Abs. 3 GG, in: Archiv des öffentlichen Rechts 1964, 261–322

Rühl, Helmut, Rechtsschöpfung durch die Wirtschaft, Mannheim 1931

Rupp-v. Brünneck, Wiltraut, Zur Grundrechtsfähigkeit juristischer Personen, in: Ehmke, Horst/Schmid, Carlo/Scharoun, Hans (Hrsg.), Festschrift für Adolf Arndt, Frankfurt a. M. 1969, S. 349–383

Rupp, Hans Heinrich, „Dienende Grundrechte", „Bürgergesellschaft", „Drittwirkung" der Grundrechte, in: Juristenzeitung 2001, 271–277

Sachs, Michael (Hrsg.), Grundgesetz Kommentar, 9. Auflage, München 2021 (zitiert: *Bearbeiter*, in: Sachs, GG)

Samardzic, Darko/Becker, Thomas, Die Grenzen des Datenschutzes, in: Europäische Zeitschrift für Wirtschaftsrecht 2020, 646–654

Sauer, Ernst Friedrich, Staatsphilosophie, Köln 1965

Schaefer, Jan Philipp, „Markt" und „Gemeinwohl" als Integrationsprinzipien zweier ineinander greifender Normenordnungen, in: 49. Assistententagung Öffentliches Recht 2009, S. 117–135

ders., Neues vom Strukturwandel der Öffentlichkeit, in: Der Staat 2012, 251–277

ders., Die Umgestaltung des Verwaltungsrechts, Tübingen 2016

Schäfers, Bernhard, Die bürgerliche Gesellschaft in Geschichte und Gegenwart, in: Gesellschaft Wirtschaft Politik 2017, 121–128

Schäfers, Jürgen, Intermediäre Kräfte nachhaltiger Gesellschaftspolitik, 2007

Scheja, Katharina, Schutz von Algorithmen in Big Data Anwendungen, in: Computer und Recht 2018, 485–491

Schenke, Ralf P., Methodenlehre und Grundgesetz, in: Dreier, Horst (Hrsg.), Macht und Ohnmacht des Grundgesetzes, Berlin 2009, S. 51–74

Scherzberg, Arno, Grundrechtsschutz und „Eingriffsintensität", Berlin 1989

Scheuner, Ulrich, Staatstheorie und Staatsrecht, Gesammelte Schriften, hrsg. von Joseph Listl und Wolfgang Rüfner, Berlin 1978

Schlaich, Klaus, Neutralität als verfassungsrechtliches Prinzip, Tübingen 1972

Schlaich, Klaus/Korioth, Stefan, Das Bundesverfassungsgericht, 12. Auflage, München 2021

Schliesky, Utz, Souveränität und Legitimität von Herrschaftsgewalt, Tübingen 2004

ders./Hoffmann, Christian/Luch, Anika/Schulz, Sönke/Borchers, Kim Corinna, Schutzpflichten und Drittwirkung im Internet, Baden-Baden 2014

Schlink, Bernhard, Abwägung im Verfassungsrecht, Berlin 1976

ders., Freiheit durch Eingriffsabwehr, in: Europäische Grundrechte-Zeitschrift 1984, 457–468

Schmahl, Stefanie, Zwischenstaatliche Kompetenzabgrenzung im Cyberspace, in: Archiv des Völkerrechts 2009, 284–327 *dies./Jung, Florian*, Horizontale Drittwirkung der Warenverkehrsfreiheit?, in: Neue Zeitschrift für Verwaltungsrechts 2013, 607–612

Schmidt-De Caluwe, Reimund, Der Verwaltungsakt in der Lehre Otto Mayers, Tübingen 1999

Schmidt, Manfred, Demokratietheorien, Opladen 1995

Schmidt, Reiner, Der verfassungsrechtliche Hintergrund der Privatrechtsdogmatik, in: Auer, Marietta/Grigoleit, Hans Christoph/Hager, Johannes (Hrsg.), Festschrift für Claus-Wilhelm Canaris, Berlin 2017, S. 131–146

Schmidt, Stefan, Zugang zu Daten nach europäischem Kartellrecht, Tübingen 2020

Schmidt, Walter, Die Entscheidungsfreiheit des einzelnen zwischen staatlicher Herrschaft und gesellschaftlicher Macht, in: Archiv des öffentlichen Rechts 1976, 24–45

ders., Gesellschaftliche Machtbildung durch Verbände, in: Der Staat 1978, 244–271

Schmitt Glaeser, Walter/Horn, Hans-Detlef, Verwaltungsprozeßrecht, 15. Auflage, Stuttgart 2000

Schmitt, Carl, Nationalsozialismus und Rechtsstaat, in: Juristische Wochenschrift 1934, 713–718

ders., Der Begriff des Politischen (Text von 1932), 9. Auflage, Berlin 2015

ders., Verfassungslehre, 11. Auflage, Berlin 2017

ders., Die Tyrannei der Werte, 4. Auflage, Berlin 2020 (mit einem Nachwort von Christoph Schönberger)

Schneider, Hans-Peter, Verfassung und Verfassungsrecht im Zeichen der Globalisierung, in: Jahrbuch des öffentlichen Rechts 2017, S. 295–312

Schneider, Peter, Prinzipien der Verfassungsinterpretation, in: Veröffentlichungen der Vereinigung der Deutschen Staatsrechtslehrer Heft 20, 1963, S. 1–52

Schöbener, Burkhard, Menschliche Existenz als Schaden?, in: Zeitschrift für Politik 1998, 326–336

ders., Die humanitäre Intervention im Konstitutionalisierungsprozeß der Völkerrechtsordnung, in: Kritische Justiz 2000, 557–579

ders., Verfassungsstaatliche Verantwortung für eine internationale Friedensordnung, in: Dreier, Horst/Forkel, Hans/Laubenthal, Klaus (Hrsg.), Raum und Recht, Festschrift 600 Jahre Würzburger Juristenfakultät, Berlin 2002, S. 407–462

ders., Die unternehmerische Freiheit in der Europäischen Grundrechtecharta – ein Wirtschaftsgrundrecht zwischen Formelkompromiss und Gewährleistungseffizienz, in: Ennuschat, Jörg/Geerlings, Jörg/Mann, Thomas/Pielow, Johann-Christian/Stern, Klaus (Hrsg.), Gedächtnisschrift für Peter Tettinger, Köln 2007, S. 159–177

ders., Europarecht: Lexikon zentraler Begriffe und Themen, Heidelberg 2018 (zitiert: *Bearbeiter*, in: Schöbener, Europarecht)

ders., Internationales Recht: Enteignung und Entschädigung im Systemvergleich, in: Depenheuer, Otto/Shirvani, Foroud (Hrsg.), Die Enteignung, Berlin 2018, S. 53–88

ders./Knauff, Matthias, Allgemeine Staatslehre, 4. Auflage, München 2019

Schoch, Friedrich, Das Recht auf informationelle Selbstbestimmung, in: Juristische Ausbildung 2008, 352–359

ders., Gewährleistungsverwaltung: Stärkung der Privatrechtsgesellschaft?, in: Neue Zeitschrift für Verwaltungsrecht 2008, 241–247

ders., Das Recht auf informationelle Selbstbestimmung in der Informationsgesellschaft, in: Blanke, Hermann-Josef/Sachs, Michael/Dietlein, Johannes/Siekmann, Helmut/Nierhaus, Michael/Püttner, Günter (Hrsg.), Festschrift für Klaus Stern, Berlin 2012, S. 1491–1512

Schubert, Tobias, (Keine) unmittelbare Grundrechtsbindung von Facebook?, in: Zeitschrift für Urheber- und Medienrecht – Rechtsprechungsdienst 2019, 431–433

Schulte, Martin, Recht, Staat und Gesellschaft – rechtsrealistisch betrachtet, in: Aarnio, Aulis/Paulson, Stanley/Weinberger, Ota/von Wright, Georg Henrik/Wyduckel, Dieter (Hrsg.), Festschrift für Werner Krawietz, Berlin 1993, S. 317–332

ders., Schlichtes Verwaltungshandeln, Tübingen 1995

Schulz, Gerhard, Die Entstehung der bürgerlichen Gesellschaft, in: Ritter, Gerhard (Hrsg.), Festschrift für Hans Rosenberg, Berlin 1970, S. 3–65

Schulze, Reiner, Bürgerliches Gesetzbuch, 11. Auflage, Baden-Baden 2021 (zitiert: *Bearbeiter*, in: Schulze, BGB)

ders./Janssen, André/Kadelbach, Stefan, Europarecht, 4. Auflage, Baden-Baden 2020

Schuppert, Gunnar Folke, Das Konzept der regulierten Selbstregulierung, in: Die Verwaltung Beiheft 4, 2001, 201–252

ders., Verwaltungsrecht und Verwaltungsrechtswissenschaft im Wandel, in: Archiv des öffentlichen Rechts 2008, 79–106

Schwarze, Jürgen/Becker, Ulrich/Hatje, Armin/Schoo, Johann (Hrsg.), EU-Kommentar, 4. Auflage, Baden-Baden 2019 (zitiert: *Bearbeiter*, in: Schwarze/Becker/Hatje/Schoo, GRCh)

Schweitzer, Heike, Digitale Plattformen als private Gesetzgeber, in: Zeitschrift für Europäisches Privatrecht 2019, 1–12

Seif, Ulrike, Der mißverstandene Montesquieu, in: Zeitschrift für neuere Rechtsgeschichte 2000, 149–166

Seiler, Christian, Der souveräne Verfassungsstaat zwischen demokratischer Rückbindung und überstaatlicher Einbindung, Tübingen 2005

Siegel, Thorsten, Verwaltungsverfahren als Ordnungsidee: Kooperative Elemente im Verwaltungsverfahren, in: Ziekow, Jan/Lee, Chien-Liang (Hrsg.), Wandlungen im Verhältnis zwischen Staat und Bürger, Berlin 2015, S. 35–43

Siegrist, Hannes/Müller, Dietmar, Professionen, Eigentum und Staat, Göttingen 2014

Siehr, Angelika, Das Recht am öffentlichen Raum, Tübingen 2016

Simitis, Spiros, Die Loi le Chapelier, in: Kritische Justiz 1989, 157–175

ders./Hornung, Gerrit/Spiecker genannt *Döhmann, Indra* (Hrsg.), Datenschutzrecht, DSGVO mit BDSG, Baden-Baden 2019 (zitiert: *Bearbeiter*, in: Simitis/Hornung/Spiecker gen. Döhmann, DS-GVO)

Skistims, Hendrik, Smart Homes, Baden-Baden 2016

Smets, Christoph, Staatsgleiche Grundrechtsbindung Privater aus Funktionsnachfolge?, in: Neue Zeitschrift für Verwaltungsrecht 2016, 35–38

ders., Die Stadionverbotsentscheidung des BVerfG und die Umwälzung der Grundrechtssicherung auf Private, in: Neue Zeitschrift für Verwaltungsrecht 2019, 34–37

Sodan, Helge, Verfassungsrechtsprechung im Wandel, in: Neue Juristische Wochenschrift 2003, 257–160

Sommermann, Karl-Peter, Entwicklungsperspektiven des Rechtsstaates, in: Sommermann, Karl-Peter/Magiera, Siegfried (Hrsg.), Freiheit, Rechtsstaat und Sozialstaat in Europa, Berlin 2007, S. 75–89

Sparwasser, Reinhard, Zentralismus, Dezentralisation, Regionalismus und Föderalismus in Frankreich, Berlin 1986

Spieker, Manfred, Menschenrechte in der katholischen Soziallehre, in: Fuller, Hans Joachim/Kirchhof, Paul/Träger, Ernst (Hrsg.), Festschrift für Willi Geiger, Tübingen 1989, S. 61–81

Spindler, Gerald, Datenschutz- und Persönlichkeitsrechte im Internet, in: Gewerblicher Rechtsschutz und Urheberrecht-Beilage 2014, 101–108
ders./Schuster, Fabian (Hrsg.) Recht der elektronischen Medien, 4. Auflage, München 2019 (zitiert: *Bearbeiter*, in: Spindler/Schuster, Recht der elektronischen Medien)
Staben, Julian, Der Abschreckungseffekt auf die Grundrechtsausübung, Tübingen 2016
Starck, Christian, Zur Notwendigkeit einer Wertbegründung des Rechts, in: Fuller, Hans Joachim/Kirchhof, Paul/Träger, Ernst (Hrsg.), Festschrift für Willi Geiger, Tübingen 1989, S. 40–60
ders., Der demokratische Verfassungsstaat, Tübingen 1995
von Stein, Lorenz, Geschichte der sozialen Bewegung in Frankreich von 1789 bis auf unsere Tage, München 1921
Stein, Sarah Katharina, Drittwirkung im Unionsrecht, Baden-Baden 2016
Steinbach, Julien, Souveränitätsfragmente, Tübingen 2019
Stelkens, Ulrich, Von selbstständigen Verwaltungshelfern, Eigengesellschaften und gemischtwirtschaftlichen Unternehmen, in: Juristische Ausbildung 2016, 1260–1271
Stern, Klaus, Staatsrecht Band III, München 1988
ders., Zur Entstehung und Ableitung des Übermaßverbotes, in: Badura, Peter/Scholz, Rupert (Hrsg.), Festschrift für Peter Lerche, München 1993, S. 165–175
Stober, Rolf, Grundpflichten und Grundgesetz, Berlin 1979
Stöhr, Alexander, Umverteilung durch Zivilrecht?, in: Juristische Schulung 2021, 193–197
Stürner, Michael, Der Grundsatz der Verhältnismäßigkeit im Schuldvertragsrecht, Tübingen 2010
Suhr, Dieter, Entfaltung der Menschen durch die Menschen, Berlin 1976
ders., Staat – Gesellschaft – Verfassung von Hegel bis heute, in: Der Staat 1978, 369–395
ders., Die Freiheit vom staatlichen Eingriff als Freiheit zum privaten Eingriff?, in: Juristenzeitung 1980, 166–174
ders., Freiheit durch Geselligkeit, in: in: Europäische Grundrechte-Zeitschrift 1984, 529–546
ders., Grundrechte gegen die Natur, in: Berichte der Akademie für Naturschutz und Landschaftspflege 1988, S. 3–12
Teubner, Gunther, Transnationaler Verfassungspluralismus, in: Zeitschrift für ausländisches öffentliches Recht und Völkerrecht 2016, 661–685
Thiele, Alexander, Allgemeine Staatslehre, Stuttgart 2020
Thoma, Anselm Christian, Regulierte Selbstregulierung im Ordnungsverwaltungsrecht, Berlin 2008
Thoma, Richard, Recht, Staat, Wirtschaft, Band 3, Düsseldorf 1951
Thomann, Bernard, Les corps intermédiaires, in: Ebisu 2004, 221–226
Thornhill, Chris, A Sociology of Transnational Constitutions, Cambridge 2016
Tian, Lichun, Objektive Grundrechtsfunktionen im Vergleich, Berlin 2012
Tischbirek, Alexander, Die Verhältnismäßigkeitsprüfung, Tübingen 2017
ders., Fächerdichotomie und Verhältnismäßigkeit, in: Juristenzeitung 2018, 421–430
Tschorr, Sophie, Soziale Netzwerke, in: Multimedia und Recht 2021, 204–208
Tsiliotis, Charalambos, Der verfassungsrechtliche Schutz der Wettbewerbsfreiheit und seine Einwirkung auf die privatrechtlichen Beziehungen, Berlin 2000
Türcke, Christoph, Digitale Gefolgschaft, München 2019
Tushnet, Mark, Internet Exceptionalism, in: William & Mary Law Review 2015, 1638–1672
Uhlenbrock, Henning, Der Staat als juristische Person, Berlin 2000

von Unruh, Georg-Christoph, Der Staat, Wien 1985
Unruh, Peter, Zur Dogmatik der grundrechtlichen Schutzpflichten, Berlin 1996
Utz, Arthur Friedolin, Die Grundpositionen der Naturrechtstheorien, in: Archiv für Rechts- und Sozialphilosophie 1998, 307–315
Veil, Winfried, Die Datenschutz-Grundverordnung, in: Neue Zeitschrift für Verwaltungsrecht 2018, 686–696
Vesting, Thomas, Wiederkehr der bürgerlichen Gesellschaft und ihres Rechts?, in: Schlosser, Hans (Hrsg.), Bürgerliches Gesetzbuch 1896–1996, Baden-Baden 1997, S. 183–202
ders., Der Staat als Serviceunternehmen, in: Staatswissenschaften und Staatspraxis 1998, 473–505
ders., Staatstheorie, München 2018
Voelzkow, Helmut, Private Regierungen in der Techniksteuerung, Frankfurt a. M. 1996
Volkmann, Uwe, Solidarität, Tübingen 1998
Voßkuhle, Andreas, Theorie und Praxis der verfassungskonformen Auslegung von Gesetzen durch Fachgerichte, in: Archiv des öffentlichen Rechts 2000, 177–201
ders., Die Renaissance der „Allgemeinen Staatslehre“, in: Juristische Schulung 2004, 1–7
ders., Das Verwaltungsverfahren im Spiegel der Neuen Verwaltungsrechtswissenschaft, in: Burgi, Martin/Schönenbroicher, Klaus (Hrsg.), Die Zukunft des Verwaltungsverfahrensrechts, Baden-Baden 2010, S. 13–30
ders./Kaiser, Anna-Bettina, Funktionen der Grundrechte, in: Juristische Schulung 2011, 411–413
Wahl, Rainer, Das Öffentliche Recht der letzten fünf Jahrzehnte, 2006
ders., Der Grundsatz der Verhältnismäßigkeit, in: Heckmann, Dirk/Schenke, Ralf/Sydow, Gernot (Hrsg.), Festschrift für Thomas Würtenberger, Berlin 2013, S. 823–854
Walter, Uwe, An der Polis teilhaben, Stuttgart 1993
Wank, Rolf, Juristische Methodenlehre, München 2020
Weber, Max, Wirtschaft und Gesellschaft, 5. Auflage, Tübingen 2002
Weichert, Thilo, Big Data und Datenschutz, in: Zeitschrift für Datenschutz 2013, 251–259
Weidner-Braun, Ruth, Der Schutz der Privatsphäre und des Rechts auf informationelle Selbstbestimmung, Berlin 2012
Weilert, Katarina, Transnationale Unternehmen im rechtsfreien Raum?, in: Zeitschrift für ausländisches öffentliches Recht und Völkerrecht 2009, 883–917
Weiser, Mark, The Computer for the 21st Century, in: Scientific American 1991, 94–104
Wenhold, Céline, Nutzerprofilbildung durch Webtracking, Baden-Baden 2018
Wente, Jürgen, Informationelles Selbstbestimmungsrecht und absolute Drittwirkung der Grundrechte, in: Neue Juristische Wochenschrift 1984, 1446–1447
Wernicke, Stephan/Mehmel, Friedrich-Joachim, Privatisierung des Rechts als Folge der Digitalisierung der Wirtschaft, in: Zeitschrift für Europäisches Privatrecht 2020, 1–10
Weyer, Johannes, Soziale Netzwerke, 3. Auflage, München 2014
Wieacker, Franz, Industriegesellschaft und Privatrechtsordnung, Frankfurt a. M. 1974
Wiedemann, Gerhard, Handbuch des Kartellrechts, 4. Auflage, München 2020 (zitiert: *Bearbeiter*, in: Wiedemann, Kartellrecht)
Wielsch, Dan, Gleichheitsdimensionen im Privatrecht, in: Grundmann, Stefan/Thiessen, Jan (Hrsg.), Von formaler zu materialer Gleichheit, Tübingen 2021, S. 125–157
Wienfort, Monika, Ländliche Rechtsverfassung und Bürgerliche Gesellschaft, in: Der Staat 1994, 207–239
Willke, Helmut, Entzauberung des Staates, Königstein 1983
Willoweit, Dietmar, Struktur und Funktion intermediärer Gewalten im Ancien Régime, in: Der Staat, Beiheft 2, 1978, 9–25

Winterhoff, Christian, Verfassung – Verfassunggebung – Verfassungsänderung, Tübingen 2007

Wißmann, Hinnerk, Grundrechtsbindung im Gewährleistungsstaat, in: Jahrbuch des öffentlichen Rechts 2017, S. 41–55

Wittreck, Fabian, Geld als Instrument der Gerechtigkeit, Paderborn 2002

ders., Das Christentum als Fundament des Grundgesetzes?, in: Wittreck, Fabian (Hrsg.), Grundlagen des Grundgesetzes, Berlin 2018, S. 1–53

Wolf, Rainer, Machiavelli und der Mythos des Principe, in: Der Staat 1997, 596–621

Wolff, Heinrich Amadeus/Brink, Stefan (Hrsg.), Kommentar zum Datenschutzrechtrecht in Bund und Ländern, München 2013 (zitiert: *Bearbeiter*, in: Wolff/Brink, Datenschutzrecht)

Wrase, Michael, Zwischen Norm und sozialer Wirklichkeit, Berlin 2016

Zieschang, Tamara, Das Staatsbild Franz Böhms, Stuttgart 2003

Zippelius, Reinhold, Allgemeine Staatslehre, 17. Auflage, München 2017

Zöllner, Wolfgang, Regelungsspielräume im Schuldvertragsrecht, in: Archiv für die civilistische Praxis 1996, 1–36

Zoppel, Moritz, Europäische Diskriminierungsverbote und Privatrecht, Tübingen 2015

Zorn, Rudolf, Von den Begrenzungen der Staatsgewalt, in: Maunz, Theodor (Hrsg.), Festschrift für Hans Nawiasky, München 1956, S. 413–430

Register

Studien und Beiträge zum Öffentlichen Recht

Die Schriftenreihe *Studien und Beiträge zum Öffentlichen Recht* (StudÖR) wurde als Äquivalent zur renommierten Reihe *Jus Publicum* gegründet. Sie bietet herausragenden Dissertationen aus dem Bereich des öffentlichen Rechts eine ansprechende Plattform und deckt sämtliche Fächer des öffentlichen Rechts ab, insbesondere also das Verfassungsrecht (einschließlich Grundrechtstheorie, Methodenlehre und Allgemeine Staatslehre) und das Verwaltungsrecht. Fächerübergreifende und fachgebietsübergreifende Themenstellungen sind dabei nicht ausgeschlossen, solange der Schwerpunkt der Arbeit im öffentlichen Recht einschließlich seiner europarechtlichen beziehungsweise international- und völkerrechtlichen Bezüge zu finden ist. Um die hohe Qualität der in dieser Reihe veröffentlichten Dissertationen zu gewährleisten, werden nur Arbeiten zur Veröffentlichung in Betracht gezogen, die in beiden Gutachten uneingeschränkt mit summa cum laude bewertet wurden.

ISSN: 1867-8912
Zitiervorschlag: StudÖR

Alle lieferbaren Bände finden Sie unter *www.mohrsiebeck.com/studoer*

Mohr Siebeck
www.mohrsiebeck.com